Sonne im Staub

Enrico Senftleben

Teil 2

Feindbild in Scherben

Impressum

Bibliografische Information der Deutschen Nationalbibliothek: Die Deutsche Nationalbibliothek verzeichnet diese Publikation in der Deutschen Nationalbibliografie; detaillierte bibliografische Daten sind im Internet über dnb.dnb.de abrufbar.

Copyright

Pos. 1-4 Coverdesign: Nina Döllerer unter Verwendung von Motiven von givaga und zieusin von shutterstock.com

Herstellung und Verlag

Herstellung und Verlag: Independently published
Enrico Senftleben
c/o Block Services
Stuttgarter Straße 106
70736 Fellbach
ISBN: 978-3-7579314-7-6

Herstellung und Druck über tolino media GmbH & Co. KG, München.
Printed in Germany

Inhaltsverzeichnis

Achtung!

Das Lesen der Inhalte dieses Buches (Teil 2) kann bei Personen mit psychischen Vorbelastungen negative Wirkungen erzeugen!

Vorwort

Dieses Buch ist die Fortsetzung des ersten Teils von *Sonne im Staub* und basiert ebenfalls auf meinem Einsatztagebuch, welches ich während meines letzten Afghanistan-Einsatzes geführt habe. Wie der erste Teil soll auch dieser zweite Teil einen Blick in meinen Auslandseinsatzalltag als Soldat ermöglichen und meine Erinnerungen daran erhalten. Auch wenn es nur meine persönlichen Eindrücke und Schilderungen sind, so werden viele Parallelen mit anderen Kameraden bestehen und ihr möglicherweise etwas besser verstehen, warum wir tun, was wir tun. Alle im Buch enthaltenen Ansichten und Meinungen stellen meine persönliche Sichtweise dar. Auch heben sich meine Ausführungen von irgendwelchen heroisierenden „Kriegsgeschichten“ ab, da zwar auch mein Alltag in Afghanistan nicht dem gewöhnlichen Dienst eines Bundeswehrsoldaten entsprach, jedoch den für mich persönlich entscheidenden Teil unserer Mission – Aufbauhilfe im Land zu leisten – herausstellt. Sie ist, auch und gerade im zivilen Bereich, in meinen Augen der Schlüssel zur Verbesserung und Stabilisierung der Situation im Land, die in Zahlen gemessen wohl seit Beginn der Einsätze viel zu kurz kommt. Leider haben die Ereignisse der letzten Monate die Hoffnungen nicht bestätigt. Insbesondere seit dem endgültigen Abzug der US-Truppen und aller Verbündeten der Mission Ende August, inklusive dramatischer Rettungsaktionen nach dem schnellen Kollaps der afghanischen Streitkräfte und Regierung und der Eroberung großer Landesteile und der Hauptstadt Kabul durch die Taliban in wenigen Wochen. Die ebenfalls dramatische Rettung von Amin und seiner Familie wird, da zeitlich hinter diesem Einsatz, im 3.Teil ausführlich beschrieben.

Alle Darstellungen beruhen auf wahren Begebenheiten. Um die Identität der Beteiligten zu schützen werden sie nicht mit vollem Namen genannt, sondern andere Vornamen, Spitznamen, Dienstgrade oder Verwendungskürzel verwendet. Diejenigen, die dabei waren, werden sich wiedererkennen. Und obwohl das Buch auf wahren Begebenheiten beruht, sind es meine persönlichen Erinnerungen und somit auch meine subjektiven Sichtweisen und Eindrücke.

Bei dem vorliegenden Buch – dem zweiten Teil einer Trilogie – handelt sich um eine Aufbereitung meiner Tagebucheinträge, die ich während meines Einsatzes verfasste und welche die Grundlage meiner hier vorgestellten Erinnerungen bilden. Um es verständlicher zu machen und die Spannung an diesem Buch zu erhalten, habe ich die für mich wichtigsten, einschneidendsten und die für den Leser interessanten Erlebnisse aus dem Einsatz und meinem Leben ausgewählt. Damit kann das Buch als eine Mischung aus Tagebuch, Erlebnisbericht und Biografie betrachtet werden. Daher habe ich nicht alle Erlebnisse und Vorfälle in den verschiedenen Einsätzen festgehalten, sondern bewusst daraus ausgewählt. Wohl auch, weil es Dinge gibt, die ich lieber vergessen als festhalten möchte. Lasst euch nun auf die Umstände, Ereignisse und Gefühle ein und begleitet mich auf eine so ganz andere Art der Reise durch diese Zeit, durch einen verhältnismäßig langen Auslandseinsatz in Afghanistan und weiteren interessanten Erfahrungen aus meinem Leben und vorangegangenen Einsätzen. Zu Beginn werde ich gelegentlich Erinnerungen aus meiner Biografie einfügen. Dadurch wird vieles verständlicher, insbesondere meine Bewertung meiner Eindrücke sowie meine Gedanken und Gefühle. Am Ende dieser Bücher werdet ihr viel über mich und mein Leben wissen und um viele Hintergründe reicher sein. Vielleicht kennt ihr mich dann sogar besser als ich mich selbst und beantwortet für euch die Fragen nach Sinn und Motivation. Ihr werdet vielleicht eure eigenen Schlussfolgerungen ziehen, die natürlich von meinen eigenen abweichen können. Neben all diesen Aspekten hoffe ich natürlich auch, dass euch auch dieses Buch Freude beim Lesen bereitet.

Kapitel 1

Licht und Schatten

Es ist kurz vor halb 5 Uhr morgens. Heute soll die Band wieder abreisen. Im Halbschlaf nehme ich Geräusche und Lärm wahr. Es kommt von der Baustelle nebenan, wo teilweise Tag und Nacht gearbeitet wird. Ich denke nicht weiter darüber nach, drehe mich noch einmal um und ziehe mir die Decke über das freie Ohr. Doch immer nervender und durchdringender klingen die Geräusche in meinen Halbschlaf hinein. Ich drehe mich zum Wecker, es ist jetzt 4:37 Uhr. Durch das Öffnen der Augen werde ich wacher und kann die weiter zunehmenden Geräusche klarer identifizieren. Einzelne Schüsse und Feuerstöße deuten nun unmissverständlich auf Kampfhandlungen hin. Immer wieder sind auch sehr deutliche, schallende, dumpfe Einschläge wahrzunehmen.

Kein Zweifel, auch wenn ich hier im Bett nicht genau weiß, von welcher Richtung es kommt und wie weit weg es genau ist, es wird gekämpft! Der Puls steigt sprunghaft an und eilig ziehe ich mir meine Freizeitshorts und das Shirt über. Auf dem Flur ist alles ruhig. Ich scheine der Einzige zu sein, der wach ist und die Schießerei mitbekommt. Im Laufschritt renne ich den Flur zur Feuertreppe und nach draußen. Um einen besseren Überblick zu bekommen, renne ich weiter die Treppen bis in den zweiten Stock hinauf. Dem Lärm nach zu urteilen, haben die Gefechte weiter zugenommen und als ich oben ankomme, folgen zwei sehr starke Detonationen. Die Druckwelle – die sich anfühlt wie der kurze, zu starke Bass im Auto – erreicht mich nur Augenblicke später. Alles scheint für einen Sprengstoffanschlag zu sprechen und die Richtung ist nun, wo große Rauchschwaden aufsteigen, auch klar. Der Kabul International Airport (KaIA) wird angegriffen, von unserer Seite, dem nördlichen Teil Kabuls. Je nachdem wo genau, sind wir gerade einmal ein bis zwei Kilometer entfernt. Die Schüsse und Granateinschläge sind so laut, dass der Unterschied zu einem Schießen auf der Schießbahn kaum auszumachen ist. Die Wälle, die auf den Schießbahnen in Kabul

Schutz gegen Querschläger und den Schall bieten, dämpfen die Schüsse auf der Nachbarbahn auch nicht deutlicher ab. Wüsste ich nicht, dass der Flughafen der einzige nächstgelegene interessante Anschlagspunkt für die Taliban ist, so könnte ich ohne die Rauchschwaden nicht sagen, wie weit es weg ist. Einzelne Schüsse sind so laut, dass sie auch im Nachbarcamp fallen könnten. Rechts von mir, bei den Amerikanern im Camp, sind zwei Soldaten auf dem Dach und scheinen ebenfalls die Lage beurteilen zu wollen. Einer von ihnen ist in voller Montur und der andere in Freizeitkleidung, jedoch mit Helm und Waffe.

Aus Richtung des Haupttores kommt mir der weißhaarige Hauptmann der Wehrverwaltung entgegen. Sonst ist auch hier draußen niemand zu sehen. Nach dem Motto „es ist Krieg und keiner geht hin“, scheinen die anderen Kameraden alles zu verschlafen. Der Hauptmann hat mich entdeckt und mit wechselnden Blicken zu ihm und hinüber zum Flughafen rufe ich ihm von hier oben zu: „Was geht denn da drüben ab?“ Noch während er mir seine Antwort zuruft und mein Blick neugierig zum Geschehen zurückfliegt, sehe ich, wie sich eine Person am Zaun des KaIA zu schaffen macht. Bevor ich meine Augen so richtig scharfstellen kann, gibt es einen kurzen Lichtblitz und die Person verschwindet in einer Rauchwolke. Augenblicke später folgt der Schall. Die Person hatte augenscheinlich einen Sprengsatz gezündet, um ein Loch in die Befestigung des Flughafens zu sprengen. Zügig kommt der Hauptmann zu mir auf die Außentreppe hinauf und erzählt mir, was auch ich schon im Halbschlaf wahrgenommen hatte und dass er den Camp-Kommandanten bereits geweckt und informiert hätte.

Einen Moment stehe ich wie versteinert und muss meinem Kopf Zeit geben, um das Bild des detonierenden Menschen und die weiter knatternden Gewehrsalven zu verarbeiten. Wieder wie im Film laufen die Bilder immer und immer wieder von vorne und die frischen Bilder überlagernd ab, so als wolle mein Kopf sichergehen, alles genau aufgenommen zu haben. Und mit jedem Bild wird mir klarer, dass mein Gehirn das Bild in voller Schärfe gespeichert hat. Erst jetzt stellt sich das nächste Bild in meinem Fokus schärfer und rückt in den Vordergrund. Genau gegenüber der Außentreppe, auf der ich immer noch stehe, sind augenscheinlich mehrere Schützen in einem Rohbau. Sie haben sich im Obergeschoss, welches eine erhöhte Schussposition mit gutem Blick auf das davorliegende Gelände bietet, positioniert. Zwischen uns und den Angreifern liegen wohl keine 300–400 Meter Luftlinie. Immer wieder sehe ich die Spuren der Geschosse, wohl aus einem Maschinengewehr, Richtung Flughafen fliegen. Erst jetzt wird auch von der anderen Seite zurückgeschossen.

Würden die Schützen ihren Wirkungsbereich um 90 Grad in unsere Richtung verlagern, sie hätten freie Schussbahn auf unsere oberen Flure. Und so fesselnd die Szene mich fängt und nicht loszulassen scheint, ich muss hier weg und die anderen warnen. So renne ich wieder in das Gebäude und hole Dieter aus dem Bett. Er ist schnell wach und kommt, so wie er ist, in Unterhose und Shirt mit auf die Treppe. Immer deutlicher steigen Rauchwolken aus Richtung Flughafen hoch und lediglich Sekundenweise pausiert der Lärm der Feuergefechte aus beiden Richtungen. Plötzlich knallt es dumpf aus einiger Entfernung hinter uns, irgendwo im Zentrum. Zweimal kurz aufeinanderfolgend muss dort ebenfalls ein Sprengsatz hochgegangen sein. Wieder vibrieren die Fenster hinter der Treppe zum Gebäude. Es kommt aus Richtung Stadtzentrum und so könnte das Hauptquartier oder benachbarte Camps betroffen sein. Wir nennen so etwas einen komplexen Angriff, der hier gerade gestartet wurde. Bei dem an mehreren Orten fast oder zeitgleich Anschläge und Angriffe verübt werden. Der Oberstaber und drei weitere Kameraden unserer Einheit kommen eilig aus Richtung Fitnessstudio angelaufen. Sichtlich aufgeregt bombardiert uns der Oberstaber mit Fragen. Als wolle er nun nur hören, was er hören will, fällt er in meine Erklärungen und unterbricht mich genau an der Stelle, wo ich erwähne, dass ich die ersten Schüsse vor etwa 20 Minuten gehört habe. Stur und sich etwas in den Bart murmelnd, läuft er wie mit Tunnelblick mit seiner Sporttasche an uns vorbei zu seiner Stube weiter.

Inzwischen muss die Alarmierung per Festnetztelefon eingeleitet worden sein, denn nur wenige Sekunden später schreit es über die Flure „Alaaaarm, Alaaaaarm!“ Immer wieder ertönen diese Schreie durch die Flure der Anlage. Auch Dieter und ich gehen zügig zur Stube zurück, unsere Ausrüstung anlegen. Meine Weste und meine

Waffen habe ich auf der Stube, doch die Überwurfweste und mein Helm liegen noch im Wolf, meinem Dienstfahrzeug. Kurz überlege ich, ob ich noch schnell zum Auto laufen soll, um den Rest zu holen, doch da es ein schneller Alarm ist, entscheide ich mich dagegen und baue stattdessen die Sitzbänke für den Flur mit auf, damit nun nicht stundenlang gestanden werden muss. Je nachdem, wie lange diese Aktion dauert. Schnell füllt sich wieder der Flur und die Sitzplätze sind sofort vergeben. Die Kameraden der Wehrverwaltung sind bis auf den weißhaarigen Hauptmann alle recht spät dran. Teilweise sogar ohne Weste stellen sie sich auf die andere Hälfte des Flures. Die Kameraden, die ihre Stuben direkt an den Sitzbereichen der Bänke haben, lassen ihre Türen auf und bleiben in ihrer Stube sitzen. Benni sitzt mir gegenüber. Nur ihm fällt gerade auf, dass Teile meiner Ausrüstung noch fehlen. Bei einem „langsamen" Alarm, der 30 Minuten Zeit vorsieht, bevor man an seinem Platz sein muss, hätte ich alles in Ruhe holen können. Doch selbst der Kamerad ohne die Weste hat so erstmal noch nicht viel falsch gemacht, denn jetzt ging es darum, so schnell wie möglich an seinen Platz zu kommen. Selbst im Handtuch, gerade aus der Dusche heraus, hätte man hier stehen oder sitzen können. Doch von unserer Einheit haben auf diesem Flur alle ihre komplette Ausrüstung dabei und so beginnt mich ein wenig das schlechte Gewissen zu plagen.

Diesmal kommen die Informationen nur spärlich zu uns durch. Einzig, dass wir den Funk des Leitstandes mithören können, hält uns etwas auf dem Laufenden. Aber woher sollten die Informationen auch so früh schon kommen? Wieder einmal sind die Medien hier besser informiert als die Soldaten selbst. Kameraden, die ihr Smartphone dabeihaben, berichten nach und nach die aktuellen Meldungen. Es spricht wieder einmal alles dafür, dass die Taliban der Presse vorher Bescheid gesagt haben und diese sogar genug Zeit hatte, ihre Kameras in Position zu bringen. Öffentlichkeitsarbeit in ihrer perversen Form, bei der der Tod der Beteiligten für lukrative Schlagzeilen billigend in Kauf genommen wird. Bekäme das Militär zumindest zeitgleich die Information über geplante Anschläge von der Presse, würde wertvolle Vorbereitungszeit für Gegenmaßnahmen gewonnen oder es könnte die Vereitlung solcher Pläne eingeleitet werden. Doch da scheint die Sensationsgier über Menschenleben zu stehen und schließlich bringen solche exklusiven Aufnahmen ja auch Geld ein.

Unsere Frau Oberbootsmann neben mir auf der Bank scheint dringend auf die Toilette zu müssen. Nervös rutscht sie immer wieder leicht auf ihrem Platz umher. Dabei wäre es kein Problem kurz zu gehen, denn auch sie hat ihre Stube auf dieser Etage. Doch ich will mich nicht einmischen und beuge mich vor, um das Gewicht meiner Weste auf dem Gewehr, welches vor mir auf dem Boden steht und mit der Mündung nach oben zeigt, abzustützen. Nur immer dann, wenn wieder Informationen oder Meldungen gemacht werden, hebe ich meinen Kopf, um Aufmerksamkeit zu signalisieren. Der Spieß hat sogar die Kaffeemaschine unseres Briefing-Raumes angeworfen und verteilt Wasser. Mit lustigen Sprüchen versucht er, wie einige andere auch, die Stimmung zu lockern. Obwohl wir bis hier nicht viel tun mussten und nun sitzend auf das Ende des Alarmes warten, verrinnt die Zeit wie im Flug. Dennoch hoffen wohl alle innerlich, dass sich dieser Angriff nicht doch noch in unsere „Richtung“ dreht und somit aktive Verteidigungsmaßnahmen nötig werden.

Es ist nun kurz nach sieben und es darf in Halbgruppen Frühstück eingenommen werden. Da auch ich in der ersten Halbgruppe bin, begebe ich mich in die Küche. Sofort sieht man, dass das Personal nicht komplett ist, da zurzeit niemand mehr in das Camp gelassen wird. Das erste Mal, dass ausschließlich Einwegbesteck ausliegt. Ich lege mir einen Satz Einwegbesteck in der eingeschweißten Plastiktüte auf das Tablett und fummele mir vom Stapel einen Plastikteller. Da die Angreifer des KalA auch Tränengas eingesetzt haben sollen, hängt über meiner linken Schulter auch mein Koppeltragegestell mit meiner ABC-Maske (bekannt als „Gasmaske“). Das Gewehr hängt in bewährter Position auf meinem Rücken. Dennoch muss ich etwas vorsichtig mit dem gefüllten Tablett balancieren, da ich von der Ausrüstung in der Bewegung etwas gehemmt werde und nichts herunterschmeißen möchte. Mit einem hart gekochten Ei, einem Croissant und einer Pappschale mit Melonenstücken gefüllt gehe ich weiter die Auslage entlang.

Immer wieder schießen mir zwischendurch die Bilder des Mannes, der sich in die Luft gesprengt hat, vor die Augen. Mal als kurze

Bildsequenzen und mal als Standbild. Mein Kopf scheint noch die passende Schublade zu suchen, um sie einzuordnen und wegzulegen.

Das frische Gemüse ist morgens genau mein Ding und so quillt die Schale fast über. Auf den Teller lege ich mir neben einigen Gurkenstreifen und Tomatenscheiben auch Karottenstreifen und greife mir aus dem gerade zuklappenden Kühlschrank noch eine Dose Cola heraus. Da die zweite Hälfte auch darauf wartet, möglichst bald zum Frühstück zu kommen, beeile ich mich mit dem Essen. Unser Oberst sitzt neben mir und versucht mich ein wenig in ein Gespräch zu verwickeln. Doch da ich mit meinen Gedanken gerade den Weg zu meiner restlichen Ausrüstung plane, bekommt er von mir nur kurze Antworten. Er saß schon kurz vor mir am Tisch und ist ebenfalls sehr schnell fertig. Keine Anzeichen von Stress oder Unruhe kann man ihm anmerken. Genauso souverän wie beim letzten Vorfall, scheint er den aktuellen sogar noch sicherer und routinierter abzuhandeln. Wenige Sekunden nach ihm stehe auch ich auf und hänge mir wieder mein Gewehr, welches ich unter meinen Sitz gelegt hatte, auf den Rücken. Meine Cola ist noch halb voll und so versuche ich, auf dem Weg zur Geschirrabgabe den Rest leer zutrinken. Doch sie ist sehr kalt und die Kohlensäure brennt unangenehm im Hals. Vom Croissant ist noch die Hälfte übrig und das Ei habe ich auch nicht angerührt. Vorsorglich stecke ich das Ei in meine linke Hosentasche, stelle das Geschirr weg und nehme mir noch einen neuen Softdrink. Dann gehe ich hinter den Hallen auf direktem Weg zum Wolf. Die Kameraden, die in ihrer Stellung diesen Abschnitt inklusive des Parkplatzes sichern, weise ich darauf hin, dass ich an mein Fahrzeug muss. Freundlich, entspannt und hilfsbereit bietet einer seine Hilfe beim Wegziehen des S-Drahtes (eine Form von Stacheldraht, jedoch deutlich gefährlicher, da hohe Verletzungsgefahr besteht) an und kommt mit mir mit. Um den möglichen Angreifern von der Baustellenseite Hindernisse zu bieten, ist der vordere Teil des Parkplatzes freigeräumt und mit einer Rolle S-Draht durchzogen. Da aus der Stellung heraus freies Schussfeld über den Parkplatz herrscht, ist das wohl mehr eine psychologische Maßnahme. Denn mit etwas Anlauf sind die zwei eng aneinander liegenden Rollen noch gut zu überspringen. Wer sich dabei jedoch verschätzt, den erwarten unangenehme Schnittwunden durch die vielen kleinen messerartigen Zacken auf der Drahtrolle. Einmal darin verfangen, ist es fast unmöglich, sich schmerzfrei selbst daraus zu befreien. Wenn es denn überhaupt, je nach Situation, schmerzfrei möglich ist. Der Kamerad zieht die erste Rolle etwas von der Wand des Gebäudes weg und mit dem Fuß schiebe ich die dahinterliegende, durch kleine Sandsäcke beschwerte Rolle, ebenfalls ein Stück weg. Es reicht gerade, um mit Vorsicht an der Barriere vorbeizukommen. Zügig steuere ich auf meinen Wolf zu und schließe an der Beifahrertür die Zentralverriegelung auf. Den Schlüssel lasse ich im Schloss stecken und gehe hinter den Wolf, um die linke Seite der Hecktüren zu öffnen. Meine Weste liegt, mit all der restlichen Ausrüstung verbunden, griffbereit. So ziehe ich die Weste, an der auch mein Helm hängt, durch die schmale Öffnung. Da ich recht nahe an den Hescos stehe, habe ich nur wenig Platz um nun mit vollen Händen und dem Gewehr auf dem Rücken die Tür wieder zu schließen. Beim Durchlaufen des schmalen Ganges zum daneben geparkten Wolf, schließe ich die Türen wieder ab und ziehe den Schlüssel im Vorbeigehen wieder aus dem Schloss. Der Kamerad wartet geduldig auf mich und hat seine Hand schon wieder am Drahtgriff der S-Drahtrolle, um sie zuzuziehen. Beim Durchhuschen der kleinen Lücke verfängt sich eine Lasche der Weste, die ich mit Mühe zusammen etwas hochhalten kann, in dem Draht. Glücklicherweise habe ich die etwas ungeschickte Szene schnell wieder im Griff und bedanke mich betont bei dem Kameraden. Unbemerkt vom Rest der Truppe bin ich schnell wieder auf dem Weg zu meinem Sammelraum, dem Flur.

Es fällt auf dem Weg dorthin auf, dass die zivilen Kontraktoren, die hier untergebracht sind, sich völlig normal verhalten. Die Pavillons sind gut besucht. Rauchend und lachend, scheinen sie in ihrer eigenen Welt zu leben. Man könnte auch glauben, dass die Deutschen wieder völlig überreagieren und viel Wind um nichts machen. Richtig ist natürlich, dass wir nicht selbst angegriffen werden. Doch die Vergangenheit hat gezeigt, dass mehrere Angriffe zeitgleich oder auch etwas zeitversetzt nicht ungewöhnlich sind. Würden wir uns jetzt auf die Dächer stellen und uns das Spektakel ansehen und so tun als beträfe uns das nicht, wäre es ganz sicher auch der falsche Weg. Denn was die Angreifer genau geplant haben, wissen nur sie selbst und werden es vermutlich auch mit ins Grab nehmen. Selten – und damit rechnen sie sehr wahrscheinlich auch selbst nicht – wird es einer von ihnen überleben. Auch dies belegt die Vergangenheit. Auf dem Weg in den Block hänge ich mir noch während des Laufes die Weste über und melde mich bei unserem Stellvertreter, dem „Sammelraumverantwortlichen“ zurück. Da ich einer der Ersten, die vom Frühstück zurückkommen, zu sein scheine, melde ich mich direkt wieder zur Toilette ab.

Es ist auch heute wieder ein sehr warmer Tag und wir dürften die 30 Grad, obwohl es erst gegen halb acht ist, überschritten haben. Der Aufenthalt in der Sonne unter der schweren Ausrüstung und die Eile haben meine Körper zusätzlich aufgeheizt. Unter der Weste schwitze ich bereits stark und da ich noch auf die Toilette möchte, lege ich die komplette Ausrüstung wieder ab. Ohne jetzt auf Ordnung zu achten, lasse ich alles fallen, wohin es fällt. Der Blick in meine bereits mehrfach gelesene Autozeitschrift bringt die Gedanken zwar nur schlecht runter, lenkt mich jedoch für wenige Minuten von der Außenwelt ab. Die Bilder der „menschlichen Rauchwolke“ funken immer mal wieder ins Bild. Dann beginne ich die ABC-Tasche mit an die IDZ-Weste zu hängen, um mich nicht durch das Koppeltragegestell zusätzlich in der Bewegung zu behindern. In Deutschland, wo wir in der Regel ohne Schutzweste an Übungen teilnehmen oder zum Schießen gehen, kommt dort sonst die Ausrüstung dran. Ähnlich einer Kombination aus Hosenträger und Gürtel in einem, kann ich hier an dafür vorgesehenen Befestigungspunkten die Ausrüstung einhängen. Das jetzt zusätzlich zur Überwurfweste anzuziehen, wäre sehr unpraktisch. Denn die IDZ-Weste erfüllt ja den gleichen Zweck und bietet darüber hinaus mehr Möglichkeiten, Ausrüstungsgegenstände zu befestigen. Erneut lege ich die Weste, meine Pistole und die Überwurfweste an. Den Softdrink stelle ich in den Kühlschrank und lege mir stattdessen eine Flasche Wasser in meinen an der IDZ-Weste hängenden Helm. Er zeigt mit der Öffnung nach oben und so kann ich ihn wie einen kleinen Korb nutzen und lege meine Handschuhe dazu. Mit etwas Anstrengung gelingt es mir, den robusten Reißverschluss der Weste vollständig zu schließen. Mit der Schutzbrille auf dem Helm und der vollständig angelegten Ausrüstung dürfte der Anblick jetzt selbst für einen Fahrlehrer unter den Soldaten recht professionell rüberkommen. Jetzt greife ich noch mein Gewehr am Lauf und den Schlüssel für die Stube und begebe mich wieder auf den Flur. Mit der Weste war es schon beengt und unangenehm, doch jetzt mit voller Ausrüstung kann man gar nicht mehr annähernd bequem sitzen. Der Oberkörper ist fest eingeschnürt und das Gewicht der Ausrüstung zieht selbst im Sitzen unangenehm stark an den Schultern. Wieder versuche ich mich so zu positionieren, dass ich es wenigstens einige Minuten ohne Bewegung aushalte. Langsam werde ich müde und die Augenlider werden unter der relativen Ruhe schwer. Die letzten Stunden haben wohl mächtig Energie gekostet. Doch immer, wenn die Augenlieder zufallen wollen, sind die Bilder des Angriffes wieder da – wie, wenn jemand mit der Fernbedienung spielt, weil er sich nicht für ein Programm entscheiden kann.

Immer noch laufen draußen die Gefechte und Detonationen reißen die Kameraden aus der Ablenkung. Nach jedem neuen Knall beginnen erneut die Spekulationen, um welche Art von Waffen es sich handelt und welcher Sprengstoff wohl dem Geräusch zuzuordnen ist. Teilweise sind die Explosionen wieder so laut, als kämen sie aus dem Innenhof unseres Gebäudes. Auch über Funk wird genau durchgegeben, was die Posten in den Stellungen an Sprengungen und Gefecht wahrnehmen. Wir scheinen nicht dabei und doch sehr nah dran zu sein. Als müsse sich nur mal einer der Angreifer in unsere Richtung drehen und schießen, dann wären wir sofort mittendrin. Anders als 2006 empfinde ich jetzt nicht mehr diese „Filmsituation“. Alles wirkt sehr real und jeder neue Schuss, der je nach Schall näher oder ferner klingt, wird aktiv wahrgenommen. Vielleicht der einzige zurzeit denkbare Weg festzustellen, wie akut die Gefahr wirklich ist?

Meine sonst coole und lockere Denkweise beginnt zu bröckeln. Möglicherweise weil ich gerade zu viel Zeit habe, darüber nachzudenken. Aus den Medien heißt es, es wären nur sieben Angreifer. Sieben Angreifer, die vermutlich mehrere Hundert Soldaten und Polizisten beschäftigen und dass schon mehrere Stunden? Über Funk kommt durch, dass sowohl die afghanische Polizei als auch das Militär die gesamten Straßen um den Flughafen abgeriegelt haben. Dicht an dicht, nur wenige Meter voneinander getrennt, sind die

Männer die Straßen entlang aufgestellt. Sehen können wir das alles hier aus dem Flur heraus noch nicht. Die neue große Stahltür zur Feuertreppe hat kein Fenster und so bleibt höchstens der Blick zur anderen Seite. Dort blickt man jedoch aus dem getönten Fenster direkt gegen die Hauswand des Nachbargebäudes. Der Spalt des geöffneten Fensters lässt immer wieder, recht laut, den Schall der Schüsse in den Flur brechen. Teilweise so laut, dass ich wirklich nicht sicher bin, ob nicht im Innenhof geschossen wird. Doch das würden wir wohl mitbekommen. Meine einsetzende, vermeitliche Langeweile wird unterbrochen.

Als Ablösung für unseren S6-Feldwebel begebe ich mich in den unteren Flur. Seit anderthalb Stunden hat er hier gestanden, fast vergessen. An allen drei Eingängen des Gebäudes sind Posten aufgestellt, um diese abzusichern. Sichtlich erfreut lässt er sich von mir ablösen und mit der Bitte, mich nicht auch hier zu vergessen, entlasse ich ihn aus seiner Verantwortung. Es ist ruhig hier im Flur. Für Gespräche unter den drei Posten sind die Entfernungen zu weit und so tut jeder, wofür er hier steht und beobachtet seinen Bereich. Wenn ich mich rechts an der Tür aufstelle und durch die getönte Scheibe schaue, kann ich den Zufahrtsbereich einsehen. Würde sich hier jemand „reinsprengen“, um weitere Angreifer in das Camp zu bringen, dann hätte ich für eine kurze Zeit ein sehr gutes Schussfeld. Eigentlich sollte der Yak, der kleine Rettungs-LKW, in der Zufahrt direkt hier vor dem Gebäude stehen. So würde er der unteren Etage als ersten Schutz bei einer Detonation dienen und direktes Feuer der Angreifer in das Gebäude erschweren. Doch aus mir nicht bekannten Gründen steht er rechts in der Gasse neben dem Gebäude.

Hier ist es noch wärmer als oben im Flur auf den Bänken. Die Sonne scheint direkt auf die Tür und hat sie bereits stark erhitzt. Es gibt keine Sitzgelegenheit. Da das Fenster in der Ausgangstür zu hoch ist, macht auch nur stehende Beobachtung Sinn. Schon nach wenigen Minuten beginnt wieder die schwere Ausrüstung am Körper zu ziehen. Als würde ich von Minute zu Minute einige Zentimeter gestaucht, drückt der Schmerz an den Fußsohlen und an den Schultern. Ich drehe das Gewehr wieder mit der Mündung nach unten und stelle es auf den Türvorleger. Die Staubschutzkappe auf dem

Mündungsfeuerdämpfer verhindert Beschädigungen. Die Schulterstütze klemme ich wie eine Krücke unter die Schutzweste. Durch die Keramikplatten wird der Druck auf den gesamten vorderen Bereich verteilt und der Großteil des Gewichts von den Schultern genommen. Leicht breitbeinig und nach vorne gebeugt, um die fehlende Höhe des Gewehres auszugleichen, lasse ich mich an die Tür kippen.

Wenn ich bedenke, dass ich nun bis zu zwei Stunden hier stehen muss, kann das noch „lustig" werden. Und obwohl immer mal wieder Kameraden der Unterstützungskompanie durch die „Schussbahn" laufen, gibt es auch nicht viel zu sehen. Nach einiger Zeit wird es sogar anstrengend, den Blick konzentriert in Richtung des Haupttores zu lassen. Die Sonne blendet selbst durch die bräunlich getönten Scheiben und die Hitze an der Tür scheint weiter zu steigen. Hin und wieder kommen Kameraden, die etwas von der Stube holen, durch den Flur. Wirklich jeder fragt nach, ob er mir etwas Kühles zu trinken aus seiner Stube mitbringen soll. Eine Banalität und doch beispielgebend für die steigende Kameradschaft in schwierigen Situationen. Man könnte als Außenstehender denken, dass mit der steigenden Gefahr sich jeder selbst am nächsten ist, doch so ist das nach meinen Erfahrungen überhaupt nicht. Nicht hier bei der Bundeswehr und woanders vermutlich auch nicht. Ob es unter dem realen und direkten Einschlagen von Geschossen noch genauso wäre, lässt sich auch schwer sagen. Denn hier ist jeweils die Persönlichkeit der Beteiligten entscheidend.

Es ist einer der wenigen Tage, an denen ich sehr wenig Zeit mit Dieter verbringe. Als auch er durch den unteren Flur geht, bemerkt oder beachtet er mich überhaupt nicht. Da er zur anderen Seite Richtung Innenhof geht, kann es durchaus sein, dass er mich wirklich nicht gesehen hat. In voller Montur sehen wir ja auch, wenn man nicht genau das Gesicht sieht, alle irgendwie gleich aus. Doch insgesamt ist er auch in den Momenten, wo wir heute Kontakt miteinander hatten, sehr ruhig und in sich gekehrt erschienen. Außer, dass ich mir die auf der kleinen Bank vor der Küche rauchenden Kontraktoren mal genau ansehen kann, passiert hier unten auch nicht viel. Gut so. Da sie mich hinter der Scheibe nur schlecht erkennen können, fällt es ihnen nicht wirklich auf. Fast zwei Stunden habe ich nun hier voll und bin bis auf die Unterhose durchgeschwitzt.

Endlich kommt Ablösung, weil mein Typ anderswo verlangt wird. Doch die Freude währt nicht lang, denn in der Besprechung, in der ich erwünscht bin, wird der Plan für die eingerichteten MG-Stellungen bekannt gegeben. Mir bleiben noch knapp 40 Minuten, dann muss ich erneut für zwei Stunden und diesmal direkt in die Sonne mit Dieter und einem der Fahrer in die MG-Stellung. Zielstrebig begebe ich mich mit Ende dieser Besprechung in meine Stube. Wir brauchen uns nun nicht mehr in den Sammelräumen aufzuhalten und müssen statt der kompletten Ausrüstung nun nur noch die Waffen am Mann haben. Wieder fliegen die Weste und die Waffen auf den Boden. Ein befreiendes Gefühl und endlich kann ich mich in meiner auf 22 Grad gekühlten Stube etwas erholen und vor allem abkühlen.

Wir sind nun etwa sechs Stunden im Dauerstress. Zeit zum Duschen oder ein paar Minuten zu ruhen habe ich nicht. Also setze ich mich in Shirt und Unterhose vor den Laptop, um so genau wie möglich festzuhalten, was hier zurzeit passiert. Eine kühle Cola bringt Erfrischung von innen und ich komme gut voran, obwohl ich durch häufige Tippfehler meinen Ermüdungsgrad gut erkennen kann. Als hätte ich mich eben erst gesetzt, beginne ich mich wieder aufzuraffen und die Ausrüstung anzulegen. Für die Stellung muss ich natürlich wieder alles dabeihaben und diesmal setze ich den Helm auch auf. Zwar stehen in der Stellung auf der Feuertreppe Stühle und eine Zeltbahn, die etwas Schatten spenden soll, doch für den „Beobachter“ nützt das wenig. Setzt man sich in einen der drei Stühle, die vor dem Tisch mit Munition und etwas Trinken aufgestellt sind, dann kann man nicht mehr über die Brüstung aus Stahlplatten und Beton schauen. Das schwere Maschinengewehr liegt mit dem Rohr auf der Brüstung vor uns und mit dem Griffstück auf der seitlichen Brüstung. Sieht etwas gefährlich aus, denn stößt jemand unaufmerksam dort dagegen, geht es etwa zehn Meter abwärts. Doch für einen sofortigen Einsatz im Angriffsfall muss es griffbereit liegen. Da es fertig geladen ist und nur noch entsichert zu werden braucht, ist die Zielrichtung zum Tor auch besser.

Nach wenigen Worten gehen die sichtlich erschöpften, da seit zwei Stunden der direkten Sonnenbestrahlung ausgesetzten, Kameraden in das Gebäude. Der Oberstaber macht den Führer der Stellung und der eingeteilte Fahrer darf hinter der Feuerschutztür im Schatten des Gebäudes bleiben. Es ist ohnehin nun sehr eng hier und warum müssen sich alle „braten“ lassen? Ich greife mir, nach einem kurzen Blick auf das MG und die Ersatzmunition, das Fernglas. Es hat eine optimale Vergrößerung und zum ersten Mal seit gut zwei Monaten habe ich die Position und Gelegenheit, mir die Umgebung um das Camp genauer anzusehen. Nur das leichte Zittern meiner Arme und Hände unter dem Gewicht der Ausrüstung beim Hochnehmen der Arme stört etwas. Darum setze ich die Ellenbogen auf der Brüstung auf und stelle mich breitbeinig hin, um auch hier die fehlende Höhe auszugleichen. Bevor ich in die leichte Hocke gehe, was unter Gewicht schnell zur Folter werden kann, stelle ich auch hier einfach die Beine breiter auseinander. Ganz nebenbei kommt so auch dort etwas bessere Belüftung hin. Jetzt, wo das Fernglas ruhig und fixiert ist, kann ich sehr weit und auch genau schauen. Sehr langsam beginne ich die Umgebung zu scannen. Mein Augenmerk liegt dabei, abgesehen von anderen Kleinigkeiten, die mich zwischendurch ablenken, auf den zerstörten oder unfertigen Gebäuden. Sie bieten mit ihren hohen Positionen und großen Öffnungen eine gute Stellung für Schützen.

Aus dieser Perspektive lädt unser Camp geradezu Scharfschützen zum „Übungsschießen“ ein. Wenn hier normaler Betrieb ist und der „Sniper“ (Scharfschütze) etwas Geduld hat, sind ihm eine Menge Ziele sicher. Ebenfalls böte die zum Berg verlaufende Straße eine gute Abschussposition für Schützen mit Panzerfaust und ähnlichen Waffen. Die Sonne brennt erbarmungslos und schickt mir immer wieder Schweißperlen die Schläfe entlang. Es dürften um die 40 Grad Lufttemperatur sein. Der hin und wieder vorbeiziehende schwache Wind macht die Wege des Schweißes durch sofortige Kühlung der Haut nachvollziehbar. Dieter und ich wechseln uns immer wieder ab, damit jeder Zeit im schattigen Stuhl verbringen kann. Die Ausrüstung macht mich so breit, dass ich nur mit Mühe und auch nur seitlich mit dem Po auf die Sitzfläche kommen kann. Egal, Hauptsache etwas sitzen, Beine entlasten und Schatten.

Ein Angestellter der Küche kommt mit einem roten Tablett die Feuertreppe rauf. Er bringt kalte Getränke und wird von uns freudig und lautstark empfangen. Wer auch immer das angeleiert hat, es ist eine coole Geste und einfache Kameradschaft! Da Mittagszeit ist, könnte es sowohl unser Spieß oder einer der Kameraden der Freischicht gewesen sein. Wir müssen noch bis 13 Uhr durchhalten, dann bekommen auch wir etwas zu Essen. Die Küche bleibt extra für uns bis halb zwei geöffnet. Wieder habe ich das Fernglas in der Hand und habe den Sprungturm des Freibades auf dem Berg entdeckt, bei dem wir erst kürzlich gewesen sind. Jetzt wie beim letzten Mal dort oben auf dem Sprungturm stehen und jemanden haben, der es von hier mit einem Superteleobjektiv fotografiert, das hätte was!

Es ist beeindruckend, wie überschaubar Kabul, zumindest auf dieser Seite eigentlich ist. Im zähflüssigen Verkehr hat man ständig das Gefühl, Kabul wäre eine Megastadt. Doch der Blick von hier oben enttarnt die optischen Täuschungen der kleinen und verschachtelten Wohnsiedlungen. Zwar ist es staubig wie immer, doch Sicht genug, um das gesamte Tal Kabuls zu erfassen. Die ersten Flieger ziviler Airlines heben wieder ab. Ein gutes Zeichen. Die Zeit zieht sich trotz der optischen Abwechslungen scheinbar endlos hin. Der Blick in die Nachbarcamps zeigt keinerlei Aufregung oder Hektik. Lediglich ein Posten auf dem Dach an derselben Stelle wie heute früh signalisiert Wachsamkeit. Die ersten Toyotas verlassen sogar wieder die Nachbarcamps. Von den Kameraden bekommen wir die neuesten Infos aus den Medien.

Die Lage scheint bereinigt. Sieben Angreifer hatten mit Panzerfäusten, Gewehren und Sprengsätzen den Flughafen an einem der nördlichen Gates zu unserer Seite hin angegriffen. Doch weit sind sie nicht gekommen. Zwei haben sich selbst in die Luft gesprengt und damit versucht, die Mauern und Zäune für die anderen zu zerstören. Ein Teil der restlichen fünf wurde sofort erschossen und der andere hatte sich im gegenüberliegenden, mehrstöckigen Rohbau verschanzt. Dumm und aussichtslos. Alles scheint von schlechter Hand geplant. Angeblich sollen sie Kampfhubschrauber der afghanischen Luftwaffe zerstört haben, doch die kann ich in ihren Parkpositionen von hier perfekt einsehen und keine Zerstörung erkennen.

Der S6-Feldwebel lässt uns aus seinem privaten Vorrat Wassereis vorbeibringen. Eine absolut simple aber effektive Erfrischung unter der heißen Sonne. Von außen dürfte das jetzt ein lustiges Bild sein, denn die bunten Eisstangen in den Händen der voll aufgerüsteten Soldaten müssen sehr irreal wirken. Ein weiteres Zeichen, dass die Anspannung nachlässt und die Bedrohung offensichtlich sinkt. Endlich kommen die ersten der Ablösung. Eilig beginnen Dieter und der Fahrer, ihre Sachen zusammenzusuchen, um die Stellung zu räumen. Noch fehlt aber mindestens ein Kamerad und so bleibe ich noch mit dem Fernglas in den Händen an meinem Aussichtspunkt stehen. Erst wenn sie vollzählig sind, werde ich ebenfalls gehen. Schon wenige Sekunden später steht Felix, der zum neuen Stellungs-Team gehört, in der Feuerschutztür. Ich lege das Fernglas auf den Tisch, greife mit der rechten Hand mein Gewehr und mit der Linken das bisschen Müll, was ich hier erzeugt habe und zwänge mich durch zur Feuerschutztür. Jetzt nur noch alles ablegen und dann zum Essen. Danach werde ich versuchen etwas zu ruhen und den Akku wieder aufzuladen.

Als wir gerade vom Essen kommen, wird erneut der Alarm aufgelöst. Es bleiben die persönlichen Waffen (Gewehr und Pistole) zwar am Mann/Frau, aber die Stellungen werden vorerst wieder abgebaut. Pech gehabt, denn wäre ich in der zweiten Schicht gewesen, dann könnte ich jetzt nach gut 30 Minuten wieder abziehen. Die Lage am Flughafen scheint endgültig unter Kontrolle. Damit besteht die Möglichkeit, Duschen zu gehen und die Ausrüstung zu überprüfen. Möglicherweise wurde etwas verloren oder beschädigt.

Am späten Abend kommen alle Mitglieder unserer Einheit zu einem Abschlussbriefing zusammen. Der kleine Aufenthaltsraum ist prall gefüllt mit Deutschen und Ungarn. Der Oberst findet ausschließlich lobende Worte für den gesamten Ablauf dieses „scharfen“ Alarmes. Gleichzeitig muss er jedoch einen neuen Befehl der übergeordneten Führung bekanntgeben und konterkariert damit teilweise sein zuvor geäußertes Lob. Ab sofort gilt ein verschärftes Alkoholverbot. Der Erwerb von Bier und anderen Alkoholika ist nun nicht mehr möglich und auf den Stuben darf nichts mehr konsumiert werden.

Ausschließlich in der „Wolfshöhle“ (Betreuungsbar) darf zwischen 20 und 22 Uhr im Rahmen der Zwei-Dosen-Regelung die „Sucht“ oder der Genuss befriedigt werden. Damit fällt eine langjährige Freiheit des alten Camp Warehouse. Denn diese Regelung ist nicht neu und galt bereits auch in den anderen Standorten der Einsätze. Nur in Kabul, warum auch immer, wurde diese Regelung sehr „locker“ umgesetzt. Mich stört es nicht, doch der eine oder andere wird daran zu knabbern haben und es als unangenehme Einschränkung empfinden. Doch wer ehrlich zu sich selbst ist, wird einsehen, dass es genauso gerecht für alle im Einsatz befindlichen Soldaten ist und die jederzeitige Einsatzbereitschaft der Soldaten für dieses Problem sicherstellt. Wer sich dennoch etwas von zu Hause schicken lässt und heimlich auf der Stube konsumiert, muss, jedenfalls wenn es rauskommt, mit empfindlichen Maßnahmen rechnen. Wer weiß schon, wann der nächste scharfe Alarm auf uns wartet? Dann möchte ich persönlich auch nicht irgendwelche betrunkenen Kameraden aus den Stuben in die Sammelräume ziehen.

Mit der Ansprache geht ein langer Tag zu Ende. Ein abschließendes Telefonat mit der Familie soll für etwas Entspannung zu Hause sorgen und tut es gefühlt auch. Wenn man jedoch nicht viel erzählen darf und zusammen nichts im Alltag erlebt, dann gibt es auch immer weniger am Telefon zu reden. Ich lebe hier in meiner eigenen Welt und die Familie in ihrer. Für morgen, was nach so einem Tag sehr unüblich ist, ist jede Fahrt wieder frei gegeben und so werden wir auch wieder zu unseren Afghanen rausfahren und die Routine wieder aufnehmen. Übermorgen wartet schon das nächste Highlight auf mich und einige andere Kameraden, denn wir werden mit Benni zu zwei Mädchenschulen fahren, dann dort für „Lachen Helfen“ Spenden verteilen und den Fortschritt verschiedener Projekte besichtigen.

Noch am Abend des langen Tages machen die Beteiligten dieser Aktion unter Bennis Leitung eine Einweisung zum geplanten Ablauf. Benni nimmt es sehr ernst und möchte, dass jeder gut informiert ist und einen reibungslosen Ablauf gewährleisten. So werden die Fahrzeugbesatzungen festgelegt, die Reihenfolge bei der Fahrt und Besonderheiten im Umgang mit den Schülerinnen bei den Spendenübergaben abgesprochen. Gerade kleine Fehler fallen so auf und können in der Planung noch geändert werden. Das alles wirkt solide und durchdacht. Wir vereinbaren am kommenden Nachmittag die Beladung der vier Fahrzeuge mit den Hilfsgütern. Da ohne Bennis Wissen der Spendencontainer umgestellt wurde und das Material lediglich hineingeräumt aber nicht wie Ladung gesichert war, bietet sich uns ein ärgerliches Bild. Bettwäsche, die gespendet werden soll, liegt auf dem stark verschmutzten Boden des Containers. Abgesehen davon wurde er vom Boden auf einen anderen Container gestapelt. So müssen wir die gesamten Spenden, darunter sind viele schwere Kartons, über die Leiter nach unten schaffen. Wieder einmal der direkten Sonne ausgesetzt, wird das zu einer sportlichen Aufgabe. Doch nach und nach werden die ersten beiden Wölfe von Benni und mir voll. Decken, Spielzeug, Schulsachen und andere Kleinigkeiten kommen bei uns hinein. Die anderen Fahrzeuge werden etwas später beladen und da Benni mich nicht mehr hier braucht, überwinde ich mich und gehe, trotz der vorangegangenen Anstrengungen, noch auf die Rudermaschine im GYM. Damit sind meine Vorbereitungen für den morgigen Tag abgeschlossen und ich freue mich darauf, mal in einen ganz neuen Bereich dieser Stadt zu schauen.

Wir beginnen den neuen Morgen mit einem gemeinsamen Frühstück. So können wir die letzten offenen Fragen klären und gemeinsam in den spannenden Tag starten. Damit es eine Weile reicht und weil wir mit den Afghanen draußen essen, mache ich mir das Tablett recht voll. Zwar habe ich keine Bedenken das Essen der Afghanen anzunehmen, doch was drin ist, ist drin. Tim, der heute auch dabei ist und die „Presseabteilung" abdecken soll, hat Magenprobleme. Er hat ein Talent mit seinen Äußerungen Steilvorlagen für meine Sprüche zu geben und da Dieter und ich gut drauf sind, wird es sehr lustig. Wir kommen kaum noch zum Essen, weil wir uns voll rein steigern, wie wir uns Tim auf der Kindertoilette der Afghanen vorstellen. Die Türen der Kabinen so niedrig, dass man seinen Kopf rausschauen sehen kann und dann das schmerzverzehrte Gesicht eines Durchfallkranken. Ich kann nicht mehr! Mir kommen die Tränen und der Bauch meldet Muskelschmerzen. Wann habe ich das letzte Mal so herzlich gelacht? Seine gutmütige Art gibt ihm die Ruhe, es mit einem Lächeln hinzunehmen. Zum ersten Mal habe ich dennoch deswegen ein wenig ein schlechtes Gewissen. Vielleicht war es doch eine Spur zu viel auf Kosten von Tim? Ein guter Zeitpunkt um das Frühstück zu beenden und so stehen Dieter und ich fast zeitgleich auf und bringen die Tabletts weg. Noch etwas Zeit für die Toilette und dann geht es wieder in die Ausrüstung. Auch dieser Tag wird uns mit Hitze quälen.

Benni ist schon bei den Fahrzeugen als wir dort ankommen und auch zwei Kameraden der Wehrverwaltung sind bereits dort. Der weißhaarige Hauptmann, mit dem ich vor zwei Tagen den Angriff auf den KAIA zuerst wahrgenommen habe, ist dabei und ein Hauptfeld den ich aus der Vorausbildung aus Wildflecken flüchtig kenne. Der Hauptmann und seine Frau haben einiges an Spenden bereitgestellt und daher hat Benni sich entschieden, ihn zum Dank mit raus zu nehmen. So kann er mit eigenen Augen sehen, wo seine Spenden und die der anderen aus Deutschland hinkommen. Ich fülle noch kurz den Fahrauftrag aus und schaue um das Fahrzeug herum. Dann starte ich den Motor um den Innenraum, der schon jetzt wieder locker 40° hat, mit der Klimaanlage herunter zu kühlen. Nachdem ich die Fenster mit einem trockenen Lappen vom Staub befreit habe, begebe ich mich zu den Anderen. Eigentlich ziehe ich die Fenster immer feucht ab, doch der Wolf ist so vollgeladen, dass ich an die Sachen dafür nicht mehr rankomme. Durch den fehlenden Regen der letzten Tage ist ohnehin kein Schlamm auf den Fenstern und so reicht das Abstauben. Kaum schon viel bewegt, schwitze ich bereits wieder stark und den anderen, man sieht es an den Schweißperlen auf den Köpfen, geht es genauso. Unsere neue „Admin“ ist auch dabei und fährt bei Benni mit. Er möchte sie, da sie ja nun mal eine Frau ist, als Bezugsperson für die teilweise sehr scheuen Mädchen einbinden. Ich halte das für eine gute Idee, denn da sie sonst auch selten rauskommen wird, aus dem Camp, schlägt er so zwei Fliegen mit einer Klappe. Ganz in Ruhe weist Benni unsere Gruppe wiederholt und jetzt mit der Karte von Kabul, in die Strecke und den Ablauf ein. Dieter, der es sicher gut meint, fällt ihm immer wieder ins Wort um weitere Punkte anzusprechen. Hätte er das so oft und lange bei mir gemacht, hätte ich ihn gefragt, ob er den Tag alleine leiten möchte und dann aber auch ohne das Hintergrundwissen stehen gelassen. Nur schwer kann ich mir auf die Zunge beißen um keinen Spruch zu machen. Doch wir haben „Gäste“ dabei und da wäre es ungünstig, da sie mich nicht kennen und das möglicherweise falsch deuten könnten. So zieht sich die Fahrtbesprechung unnötig in die Länge. Auch Tim fängt an seinen Senf dazu zu geben. Irgendwie meint jeder, dass er unseren Gästen besonders gute Ratschläge geben muss. Um 8 Uhr wollten wir starten und genervt werde ich ungeduldig. Nicht weil es etwas länger dauert und die Zeit wichtig wäre, sondern weil wir uns den Großteil des „Gelabers“ sparen könnten.

Benni gibt durch eine klare Ansage das Signal zum Starten und so lasse ich mich nicht lange bitten und setze mich hinter den angenehm kühlen Luftzug meiner Klimaanlage. Dieter kommt zu mir an die Fahrertür. Jetzt hat er sich auch noch eine Zigarette angesteckt. Kritisch fragt er mich, ob seine Ausführungen zu lang waren. Sehr gute Selbstbeobachtung! Doch zu lang war für mich nur das zweite Problem. Ich frage ihn, warum er sich überhaupt in Benni seine Ausführungen eingemischt hat und als wolle ich ihn wenigstens für die Selbsterkenntnis belohnen, verkneife ich mir jegliche Sprüche und versuche ihm diplomatisch die Nachteile seiner Kommentare zu beschreiben. Immer wenn ich den „Klugscheißer“ spiele oder spielen muss, weil er ein wenig durch die Fettnäpfchen trampelt, komme ich mir eigentlich blöd vor. Doch auch wenn meine Einschätzung oder mein Empfinden in der entsprechenden Situation falsch oder einfach nur übertrieben gewesen sein sollte, wir sprechen wenigstens darüber. Im schlimmsten Fall ist er etwas beleidigt.

Endlich sitzen alle in den Fahrzeugen und der Konvoi rollt los. Die Strecke, gerade um diese frühe Uhrzeit, ist ähnlich interessant wie schon so oft und der Wiedererkennungswert der Strecken ist mittlerweile hoch. Inzwischen habe ich in Afghanistan weit über 10000km abgespult. Gerade die Hauptstraßen kenne ich schon gut. Wir kommen erstaunlich gut voran und trotz des dichten Verkehrs und der vielen „Drängler“, bleiben alle vier Fahrzeuge zusammen. Selbst wenn man sehr genau im Spiegel auf den alten Toyota der Wehrverwaltung achten muss, da er in der Menge der zivilen

Fahrzeuge, in seiner schwarzen Lackierung leicht unter geht. Erst als wir nach rechts in eine schmale und dennoch geteerte Straße einfahren, weiß ich nicht mehr genau wo ich bin. Da es sich um einen Schulweg handeln dürfte, ist der gute Zustand der Straße nachvollziehbar. Um die Schulen auch zukünftig nicht unnötig zu gefährden, lasse ich ihren Namen weg. Doch in diesen Schulen, die keine Gelder von den Eltern der Mädchen nehmen, können reiche und arme Kinder angemeldet werden. Der Konvoi kommt zum Stehen. Kurz zuvor habe ich „Schoko“, den Sprachmittler der Vierten, die Straße runter laufen sehen. Er hatte Benni beim Finden der richtigen Einfahrt geholfen, da hier alles sehr ähnlich aussieht. Links von uns ist das Einfahrtstor zur Schule. Wir müssen in einem kleinen „Wendehammer“ am Ende der Straße mit dem gesamten Konvoi drehen, um vor das Tor, welches sich entgegen unserer ursprünglichen Fahrtrichtung öffnet, zu fahren. Es ist sehr eng und das Gebäude hinterm Tor steht so dicht, dass der Wendekreis des Wolfes fast zu groß ist, um in einem Zug herum zu kommen. Ich richte mich im Sitz auf und strecke mich weit über das Lenkrad, um die Ecken des Wolfes besser einzusehen. Dieter sagt nichts. Er hat es sich zu Herzen genommen und wartet nun, bis ich ihn um Hilfe bitte. Doch zu leicht will ich auch nicht nachgeben und so fahre ich alleine und wortlos, vorsichtig durch die enge Zufahrt. Gleich wieder rechts über eine Betonfläche, die als Basketballplatz angelegt ist. Wir drehen hinter dem Platz und stellen uns ohne ihn zu versperren, wieder in „Fluchtrichtung“ auf. So können wir je nach Situation, ohne aufwendige Wendemanöver, im Bedrohungsfall das Gelände zügig wieder verlassen.

Wie ein durch Honig angelockter Bienenschwarm kommen die ersten Mädchen von allen Seiten. Der Innenhof der Schule ist sehr grün und mit viel Rasen und Bäumen bepflanzt. Etwa 30 Mädchen, die verschiedene Sportdress anhaben, stellen sich in einer Reihe auf dem Platz auf. Sie haben Schilder in den Händen und Cap´s auf den Köpfen. Trotz der Hitze reicht die Bekleidung über den gesamten Körper. Nur die Hände und das Gesicht geben Haut frei. Die meisten von ihnen lächeln freundlich oder kichern sogar. Mehrere ältere

Damen mit Kopftüchern stehen bei ihnen. Sie warten auf uns, doch bevor es los geht, muss Benni uns sagen, was er jetzt genau aus den Fahrzeugen haben möchte. Er hat sicher sein System die Güter an die Mädchen zu bringen und da werden wir uns auch nicht einmischen. Ich denke alle von uns die heute dabei sind, sehen sich als Bennis Gäste und empfinden die Teilnahme als etwas Besonderes. Wir begrüßen die Sprachmittler, denn neben Schoko ist ein weiter dazu gekommen. Dann geht Benni voran in Richtung der Mädchen. Sie müssten so zwischen 8 und 10 Jahre alt sein und setzen direkt mit einer Begrüßung an. Benni antwortet auf Dari und im Chor beginnen sie mit ihm im Wechsel die verschiedenen Begrüßungsformeln zu rufen. Da sie erstaunlich synchron dabei sind, klingt es wirklich gut und vor allem laut. Da gerade noch keine offizielle Pause ist, sieht man sonst nur vereinzelt Mädchen auf dem Gelände. Doch die, die ich sehen kann, tragen eine Art Schuluniform. Ein langes schwarzes Kleid und weiße Kopftücher bieten ein einheitliches Bild. Sie alle tragen das Gesicht offen. Noch nie zuvor habe ich in diesem Land so viele und auch so hübsche Mädchen auf einem Haufen gesehen. Benni und wir Anderen werden von den älteren Damen, unter denen die Schulleiterin ist und auch Lehrerinnen, freundlich begrüßt. Bis auf Arbeitskräfte wie den Hausmeister, sind hier nur Frauen beschäftigt. Wir sehen auch nur Lehrerinnen und keine Lehrer.

So ganz sicher bin ich noch nicht, was genau man hier als Mann darf und was nicht. Denn je nach familiärer Erziehung, sind die Mädchen offen oder meiden uns männliche Soldaten. Benni zieht sich unsere Admin heran und beginnt nach dankenden Worten für den freundlichen Empfang, die ersten kleinen Geschenke zu verteilen. Tim ist seit dem Aussteigen aus dem Fahrzeug voll in seinem Element und fotografiert was das Zeug hält. Für Benni ist es wichtig, dass alles möglichst genau festgehalten wird. So kann er die Spender in Deutschland an der Übergabe teilhaben lassen. Benni hatte uns schon gesagt, dass die Mädchen sich, wenn sie etwas von uns bekommen, disziplinierter benehmen, als wir das von den Jungen draußen auf der Straße und auch im Gelände kennen. Doch der gebotene Anblick erstaunt selbst mich. Ordentlich, wie an der Kasse des Supermarktes, stellen sie sich in einer Reihe auf, um kleine Plüschteddy´s von Benni und unserer Admin entgegen zu nehmen. Sie sind fröhlich und haben keine Berührungsängste. Es folgen jede Menge Fotos in der Gruppe und mit allen Soldaten. Tim hat immer mindestens zwei Kameras, die er zum Einsatz bringen möchte. Eine dienstliche und seine private. So dauert es etwas, bis wir die einzelnen Situationen im Kasten haben. Um die Kinder zum Lächeln für die Fotos zu animieren, hebt Benni seine Hand und spreizt die zwei ersten Finger zum „Victory-Zeichen“. Dann ruft er ihnen vor: “Peace“ und gehorsam und lautstark wiederholen sie es. Selbst beim 20. Foto klingen sie motiviert wie beim Ersten. Was hier gerade auf mich zu wirken beginnt, ist eine ganz neue Erfahrung. Die Mädchen kommen auf uns zu und begrüßen uns auf Englisch. Sie fragen uns Löcher in den Bauch und das in einem sehr guten Englisch. Das ist ein wichtiger Teil der afg. Zukunft und man kann nur hoffen, dass über alle kulturellen und religiösen Hürden hinweg, eine Chance für sie in dieser Gesellschaft besteht. Zwei von uns haben ihre Gewehre dabei. Und als wollte Benni es schnell nachschieben, entschuldigt er sich bei den Frauen dafür und verweist auf die aktuelle Sicherheitslage und unsere Vorschriften.

Das wird ein Tag, an dem die Weste ununterbrochen an bleiben wird. Wir sind gerade wenige Minuten hier und unter der Ausrüstung schon nass geschwitzt. Immer wieder wische ich mir mit dem Handrücken über die Stirn, während ich damit beginne, Teile der Spenden mit auszuteilen. Nebenbei versuche ich mich auf die verschiedenen Fragen der Mädchen zu konzentrieren und bin innerlich stark begeistert. Zwar wollen sie auch eher belanglose Dinge wie unsere Wohnorte wissen, doch auch wichtige politische Erkenntnisse bringen sie rüber. Eine von ihnen erklärt mir, während unsere Admin weitere Kuscheltiere aus dem Karton in meinen Händen nimmt, dass sie es später schwer haben wird. Zwar bekommt sie eine gute Ausbildung und will dann auch studieren, doch sie glaubt nicht, dass sie in der männerdominierten Kultur damit etwas anfangen kann. Sie ist höchstens 11 oder 12! Das unsere, die Anwesenheit der Ausländer, besonders wichtig für die Sicherheit im Land sei, schickt sie mir in fast flüssigem Englisch rüber. Mit ihren leuchtenden braunen Augen scheint sie eine Antwort darauf zu erwarten. Mit einer Redepause unterstreicht sie die Erwartungshaltung. Doch was soll ich sagen? Klar werden wir euch weiterhelfen und auch vorerst nicht komplett abziehen, sage ich ihr und bin mir meiner Antwort nicht sicher. Zufrieden nickt sie mit dem Kopf und ihre Augen beginnen noch stärker zu leuchten. Als hätte sie mich nach einem Geburtstagsgeschenk gefragt und ein ja bekommen.

Durch unsere Sprachmittler wissen wir ja schon, dass die Ängste und Befürchtungen, die mit einem möglichen Abzug der Schutztruppen verbunden wären, tief in der Bevölkerung einschneiden. Als kleiner Junge habe ich teilweise nächtelang kein Auge zu bekommen, weil wir in der Schule die Kriege und ihre Folgen behandelt hatten. Das unsere Klassenfeinde Atombomben hätten und nicht zögern würden sie gegen uns einzusetzen, hat damals echte Ängste und Albträume in mir geschürt. Vielleicht empfinden es die Kinder hier ähnlich. Wer weiß was die Eltern ihnen zu Hause erzählen. Doch hätte ich damals jemanden gefragt, ob es die Atombomben wirklich gibt und er es verneint hätte, meine Augen hätten wohl auch vor Freude und Erleichterung geleuchtet. Ein schriller Ton, das Klopfen mit Metall auf Metall, klingt über das Gelände. Das kann nur die Pausenklingel sein und tatsächlich füllt sich innerhalb von wenigen Minuten das Gelände mit weiteren Mädchen. Auch einige wenige Jungen sind dabei. Doch höchstens 5 bis 6 Jahre alt, stehen sie noch etwas schüchtern in ihren blauen Hemden und Jeans am Rand des Spielfeldes und beobachten das Geschehen. Einige Arbeiterinnen sind ebenfalls dazu gekommen und der Platz füllt sich unaufhörlich weiter.

Immer mal wieder habe ich das Bedürfnis den Blick durch die Umgebung schweifen zu lassen. Hoch über die Mauern des Schulgeländes, wo Hochhäuser und andere villenartige Gebäude einen guten Platz für Scharfschützen bieten würden. Das dort jemand lauert scheint sehr unwahrscheinlich, doch die Tatsache, dass ich mich von der Friedlichkeit um uns herum vergewissert habe, beruhigt mich etwas. Dabei bin ich nicht besonders ängstlich, sondern mehr vorsorgend. Erst gestern sind 16 Menschen bei einem weiteren Anschlag der Taliban hier in Kabul getötet worden. Shuttle-Busse, die

Angestellte des Gerichts zu den Parkplätzen ihrer Privatfahrzeuge bringen sollten, sind angesprengt worden. Wer angesichts solcher Vorkommnisse von Sicherheit sprechen würde, wäre weltfremd. Immer wieder ruft Benni uns rüber, wenn er Nachschub aus den Fahrzeugen braucht. Auch die Mädchen, die in die Pause gekommen sind, haben bemerkt, dass es etwas umsonst gibt und verlieren langsam ihre Scheu. Nicht alle, denn einige wenden sich auch direkt nachdem sie uns gesehen haben ab und gehen weg. Manche bleiben auch einfach nur mit etwas Distanz zu uns stehen und schauen zu.

Der Kontakt zu Männern außerhalb ihrer Familien ist eben teilweise problematisch. Wir respektieren das und gehen auf niemand zu, der nicht den ersten Schritt macht. In diesem Fall ist es der beste Weg, um Missverständnisse oder gar Verstöße gegen ihre Kultur zu vermeiden. Dass wir nicht beißen und mit guten Absichten hier sind, werden ihnen dann später schon die Anderen erzählen. Eine der Lehrerinnen, die bis gerade noch an unserer Seite geblieben und die Mädchen etwas zurückgehalten hatte, ist nun wieder bei Benni. Die herumstehenden Schülerinnen stürzen sich nun nicht mehr ganz so diszipliniert auf mich und die Admin, die eigentlich immer jeder Schülerin eines der Kuscheltiere gegeben hatte. Doch nun bedienen sie sich selber und da meine beiden Hände den Karton halten, kann ich auch nicht die Hand darüberlegen, um sie etwas zu bremsen. Wie die kleinen Raubtiere greifen ihre Hände ungehemmt in den Karton. Als Schoko es bemerkt und zu uns kommt, ist der Karton, der nicht gerade klein ist, geplündert. Lediglich drei kleine „Kuschelherzen" die klingeln, wenn man sie schüttelt, will wohl niemand haben.

Eine sehr alte Frau, in einem verblassten Blumenkleid, schaut neugierig in den Karton. Sie hat die Hände auf dem Rücken verschränkt und redet in Dari auf uns ein. Es hört sich nach leichtem Schimpfen an. Wohl unzufrieden mit der Tatsache, dass sie nichts abbekommen hat, fängt sie an etwas aufdringlicher zu betteln. Ich reiche ihr die letzten drei Teile, doch mit einer abwinkenden Handbewegung dreht sie sich weg. Ich frage Schoko was sie sagt und schnell steht fest, dass die Bekleidung, die Benni gerade an die Schulleiterin abgegeben hat, nicht bei ihr angekommen ist. Es dauert etwas, bis ich mitbekomme, dass die Sachen im Büro an alle Arbeiterinnen und Arbeiter gerecht verteilt werden sollen. Schoko soll ihr sagen, dass sie ebenfalls dort rüber gehen soll, doch sie scheint uns nicht zu glauben. Ihr stark faltiges Gesicht bleibt zu einer sehr unzufriedenen Miene verzogen und auch ihr Schimpfen flaut nicht ab. Dieter lenkt mich ab und verwickelt mich in ein Gespräch. So kann ich mich vorerst elegant aus der Szene stehlen. Mehr als reden geht nun mal nicht. Dann holen wir jede Menge der Bundeswehr-Baumwolldecken aus den Wölfen und übergeben sie an die Arbeiter der Schule. Sie verdienen im Schnitt etwa 5000,- Afs, also etwa 90,-€ im Monat nach aktuellem Umrechnungskurs. Das diese Summe niemals zum Leben und schon gar nicht für eine ganze Familie in Kabul reichen kann, muss eigentlich nicht erwähnt werden. Sie freuen sich sehr und bedanken sich immer wieder. Auch für die Kleiderspenden, die hier nicht über irgendwelche Firmen erst nach weiter Verkaufbaren sortiert werden und dann nur noch mindere Qualität die Menschen erreicht, kommen dankend an. Es folgen immer wieder Fotos auf denen Benni die Übergabe der verschiedenen Spenden festhalten lässt. Auch ich werde von Tim abgefangen, als ich einen großen, zusammengerollten Teppich zur Schulleiterin bringen will, um vom ihm fotografiert zu werden. Wenngleich viele der Fotos ein wenig künstlich und gestellt scheinen, so sind sie dennoch wichtig für die Außenwelt. Mehrere kleine Jungen haben sich neugierig an den Trubel herangeschlichen und beginnen jetzt auch ganz ungeniert nach Spielzeug zu fragen. Benni hatte uns bereits darauf vorbereitet, dass die Kinder hier deutlich disziplinierter sind als draußen im Gelände, dennoch bin ich immer noch erstaunt, dass sie nur nehmen was man ihnen gibt, es sei denn man hält ihnen den offenen Karton oder die Plastiktüten direkt vor die Nase. Aber dann wären unsere Kinder wohl auch versucht, mehr zu nehmen. Dass es überhaupt Jungen hier gibt, soll wohl an einer Auflage des Ministeriums liegen, die freie und damit offene Schulen für alle zugänglich machen will. Allerdings gibt es, um nicht mit der Kultur oder Religion zusammenzustoßen, Altersbegrenzungen. Die Jungen hier sind höchstens bis zu 10 Jahre alt. Langsam scheinen die anwesenden

Kinder alle etwas zu haben, denn immer mehr fallen mir auf, die gleich mehrere Spielsachen in den Händen halten.

Die Sonne brennt weiter ohne Gnade auf uns herab und langsam spüre ich an meiner trockenen Kehle den Flüssigkeitsverlust. Endlich geht es weiter und damit runter von der sonnenbestrahlten Platte in die Gebäude. Es ist äußerst geschickt von Benni, denn er lässt sich nun die Spenden der letzten Besuche zeigen, um auch die Verbesserungen zu sehen und sicher zu gehen, dass die Spenden nicht zu Geld gemacht werden. Nur in absoluten Ausnahmefällen wird Bargeld gespendet, denn das würde so schnell versickern, wie wenige Regentropfen auf dem staubtrockenen Boden. Sachgüter jedoch, die muss man erst mal aus der Schule bekommen ohne dass die Anderen davon Wind bekommen. Und ich bin mir auch sicher, dass diese unterschwellige Kontrolle registriert wird und sie nicht riskieren würden, Bennis Vertrauen zu zerstören.

Wir werden in einen verdunkelten Raum geführt, der zur linken und rechten Wandseite mit Tischen aneinandergereiht bestückt ist, auf dem Computermonitore aufgestellt sind. Etwa 25 Schülerinnen sitzen auf den Stühlen davor und teilen sich jeweils zu zweit einen Rechner. An der rechten Wand ist das Bild von einem Beamer groß abgebildet und bringt Licht in den Raum. Die Lehrerin ist so unscheinbar, dass sie zwischen den Mädchen in der linken Reihe kaum auffällt. Die Fenster sind mit dunklen Tüchern verhangen und teilweise auch mit Jalousie verdeckt. In der Mitte des Raumes sind weitere Stühle in Richtung Projektionsfläche aufgestellt, so dass hier noch etwa 30 weitere Schülerinnen Platz hätten. Kaum auszumalen, wie die Luft dann hier drinnen ist. Neugierig drehen die Mädchen sich zu uns um, doch verhalten sich ruhig. Die Luft ist sehr stickig und verbraucht. Klimaanlagen gibt es nicht. Ventilatoren, die eigentlich auf Tischen aufgestellt werden, hängen an den Wänden über den Mädchen. Jeweils zwei an jeder Wand ist jedoch nicht viel, doch durch die schwenkende Bewegung der Lüfter bekommen die Mädchen wenigstens alle paar Sekunden bewegte Luft. Am Ende des Raumes in das große Fenster integriert, saugt ein größerer Lüfter die Luft nach außen. Es wird schnell unangenehm, denn hier zu stehen ist nicht viel erfrischender als in der Sonne. Und auch wenn auf vielen Bildschirmen unterschiedliche Bilder leuchten, was nicht für eine einheitliche Ausbildung, sondern mehr nach Probieren aussieht, macht das alles hier einen guten Eindruck. Die Lehrerin scheint sehr schüchtern. Doch Benni geht mit seiner freundlichen und offenen Art gut auf sie ein und befragt sie zu allgemeinen Themen. Überhaupt kann man Benni ansehen, dass hier sein Herzblut steckt. Seit heute Morgen kann ich mich an keinen Moment mehr ohne sein auffälliges und betontes Grinsen erinnern. Außer die hin und wieder in unserem Fernsehraum (Camp) geparkten Pakete, habe ich nie viel von seinem Engagement mitbekommen. Natürlich wusste ich es, aber viel Hintergrund hatte ich dazu nicht. Jetzt, wo ein wirklich bleibender, positiver Eindruck entsteht, mache ich mir schon etwas Sorgen, was wohl ohne ihn daraus später einmal wird. Es wäre schade, wenn so etwas nicht fortgeführt würde.

Gerade weil hier auch im Zivilen etwas passiert, finde ich seine Arbeit so wichtig. Er sagt zwar immer wieder zu den Lehrerinnen, dass die Sprachmittler nach seiner Zeit in unserer Einheit die Betreuung fortführen, doch ich bin skeptisch. Ich kenne Schoko schon lange und halte ihn für einen der besten Sprachmittler die wir haben. Menschlich absolut vorzeigbar, mit guten Grundsätzen und Einstellungen, sind aber auch seine Möglichkeiten begrenzt. Vielleicht, wenn er die nachfolgenden Mentoren für das Projekt gewinnen kann, doch sonst dürfte es schwierig werden. Es geht weiter in die Bibliothek der Schule und spätestens hier ist wirklich Lob an die Verantwortlichen angesagt. Zur Linken stehen Regale millimetergenau ausgerichtet, mit ausreichend Platz zum Durchlaufen. Der Boden ist mit robustem Industrieteppich, wie man ihn aus Geschäften in Deutschland kennt, ausgelegt. Die Wände leuchten in einem frischen aber nicht zu kräftigem Rosa. Alles, auch die einsortierten Bücher, sieht tadellos aus. Direkt hinter der Tür rechts sitzt die Frau, die die Bücherausgabe verwaltet. Dahinter folgen zwei parallele Holztischreihen, an denen die Kinder auch hier und in ruhiger Atmosphäre lesen können. Liebevoll sind graue Deckchen auf die Tische gelegt und mit Tassen, in denen bunte Plastiksträucher stecken, geschmückt. Das dürfte kaum zu toppen sein, denn auch in Deutschland sieht eine Bibliothek von Schulen nicht besser aus. Die Frauen sind sichtlich stolz darauf, diesen Raum, der ebenfalls durch Spenden renoviert wurde, präsentieren zu können. Und betonen immer wieder, dass er nicht nur als „Vorzeigeprojekt", sondern zur tatsächlichen Nutzung gedacht ist. Da ist die Schulleiterin schon fast peinlich berührt, als gerade eine Schülerin mit einem geliehenen Buch an die Tür tritt. Sie hatte es wohl nur etwa eine Stunde geliehen, erzählt sie Benni, der darauf wieder einen kleinen Scherz macht. Das Buch ist sehr dick und würde mich vermutlich auch in Deutsch Wochen beschäftigen. Und so fragt Benni das Mädchen, ob sie es denn in dieser einen Stunde durchgelesen hätte. Benni nutzt nicht nur hier, sondern auch im normalen Dienstalltag jede Gelegenheit, die Stimmung durch seine Sprüche oder kleineren Witze aufzulockern.

Selbst wenn es manchmal vielleicht etwas oft und viel ist, gefällt mir diese entspannt wirkende Art gut. Damit kommt er deutlich entspannter rüber als einige andere Kameraden. Heute Morgen wusste ich noch nicht genau, was wir hier den ganzen Tag machen wollen und jetzt rennt uns die Zeit davon. Erstaunlich ist dabei, dass es die Afghanen selbst sind, die uns unter ihrem Zeitplan immer weiter „treiben". Wo sie doch im täglichen Leben mehr die sind, die von afghanischer Zeit reden und damit alles nicht so eng sehen. Selbst wenn wir immer wieder, bedingt durch die recht große Gruppe hängenbleiben, weil wir angesprochen werden, ziehen wir nun weiter. Es geht direkt nebenan in einen sehr großen Saal. Er könnte auch als kleine Sporthalle dienen. Ist aber wohl ein Konferenzsaal der auch bei Feierlichkeiten genutzt wird. Stolz berichtet uns die Schulleiterin, dass jährlich hier die Schulkonferenz von ganz Kabul abgehalten wird. Sehr liebevoll eingerichtet, wenn auch die Holzstühle und Tische ihre beste Zeit hinter sich haben, leuchtet der Raum hell und freundlich. Flaggen und Bilder zieren die Wände. Besonders stolz zeigt sie auf ein Poster der Schulmannschaft, die bereits gute Erfolge im Basketballturnieren erzielt hat. An der Stirnseite des Saales hängt ein großes, gemaltes Bild der Namensgeberin der Schule. Obwohl an der Decke schon wieder die ersten Wasserflecken des ebenfalls frisch renovierten

Saales zu sehen sind, so macht auch dieser Bereich einen sehr guten Eindruck.

Ich fühle mich ein wenig wie auf einer Zeitreise, denn so vieles erinnert mich an die Zeit in der DDR. Da es einfach vieles nicht gab und einfach gehalten werden musste, konnte man durch Liebe zum Detail und Sauberkeit, eine lebenswerte Umgebung schaffen. Sicher durch die Unterstützung der Hilfsorganisationen motiviert, die wir in der DDR so nicht hatten, dennoch nicht ohne eigenen Aufwand.

Es ist wirklich toll zu sehen, dass es Bereiche gibt, in denen Menschen zielstrebig daran arbeiten, wirklich nachhaltig etwas zu verbessern. Gerade hier in einer Mädchenschule, die es in dieser Kultur bei vielen veralteten Denkweisen sicher nicht leicht hat. Umso mehr erstaunt die teilweise Offenheit der Mädchen zu uns Männern und Soldaten. Aus dem Gebäude heraus werden wir durch die Grünanlagen in den nächsten Bereich geführt. Prächtig blühende Roseninseln umringt von hohen Büschen und verschiedensten Bäumen in saftigem Grün. Auch an der Pausenklingel kommen wir jetzt vorbei. Ein rostiges Stück dickes Blech, dass nur in der Mitte von den ständigen Anschlägen der Steine oder Blechstange abgestoßen glänzt. Saubere und unbeschädigte Betonplatten bieten einen staubfreien Weg durch die Anlage, die auch viel Schatten für die Pausen der Mädchen bietet.

Es ist keine Pause mehr, so dass es nach unberührter Natur aussieht. Wieder wie auf die Sekunde geplant, kommen wir in das eigentliche Schulgebäude, in dem sich die meisten Unterrichtsräume befinden, als der Pausenklang ertönt. Wir stehen noch im Eingangsbereich. Der Weg führt auf zwei Treppen die an den Seiten nach oben führen. Die ersten Mädchen in ihren schwarzen Kleidern und weißen Kopftüchern kommen uns entgegengestürmt. Erst als sie uns Soldaten erkennen, bremsen sie schlagartig auf halben Weg ab und stolpern dabei fast übereinander. Die Ersten drehen gar wieder um und verschwinden aus unserem Sichtfeld. Langsam, unter weiteren Erklärungen der Schulleiterin, gehen wir den Mädchen nur vorsichtig entgegen. Sie unterbricht ihre Ausführungen um ihnen zu signalisieren, dass sie ruhig an uns vorbei in das Freie gehen dürfen.

Dann zögern sie nicht mehr und laufen wieder zügig und dabei laut kichernd an uns vorbei. Nur die vielen Mädchen in ihrem Einheitslook geben den Fluren hier im Gebäude Farbe. Zwar wirken die cremefarbenen Wände warm, doch die völlig kahlen Wände verströmen einen sterilen Eindruck. Die Lehrerinnen sind durch ihre private Kleidung meist schnell aus der Menge herauszufiltern. Im oberen Stock angekommen werden wir direkt in den Raum am Ende der Treppe geführt. Ebenfalls frisch renoviert soll der recht schmale, dafür aber längere Raum, wohl als Büro der Lehrkräfte dienen. Im Nebenraum geht es auf eine Terrasse, die sich über viele Meter außen am Gebäude entlang zieht. Von hier, über das Metallgeländer hinweg, hat man einen tollen Ausblick auf den Innenhof des Schulgeländes. Ein Meer aus schwarz-weißen Mädchen füllt sowohl die Wege, als auch die Wiesen nah an den Bäumen. Viele haben sich in die Schatten gesetzt und verbringen dort ihre Pausen.

Da ich vorher noch nie eine Mädchenschule gesehen habe, sie also auch nicht aus Europa kenne, weiß ich nicht wie die Kinder sich dort verhalten, doch hier wirken sie überdurchschnittlich in ihrem guten Benehmen. Ich sehe niemanden rennen oder Hektik im Hof. Selbst die kleinen Jungen in ihren blauen Hemden beschäftigen sich noch ruhig auf der Wiese miteinander. Bei einigen Mädchen sind die Kopftücher auf die Schultern heruntergerutscht und manche essen und trinken. Fast eine normale Schule, könnte man meinen. Der Blick führt mich weiter zum Horizont an dem sich die Silhouette Kabuls entlang zieht. Markant sticht die hellblaue Kuppel der „Blauen Moschee“ von Kabul hervor. Die Gebäude, die ich von hier einsehen kann, sehen sehr gut und sehr teuer aus. Nur der feine Staub, der wie ein nicht schwindender Nebel über der Stadt liegt, trübt auch von hier die Sicht und den Eindruck.

Die Gruppe ist schon wieder auf dem Weg nach unten. Zeit um hier in die Klassenräume zu schauen, bleibt wohl nicht mehr. Auf der Treppe hinab begegnet Benni einem kleinen, vielleicht 6 Jahre alten Mädchen. Sie ist sehr hübsch und wird von Benni mit entgegengestreckter Hand begrüßt. Benni beugt sich mit dem Kopf zu ihr herunter und wird von einer sehr freundlichen Geste, die sonst nur unter Freunden und der Familie üblich ist, überrascht. Die Kleine greift seine Hand und kommt mit ihrer Wange an Benni seine. Muss dabei sogar noch ein wenig auf die Zehenspitzen, die fehlende Größe ausgleichen. Mehr Vertrauen und Offenheit gehen nicht! Sogar die Lehrerinnen sind sichtlich gerührt und auch Benni merkt man seine Begeisterung deutlich an. Damit hat sich die Kleine sofort den Weg in die Herzen der Herumstehenden geschlossen und wird für eine weitere Fotoserie in Position gerückt. Nur langsam können wir uns von dieser sowohl einfachen, als auch eindrucksvollen Szene lösen und gehen wieder zum Ausgang. Eine ältere Frau sitzt auf einem Stuhl direkt vorm Durchgang und hält eine Rute in der Hand. Kinder die zu schnell durch den Ausgang wollen, peitscht sie hinterher. Das dürfte mehr die Jungen betreffen, die uns entdeckt haben und aus Spaß oder vor Begeisterung lachend hin und her rennen. Da sie schon recht alt ist, ist sie selten schnell genug, mit der Rute die Kinder auch am Hintern zu treffen. So ist das wohl mehr eine psychologische, als praktische Maßnahme. Wir messen dem nicht viel Bedeutung bei und nutzen auch hier die Gelegenheit für ein lustiges Foto. Bei dem wird Schoko, der durch den Ausgang geht, mit der Rute auf den Hintern gehauen. Zwar wäre ein solches Vorgehen mit der Rute für Deutsche Lehrer undenkbar, ist aber hier völlig im Rahmen der Normalität. Männer würden wohl eher den Knüppel in der Hand halten und ihn auch energischer einsetzen.

Dieter, der ja heute auch dabei ist, ist mit der Sicherung beschäftigt und immer wieder damit konzentriert in seiner Aufgabe. Wir kommen kaum dazu miteinander über die Eindrücke, die weiter unaufhörlich auf uns einprasseln, zu sprechen. Als alle wieder draußen angekommen sind, möchte Benni ein Gruppenfoto vor dem Gebäude haben. Wir Soldaten, die Schulleiterin und eine kleine Gruppe der Jungen als auch der Mädchen, stellen sich auf der Eingangstreppe auf. Hinter Tim steht ein kleines Mädchen dessen Schulrucksack nicht geschlossen ist. Wohl abgelenkt durch die Fotoszene, bemerkt sie nicht, dass ihr Bücher und Hefte aus dem Rucksack fallen. Außer mir scheint es auch keiner bemerkt zu haben und so versuche ich ihr zuzurufen. Als sie merkt, dass ich sie anspreche, beginnt sie langsam davonzugehen. Ich löse mich aus der Gruppe raus und will zu ihr rüber laufen. Doch ihre Antwort auf meine Zurufe sind immer die gleichen und würde selbst ein Deutscher gut verstehen. Mit einem lauten und ausdrucksstarken: "Nääā!" versucht sie mir die „kalte Schulter" zu zeigen. Demonstrativ, wie ein bockiges Kind, verschränkt sie die Arme vor dem Körper und geht immer wieder stampfend einige Meter weiter weg. Auch sie ist höchsten 6 Jahre alt, sticht aber durch die zivile Kleidung von den anderen Mädchen hervor. Bei ihren Büchern und Heften angekommen, hebe ich einige auf und werde von einem älteren Mädchen, dass die Situation wohl beobachtet hatte, unterstützt. Sie nimmt auch meine und bringt sie zu dem kleinen Mädchen.

Ich kann mir an dieser Stelle das Grinsen nicht verkneifen, denn das hätte mir auch in Deutschland passieren können. Selbst wenn der Grund für ihre Haltung ein anderer gewesen sein wird.

Wir gehen am Schulgebäude entlang und wieder fallen uns die kleinen Jungen auf, die ihre Energie abbauen wollen. Sie hängen aus den Fenstern der Klassenzimmer und haben ihren Spaß dabei, von innen nach außen und außen nach innen zu laufen. Zwar sind die Fenster nur etwa einen Meter vom Boden entfernt, doch mit ihren Schuhen verschmutzen sie die Wände und Fensterbänke. Das schaut sich die Leiterin nicht lange mit an und ruft sie schimpfend zur Räson. Als wir auf Höhe des ersten Fensters angekommen sind, sehen wir auch, dass dies dringend nötig ist. Im Hintergrund drücken mehrere Kinder, die wohl auch mal durch das Fenster nach draußen möchten, die vorderen Kinder weiter. Dass sie daran Spaß haben verrät ihr Lachen, doch in wenigen Sekunden dürfte der Erste herunterfallen. Soweit kommt es dann zum Glück doch nicht, auch ohne Rute ist die Lage schnell wieder bereinigt. Es ist eines der Nebengebäude in denen die unteren Klassen untergebracht sind. Stolz führt man uns in den Unterrichtsraum für Geschichte und Geographie. Hinter dem Lehrertisch sind die Wände mit Bildern der verschiedensten Persönlichkeiten bedeckt. In unterschiedlichsten Größen sind überwiegend die berühmten Köpfe Afghanistans angebracht.

Sogar zwei Bilder, darunter eines mit dem Oberkörper und Kopf von Adolf Hitler, hängen dort. Da es der Einzige ist den man mit unserem Land in Verbindung bringen kann, spreche ich Schoko darauf an. Er gibt die Frage an eine Lehrerin weiter, die das mögliche Missverständnis schnell versteht. Auch wenn ihre Begründung nicht schlecht ist, so bleibt für mich dennoch ein kleiner Beigeschmack. Dass es in Geschichte eben um alle, egal ob gut oder böse gehen muss, sehe ich ein. Doch wir hatten ja auch gute Beispiele. Ich sehe dahinter keine böse Absicht, vielleicht etwas kulturelles Ungeschick wirkt mit diesem Anblick auf mich. An den Wänden entlang stehen auch hier die Stühle in denen die Mädchen sitzen. Trotz der Pause sind sie hier. Tische gibt es nicht, die Mitte des Raumes ist frei. Sie schreiben auf kleinen Ablagen, die an den Stühlen befestigt sind. Auch hier, hinter ihnen, sind die Wände mit Bildmaterial gut gefüllt. Ein wenig kommt hier ein bekannter Eindruck durch, der die „Präsentationsfreudikeit" der Afghanen widerspiegelt. Vier gleiche Karten füllen mehr als die Hälfte der hinteren Wand. Was wohl eher die Lücken füllen und die Wand bunt machen soll. Wieder ist es unerträglich warm und stickig hier drinnen. Nur die offene Tür in Kombination mit einem geöffneten Fenster, bring einen angenehmen Luftzug in den Raum.

Keine Ahnung wie die Mädchen das in der Ganzkörperbekleidung den halben Tag aushalten. In jedem Gesicht meiner Kameraden sind dicke Schweißperlen sichtbar. Meine freien Oberarme sind mit einem feinen Schweißfilm überzogen und glänzen deutlich. Dieter seine Haare könnten auch gerade unter der Dusche gewesen sein, so nass sind sie verschwitzt. Benni ist damit beschäftigt sich mit den Schülerinnen zu unterhalten. In dieser Klasse dürften sie etwa 12 Jahre alt sein. Auch unsere Admin hat sich in die Hocke begeben und unterhält sich, vermutlich auf Englisch, mit einigen Mädchen, die in ihren Stühlen sitzen. Im nächsten Klassenraum treffen wir auch die kleine Hübsche mit ihrem verträumten „Hundeblick" wieder. Die Tische und Stühle im „Miniformat" sehen recht neu aus. Überall sieht man, wo das Geld und die Sachspenden ankommen. Die großen Fenster an der Außenseite stehen alle offen, denn auch hier gibt es selbst im heißesten Sommer keine Lüfter oder Klimaanlagen. Der Blick nach Draußen geht direkt ins Grüne und bildet im Zusammenspiel mit dem blau und gelblich gestrichenem Raum, einen abwechslungsreichen Kontrast. Die Hitze macht uns weiter unter den schweren Westen zu schaffen. Wasser hat keiner von uns mitgenommen und aus der Führung „ausbrechen“, um etwas trinken zu gehen, kommt aus Höflichkeit und Respekt den Gastgebern gegenüber nicht in Frage. Da kommt, gerade aus einem seitlichen Ausgang des Gebäudes heraus, eine Wasserstelle wie gerufen. Ein Wasserturm in kleinerer Ausgabe, an dem eine Batterie von Wasserventilen angebracht ist, steht seitlich eines weiteren Weges. Nicht neu aber in sehr gutem Zustand, zögere ich nicht lange. Wer weiß wie lange ich sonst noch warten muss und bevor ich vom Flüssigkeitsmangel wieder Kopfschmerzen bekomme? Ich nehme das Wasser, dass auch die Kinder trinken. Die Zweifel unter den Kameraden sind unüberhörbar, obwohl sie selber durstig sind. Nur Benni geht genauso zielstrebig darauf zu wie ich. Mit einem Druck auf das Ventil strömt ein dicker Wasserstrahl zu Boden und wird in einem Ablauf aufgefangen. Er spritzt so stark zu den Seiten, dass unsere Schuhe mit nass werden. Unter dem kühlen Nass wasche ich mir zuerst die Hände. Selbst wenn ich keine Seife habe, versuche ich durch kräftiges reiben wenigstens mein Gewissen zu beruhigen. An jeder Hand, die ich bis hierher schon geschüttelt habe, könnten jede Menge Erreger sein, die mein Magen nicht verträgt. Wenn das Wasser die gleiche Qualität wie in unserem Camp hat, sollte es eigentlich nicht getrunken werden.

Doch wenn ich daran denke, was ich als Kind alles in der Natur zu mir genommen habe um Durst und Hunger zu stillen, was soll da schon Schlimmes passieren? Und schließlich trinken die Kinder es täglich. Meine zur Schale gefalteten Hände füllen sich schnell bis zum Überlaufen mit dem frischen, kühlen Nass. Ich schöpfe es nach und nach in meinen Mund und schmecke betont süßes Wasser. Ungewohnt, aber nicht schlecht. Warum auch immer es süß schmeckt interessiert mich gerade nur unterschwellig. Es ist sehr erfrischend und mit jedem Schluck lässt eine innere Anspannung nach. Jetzt zögern auch die Anderen nicht mehr und kosten davon. Mehrere

Hände voll reibe ich mir in das Gesicht und habe damit für den Moment meinen Drang nach Erfrischung gestillt. Benni lässt sich weitere Spenden zeigen, die zwar schon hier angekommen aber noch nicht an ihren Platz gebracht wurden. In dem etwas unordentlich wirkenden kleinen Raum, lässt Benni sich mit verschiedenen Spenden erneut fotografieren. An den Wänden des Raumes sind die Güter hoch aufgestapelt. Doch in einer sauberen, äußeren Erscheinung. Zwei glänzende, neue Schnellkochtöpfe, wie sie sehr häufig in afg. Haushalten zu finden sind, befinden sich darunter.

Diese Kochtöpfe hatte man uns in der Vorausbildung als beliebtes Sprengstoffversteck präsentiert. Doch wenn ich durch Kabul fahre, würde mir so ein Kochtopf vermutlich viel eher am Straßenrand auffallen, als eine der vielen tausend Gasflaschen. Selbst wenn, soll ich bei jedem Behältnis, in welches Sprengstoff passen würde, anhalten und eine Absicherung durchführen? Vieles des Vermittelten passt einfach nicht zu einer urbanen Welt wie Kabul.

Zurück im Park steht der nächste „Fototermin“ inmitten des Grüns an. Benni hat hier wohl vor einiger Zeit an verschiedenen Stellen Bäume gepflanzt und möchte jetzt den Fortschritt für die Zukunft festhalten. Ein wenig symbolisch hält er den einen Ast, aus dem einmal ein großer Baum werden soll, in seiner rechten Hand. Fast mannshoch steht er mit kräftigen Blättern neben ihm. Wenn man ihn pflegt und sich jemand darum kümmert, hat er eine Chance. Ansonsten knickt er im nächsten Sturm oder durch Kinderhand um und hat damit nur eine kurze Zeit in der schönen Umgebung gehabt. Eine passende Anspielung auf den Aufbau des Landes, wie ich finde. An den Bäumen zwischen denen Benni steht, wachsen Beeren. Teilweise hängen sie überreif über unseren Köpfen. Man kann gut erkennen, bis wohin die Kinderhände greifen können. Schoko redet von Erdbeeren und merkt schnell selber, dass die selten auf Bäumen wachsen. Auf meine Frage nach der genauen Bezeichnung, reduziert er dann seine Formulierung wieder auf Beeren. Ich greife mir mehrere um sie zu probieren. Sie schmecken recht gut und erinnern mich an Himbeeren. Optisch zwar näher an den dunkelblauen Brombeeren, schmecken sie süß aber nicht intensiv. Schoko versucht mich zurück zu halten, als wären sie giftig. Doch sorgt er sich lediglich wegen des Schmutzes. Besonders hier inmitten der Stadt ist der Staub sehr stark. Man glaubt es nicht so recht, da man ihn auf kurze Entfernungen auch nicht wirklich sieht. Doch ein Blick nach oben oder in die Ferne enttarnt schnell durch den bräunlichen Nebel, der mal dichter und mal aufgelockerter scheint, die schlechte Luftqualität. Eine Kindertagesstätte, in der durch zwei Räume getrennt die Babys und Kleinkinder getrennt werden, ist unser nächster Anlaufpunkt. Kaum zu glauben, was hier alles untergebracht ist und es zu besichtigen gibt. Noch vor dem Eingang bleibt Benni neben einer Arbeiterin, die an der kürzlich gespendeten Waschmaschine arbeitet, stehen. Stolz erklärt er uns, dass es eine von zwei ist, die hier beschafft wurden. Damit kann gerade für die Kleinsten, bei denen nicht selten mal was daneben geht, auch gewaschen werden. Die Kleinsten gehören zu den Lehrerinnen und Angestellten der Anlage und können so während der Arbeit, für die Lehrerinnen die hier ganztägig beschäftigt sind, betreut werden. Drinnen, bei den größeren Kindern, werden wir freundlich empfangen. Sie sind hier ähnlich wie bei uns, bis zum 6. Lebensjahr und wechseln dann, wenn es gut läuft, in die Schulen. Offen kommen die Kinder auf uns zu und beginnen jedem die Hand zu reichen. Das Eis ist schnell gebrochen und obwohl eines der Kleinen zu weinen beginnt, nehmen sie uns ohne Vorurteile auf. Das weinende Kind wird sofort von einer der Erzieherinnen aus dem Raum nach nebenan getragen. Als müsste man, etwas das nicht in das gewünschte Bild passt, entfernen. Vielleicht soll es aber auch wirklich nur dabei helfen den Kleinen wieder zu beruhigen. Nach einigen Worten der Erzieherinnen gehen wir in das Spielzimmer. Entlang der Wände sind Doppelstockbetten in Kindergröße aufgestellt. Die blau gestrichenen Metallgestelle sehen zwar nicht mehr besonders neu aus, sind aber in einem guten Zustand. Die Matratzen und die Bettwäsche dagegen, könnten teilweise erneuert werden. Obwohl das Rosa der Wände noch frisch leuchtet, so täuscht es dennoch nicht darüber hinweg, dass die lange Wand hinter den Kinderbetten schon völlig zerfällt. Tiefe Löcher bis auf das Mauergestein sind sichtbar. Schnell wird auch für Benni klar, dass die Renovierung des Kindergarten Priorität bekommen muss.

Wieder einmal holt die Schulleiterin ihren „Schmierzettel“ heraus und verlängert ihre „Wunschliste“. Das scheint übliche Praxis und so kann Benni am Ende des Besuches direkt die nächsten Güter organisieren. Denn auch hier gilt der Grundsatz: „Farbe ist besser als Bargeld“! In unserer Kultur würden wir uns bei dem Ausfüllen so einer Wunschliste wohl etwas unwohl fühlen, doch die afg. Handelsmentalität setzt da eher einen drauf. Nach dem Motto: „Wenn ich viel drauf schreibe bekomme ich wenigstens genug“, wird die Liste immer länger. Benni kann sich das Lachen zeitweise nicht verkneifen, als er immer wieder neue Notizen auf dem Zettel sieht. Ein weißes Regal zwischen den Fenstern ist ordentlich mit Spielzeug gefüllt. Doch auf die Anzahl der Kinder scheint es, neben einem weiteren Eckregal, recht wenig zu sein. Da sie jedoch erst beim letzten Besuch mit Spenden versorgt wurden, gehen sie Heute leer aus. Ein wenig erwartungsvoll sitzen sie auf den kleinen Stühlen unter den Fenstern. Es fühlt sich für mich gerade etwas ungerecht an, da wir ihnen nicht einmal Bonbons geben können. Eine prall gefüllte, große Blechschale haben wir zur Begrüßung an die Schulleiterin übergeben, doch ob die Kleinen davon auch etwas haben werden, bleibt offen. Plötzlich tritt einer der Kleinen vor die Gruppe und beginnt, erst etwas schüchtern, dann aber kräftiger werdend, die afg. Nationalhymne zu singen. Ein weiteres Mal bin ich wirklich erstaunt! Vor den Führerscheinübergaben bei den afg. Soldaten wird teilweise tagelang nur die Hymne geübt und klingt dann immer noch recht dürftig. Und da stellt sich ein 5jähriger hin und singt sie fehlerfrei durch. Sie spielen also nicht einfach nur den ganzen Tag, sondern scheinen auch schon hier etwas zu lernen. Zwar ist das Können der Hymne nicht lebensnotwendig, doch das reine Üben und auswendig lernen, hat auch seine Wirkung. Kaum ist er fertig, erntet er kräftigen Applaus von den Anwesenden. Damit ist das Eis gebrochen und eines der Mädchen springt nach vorne. Was sie singt kann ich diesmal nicht sagen, doch auch sie scheint textsicher zu sein. Die besondere Betonung der Laute mit ihren kleinen, sich fast krampfhaft verbiegenden Lippen, sieht besonders süß aus. Es wird an diesen kleinen Beispielen absolut unstrittig, dass nur die richtige Förderung und Bildung über das Können und das Potenzial für die Zukunft der nächsten Generationen entscheidet. Wenn erst diese Generation eine neue herangezogen und nach modernen Grundsätzen ausgebildet hat, dann verlieren auch Gruppierungen, wie die Taliban, ihren Zulauf. Bildung ist der Weg für eine lebenswerte Existenz und die Grundvoraussetzung, die verdrehten Ideologien zu hinterfragen.

Noch zwei weitere Kinder fassen den Mut und kommen nach vorne, um etwas vorzutragen. Wir lassen sie und geizen auch bei ihnen nicht mit Beifall. Auf dem Weg nach Draußen werfe ich noch schnell einen Blick in den Baby Raum. Hier stehen auch blaue Metallbetten, doch nur einfach, nicht als Doppelstockbetten. Viele der Babys liegen in ihren Betten und schlafen. Es ist sehr ruhig in dem Raum. Zwei der kleinen sitzen, jedes für sich, vor kleinen Spielzeughaufen und spielen. Die schlafenden Babys liegen ohne Decken, da es sehr warm ist und in teilweise lustigen Posen. In manchen Betten sind Spielsachen aufgetürmt. Ein weiteres Regal würde vielleicht Sinn machen. Für die Kleinsten gibt es die Metallbetten sogar mit Wiegefunktion. Eine Betreuerin steht an einer der Wiegen und schaukelt sie leicht hin und her. Eine Metallstange über der Wiege, die an den Enden über eine Verstrebung mit dem Rest des Bettes verbunden ist, ist mit einer Decke überhängt. So kann man den Bereich über dem Kopf des Babys etwas verdunkeln. An den Wänden hängen selbstgebastelte oder gemalte Bilder der anderen Kinder. Unsere Admin setzt sich zu eine der Kleinsten und beginnt mit ihr zu spielen. Es wirkt zwar ein wenig gestellt, liegt aber wohl an dem Umstand, dass sie selber keine Kinder hat und daher kaum Übung darin besitzt.

Die Zeit sitzt uns weiter im Nacken und zum Abschluss sollen wir noch auf einen Tee eingeladen werden. Dazu gehen wir unweit des Kindergartens in ein anderes Nebengebäude der Schule. Schon am Eingang, bis in den Flur hinein, fallen die vielen Mädchenschuhe auf. Sie liegen teils sehr verstreut im Weg herum. Ein länglicher alter Teppich, der vom Flur in den nächsten Raum hineingelegt ist, soll wohl den ersten Schmutz der Schuhe aus dem Innern heraushalten. Fragend zeige ich zu Schoko und auf meine Stiefel. Doch er winkt mit schnellen Handbewegungen ab. Dennoch komme ich mir etwas seltsam vor den Mädchen, die sich zur Rechten wie für einen Chor aufgestellt haben, vor. Sie stehen hier auf dem sehr sauberen roten

Teppich und wir trampeln mit unseren Stiefeln den Schmutz mit rein. Aber vielleicht ist es so besser, denn das Schwitzen hat in unseren Stiefeln keinen Halt gemacht und die Socken könnte ich vermutlich auswringen. Diesen kleinen kulturellen „Patzer" nehme ich also lieber hin, als die peinlich verschwitzten Socken. Streite mich daher auch gar nicht lange mit Schoko und trete ein. Auch dieser Raum sieht sehr ordentlich und sauber aus, ist mit vielen Bildern an den Wänden geschmückt. Es soll ein Sportraum sein, der jedoch keine wilden Turnübungen verkraften würde. Gerade so groß wie ein gutes deutsches Kinderzimmer, hängen viele Poster von berühmten Sportlern herum. Am anderen Ende stehen zusammengeschobene Tische, die liebevoll eingedeckt sind und zum Tee einladen. Es ist sehr eng und mit der Ausrüstung sind die Abstände der Stühle, die dicht an dicht aneinandergereiht sind, nicht gerade großzügig. Nach und nach rutschen wir in die erste Reihe auf, bis jeder einen Platz hat. Glasschalen mit verschiedensten Keksen in bunten Farben, werden von den Mädchen gereicht. Typisch afg. Tee, in etwas edleren Teegläsern als von den Soldaten draußen gewohnt, steht ebenfalls auf den Tischen. Das Glas vor mir ist schon gefüllt und ein kurzer Blick bestätigt, dass vor jedem Platz ein Glas steht und so jeder etwas bekommt. Mit zwei Fingern der rechten Hand versuche ich, vorbei am Gurt meines Holsters, den „Glückslöffel" aus der Beintasche, der Messertasche zu fischen. Auch hier ist ein kleiner Löffel mal wieder wichtiger als das Taschenmesser, welches für gewöhnlich in dieser Tasche steckt. Aus meiner rechten Brusttasche greife ich mir ein kleines Päckchen mit Zucker. Ich mag den Tee der Afghanen sehr gerne, doch richtig lecker schmeckt er erst leicht gesüßt. Das Päckchen habe ich aus der Einmannpackung (EPA), die wir für Notfälle im Auto haben. In weiser Vorausschau und aus der Erfahrung gelernt, bin ich auf solche Momente, die traditionell bei den Afghanen häufig stattfinden, vorbereitet. Ich fülle etwa die Hälfte der Packung, die langsam durch den gelblich klaren Tee zu Boden rieselt, in die Tasse. Leicht erhoben signalisiere ich den Anderen wortlos, dass jetzt die Gelegenheit wäre auch Zucker zu bekommen. Normalerweise wird der Tee hier ungesüßt getrunken, doch dort wo man sich auf uns eingestellt hat, ist häufig Zucker mit dabei. Doch wenn ich an den

Zucker bei unseren afg. Soldaten denke, wo nicht immer ein strahlendes Weiß aus den gebrauchten Plastiktütchen leuchtet, greife ich lieber auf gereinigten zurück. Wenn ich allerdings keinen eigenen dabeihabe, dann ist das eben so und ich nehme den Gebotenen. Unsere Admin schlägt zu, die anderen wollen gar keinen Tee und nehmen stattdessen den angebotenen Saft aus Granatäpfeln. Er sieht im Glas sehr lecker aus obwohl er sicher nicht frisch gepresst aus der Verpackung kommt. Wieder komme ich mir etwas seltsam vor, denn die Mädchen stehen immer noch im Raum und schauen uns, ohne selber etwas zu bekommen, bei Tee und den Keksen zu. Doch mit meinem einen Keks, den ich mehr aus Höflichkeit, als zum Genießen genommen habe, brauche ich auch nicht in die Runde der Mädchen zu gehen. Also beiße ich ein Stück des äußerlich sehr schmackhaft Aussehenden ab. Der Geschmack gibt keinen Anlass zur Beanstandung, doch er ist so trocken, dass er meinen ohnehin schon merklichen Flüssigkeitsmangel verstärkt und in Sekunden auch den letzten Tropfen Speichel aufsaugt. Vorsichtig nippe ich an meiner Tasse, um den Keks mit dem Tee etwas feuchter zu machen. Immer wieder rühre ich dazwischen mit meinem kleinen Löffel in der Tasse herum und muss gedanklich die Eindrücke verarbeiten. Benni und die Schulleiterin sind im Gespräch mit Schoko, während die anderen rechts von mir auch kürzere Gespräche führen. So rühre ich wohl schon mehr aus Langeweile und zur Selbstbeschäftigung.

Unsere Admin wird zur Schulleiterin gebeten. Da sie genau vor der einzigen Lücke der zusammengeschobenen Tische sitzt, ist sie auch leicht bei ihr. Die Schulleiterin übergibt, wohl aus Freude über den Besuch durch eine Soldatin, ein kleines Teeservice an einem Drahtgestell. Sowohl die winzigen Tässchen, als auch die Kanne im Puppenformat, hängen an den kurzen Haken des Drahtgestelles, welchen wohl mehr zur Zierde als zum Gebrauch gedacht ist. Eine nette Geste. Sie bedankt sich sichtlich beschämt, da sie wohl selber gar nicht genau weiß wofür das nun sein soll. Auch wir Männer sollen nicht leer ausgehen und bekommen, in goldglänzendes Geschenkpapier gewickelte Tassen. Die Form ist fast unverwechselbar, obwohl wir weder die Farben noch Muster auf den

Tassen sehen können. Wir bekommen sie nicht alle persönlich, da es etwas zu umständlich wäre, jetzt hier aus der Enge heraus zu kommen. Dafür übernimmt Benni, der nahe an der Schulleiterin sitzt, symbolisch für alle die Tassen und stellt sie auf die Tische. Immer noch ist in fast allen Gesichtern der Mädchen das Strahlen zu sehen. Sie haben ihre Sportkleidung vom Empfang vorhin noch an. Nur die Kopftücher passen optisch irgendwie nicht so recht zum Dress. Wieder wird zu einem Gruppenfoto angesetzt und schnell haben die Mädchen ihre Aufstellung in drei Reihen hintereinander gefunden. Einige stehen und andere haben sich abgehockt. Dann gibt Benni noch einmal das Kommando zum „Victory-Zeichen“ und ohne zu zögern kommen die Hände unter dem lauten Chor in das Bild. Auch unsere Admin muss erneut für die „Presse“ herhalten und wird von den Mädchen umringt. Länger jedoch können wir, wenn wir nicht zu unpünktlich sein wollen, hier nicht mehr bleiben. Wahnsinn, wie die Zeit rennt! Würde sich nicht mein Magen mit dem deutlichen Verlangen nach neuer Nahrung melden, es könnte auch erst eine halbe Stunde seit unserer Ankunft vergangen sein.

Der Versuch, sich so viel und so genau zu merken wie möglich, ist gescheitert. Wenngleich es beim Lesen dieser Zeilen nicht so scheinen mag. Schon jetzt habe ich so viele Eindrücke und frische Bilder im Kopf, dass es unmöglich ist, ohne einen Filter das Langzeitgedächtnis zu befüllen. Spätestens jetzt bin ich sehr froh über Tim seinen Fotoeifer. Ohne die Bilder könnte ich diese Flut an Eindrücken wohl nur sehr lückenhaft in meinen Zeilen festhalten. Kurz vor der Tür, vor einem Poster eines deutschen Fußballspieles, bleibt Benni neben mir und den Sprachmittlern stehen. Es sollen die abschließenden Worte zu dieser Klasse werden, da wir nun auf direktem Weg zu den Fahrzeugen zurückwollen. Es dauert wieder etwas bis wir alle zusammen haben und uns weiter zum Parkplatz vorarbeiten. Der Basketballplatz ist nun voll mit kleinen blauen Hemden. Es scheint also doch einige Jungen mehr hier zu geben. Schnell haben sie uns entdeckt und besonders die Kamera hat ihr Interesse geweckt. Schon am Anfang des Platzes ist Tim von den Jungen umzingelt. Bereitwillig lassen sie sich fotografieren und sind auch kreativ darin, verschiedene Posen zu bieten. Benni geht recht zielstrebig zu seinem Wolf weiter und holt weitere Spenden heraus. Auch ich reiche ihm einen blauen Plastiksack, in dem Volleybälle und Fußbälle sind. Sie sind nur teilweise mit Luft gefüllt, so ließen sich gleich deutlich mehrere in dem Sack verstauen. Weitere Kleiderspenden sind ebenfalls nochmal dabei. Als wollte Benni schon hier die Autos komplett leerräumen. Doch er hat sein System und weiß, was zu welcher Schule kommt. Erst jetzt kommt eine sehr alte Arbeiterin, die zu Beginn zu spät dazu gekommen war und darf sich auch etwas aussuchen. Einen großen Karton mit Schuhen und anderen Sachen nimmt sie an sich. Zwar hatten wir sie darauf hingewiesen, dass auch die vorher ausgegebenen Spenden auf alle in der Schule gerecht verteilt werden, doch sie schien sehr misstrauisch und ist von Beginn an nicht mehr wirklich von unserer Seite gewichen. Nicht aufdringlich, aber immer wieder an den verschiedenen Stationen zu sehen, hatte sie wohl auf eine neue Gelegenheit gehofft und sie auch bekommen. Sie geizt nicht mit Dank und ist jetzt das erste Mal seit unserer Ankunft aus unseren Augen verschwunden. Sicher hat sie sich eine ruhige Ecke gesucht, ihre Eroberung zu sichten.

In den zu meist sehr großen Familie, zählt jede Einnahmequelle. Nicht selten wohnen bis zu vier Generationen in den kleinen Hütten. Das Prinzip ist sehr sozial, denn die Jungen versorgen die Alten und jeder der noch kann, versucht auch zum Familieneinkommen beizutragen. Wohl auch ein Grund, warum Avabi nie lange mit seinen 1000,-$ im Monat hinkommt. Selbst wenn er 2000 bekäme, die Familie würde es „aufsaugen". Denn nach der „Wohngemeinschaft" kommen die nächsten Verwandten und bitten um Unterstützung.

Nach einigen Paketen mit Cola, die von der Schulleiterin wie alles andere auch, sehr dankend entgegengenommen wird, geht es an die Fahrzeuge zur kurzen Besprechung. Gar nicht so einfach alle wieder zügig zusammen zu bekommen, denn nur wenige von uns sind untätig. Die Kinder haben das Interesse noch keinesfalls verloren, doch es wird wirklich Zeit. Würde es jetzt schneien, dann könnte man hier unter den Nadelbäumen auch gut eine Bescherung in den letzten Stunden hineininterpretieren.

Fast drei Stunden haben wir nun hier verbracht und ich kann immer noch nicht sagen, wo die Zeit geblieben ist. Benni bespricht mit uns die weitere Strecke. Da es nur etwa einen halben Kilometer weiter ist, nicht so schwierig und da wir ihm ohnehin folgen, kann normalerweise auch nichts schief gehen. Doch Zeit, um sich von allen zu verabschieden, muss natürlich sein. Begrüßungen und Verabschiedungen werden in diesem Land nun mal sehr gepflegt.

Da sind wir Deutschen teilweise etwas oberflächlich, weil uns die Zeit wichtiger ist als ein wichtiges Ritual. Davon nehme ich mich auch keineswegs aus. Mir sind schnelle und unkomplizierte Verabschiedungen auch lieber und so bin ich auch einer der ersten, die wieder im Wolf sitzen. Dieter ist ohnehin etwas ruhiger veranlagt und nimmt sich die Zeit, die er braucht, um sich wieder startklar zu machen. Selbst eine Zigarette glimmt erst halb verraucht in seinem Mund. Er würde gerne aufhören und hat auch schon einige Versuche gestartet. Doch es fehlt die letzte Konsequenz. Bin mal gespannt, ob er es im nächsten halben Jahr packt. Über die Funkgeräte läuft routiniert die Abfrage nach der Verständigung. Sogar die Reihenfolge der Antworten, die sich nach dem Anruf richtet, wird eingehalten. Dann setzt sich der Konvoi wieder langsam in Bewegung. Einige der kleinen Jungen gehen noch neben uns her, bevor wir dann durch das Tor auf die Straße verschwinden.

Was in ihren Köpfen wohl während unseres Besuches vorgegangen sein mag? Sehen sie uns nur als nützliche Spender oder mögen sie uns ernsthaft? Die Freundlichkeit und die Begeisterung jedenfalls lassen mich daran glauben, dass sie uns wirklich mögen, selbst wenn wir ohne die Spenden sicher weniger Interessant wären. Der weitere Verlauf der Straße ist immer noch sehr gut ausgebaut und der betonierte Belag neuwertig. Hier in diesem Viertel ist es sehr sauber und es gibt recht viele große Bäume. Das ist nicht selbstverständlich, denn Holz ist ein beliebtes Heizmaterial. Erst recht, weil es in der Regel nur von der Straße mitgenommen werden muss. Die Gebäude, die entlang der Strecke stehen, sehen deutlich moderner aus als das, was wir von den Außenbereichen gewohnt sind. Es gibt Grünstreifen und Parkbereiche in einer ungewohnten Ordnung für dieses Land.

Wieder stehen, wenn auch nur sehr vereinzelt, kleine Geschäfte am Straßenrand. Meist sind sie mehr Kiosk als Shop und bieten neben Getränken, eine kleine Auswahl an Obst und Gemüse. Dabei wird die Auslage vorm Geschäft häufig sehr mühselig auf kleine Tische, die eine abgeschrägte Auflage haben, ausgelegt. So kann man von weitem schon die Sorten unterscheiden und es wirkt optisch etwas größer und mehr. Mit großen bunten Tüchern sind häufig selbstgebaute Schattenspender errichtet, damit die Auslage nicht in der direkten Sonne liegt und sich das Innere des Geschäftes nicht zu stark aufheizt. Will man jedoch dort kurz anhalten um etwas einzukaufen, muss man beim Parken des Autos vorsichtig sein. Die recht breiten und auch tiefen Schmutzwassergräben, die nicht etwa durch Metallgitter abgedeckt sind, würden für ein normal breiten PKW-Reifen ausreichen, um ihn einzuklemmen. Der Blick hinein in den Graben enttarnt aber auch diesen Stadtteil als nicht makellos. Jede Menge Müll, von leeren Wasserflaschen über anderen Verpackungsmüll, liegen auf den ersten Blick nicht sichtbar, dort drinnen. Nach dem Motto:“ der nächste Regen spült den Dreck zum Nachbarn...“ trifft man immer wieder auf fehlendes Umweltbewusstsein. Doch in den Randgebieten, wo nicht einmal Behälter für den Hausmüll zu finden sind, werden große Müllhalden am Straßenrand angelegt. Mühsam muss dann, die nur unregelmäßige erscheinende Müllabfuhr, alles mit Schaufeln auf die Ladeflächen der LKW laden. Es fließen Milliarden über Milliarden in dieses Land, doch für solche einfachen Maßnahmen scheint sich niemand zu interessieren?

Einige Meter weiter werde ich dann doch wieder in die Kabuler Verhältnisse zurückgeholt. Eben noch vollen Lobes, fahren wir an einer offenen, aber nicht vollen Mülltonne vorbei. Sie erinnert mich an die Zeit in meiner DDR-Wohnsiedlung, da wir dort auch diese übergroßen Blechtonnen hatten. Als hätte hier ein Zielwurfturnier mit mäßigem Erfolg stattgefunden, liegt weit um den Behälter verstreut der Mühl mehrere Schichten hoch. Dabei ist auch hier sowohl die Straße, als auch der betonierte Fußweg in einem sehr guten Zustand. Grund genug um die Investitionen in dieses Viertel auch mal zu pflegen. Doch scheint das Bewusstsein für solche Dinge schlicht nicht vorhanden zu sein.

Zwei Betonwände auf dem Fußweg, die nur einen schmalen Durchgang für die vorbeilaufenden Fußgänger lassen, zeigen uns unser Ziel an. Wir haben die Einfahrt zur zweiten Schule erreicht. Schoko steht schon davor. Entlang des Gehweges sind dicke Steine vor die Einfahrt in einer Reihe angelegt. Es dauert etwas, bis Schoko uns den Weg frei macht, indem er den Männern vorm Tor unser Anliegen erklärt hat. Auch eine ältere Frau packt die schweren Steine mit beiseite. Schulkinder stehen neugierig zwischen den Bäumen, die wie eine Allee die Straße vom Gehweg trennt. Geduldig warten wir auf der Straße und lassen die Gegenspur frei. Dann winkt Schoko uns in die Einfahrt und das riesige braune Metalltor öffnet sich langsam. Hohe Mauern versperren die Sicht in das Innere der Schule und große Säulen, verziert mit braunem Anstrich und einer blauen Tafel, verzieren das Tor. Die blaue Tafel gibt den Namen der Schule in verschiedenen Schriften preis und zeigt in den äußeren Ecken verschiedene Wappen. Hellblaue Gartenstühle an den Torseiten sollen wohl den Posten Platz bieten, die uns gerade den Weg frei geräumt haben. Freundlich winkt man uns weiter und langsam passieren wir die Einfahrt, die direkt in eine dicht bewachsene Baumallee führt. Die Bäume sind nicht sehr hoch, so dass die dicken Äste quietschende Geräusche auf unseren Dächern hinterlassen und unsere hohen Funkantennen sich weit herab biegen, um darunter durch zu passen und dann kräftig zurück federn. Dicht bewachsene Büsche schließen die Lücken zwischen den Baumstämmen und nur selten findet die Sonne einen Weg durch das dichte Gewächs.

Es ist so gar nicht typisch, wie das, was ich sonst draußen sehe. Diese Bäume müssen schon viele Jahre alt sein und haben dennoch die lange Zeit fast schadlos überstanden. Niemand hat sie abgeholzt um es sich zu Hause warm zu machen und sogar die Kinder haben sie anscheinend friedlich wachsen lassen. Wenn ich bedenke, wie viel Material und Natur draußen bei den Soldaten zerstört und gestohlen wird, grenzt diese Beständigkeit schon fast an ein Wunder. Das kann nur so funktionieren, wenn es Menschen gibt, die sich für etwas verantwortlich fühlen und sich auch darum kümmern. Es geht also doch! Wieder ist eine sehr eben betonierte Fläche, doch diesmal direkt vor dem Schulgebäude, unser Parkplatz. Die Körbe an den Enden des Platzes zeigen auch hier einen Basketballplatz. An der rechten Seite vorm Schulgebäude sind zwei Flaggen gehisst. Sowohl die Deutsche, als auch die Afghanische hängen dort in sehr gutem Zustand, vielleicht nur heute? Wir fahren eng auf und können bedingt durch die schmale Durchfahrt und einen Wasserturm, nun leider nicht in Fluchtrichtung parken. Der Hausmeister ist hinter dem Gestell des Wasserturmes in einem Garten beschäftigt. Dort sind sorgfältig verschiedene Beete angelegt, die er gerade wässert. Was wäre naheliegender als ein Beet unter einem Wasserturm? Kaum aus dem Auto raus, werden wir auch hier freundlichst begrüßt. Obwohl der alte Mann, der hier wichtig zu sein scheint, sein Handy nicht vom Ohr wegnimmt und uns so nebenbei die Hand reicht, so strahlt er dennoch über das ganze Gesicht. Seine Mütze, die ich auch schon oft bei Karzai (Präsident) auf Bildern gesehen habe, sieht für diese Temperaturen, mit ihrer Schafwolle, viel zu warm aus. Mit Jackett, Hemd und Pullover, sieht er für mich ohnehin zu warm angezogen aus. Doch er wirkt damit, zumindest für die Verhältnisse, vornehm gekleidet. Selbst als er Benni sehr freundschaftlich mit einer Umarmung und den Gesichtern aneinander begrüßt, behält er hartnäckig das Telefon am Ohr. Ob das gesprochene Wort nun zur Begrüßung Bennis oder dem anderen Teilnehmer in der Leitung gilt, bleibt fraglich. Jedenfalls scheinen wir die Pausenzeit erwischt zu haben, denn in nur wenigen Minuten füllt sich der Platz um uns herum mit Mädchen und auch Jungen. Optisch unterscheiden sie sich nicht von der Schule zuvor. Sowohl die Jungen als auch die Mädchen tragen die bekannten Schuluniformen.

Der Hausmeister kommt langsam und noch etwas schüchtern auf uns zu. Als wisse er noch nicht genau, ob es in Ordnung geht uns ebenfalls zu begrüßen. Die Hände auf dem Rücken haltend, bleibt er in kurzer Entfernung stehen und blickt gutmütig zu uns herüber. Die Kinder turnen auf dem Gerüst des Wasserturmes neben ihm herum und er wirkt dazwischen wie ein Fels, den jetzt nichts mehr bewegen kann. Die Taschen seiner grauen Arbeitsweste scheinen gut gefüllt und nun, wo die ersten von uns auch auf ihn zugehen, beginnt sich sein Gesicht unter den hochziehenden Mundwinkeln zu einem Lächeln zu formen. Wieder geht Benni offen und gut gelaunt auf die Kinder um uns herum zu und begrüßt einige von ihnen. Gerade die Begrüßungsformeln kann er locker herunter spulen und so findet er auch sehr schnell Aufmerksamkeit und Zutrauen. Wir werden von unseren Gastgebern hinter ein Nebengebäude der Schule geführt. Wieder versuche ich mir kleine Orientierungshilfen zu schaffen, um in jedem Fall zum Wolf zurückzufinden, ohne einen der anderen Kameraden um Hilfe bitten zu müssen.

Die wenigen Momente im Leben, die meinen lange zurückliegenden Motorradunfall zurückholen.

Das Nebengebäude ist in einem schwachen Braunton von außen gestrichen und eine Gruppe von Schülerinnen hat sich seitlich vom Eingang in dem ersten Raum aufgestellt. Warum auch sie im Sportzeug sind, ist schnell geklärt, denn erst jetzt sehe auch ich, dass wir vor einem frisch renoviertem Sportraum stehen. Die Mädchen tragen im Gegensatz zur ersten Schule, alle einen einheitlichen Trainingsanzug in blau mit roten und weißen Teilen. Nur die Schuhe, die von Sandalen bis Ausgehschuhen für Damen reichen, wollen nicht so recht in das sportliche Bild passen. Auch sie halten Blätter vor sich, auf denen ein Begrüßungstext für uns steht. Fast fehlerfrei, denn ausgerechnet der Name der Spendenorganisation ist falsch geschrieben. Statt: „Lachen helfen“, steht dort: “Lichen helfen“. Benni hatte zuvor von einem vorangegangenen Schreibfehler berichtet, der jedoch noch etwas lustiger ankam. Damals stand dort auf den Plakaten: “Lochen helfen“. Es sei verziehen, denn schließlich hat die Schrift ihres Landes nur sehr wenig oder besser gar nichts, mit der Unsrigen gemeinsam. Der Eingang des Sportraumes ist mit einem rosa Geschenkband versperrt und liebevoll mit kleinen Schleifen in der Mitte verziert. Sie wird von Mädchen gehalten, die sich mit zwei weiteren, nebeneinander spalierartig vorm Eingang aufgestellt haben. Die zwei anderen Mädchen tragen typisch afg. Trachten in den Farben Afghanistans. Mit je einem deutschen und einem afghanischen

Fähnchen, winken sie vor sich herum und halten gemeinsam ein silbernes Tablett mit vielen verschiedenen Süßigkeiten. Auf dem Berg voller Leckereien liegt eine Bastelschere, die für das symbolische Eröffnen des Raumes sein soll. Benni nimmt sich die Schere und lässt sich von der Schulleitung zu diesem sehr förmlich wirkenden Akt anleiten. Hinter der offenen Tür stehen die Lehrerinnen mit ihren kleinen Kindern und warten auf die Vollziehung des Vorganges. Der Schulleiter fasst das Band, um es für den Schnitt zu halten und Benni setzt die Schere an. Kurz nach seinem Schnitt wird das Band noch einmal mit dem verbliebenen Rest strammgezogen und auch der Schulleiter schneidet es ab. Es folgt Beifall von allen drumherum und das Tablett mit den Bonbons geht in die Runde. Ein kleiner Junge, der vor der Mädchenreihe steht, schaut sichtlich misstrauisch mit seinen kleinen Augen. Er hat ebenfalls eines dieser Begrüßungsblätter in den Händen. Er könnte etwa 4 Jahre sein und wirkt, als er die Aufmerksamkeit einiger Soldaten bekommt, sichtlich verschämt. Als wolle er sich etwas ablenken und die Erwachsenen mit Nichtbeachtung strafen, beginnt er das Papier langsam einzureißen. Er rechnet wohl damit, dass er dafür Ärger bekommt und konzentriert sich voll darauf, weitere kleine Risse hinzuzufügen. Das Mädchen hinter ihm hat es bemerkt und versucht, aber sehr lieb, auf ihn einzureden. Sein kleiner Kopf bleibt gesenkt, doch für einen kurzen Moment hält er inne. Das Tablett ist noch nicht ganz bei mir angekommen und ich muss mich mit dem Arm etwas durch die Menge strecken, um dort heran zu kommen. Doch es klappt und ich greife mir einen der sehr beliebten Kaubonbons. Mit wenigen Schritten bin ich bei dem Kleinen, der sehr luftig aber gepflegt angezogen ist und knie mich zu ihm herab. Er schaut zu mir hoch und verzieht doch keine Miene. Das Blatt in seinen kleinen Händen, die mit reichlich Babyspeck versorgt sind, sichtlich zerknüllt, schaut er mir in die Augen. Ich reiche ihm den Bonbon und ohne zu zögern kommt seine Hand zum Greifen herüber. Darauf scheinen selbst die Kleinsten schon konditioniert.

Wenn du etwas angeboten bekommst, nehme es auch! Er greift den Bonbon nur an einer Ecke des Papiers und als wäre er unsicher ob er es auch wirklich behalten kann, lässt er den Blick nicht mehr von mir ab und fixiert mich mit seinen kleinen braunen Augen. Um ihn in Sicherheit zu wiegen, stehe ich aus der Hocke auf und drehe mich demonstrativ weg. Im Blickwinkel jedoch kann ich noch aufnehmen, dass ihn eines der Mädchen auf den Arm nimmt. Ein kurzer Blick zurück bestätigt, dass sie ihm beim Öffnen des Bonbons hilft. Einer nach dem anderen betritt den kleinen Sportraum, der in sanftem Rosa gestrichen ist. Selbstgemachte Bilder und Wappen zieren die Wände. Sogar rosa Vorhänge, aus sehr dünnem, fast durchsichtigem Stoff, hängen vor den Fenstern und halten die grelle Sonne draußen. Vier Mädchen in einheitlicher Sportkleidung und mit schneeweißen Kopftüchern behängt, beginnen die afg. Nationalhymne zu singen. Die beiden anderen Mädchen, die gerade noch mit den Fähnchen vorm Eingang gewedelt hatten, haben sich jeweils an den Seiten von ihnen dazu gestellt. Der Chor der Vier hält sich die rechte Hand über die linke Brust und alle haben, was etwas merkwürdig wirkt, die Köpfe gesenkt. Nur auf ihren Socken stehen sie auf dem neuen, robust wirkenden roten Teppich. In der Mitte des Raumes ist ein reichlich gedeckter Tisch aufgebaut. An den Kopfenden stehen Stühle und an den langen Seiten Holzbänke. Das Essen auf den großen Platten scheint fast ein Mittagsmahl zu sein, so üppig ist es mit Pommes, Salat und Fleischrollen belegt. Dazwischen stehen viele kleinere Teller, auf denen ordentlich ausgerichtet Kuchenstücke liegen, die mich an unseren heimischen Sandkuchen erinnern. An den Rändern des Tisches sind Teegläser mit einer ungewöhnlich dunkelroten Flüssigkeit gefüllt. Wie afg. Tee sieht es jedenfalls nicht aus. Alles wirkt überaus sauber und mit Liebe zum Detail aufgestellt. Man hat sich offensichtlich auf die deutsche „Mentalität" eingestellt. Wieder sind natürlich einige Worte fällig und so stellt Benni sich zur Schulleitung in die letzte freie Fläche neben der Tür, während wir uns hinter den Bänken des Tisches aufreihen. Stolz präsentiert man uns das Ergebnis der letzten Spenden. Obwohl hier sicher nur wenige Kinder gleichzeitig am Sport teilnehmen können, so ist es besser als nichts und da die meisten Sportstunden alternativ im Freien abgehalten werden können, nur eine Ergänzung. Auch dieser Raum bietet nur bedingt Abkühlung für uns. Klimaanlagen gibt es hier, wie anscheinend überall, nicht. Nur ein etwas abgenutzt wirkender Standventilator brummt monoton vor sich hin. Es sind weitere Schülerinnen in den Raum hereingekommen, alle sind neugierig und stehen dicht gedrängt bis nach draußen. Der Chor verstummt und wie auf Kommando setzt wieder ein kräftiger Applaus ein. Benni begibt sich nach der formellen Begrüßung und nun Einweihung des Raumes, zu den Mädchen des Chors, um sich für das Lied zu bedanken und ihre Leistung zu loben. Etwas schüchtern lassen sie sich auf Benni ein. Jetzt kommen auch die Mädchen von Draußen zum Chor dazu und stellen sich optisch nach ihrem Sportdress am Kopfende des Tisches auf. Damit platzt der Raum nun fast aus allen Nähten. Auch der Kleine ist noch auf dem Arm des Mädchens, dass ihn vorhin hochgenommen hatte. Mit langen Spucke-Fäden sabbert er, den Bonbon sichtlich genießend, sein ärmelloses Shirt voll. Hinter uns an der Wand ist das Symbol und der Slogan des Vereins, der die Spenden verwaltet, angemalt. Hier haben sie nicht einfach nur einen Eimer Farbe gekauft und an die Wand gebracht, sondern wirklich Herzblut in die Arbeit gesteckt.

Sicher würden die Spenden noch besser aufgenommen, wenn wir uns als Soldaten einfach auch mal einen Pinsel in die Hand genommen hätten und mit anpacken würden. Doch das ist aus vielen Gründen nicht ganz einfach, selbst wenn ich mir um die positiven Effekte sehr sicher bin, ist das dann wohl doch der Punkt, an dem sich die zivilen Organisationen einbringen müssten. Das dies wiederum an fehlenden Mitteln scheitert, ist ärgerlicher als es sein müsste. Würde man nur einen kleinen Teil der Kosten für das gesamte ausländische Militär an die Organisationen zum zweckgebundenen Einsatz geben, könnte man hier eine Menge in kurzer Zeit bewegen.

Bevor es an die Tische geht sind weiter Fotos in Arbeit. Hier sind sowohl Benni als auch unsere Admin wieder vorne dabei. Bei der Gelegenheit werden weitere kleine Geschenke verteilt. Doch es sind so viele Mädchen hier, dass die Vorräte schnell verbraucht sind. Benni bittet mich noch einmal zum Auto zu gehen um weitere Tüten mit verschiedensten Dingen heranzubringen. Ohne mich groß von den Kindern aufhalten zu lassen, bahne ich mir zielstrebig den Weg durch die Menge und greife auf meinen schwachen Orientierungsspeicher zurück. Mehrere Jungen, die Mädchen sind entweder zu gut erzogen oder zu schüchtern, kommen mir nach. Immer wieder wollen sie mir die Hand reichen und mich somit vermutlich begrüßen. Oder sie haben einfach Spaß daran, dass sie sich mit meiner Anwesenheit amüsieren und die Zeit vertreiben wollen.

Am Wolf angekommen wird es zu einer Herausforderung an die Sachen zu kommen ohne die Tür zu weit zu öffnen. Zwar sind sie längst nicht so energisch wie die verarmten Kinder im Gelände, doch auch sie wittern ihre Gelegenheit etwas von den Spenden abzubekommen. Ich drücke mich dicht in die halb geöffnete Tür und beuge mich tief hinein. In dem ganzen durcheinander jetzt die richtigen Tüten zu finden, ist wirklich nicht einfach. Benni wollte gerne mehr Basecaps, doch ich finde nur noch ein paar davon. Also greife ich mir kurzerhand was ich kriegen kann und nehme zusätzlich Schlüsselbänder und Handgelenkgummis mit. Die grellgelb leuchtenden Gummibänder kommen bestimmt gut an. Langsam schiebe ich mich in die neugierigen Köpfe der kleinen Jungen zurück, um die Tür mit jedem freiwerdenden Zentimeter wieder weiter zu schließen. Das scheint zu funktionieren und als hätten sie den Wink mit dem Zaunpfahl verstanden, treten auch sie etwas vom Wagen zurück. Ein kleiner hartnäckiger Kern der Jungen ist übriggeblieben und so verteile ich an jeden eines der gelben Armbänder, um sie für ihre Disziplin zu belohnen. Ob sie es als solches ansehen darf zwar bezweifelt werden, doch es könnte ja für das nächste Mal schon im Gedächtnis hängen bleiben. Lernfähig scheinen die Kleinen jedenfalls zu sein.

Gut mit den vollen Tüten bepackt, mache ich mich auf den Weg zurück zum Sportraum. Schnell sind auch diese Dinge verteilt. Das einige Kinder vermutlich mehrmals etwas bekommen haben, kann man bei der Masse an Schülern nicht ausschließen, doch weg ist nun mal weg. Mit unserer unbequemen und platzraubenden Ausrüstung setzen wir uns auf die Bänke vor uns am Tisch. Die Lehrerinnen und die Schulleiterinnen sitzen uns gegenüber und bieten uns, kaum dass wir uns einigermaßen passend auf die Bänke gedrückt haben, ihr reichlich gedecktes Mahl an. Ich halte mich vorerst an das typische afg. Fladenbrot. Es schmeckt immer und überall, kann höchstens mal etwas gummiartig werden, wenn es nicht mehr ganz so frisch ist. Der Saft in den Gläsern aus Granatapfel ist besonders erfrischend. Selbst wenn warmer Tee bei den Temperaturen nicht schaden könnte, der nur auf Zimmertemperatur gekühlte Saft ist äußerst lecker. Schalen mit Bonbons stehen zwischen den großen Platten, doch sie scheinen mehr dafür, um das Bild noch reichlicher und bunter erscheinen zu lassen. Alle greifen bei den Platten zu. Während sich einige von uns mit den sehr gut gewürzten Pommes den ersten Hunger vertreiben, nehme ich nun von den Gurken und Tomatenscheiben. Nur die Fleischrollen will niemand so recht probieren. Dabei dürften sie die teuerste Beilage hier sein.

Sie beinhalten aber auch die größte Gefahr sich den Magen zu verderben. Weniger, weil es auch kleinere Lebensmittelhändler gibt, die Ausländern vergiftete Ware anbieten, sondern bedingt durch die hygienischen Unterschiede. Unsere Mägen sind da einfach nicht robust genug, um sich gegen alle Erreger unbemerkt zu wehren. Es wird sich Zeit genommen, obwohl für nachher ein vollwertiges Mittagessen geplant ist. Trotz der vollen Münder bekommen unsere Sprachmittler viel zu tun und müssen immer wieder fleißig übersetzen. Die diskutierten Themen driften sehr schnell wieder in politische Richtungen ab. Wieder wird deutlich, was die Afghanen, wenn immer es um die ausländischen Soldaten geht, bedrückt. Diplomatisch muss man hier den Abzug der Truppen mit einer neuen kleineren Mission vermitteln. Benni versucht wieder etwas in den Zeitplan zu kommen und beginnt damit Aufkleber des Spendenvereines an verschiedenen Stellen anzubringen. Später soll klar erkennbar sein, wer sich hier eingebracht hat. Dafür hat er mehrere Hundert dieser kleinen runden Sticker mitgebracht. Sie sollen auch auf alle Computer und Möbelstücke kommen. Zurück an den Fahrzeugen, vorbei an immer noch sehr vielen wartenden Mädchen, die neugierig darauf hoffen weitere Geschenke zu bekommen, laden wir viele größere Kartons aus. Jetzt erst lichtet sich der Innenraum des letzten Fahrzeugs, dem Toyota der Wehrverwaltung. Flachbildschirme für den Computerraum stecken in den, teilweise recht schweren Kartons. Fast formal begeben wir uns in einer Reihe mit den Kartons auf den Schultern zur anderen Seite des Schulgeländes. Die kleinen Jungs, die völlig verschwitzt mit uns laufen, lassen uns nicht aus den Augen. Sie haben wohl die Zeit, als wir am Essen waren, zum Toben auf dem Schulgelände genutzt. Ihre Köpfe sehen aus, als kämen sie geradewegs aus der Dusche.

Über eine Stahltreppe geht es an der Außenseite des Nebengebäudes, in das wir zum Computerraum gelangen, nach oben auf die Terrasse. Sie verbindet an der Gebäudeseite die verschiedenen Unterrichtsräume miteinander. Blau scheint eine sehr beliebte Farbe zu sein, denn obwohl das Geländer sichtlich gealtert ist, findet man auch hieran den häufig verwendeten Farbton. Nur direkt an der Gebäudemauer, wo die Terrasse befestigt ist, sind unschöne Schmutzstreifen des Rostes, der vom Regen aus dem Metall gespült wird, zu sehen. Auf der Fregatte, auf der ich einst mitgefahren bin, war es wohl ähnlich. Hatte man die eine Ecke des Schiffes gerade frisch gestrichen, rief die nächste Ecke nach neuer Farbe. Vieles was hier erneuert wird, muss eben auch schnell und günstig sein. Da ist die Langlebigkeit, in einem Land das an vielen Stellen unzählige Male zerstört und wiederaufgebaut wurde, kaum in den Köpfen der „Macher" vorhanden. Auf der Terrasse angekommen biegen wir nur wenige Meter vom Aufgang in einen leicht abgedunkelten Raum ein. Die Schülerinnen erheben sich höflich, als wir mit den Kartons in den Händen eintreten. Die Sonne steht recht direkt auf den Fenstern, die mit gleich mehreren Stofftüchern hintereinander abgehängt sind. So ist es zwar recht dunkel aber auch schattig. Zudem lassen sich die Bilder der Monitore besser erkennen. Die Computerlehrerin, eine recht junge Frau mit fülliger Figur, begrüßt Benni und uns andere. Sie hat beide Hände in einen Verband eingewickelt. Wobei sie sich die Verletzungen zugezogen hat, bekomme ich nicht mit. Doch sie scheint gut versorgt worden zu sein. Sie bittet Benni, als sie sieht wie Tim weiter fleißig fotografiert, die Bilder nicht im Internet zu veröffentlichen. Sie ist eine von vielen, die Angst hat zu zeigen, dass sie als Frau arbeitet und dabei auch noch in einer Einrichtung, wie die Mädchenschule.

Die verknöcherten Vorstellungen der verschiedenen feindlichen Kräfte akzeptieren diesen Fortschritt des Landes nicht. Sie wollen wie in alten Zeiten, dass die Mädchen zu Hause bleiben und sich mit der Mutter um den Haushalt kümmern. Als ich Amin einmal fragte wie er seine Tochter erzieht, sagte er mir etwas, dass ich mir so nur schlecht vorstellen konnte. Die kleinen Mädchen werden mit etwa 2 -3 Jahren neben die Mutter in die Küche oder an anderen Orten des Hauses gesetzt. Dabei sollen sie im ersten Schritt durch Beobachtung von der Mutter lernen. Mit 5 -6 werden sie dann aktiv in die Tätigkeiten eingebunden und so bis zur Pubertät in den verschiedenen Tätigkeiten geschult. Damit sind sie dann auch nur noch wenige Jahre von einer Vermählung mit dem Mann, den ebenfalls die Eltern in Absprache mit den zukünftigen Schwiegereltern treffen, entfernt. Ob das Paar sich mag oder gar liebt, spielt dabei eine unwichtige Rolle. Nach versorgenden Gesichtspunkten und der Sympathie der Schwiegereltern gegenüber ihrer zukünftigen Schwiegertochter oder Schwiegersohn, wird dann entschieden. Ein Mitspracherecht der Kinder ist damit fast gänzlich ausgeschlossen. Nur dann, wenn die Familien sehr offen und westlich orientiert sind, gibt es auch bessere Wege, die die Interessen der Kinder berücksichtigen. Avabi, dessen Familie offensichtlich etwas aufgeschlossener ist, durfte seine Frau selber kennen lernen. Es ist für mich nur schwer Vorstellbar, dass so eine berechnende Zusammenführung zweier, bis zur Hochzeit unbekannter Menschen, eine gute Zukunft hat. Sicher kann auch mal zufällig eine passende Konstellation entstehen, doch die Mehrheit dürfte eine Zweckgemeinschaft ohne wirkliches Glück und Liebe bleiben. Nicht selten höre ich von Amin, wie schlecht einige seiner Bekannten ihre Frauen behandeln. Allzu laut dürfen wir allerdings auch in der westlichen Kultur nicht darüber richten, denn einige Jahrzehnte zuvor, war es bei uns ja ähnlich. Und auch heute können wir nicht von einer ausgereiften Gleichberechtigung der Frauen sprechen. Wäre es so, hätten wir zumindest in den Bereichen, die dem Mann auf Grund seiner körperlich besseren Voraussetzungen einen Vorteil bieten, ein ausgeglichenes Mann-Frau Verhältnis.

Schüchtern, etwas unsicher was sie zu all den Monitoren sagen soll, steht die Lehrerin vor den vielen Kartons. Benni öffnet einen davon, um demonstrativ die Übergabe an die Lehrerin festzuhalten. Schoko übersetzt seine begleitenden Worte. Die Dankbarkeit kann sie nur schwer in Worte fassen, doch ihr leichtes Lächeln und der am Monitor festgefahrene Blick sagen alles. Es geht hierbei auch nicht darum die modernsten Bildschirme in den Klassenraum zu stellen, denn auch die älteren Monitore verrichten ihre Arbeit noch. Es geht darum, allen Schülerinnen die Möglichkeit zur Arbeit am PC zu eröffnen. Dafür werden in den nächsten Monaten noch weitere Computer besorgt und so nach und nach der Klassenraum in seiner Ausstattung verbessert. Vorsichtig greift sie, nur mit den Fingern ihrer verletzten Hände, den Bildschirm und gibt so für Tim die Gelegenheit zum passenden Foto. Noch teilen sich etwa drei Schülerinnen einen Monitor, das kann nun als erste Maßnahme verbessert werden. Jetzt, wo ich Stück für Stück den sinnvollen Einsatz der Spenden mit den eigenen Augen sehe, bekomme ich ein wenig ein schlechtes Gewissen.

War die Idee, die Spenden aus dem Haare schneiden für andere Einrichtungen zu planen, richtig? Obwohl der gute Zweck der anderen Organisationen für mich nicht in Frage steht, so habe ich doch etwas Zweifel, ob einfach Afghanistan nicht doch der bessere Ort wäre. Doch nun, da alle Kameraden die teilgenommen haben, eben auch unter dem Wissen der Verwendung der Mittel gespendet haben, werde ich die Entscheidung nicht mehr ändern. Alles was weiterhin in die Sammeldosen geht, kommt auch der vorgesehenen Einrichtung (Bundeswehrsozialwerk) zu gute. Dennoch spricht ja nichts dagegen, mal zu Hause kritisch unsere Spielsachen und Kleider der Kinder durch meine Frau „sichten" zu lassen. Bevor es in die Kleiderspenden kommt und kommerziell weiter genutzt wird, lasse ich es lieber hierherschicken und sehe im November, wenn wir das nächste Mal hierherkommen, wohin es geht.

Wir bekommen, nachdem wir nach und nach den Raum wieder verlassen, noch weitere Klassenzimmer gezeigt. Auch hier wird die Liste der Wünsche fortgesetzt. Ob teilweise renovierungsbedürftig oder sehr altes, unbequemes Inventar, vieles wird mit der Bitte um weitere Unterstützung angesprochen. Jetzt verstehe ich auch, warum Benni sich keine weiteren Projekte mehr annimmt. Zwar würde das „Gießkannenprinzip" mehr Schulen helfen, jedoch wohl nur unbedeutend und nicht nachhaltig. Und so lassen sich die überschaubaren Projekte wohl besser kontrollieren. Denn so hart es sich auch anhört und das Vertrauen in Frage stellt, würde diese „Kontrolle" nicht stattfinden, so würde sicher auch mehr im „Irgendwo versacken".

Wieder auf dem Schulhof angekommen, hat sich der Hauptmann der Wehrverwaltung einen Jungen auf die Schultern gesetzt. Der findet es sichtlich toll. Nur leicht hält er sich mit seinen kleinen Fingern an den großen Ohren des Hauptmanns fest und zeigt damit sein klares Vertrauen. An der Außenwand entdecke ich eine große Blechtafel. An den Rändern leicht angerostet und leicht zerbeult, zeigt sie die Patenschaft mit zwei weiteren deutschen Schulen. Unterstützt vom Kinderhilfswerk Afghanistan. Das verunsichert mich zwar für einen Augenblick, denn wenn bereits zwei Schulen sich verantwortlich fühlen und das Kinderhilfswerk Afghanistan sie dabei begleitet, warum muss dann eine weitere Organisation sich hier engagieren? Das nächste Ziel, bevor es Mittag gibt, wird zielstrebig angesteuert. Auch hier gibt es einen Kindergarten und eine Betreuung der Babys.

Als wir den Raum des Kindergartens betreten, sitzen die Kinder ordentlich aufgereiht an der Wand auf ihren kleinen Stühlen. Teilweise scheinen sie mir etwas alt für den Kindergarten, da manche um die 7-8 Jahre alt sein dürften. Es könnte aber auch sein, dass die älteren Mädchen die kleinen Kinder betreuen und beschäftigen. Auch diese Räume scheinen in der Vergangenheit noch keine Priorität gehabt zu haben. Abgesehen von einem grauen Farbstreifen, der sich in Schulterhöhe über den Raum zieht, sieht der Rest renovierungsbedürftig aus. Es bleibt kaum Zeit um sich länger mit den Kleinen zu beschäftigen. Die Wiegen im Nachbarraum kennen wir bereits aus der anderen Schule und scheinen vom selben Hersteller. Nur die Bettchen sehen deutlich gemütlicher aus. Das Holz naturbelassen, sieht man sonst eher selten. Die Regale des kleinen Spiel -und Schlafzimmers sind reichlich gefüllt. Nichts davon sieht billig oder zu abgenutzt aus. Selbstgemachte Bilder aus getrockneten Pflanzen auf schwarzem Grund, wirken schon beinahe künstlerisch auf mich. Sorgfältig und mit Liebe zum Detail, hängen sie nur etwas schief an der Wand neben dem Spielzeugregal. Dünne bunte Schaumstoffmatratzen liegen an den Wänden entlang und sind durch dicke Kissen im selben Rotton verziert. Einige der Kleinen haben es sich dort gemütlich gemacht und können ihren Blick nicht von den Unbekannten lassen. Benni kippt einen großen blauen Sack mit übergroßen Legosteinen in die Mitte des kleinen Raumes auf den bunten Teppich. Ich hocke mich neben den Haufen und beginne damit, den Kindern, die noch etwas scheu hinter mir an der Wand sitzen, die Steine zu reichen. Nicht alle greifen gleich zu und so beginne ich ein paar Steine zusammenzustecken. Bei einem kleinen Mädchen mit kurzem lockigen Haar, ist das Eis schnell gebrochen. Sie rutscht auf ihren Knien zu mir heran und nimmt mir selbstbewusst die Steine aus den Händen um es mir gleich zu tun. Sie beginnt etwas vor sich hin zu murmeln und zögert dann auch nicht mehr mir zu zeigen, was sie haben möchte. Passt die Farbe oder die Form nicht, so gibt sie mir es mit ihrer leicht piepsigen Stimme und ihren fuchtelnden Händchen zu verstehen. Als wären wir schon ewig Spielkameraden, bindet sie mich voll in ihren „Bauplan“ ein. Für mich ist es unter dem Gewicht der Weste etwas unbequem und schwer eine einigermaßen entspannte Sitzposition zu finden. Der mit Kindern und Erwachsenen gefüllte Raum ist einfach zu eng, um sich hier auch noch auf dem Boden mit Spielzeug breit zu machen. Das nach und nach immer mehr der Kleinen an uns heran rutschen, macht die Sache nicht einfacher. Aber es macht Spaß und ist ein gutes Gefühl zu sehen, dass selbst so einfache Dinge bei den Kindern angenommen werden. Schnell sind jedoch die Vorräte der Steine erschöpft. Zu viele der Kleinen haben nun das Interesse daran entdeckt. Mehrmals versuche ich mich aus der etwas unbequemen Position zu befreien und das Mädchen beim Spielen alleine zu lassen. Doch die ersten Versuche scheitern an ihrem Einspruch. Immer wieder zeigt sie mir mit ihrer fuchtelnden Hand und ihren betonten Ausrufen, dass sie ihren Spielpartner noch behalten möchte. Jetzt ist Fingerspitzengefühl gefragt. Zwar glaube ich nicht, dass sie weinen wird, wenn ich aufstehe und sie alleine weiterspielen muss, doch es soll ja auch nicht so aussehen, als läge es an ihr, dass ich nicht mit ihr weiterspiele. Vielleicht mache ich mir da auch nur zu viele Gedanken. Vorsichtig stehe ich, nachdem ich weitere Kinder mit Spielsteinen versorgt und in ihr Projekt eingebunden habe, erneut auf. Sie blickt noch einmal zu mir auf bevor sie wohl akzeptiert, dass wir weitermüssen. Noch bevor wir den Vorraum, in dem einige gespendete Stühle stehen verlassen, bringt Benni auch hier seine Aufkleber an den Sitzlehnen gut sichtbar an. Ein letztes Mal nimmt er vorerst ein kleines Mädchen, von dem er behauptet sie sei die Hübscheste in Afghanistan, auf den Arm und trägst sie mit nach Draußen. Sie muss die Tochter einer der Lehrerinnen sein und kennt ihn bereits von den vorangegangenen Besuchen. So hat sie keinerlei Scheu. Ein letztes Mal holen wir Material aus den Fahrzeugen und stellen es übersichtlich vor der untersten Stufe der Eingangstreppe ab. Etwas Büromaterial und viele Sätze Bettwäsche, in Foliensäcken der Reinigungsfirma aus dem ehemaligen Camp Warehouse, kommen so zusammen. Ebenfalls ein paar Spiele, die irgendwo zwischen der Ladung gelegen haben, kommen noch dazu. Spätestens jetzt soll alles aus den Autos raus, denn nach dem geplanten Mittag, werden wir direkt zurück in unser Camp verlegen. Eine Tüte in der noch Caps und andere kleinere Spielsachen sind, nehme ich mit zu einer kleinen Gruppe von Jungen. Ihre Hartnäckigkeit soll nun, wo sie uns doch von Beginn an ständig verfolgt hatten, belohnt werden. Zwar hätten sie am liebsten auch alles in vielfacher Stückzahl, doch die Rationierung findet ihr Verständnis und so warten sie diszipliniert, bis ich ihnen etwas in die Hand gebe. Es ist beachtlich, was noch alles in den Fahrzeugen war. Ein recht hoher Haufen mit Bettwäsche hat sich nun aufgetürmt und droht beinahe umzukippen. Die ersten Arbeiterinnen beginnen damit, nach den Anweisungen der Lehrerinnen, das Material wegzubringen.

Wieder entdecke ich ein Schild, diesmal aus einer Marmorplatte, das auf deutsche Unterstützung für die Schule hinweist. Seit 2004 bekommt die Schule Unterstützung von der Bundesrepublik Deutschland. Einmal in Dari und einmal in Englisch in den Stein gehauen und mit schwarzer Farbe in den Rillen besser sichtbar gemacht, steht es dort geschrieben. Wie und in welchem Umfang auch immer diese Unterstützung aussehen mag, kann ich recht schlecht bewerten. Doch wenn ich sehe, wie viel Einsatz Benni mit relativ wenig Mitteln erbringt, fehlt mir da ein wenig der Bezug. Vielleicht bezieht sich das aber auch auf eine einmalige Aktion, die beim Bau zum Einsatz gekommen ist. Luftballons, die ich ebenfalls aus der Tüte verteilt habe, finden sichtliches Interesse bei den Jungen. Die Ersten muss ich für sie aufpusten, da es etwas Mühe macht und eine gute Lunge erfordert. Die Öffnungen verknote ich und so können sie, trotz des leichten Windes, damit auf dem Schulhof spielen.

Langsam laufen wir, noch etwas als Gruppe auseinandergezogen, zum Ausgang. Das braune Tor ist nur noch wenige Meter entfernt, doch rausgehen werden und dürfen wir so nicht. Zwei kleine Gebäude, die wieder einmal in blau gestrichen sind, liegen zu den Seiten auf dem Weg. Beides sind wohl Büroräume für die Schulleiterinnen und die Lehrerinnen. Drinnen wird gerade noch das Mittagessen aufgebaut und so werden wir gebeten, davor auf den blauen Holzbänken zu warten. So setze ich mich auf eine der etwas unbequem zugänglichen Bänke und bemerke erst jetzt, dass wir seit der Herfahrt nur sehr kurze Zeit gesessen hatten. Der Druck in den Beinen lässt angenehm nach. Ständig mit den wenigen Ausnahmen vorhin im neuen Sportraum und in den Fahrzeugen von Schule zur Schule, waren wir in unserer schweren Ausrüstung nur auf den Beinen. Erst jetzt, wo ich auch die Beine entlasten kann und der Druck des Gewichtes von den Sohlen ist, wird mir das spürbar bewusst. Kaum jemand bleibt stehen und allen ist ausnahmslos der Grad der Erschöpfung anzusehen. Durchgehend abgelenkt, hat keiner wirklich auf seinen Flüssigkeitshaushalt geachtet, obwohl wir durch das viele Schwitzen eine Menge Flüssigkeit verloren haben müssen. Da ist das Glas Tee und der „Schluck" Saft wohl schnell wieder aus unseren Körpern verdunstet.

Man kann gerade unerfahrenen Soldaten nicht oft genug gegenüber wiederholen, dass sie ständig in kleinen Portionen Wasser oder andere Getränke zu sich nehmen müssen. Die trockene Luft lässt einen selten, wie Heute, die Menge die wir ausschwitzen spüren. Nur dadurch, dass unsere schwere Ausrüstung kaum Feuchtigkeit vom Körper weglässt und sie unangenehm unter der Weste fängt, wird es leichter spürbar. Doch wenn ich Draußen bei den Afghanen unterwegs bin, habe ich diese in der Regel nicht an und so wird mein Körper oft schneller in der Sonne wieder getrocknet, wie er nachschwitzen kann. Erst die einsetzenden Kopfschmerzen und der mehr und mehr austrocknende Mund, geben mir „den ersten Tritt“ für die Erinnerung.

Der weißhaarige Hauptmann hat eine olivgrüne Tasche mit aus dem Toyota genommen, in der er kühle Softdrinks für die Gastgeber und uns bereithält. Davon könnte ich mir jetzt sofort eine ganze Dose die Kehle herunter laufen lassen ohne sie abzusetzen. Doch ich werde mich noch ein wenig gedulden müssen und dann hoffen, dass genug für Alle davon da ist. So nutze ich, während einige der anderen sich wieder mit den Jungen beschäftigen, die Zeit um etwas zu entspannen. Schon das Schließen der Augen und damit die Entspannung der Gesichtsmuskulatur, sind wohltuend. Es gelingt mir sogar die Geräuschkulisse im Hintergrund, die durch das Leben der Großstadt und die aufgeregten Jungen, die ansonsten sehr ruhige Umgebung etwas auszublenden. Mit dem leichten Wind im verschwitzten Gesicht könnte ich auch gerade irgendwo von der Sonne aufgeheizt am Strand meiner alten Heimat liegen. Ganz wenige und nur leichte Regentropfen treffen mein Gesicht. Kurzeitig glaube ich an einen Streich der Jungen, doch als ich meine Augen wieder leicht öffne, entdecke ich vor mir auf dem Tisch und auf dem Betonweg Spuren von Regentropfen. Es wäre sehr ungewöhnlich, wenn es jetzt zu regnen beginnen würde. Zwar ist der Himmel in der Zwischenzeit etwas zugezogen, doch Regen fällt mit jedem Tag den wir weiter in den Sommer laufen, immer weniger.

Es bleibt bei den wenigen Tropfen und Schoko gibt das Zeichen zum Einrücken in den „Speisesaal“. Vermutlich wird dieser auch für Besprechungen der Lehrer genutzt, denn der vorbereitete Tisch gibt Platz für mehr als 10 Personen. Große Platten mit „Kabuli-Palau“ (einheimisches Reis/-Fleischgericht) und Fladenbrot, sind in der Mitte aufgebaut. Kleine Glasteller, die mich an Kuchenteller erinnern und richtige Metalllöffel, stehen vor jedem der Stühle. Dieter hat sich einen

Platz am hinteren Ende gesucht und beginnt Teile seiner Ausrüstung an der Wand abzulegen. Derweil helfe ich die kalten Getränke mit auf dem Tisch zu verteilen und sicher mir bei der Gelegenheit eine Cola. Der Schulleiter und seine Vertreterin haben sich den Bürotisch entsprechend vorbereitet, um uns mehr Platz am großen Tisch zu lassen. Neben dem Bürotisch steht ein großer Kochtopf, aus in die Jahre gekommenem Aluminium. Er ist groß genug, um für etwa 30 Personen Essen bereit zu halten und ist, obwohl die Platten schon sehr reichlich gefüllt sind, immer noch mehr als halb voll. Bin mal gespannt, wer diese Menge verzehren soll. Doch weggeworfen wird von dem, was die Sprachmittler in ihrer Familie zubereiten lassen haben, wohl nichts. Nur mögen muss man die Mischung aus Reis, etwas Gemüse in Form von Möhrenstreifen und Rosinen. Je nachdem, wie gut es der Familie geht, kommt etwas mehr oder etwas weniger Fleisch in kleinen Stücken dazu. Einen gemeinsamen Start gibt es nicht und so sind unsere Gastgeber bereits am Essen, während ich noch unschlüssig bin, wie viel ich mir auf meinen Teller tue. Mache ich mir zu wenig rauf, dann sind die Sprachmittler, die sich die Mühe gemacht haben, möglicherweise beleidigt. Nehme ich zu viel, dann stehe ich unter dem Zwang es auch alles zu essen. Seit 2011 habe ich es jedoch nicht mehr gehabt und damals habe ich es bei Einladungen zwar immer gegessen, doch auch wenn es geschmacklich durchaus gut war, ist es nicht zu meiner Lieblingsspeise geworden. Es lag wohl mehr am Kopf-Kino, denn ich habe einfach zu oft und zu genau gesehen, wie so etwas von der Militärküche zubereitet wurde. Der erste Löffel voll ist in meinem Mund und schnell kann ich mich wieder an den Geschmack erinnern. Die kleinen Fleischstückchen sind sehr gut gewürzt. Nicht zu scharf aber mit angenehmem Aroma. Auch der Reis und die Möhren geben keinen Grund zur Beanstandung. Nur die Rosinen, die mit einer kräftigen Süße die anderen Geschmäcker überlagern, die hätte man rauslassen können. Doch da gehen die Meinungen am Tisch auseinander.

Die teilweise kritischen Blicke, der noch relativ Afghanistan Unerfahrenen, setzen mir ein leichtes Grinsen auf. Nur zu gut kann ich mir vorstellen, was in ihren Köpfen jetzt vorgehen mag. Wo kommt der

Inhalt meiner Mahlzeit wohl her? Haben sie für das Fleisch eine der Ziegen, die sich täglich auf den riesigen Müllkippen satt fressen, geschlachtet? Und wird das Gemüse wohl mit dem Wasser des Kabul River gegossen worden sein? Wobei der Blick in den Fluss im Zentrum von Kabul jeden Appetit vergehen lässt. Im schlimmsten Maß mit allen möglichen Flüssigkeiten und Haushaltsmüll verseucht, erinnert nichts mehr, außer das flüssige, an das Medium Wasser. Selbst Autos werden am Flussufer gewaschen. Dieter überbrückt wohl seine ersten Überwindungsversuche mit einem großen Stück vom Fladenbrot und auch der weißhaarige Hauptmann stochert noch etwas unschlüssig in der kleinen „Reisburg“. Schon beinahe mit einem schlechten Gewissen nehme ich mir nach, um die Platte, die in meiner nächsten Nähe steht, etwas leerer zu machen. Essen ausschlagen wäre unhöflich, dagegen etwas übrig lassen völlig in Ordnung. Nur sollte erkennbar sein, dass man auch wirklich satt geworden ist. Zum Nachfüllen aus dem großen „Alu Topf“ kommt es nicht mehr. Zwar essen alle pflichtbewusst, doch dass es eben nicht unser deutscher Geschmack ist, kann auch niemand verstecken. Schon während dessen sind die Gespräche um das bisher Gesehene in vollem Gange.

Ein weiterer interessanter Tag meines Lebens neigt sich dem Ende. Wenngleich es erst nachmittags ist, so werden mir die verbleibenden Stunden nichts vergleichbares mehr bieten können. Dass ich hier und heute wirklich eine ganz neue Erfahrung machen würde, hätte ich am Morgen so noch nicht erwartet. Doch ich finde auch nichts in meiner Erinnerung, was vergleichbar wäre. Sicher gibt es gerade wegen der häufigen Einfachheit viele Parallelen zu meiner Schulzeit in der DDR, doch schon durch die gravierenden kulturellen Unterschiede, hinkt ein ernsthafter Vergleich. Für diese Erfahrung muss ich Benni einfach dankbar sein, denn um die Bilder, die ich nun mit mir trage, würden mich viele der im Camp gebliebenen Kameraden sicher beneiden. Die Stellvertreterin ergreift die Gelegenheit und erhebt sich für eine kleine Ansprache. Da keiner mehr isst und alle in Diskussionen mit den Tischpartnern vertieft sind, eine gute Gelegenheit um etwas Aufmerksamkeit zu bekommen. Sie bedankt sich noch einmal zusammenfassend für alles was Benni mit uns hierhergebracht hat und unterstreicht die Wichtigkeit für die Schule. Als Dank dafür geben sie uns uneingeschränkt das Gefühl, hier wirklich und nicht nur wegen der Spenden willkommen zu sein.

In einer deutschen Schule hätte ich mich deutlich unwohler gefühlt. Hier weiß man, was man an uns und den verbündeten Nationen hat. Das fällt unserer Gesellschaft leider immer erst dann wieder ein, wenn die Flüsse wieder über die Ufer treten und Sandsäcke für Deichbefestigungen abgefüllt und gestapelt werden müssen. Gemäß dem Motto: „Wenn ich dich brauche liebe ich dich und wenn nicht, dann bist du mir egal!“ nimmt unsere Gesellschaft doch vieles als selbstverständlich und lässt den Respekt und die Anerkennung für „die Dienste am Volk“ oft vermissen.

Bevor sie uns endgültig fahren lassen, müssen wir auf dem Weg zum Parkplatz noch einen Schlenker in einen weiteren Klassenraum machen, auch wenn mein Interesse nun langsam schwindet. Dieser scheint wirklich nur für besondere Anlässe zu dienen. Sehr hübsch und mit gutem Teppich ausgeschmückt, präsentiert er sich. Einer der Sprachmittler ist bereits wieder eifrig dabei, auf den unzähligen neuen Stühlen die Aufkleber anzubringen. In der vordersten Reihe steht sogar eine Sofagarnitur als Sitzgelegenheit. Auch dies spricht für eine Nutzung bei wichtigen Besuchen. Das Bild des amtierenden Präsidenten steht in einem Holzbilderrahmen auf der Tafel an der Wand. Verschiedene, teils sehr große Bilder mit Texten zieren den Raum. Ein Rednerpult in dunkelrotem Samt verkleidet, mit der afg. Fahne daneben, ziert den Saal. Hier neben diesem Parkplatz, auf dem unsere Fahrzeuge stehen, hat Benni an verschiedenen Stellen ebenfalls junge Bäume gepflanzt und lässt es für die Nachwelt festhalten.

Es wird Zeit und so gehe ich zu meinem Wolf und werfe den Motor an, um den Innenraum schon mal bis zur Abfahrt herunter zu kühlen. In Deutschland würde ich es aus Umweltschutzgründen nie machen, dass ich mein Auto warm oder wie in diesem Fall „kalt“ laufen lasse. Doch lange genug in diesem Land, lässt sich diese Denkweise für mich nur noch mit verbundenen Augen übertragen. In einem Land, in dem täglich Millionen Liter an Kraftstoff teils sinnlos in den Fahrzeugen und Generatoren verbrannt werden, macht Schwitzen irgendwie keinen Sinn mehr. Zu oft habe ich die Rauchschwaden aus den verrosteten Schornsteinen der wenigen Fabriken und den Lehmhütten gesehen, mit denen sie die eigene Atemluft verpesten. So egoistisch es auch wirken mag, dass ich für ein wenig kühlen Innenraum an dieser Stelle resigniert habe. Der Sinn hinter solchen Denkweisen ist hier einfach so unnütz wie der Staub in der Luft. Dass ich dennoch darüber nachdenke, zeigt mir zwar noch, dass es mich irgendwo berührt, doch es gibt Dinge in diesem Land, die in einer Liste von zu lösenden Problemen ganz weit hinten stehen. Und noch kann mir niemand sagen, ob wir mit dem Lesen dieser Liste überhaupt jemals bis zu diesem Punkt kommen werden. „Inschallah"!

Die Gruppe ist nun, nach einigen letzten Verzögerungen, an den Fahrzeugen versammelt. Benni nimmt sich trotz der vielen Stunden auf den Beinen, die Zeit, auch die Rückfahrt in Ruhe mit uns durchzusprechen. Für die nächste Stunde, auch für die Admin, die letzte Gelegenheit den Nikotinhaushalt noch einmal aufzufüllen. Sie raucht für meinen Geschmack sehr viel und wirkt immer irgendwie nervös und unausgeglichen. Den Blick nachdenklich zu Boden gerichtet, scheint sie nicht bei der Sache. Dann geht es in die Fahrzeuge und die Funker beginnen zu arbeiten. Zügig läuft die Funküberprüfung durch und es geht raus aus dem Tor der Schule. Obwohl auch jetzt wieder viele Eindrücke und Bilder an der Strecke auf mich warten, lasse ich sie nur im Hintergrund an mir vorüberziehen. Zuviel ist mein Kopf noch damit beschäftigt, dass Erlebte des Tages zu verarbeiten. Da ich mich aber auch auf den „Feierabendverkehr" beim Fahren konzentrieren muss, hat nur Dieter die Zeit, um auch noch diese Bilder aufzusaugen.

Ein kleines Mädchen, welches vor einem Kreisverkehr die Gelegenheit der langsam fahrenden Fahrzeuge nutzt und bettelt, hat meine Aufmerksamkeit. Die Fahrzeugreihen sind so dicht vor dem Kreisverkehr gedrängt, dass ich aufpassen muss, sie beim Vorbeifahren nicht mit dem Spiegel am Kopf zu treffen. Zwischen den

Betonblöcken der Abtrennung des Gegenverkehrs springt sie immer wieder vor die Autos und hebt den Daumen hoch vor die Windschutzscheiben. Zwischen meinem Sitz und dem Handbremshebel habe ich noch eine volle Flasche Wasser, die ich kurzerhand greife und auf ihrer Höhe halte. Die Tür einen Spalt geöffnet, reiche ich sie ihr zu. Sehr schnell springt sie auf mich zu und greift mit ihrer kleinen Hand, schon leicht in den Innenraum, um nach der Flasche zu fischen. Ein kurzer Blick und die Bestätigung, dass ihre Hand wieder weg ist, zieh ich die Tür kräftig zu und verriegele wieder die Zentralverriegelung. Oft mache ich das nicht, denn entweder bin ich zu schnell an solchen Kindern oder anderen bettelnden Menschen vorbei, oder die Situation ist mir einfach nicht klar genug. Nicht, dass ich meinen würde, sie hätten Sprengstoff am Körper und wollten mich „wegsprengen". Nein, es ist einfach ein Bauchgefühl, dass mir sagt, wann es passt und wann eben nicht, so lächerlich es auch für andere klingen mag. Vielleicht hat sie auch heute einfach nur etwas Glück gehabt und von den Nachwehen des Schulbesuches profitiert. Und als wäre diese Uhrzeit eine gute Gelegenheit, stehen deutlich mehr bettelnde Menschen auf unserer Strecke als sonst. Das kann auch daran liegen, dass wir für gewöhnlich weniger durch Kabul City fahren und mehr am Stadtrand unterwegs sind. Es ist sehr auffällig, wie viele Frauen in Burka inmitten der Fahrstreifen stehen und sich dem dichten und ungesunden Staub aussetzen, um ein paar Afghanis zu erbetteln. So vergehen hier kaum Tage, an denen man nicht immer wieder vor Augen geführt bekommt, wie dankbar man dafür sein sollte, was man hat und wo man leben darf. Dieser Tag mit seinen unvergleichbaren Bildern und Erlebnissen wird mir noch lange zu denken geben. Ich hoffe, dass es tatsächlich im November noch einmal gelingt, zur Mädchenschule zu fahren und zu sehen, dass es weitergeht und Sinn macht zu helfen – in welcher Form auch immer.

Kapitel 2

Freund oder Feind?

Die Folgen des Umzuges sind immer noch nicht abgeklungen. Der Halbjahreswechsel bringt weitere „Leichen aus dem Keller“. Da die meisten Dienstposten zum Ende eines Quartales wechseln, beginnen kurz vorher die Übergaben und Übernahmen. Dazu gehört, je nachdem welche Stelle man besetzt, auch Material. Mario, unser Mann für alles, verlässt uns früher als geplant und erstaunlicherweise hat man auch zügig Ersatz aus Deutschland bekommen. Dolli hat nun das Vergnügen für Mario hier weiterzumachen. Er ist der Erste, den ich in meiner Dienstgradgruppe persönlich kennenlerne, der ebenfalls fünf Kinder hat. Er ist nun ein paar Tage hier und wird im Rahmen der Übernahme des Materials und des Dienstpostens mit Informationen überflutet. Da es sein erster Afghanistan-Einsatz ist, gibt es eben auch viel zu vermitteln. Um nun die wirklich große Menge an verschiedenstem Zeug etwas zu sortieren und gegebenenfalls in andere Bereiche zu verteilen, muss ein Zelt, dass längere Zeit als Küchenzelt für die Afghanen in PeC 1 (andere militärische Liegenschaft in der Dolli tätig ist) diente, abgebaut und in Container eingelagert werden. Das „Tornadozelt“ ist so groß, dass es etwa 300 Mann aufnehmen kann. Das abgebaute Material dürfte für mindestens zwei mittlere Überseecontainer reichen, es ist also mit viel Arbeit verbunden.

Gestern noch hatten wir sehr früh morgens im KalA einen Leistungsmarsch (ist in regelmäßigen Abständen vorgeschrieben) durchgeführt, der den wenigen Teilnehmern teilweise noch in den Muskeln und Knochen steckt. Kurz nach 5 Uhr hatten wir mit ungewöhnlich vielen Fahrzeugen und nur kurzen Abständen verlegt. Der Start war für 6 Uhr geplant, um möglichst vor der kräftig einsetzenden Sonne wieder fertig zu sein. Um den Vorschriften für solche Märsche und damit die Anerkennung zur Erfüllung jährlicher Leistungen zu entsprechen, mussten es mindestens 6 Kilometer mit

15 Kilogramm Gepäck sein. Die Strecke wurde zuvor mit dem Tageszähler unserer Wölfe abgefahren und ausgemessen. Wer das Leistungsabzeichen der Bundeswehr in Gold anstrebt, der muss in solchen Fällen mit demselben Gepäck 12 Kilometer marschieren. Die Teilnehmerzahl war überschaubar. Höchstens die Hälfte unserer Einheit dürfte vertreten gewesen sein. Vorbildlich haben jedoch der Oberst und auch sein Stellvertreter teilgenommen. Gerade der Stellvertreter, der sonst weniger bei sportlichen Aktivitäten zu sehen ist und zur Generation Ü50 zählt, ist seiner Vorbildwirkung voll gerecht geworden. Dann gab es natürlich Kameraden, denen kurz vor dem Marsch Wehwehchen als Hinderungsgrund eingefallen sind und dann gab es die, die kurz vorm Einsatzende liegen und diese Leistung lieber in angenehmerem Klima ablegen möchten.

Ich hatte meinen Rucksack mit den Wasserpaketen und Einzelflaschen soweit aufgefüllt, bis die Fischwaage, die zur Kontrolle bereitgestellt wurde, die geforderten 15 Kilogramm anzeigte. Ich hätte auch wie 2011 mit Weste und Überweste, die mit Gewichten beschwert werden, laufen können. Doch Bennis Einwand, der Körper könne darunter deutlich schlechter atmen, war nicht von der Hand zu weisen. So habe ich mich, wie einige andere auch, für die Rucksackvariante entschieden. Mein persönliches Ziel war es, bei den ersten vorne dabeizubleiben. Die gesamte Strecke war gut befestigt, lediglich die Übergänge zu den Gehwegen waren nicht immer optimal und teilweise auch durch schwere Fahrzeuge beschädigt. Gleich zu Beginn habe ich mich mit zügigem Tempo von der Gruppe abgesetzt. Damit wollte ich mir etwas Puffer für spätere Verschnaufpausen, in denen ich dann langsamer machen könnte, aufbauen. Anfangs blieb Nils, der Fahrer vom Oberst, dicht an mir dran. Er trainiert sehr viel – täglich, wenn er es zeitlich schafft. Doch schon nach wenigen Kilometern machte sich seine einseitig auf Muskelaufbau ausgerichtete Trainingsweise bemerkbar. Es fehlte ihm einfach die Kondition, das Tempo mit dem hohen Gewicht zu halten. Am Wendepunkt, an dem Jo mit kalten Getränken auf uns wartete, hatte ich zu ihm, der am dichtesten hinter mir war, mehrere Hundert Meter Vorsprung aufgebaut. Ab dort hieß es im Schatten der hohen Betonwände zu bleiben, denn schon jetzt hatten wir wieder

Temperaturen von 30 Grad im Schatten. Mir lief ständig der Schweiß an den Bügeln der Sonnenbrille vorbei, die Schläfe hinab in die Augen. Der hohe Salzgehalt im Schweiß ließ immer wieder die Augen schmerzlich brennen. Ich versuchte regelmäßig, mir mit dem kurzen Ärmel meines Shirts die Schläfen durch Andrücken an die Schultern zu trocknen. Doch das half immer nur für Sekunden. Das mit jedem Kilometer die 15 Kilo mehr an den Schultern zogen, verschlimmerte die Lage nur noch. Während des Laufes die optimale Schonhaltung suchend, beugte ich mich immer weiter nach vorne, um das Gewicht von den Schultern mehr in Richtung Rücken zu verlagern. Jetzt lief der Schweiß noch direkter in die Augen, denn dadurch bedingt ging mein Blick mit dem gesenkten Kopf direkt zu Boden. Ein unangenehmer Teufelskreis. Doch das psychische Tief kam, als ich schon sichtlich erschöpft am Sechskilometerpunkt angekommen war. Da ich auch dieses Jahr zum 14. Mal in Folge das Leistungsabzeichen anstrebe, musste ich aber weiter. Der Abstand zu meinen Verfolgern hatte sich kontinuierlich vergrößert und gab mir etwas Luft, um das Tempo leicht zu verringern. Das Wasser, was ich mir an der Getränkestation vom Spieß mitgenommen hatte, kam nur in ganz geringer Menge in meinen Magen. Erst direkt über den Kopf und dann in den Nacken über den Rücken, schien es mir viel brauchbarer und erfrischender, als es einfach nur zu trinken und damit den Magen zu füllen. Mein Shirt, das mittlerweile ohnehin sichtlich durchgeschwitzt war, hatte darauf schon wenige Sekunden später keine trockene Stelle mehr. Doch jetzt kühlte mich der sehr leichte Wind wenigstens ab und zu, wenn er zwischen den Gebäuden hindurchblies. Mein Sieg schien schon sehr sicher. Einzig Volker, auch ein Wiederholungstäter aus meinem letzten Einsatz, kam noch gefährlich nahe. Dabei hatte ich mir mehr Gedanken um Keule, der mich ja beim Phönix-Lauf bereits besiegt hatte, gemacht. Er war zwar nicht sehr weit hinter Volker und somit auf Platz drei, doch diesen Abstand noch auf den letzten Kilometern einzuholen, schien nur durch einen Totalausfall von mir möglich.

Als ich unverhofft als Erster und mit deutlich weniger als anderthalb Stunden durch die Ziellinie kam, saßen schon viele der Teilnehmer (die nur die 6 „Pflichtkilometer gelaufen waren) am Straßenrand und gönnten sich die verdiente Pause. Der Oberst, der auch sichtlich gefordert die Erholungsphase genoss, warf mir direkt lobende Worte und Anerkennung für die gezeigte Leistung entgegen. Gezielte Worte, die einfach gutgetan und trotz des Belächelns manch anderer Kameraden, die keinen rechten Sinn darin sehen, sich mehr anzustrengen als nötig, waren sie schon fast Lohn genug für die Mühen. Vermutlich werde ich es einfach nicht ablegen können, solche Gelegenheiten zum Selbsttest zu nutzen und mir zu beweisen, dass ich es noch draufhabe. Wenn dann noch, so wie in diesem Fall, der Sieg dafür herausspringt, hat es sich doppelt gelohnt. Und natürlich konnte ich es mir trotz dem Ringen nach Luft und der reichlichen Zufuhr von frischem Wasser nicht verkneifen, einen Spruch zur Überlegenheit der Luftwaffe zu äußern. Man kann das immer wieder belächeln, doch Tatsache ist nun mal, dass unsere Einheit drei Mann von der Luftwaffe hat, von denen alle hier beim Marsch dabei waren. Am Start hatte der Spieß mir noch einen lustig gemeinten Spruch zu meiner Sonnenbrille mitgegeben. Von wegen immer cool aussehen und so. Da konnte ich mir einen Konter, nun wo die Leitung dahinterstand, auch nicht verkneifen und warf ihm zu: „Wer cool ist, darf auch cool aussehen!“. Auch wenn ich damit immer wieder das Klischee der Soldaten bestätige, gehören sie doch zur Auflockerung der Stimmung und zum entspannten Umgangston dazu.

Der Spieß nimmt es locker und lässt sich mit Lob für die Leistung nicht lumpen. Desto länger ich hier bin, desto besser scheinen wir beide uns zu verstehen. Dabei kommt er mit seiner direkten und teilweisen offenen, wenn auch spießig wirkenden Art, nicht bei allen so gut an. Nicht jeder ist eben für offene Kritik zu haben. Erst recht nicht, wenn sie begründet ist und damit kaum Gegenargumente zulässt.

Nach einer erfrischenden Dusche folgte ein gemeinsames Frühstück in unserem Camp und da die Afghanen an den Donnerstagen ja auch nur bis mittags arbeiten, beschäftigten wir uns im Camp. Da wieder Prüfer für unsere Fahrzeuge angekündigt wurden, würde die erneute Vorbereitung des Wolfes einige Zeit in Anspruch nehmen.

Und schließlich stehen wir wenige Stunden vor unserem „Alibiwochenende“. Mehr als ein Alibiwochenende ist es diesmal wirklich nicht. Zwar haben Dieter, Tim und ich wieder ein gemeinsames Frühstück in meiner Stube gemacht und dabei bis etwa 10 Uhr geredet, doch direkt danach ziehe ich mich an, um mit den Vorbereitungen für den „TÜV“ zu beginnen. Der Wolf muss vollständig abgerüstet, also ausgeräumt werden, damit die Prüfer an alles problemlos rankommen. Da wir morgen getrennt fahren, hätte ich ohnehin einen Teil ausladen müssen. Dieter wird sich mit Kameraden der zweiten ein weiteres, zukünftiges Ausbildungsfahrzeug für unseren Bereich ansehen und ich werde mich als Gast in eines der Fahrzeuge für das „Arbeitskommando“ des Tornadozeltes setzen. Damit hat Dieter den deutlich angenehmeren Tag vor sich und kann auch noch zur Abwechslung mal wieder bei den Amerikanern im „Black Horse“ essen. Das Arbeitskommando sollte sich von EPA (Verpflegungsration) ernähren, doch Dank des Spießes, der sofort seine Unterstützung angeboten hat, gibt es jetzt so eine Art Lunch-Paket. Einerseits kann ich ja verstehen, dass Theo, der das Arbeitskommando leitet, sich nicht noch mehr Aufgaben aufhalsen will. Doch bin ich der Meinung, wenn ich schon so einen harten Tag für die Kameraden plane, darf es genau an diesen leicht zu realisierenden Annehmlichkeiten nicht scheitern. Sein Spruch in der Vorbesprechung zu diesem Thema „Wir sind hier ja im Einsatz und nicht im Urlaub!“ scheint mir unüberlegt. Immer dann, wenn etwas unnötig erschwert wird, treibt es mir den Puls hoch. Dabei zeigt ja der Einsatz vom Spieß, dass es völlig unnötig wäre, für die kommende Arbeit auch noch mit mäßigem Essen bestraft zu werden.

Oft zählen nur der Wille und der Versuch es gut zu machen. Der Rest des Freitages fliegt nur so dahin. Ein letztes Mal vor der Prüfung des Wolfes mache ich ihn gründlich sauber. Diese Wäsche wird zur Tortur. Der Dampfstrahler scheint seine letzten Stunden vor sich zu haben und die etwas ungünstige Platzwahl des Waschplatzes, inmitten der prallen Sonne, erfordert Durchhaltevermögen. Das Gerät läuft ständig zu heiß und ein vermutlicher Wackelkontakt im Hauptschalter lässt ihn immer wieder nach kurzer Zeit ausgehen. So kann ich, gemeinsam mit Dolli, nur zu zweit waschen. Auch er muss seinen Wolf, den er von Mario übernimmt, gründlich reinigen. So wechseln wir uns mit dem Festhalten des Hauptschalters und den ständig neuen Versuchen des erneuten Startens ab. Es gibt keine

Alternative, denn die Prüfer werden sich kein Fahrzeug ansehen, welches von unten völlig mit Dreck verkrustet ist. Und selbst eine Fahrt auf der schlechten Strecke reicht aus, um die ganze Reinigungsarbeit zu Nichte zu machen. Geschlagene drei Stunden benötigen wir für die zwei Wölfe und bekommen dabei reichlich Farbe in den Gesichtern. Doch dafür haben wir diesen Punkt schon mal abgehakt. Da ich bereits am Vormittag die Ausstattung ausgeräumt hatte, ist es damit auch für körperliche Anstrengungen bei der heißen Umgebungstemperatur genug.

Als wir nach einem wirklich stressigen Tag (wegen eines Zwischenfalles, sehr ausführlich im 3.Teil beschrieben) wieder im Camp ankommen, bekommen wir eine neue Startzeit für eine abendliche Veranstaltung. Da sie um eine Stunde verschoben wurde und jetzt erst um 18 Uhr beginnt, bleibt noch Zeit für die verdiente Dusche und eine frische Uniform. Dennoch hält sich das Interesse an der Abschiedsfeier in Grenzen und das geht nicht nur mir so. Warum ausgerechnet an einem Tag wie heute, wo fast 20 Mann mehr oder weniger erledigt sind, diese Veranstaltung sein muss, bleibt ein Geheimnis. Schieben wir es mal auf mangelnde Absprachen. Wieder sind sowohl die Franzosen, die Ungarn und die Deutschen auf dem Parkplatz, der zum Veranstaltungsraum umgebaut wurde, angetreten. Da drei Mann verabschiedet und zwei Neuankömmlinge begrüßt werden, zieht es sich lange hin. Die müden Beine und die strapazierten Muskeln senden klare Signale aus.

Ich merke immer deutlicher, dass in mir Veränderungen stattfinden. Veränderungen, die große Teile meiner Lebensentwicklung in Frage stellen. Dabei hatte ich immer angenommen, dass nach gut der rechnerischen Hälfte meines Lebens die Einstellungen nur noch verfestigt, aber nicht mehr völlig verändert werden. Was wohl bestätigt, dass es diesen Punkt nur für Menschen gelten kann, wenn überhaupt, die in ihren Erfahrungen und Erlebnissen keine wesentlichen Veränderungen mehr zulassen. Doch hier im Einsatz weißt du nie, was der nächste Tag mit dir macht. So wie ich bei Dieter ganz bewusst Veränderungen wahrnehme, liegt es nicht nur an mir.

Es ist das Land, die so andere Kultur und die Besonderheit, dass die meisten von uns auf vieles nicht vorbereitet werden können.

In der Vorausbildung hatten wir eine Ausbildungseinheit zum Thema Geiselnahme. Die wurde inzwischen deutlich entschärft. Doch damals versuchte man uns auf so eine Situation so realistisch wie möglich vorzubereiten. Ich fand die Darstellungen und Einsätze der Ausbilder wirklich gut und realitätsnah, wie wir uns als Geisel verhalten sollten. Natürlich wurden wir nicht geschlagen oder gequält, aber durch belastende Einlagen (Übungselemente zur Stresssteigerung), wurden wir dicht an das herangeführt, was uns zumindest körperlich erwarten würde. Das Verharren über längere Zeiträume in Zwangshaltungen und das ständige Gebrüll der Ausbilder führten dazu, dass einige schnell die persönliche Belastungsgrenze erreicht hatten. Dabei war eigentlich immer klar, dass niemand verletzt würde und es eine Übung war.

Der Oberst bedankt sich sehr ausführlich bei den ungarischen Kameraden für ihre Unterstützung bei einer gemeinsamen Abbauaktion des Tornadozeltes und das haben sie auch sehr verdient. Nur schade, dass wir Deutschen uns mit dem Zusatz an die dankenden Worte für die Ungarn mit einem „...und auch Dank an den Rest, der unterstützt hat!“ begnügen müssen. Dass der Oberst nur in dem Zeitraum draußen war, als alle wartend herumgesessen haben, weil man den weiteren Abbau erst mit den Afghanen ausdiskutieren musste, könnte einen falschen Eindruck von den Anstrengungen vermittelt haben. Dabei kosten die richtigen Worte so wenig und bewirken so viel!

Unser S6 erliegt dem Druck des Tages und des Antretens und muss sich zurückziehen. Ihm ist anscheinend die viele Sonne nicht bekommen. Später stellt sich heraus, dass er deutliche Anzeichen für einen Sonnenstich hat, der ihn fast drei Tage außer Gefecht setzt. Dass für die Kameraden des Arbeitskommandos dieser Abend nicht mehr allzu lang sein würde, liegt auf der Hand. Weil morgen auch ein normaler Diensttag ist und so auch nicht, wie bei ähnlichen Veranstaltungen an Donnerstagen, ein Ausschlafen am Tag danach möglich ist, mache ich mich gegen 20 Uhr aus dem Staub. Selbst der

Abbau und die Nachbereitung der Feier interessieren mich heute nicht mehr, obwohl es etwas unkameradschaftlich scheint und nun an den anderen hängen bleiben wird. Einer der wenigen Tage, an denen ich schon kurz vor neun im Bett liege und bis kurz nach ein Uhr morgens tief und fest schlafe. Meine innere Uhr scheint für bestimmte Tage immer noch einen „Weckdienst" aktiviert zu haben und so nehme ich es gelassen, esse etwas Schokolade und trinke einen halben Softdrink, damit das Hungergefühl nachlässt und ich wieder einschlafen kann. Was leider nur bedingt klappt, da der Kopf leider schon wieder ein Eigenleben führt.

Wir schreiben den 30. Juni und eigentlich wäre es ein Tag wie viele andere. Doch er hebt sich durch den so seltenen Regen, der immer wieder für wenige Minuten am Tag stark fällt, ab. Schon seit den frühen Morgenstunden, als wir unseren S6 verabschiedet haben, schenken uns die dicken Wolken etwas Schatten vor der sonst brennenden Sonne. Mit jedem Schauer sinken die Temperaturen mehrere Grade ab und bescheren so ein fast deutsch-sommerliches Klima. Ich war gerade beim Sport. Heute ist Lauf-Tag und ich habe unter der ungewöhnlichen Kühle von etwa 30 Grad meine Stunde auf dem Laufband abgespult. Um noch etwas auszuschwitzen, nutze ich die Zeit bis zur Dusche für ein kurzes Telefonat mit der Heimat. Viel Neues gibt es nicht, alle warten gespannt auf meine Ankunft in Deutschland, damit wir endlich in den Sommerurlaub starten können. Nach der erfrischenden Dusche, die mir seltsamerweise seit einigen Tagen immer nur noch für wenige Minuten warmes Wasser spendet, ziehe ich mir frische Sachen an.

Gerade mal halb fertig, klingelt das Telefon. Mit ernster Stimme bestellt der Spieß mich, wie auch die anderen unserer Einheit zum Antreten an den Seitenausgang unseres Gebäudes. Direkt vor der Feuertreppe soll das Antreten stattfinden. Sehr ungewöhnlich, dass es so kurzfristig und ausgerechnet, als wieder ein Schauer über uns zieht, sein muss. Ich bestätige und rufe darauf direkt bei Dieter an. Er weiß noch von nichts, kommt aber auch sofort. Als ich an der Feuertreppe ankomme, seilt sich gerade Felix von der obersten Plattform mit Helm und Kletterausrüstung ab. Weil ich etwas verwundert nach oben schaue, sehe ich unseren Oberstaber über die

Brüstung schauen, der dabei ist, Felix zu sichern. Ohne große Worte lässt der Stellvertreter die eingetroffenen Kameraden antreten. Davon unbehelligt, bereitet sich Kalle für das etwas seltsame Manöver vor und wird vom Oberstaber gerade in die Seile gehängt. Der Oberst, der ein paar Zettel in der Hand hält, erklärt den Grund für das Antreten. Wir sollen eine Belehrung zum Thema „Unfallverhütung“ bekommen und so wird es am Vorgang des „Abseilens“ verdeutlicht.

Noch weiß ich nicht, was ich davon halten soll. Kalle hängt am Seil und hat bereits den ersten Sprung abwärts auf das Geländer des zweiten Stockwerkes gemacht. Alles ist nass und als seine Stiefel auf das schräg nachunten verlaufende Geländer treffen, rutschen sie auch direkt etwas weg. Passieren kann eigentlich nichts, da er ja gesichert ist, doch was soll das? Selbst eine Evakuierung im Alarmfall würde so wohl nicht stattfinden, weil viel zu aufwendig und damit zeitraubend. Kalle macht einen erneuten Sprung, diesmal auf das Geländer des ersten Stockwerkes. Zeitgleich lässt uns der Stellvertreter in die Grundstellung gehen und meldet dem Oberst die angetretene Einheit. Jetzt wo der Oberst mit dem Ablesen des Textes auf dem Papier in seinen Händen beginnt, ist die Katze aus dem Sack! Hier läuft gerade eine der kreativsten Beförderungen ab, die ich je mitgemacht habe! Während Kalle in der etwas anstrengenden Position an der Feuertreppe hängt, ernennt ihn der Oberst im Namen des Ministers zum Hauptfeldwebel. Wenn das keine Beförderung ist, die man auch noch seinen Enkeln erzählen kann! Wenngleich die später etwas ungläubig schauen dürften. Noch während Kalle da oben hängt, gehen der Oberst und der Spieß über die Treppe auf seine Höhe und ziehen ihm die neuen Schulterklappen auf. Der Schlag mit der Hand auf die frisch aufgezogene Schulterklappe durch den Oberst und den Spieß, sollen die Beförderung traditionell besiegeln. Es nieselt immer noch leicht, doch das scheint jetzt niemanden zu stören. Schnell stellt sich heraus, dass dies die Idee vom Oberstaber war, von der unser Oberst sich mitreißen lassen hat. Genau diese Dinge sind es, die in Deutschland undenkbar scheinen und dem Auslandseinsatz, wie viele kleine und große andere Dinge, seinen besonderen Charakter geben. Langsam lässt Kalle sich die letzten Meter bis zum Boden herunter und klingt sich aus dem Seil aus. Das ist das erste Mal, dass ich so eine Beförderung sehe und überhaupt jemanden, der dabei den Gefechtshelm trägt. Der Oberst gibt den frisch beförderten zum Gratulieren frei und da anscheinend keiner vortreten will, mache ich den ersten Schritt. Mit einem kurzen: „Herzlichen Glückwunsch und willkommen im Club!“ nehme ich Kalle kameradschaftlich in den Arm. Mit einem bestätigenden Klopfen auf den regennassen Rücken gebe ich ihn für die anderen, die sich nun traubenförmig um ihn versammelt haben, frei.

Damit hat er es elf Tage vor seinem Geburtstag noch geschafft, mit 29 Hauptfeldwebel zu werden. Da Kalle Zeitsoldat ist, keine Selbstverständlichkeit. Selbst wenn im Rahmen des Attraktivitätsprogrammes mehr Zeitsoldaten die Möglichkeit haben, Hauptfeldwebel zu werden, so gehen wohl die meisten immer noch als Oberfeldwebel nach Hause. Nur wenige Minuten später, auf dem Weg zur wöchentlichen Besprechung, knickt Kalle in einem der Gitter für den Regeablauf um und verletzt sich dabei am Fuß. Erst spät am Abend kommt er vom Krankenhaus des Flughafens mit einem gegipsten Fuß zurück und hat drei Tage Ruhe für den Fuß verordnet bekommen. Ob das meine Theorie von den „Wellen des Meeres“ bestätigt? Denn irgendwie scheint doch alles seinen Ausgleich zu suchen. Die Pole des Lebens sich einerseits abzustoßen und dann wieder anzuziehen.

Etwa alle 12 Wochen beginnt von neuem das Szenario der Fahrerlaubnisprüfung in unserer afghanischen Inspektion. Als wir recht früh morgens auf dem Gelände eintreffen, sind die Vorbereitungen im vollen Gange. Es wird eine Station für die Grundfahraufgabe mit dem LKW aufgebaut. Ein Mix aus Reifen und Pylonen markiert den Bereich, der nicht überfahren werden darf. Der theoretische Teil ist bereits abgeschlossen und mit nur zwei endgültig Durchgefallenen recht annehmbar. Gut an diesem Morgen ist, dass die Grundfahraufgabe aus der Prüfungsrichtlinie ist. Schlecht aber, dass sie nur den LKW prüfen wollen und dann die kleineren Fahrzeuge als direkt mitbestanden einschließen. Am Platz der Feuerwache sind Tische zusammengestellt und deutlich mehr Stühle als sonst. Dieter ist grundsätzlich von den Vorbereitungen begeistert, sieht er doch zunehmend Erfolge in der Umsetzung der durch die Deutschen initiierten Prüfungsrichtlinie. Der kleine afghanische Oberleutnant springt etwas wild mit seinen Zetteln in den Händen auf dem Platz herum und treibt die Prüflinge an. Rabur ist noch nicht hier, vermutlich wieder in der DMS und kommt etwas später. Dennoch beginnen sie nahtlos mit der Prüfung und lassen den ersten Prüfling den LKW in die Ausgangsposition am Ende der aufgebauten Kurve fahren. Schon das sieht nicht besonders professionell aus, denn er steht am Ende viel zu weit links in dem fünf Meter breiten Parcours. So läuft er Gefahr, bei zu starkem Einlenken direkt die ersten Reifen der Begrenzung zu erwischen. Mit viel zu viel Gas und schleifender Kupplung lässt er den Motor gefühlt unendlich lange aufheulen und fährt dabei nur sehr langsam zurück. Wie befürchtet bekommt der zweite Reifen, der als Begrenzung dient, schon die volle Breite der Hinterräder ab und wird überrollt. Am Ende, nach zwei weiteren umgefahrenen Pylonen, steht der LKW völlig schief im Ziel. Ich frage Mobbid, der mit seinem Aufzeichnungsblatt mit am Tisch in der Feuerwache sitzt, wer der Ausbilder des Fahrschülers war. Er winkt ab und muss zugeben, dass der Prüfling gar nicht an der 12-wöchigen Ausbildung teilgenommen hat. Nach dem Motto: „Willkommen in Afghanistan, hier ist alles möglich!", hat sich wieder ein Bekannter von einem der Offiziere „eingeschlichen".

Auch hier hat man keine Bedenken, trotz unseres Beiseins, über die Regeln hinweg der Vetternwirtschaft ihren Platz zu geben. Wie viel den Prüfling das kostet oder ob er einfach nur gute Beziehungen hat, erfahren wir nicht. Damit fällt auch bei Dieter wieder die anfängliche Begeisterung in den Keller. Wenn ich ihm von solchen Vorfällen erzähle, schaut er mich immer etwas ungläubig an, doch jetzt ist er live dabei. Mehr als ein Hinweis an Mobbid, dass es nicht sein kann, hier ohne Ausbildung an der Prüfung teilzunehmen, kann von ihm aber auch nicht kommen. Schließlich beraten wir und befehlen nicht. Der kleine Oberleutnant schickt ihn wieder in die Ausgangsposition. Er bekommt eine weitere Chance. Nach fünf Versuchen schlägt dann zu seinem Glück die „Quote" zu. Irgendwann musste er diese einfache Aufgabe ja mal packen. Damit wird er auch auf der Liste für die Führerscheinstelle auftauchen und seine Fahrerlaubnis für etwa 30 Minuten investierte Zeit erhalten. Dass die afghanischen Offiziere damit ihre Glaubwürdigkeit zerstören, scheinen sie nicht zu erkennen. Die nächsten Prüflinge warten bereits in ihrer gewohnt abgehockten Sitzposition auf ihren Auftritt. Während die nächsten Aufgaben gefahren werden, trifft Rabur ein. Er wirkt ziemlich ruhig und müde. Nach einer nur kurzen Begrüßung gilt seine Aufmerksamkeit der Aufgabe, die gerade gefahren wird. Bisher hat sich kaum ein Fahrschüler mit Ruhm bekleckert und auch jetzt sieht es wirklich schlecht aus, was da geboten wird. Man muss kein Fahrlehrer sein, um den Fehler im Bild zu finden, denn kaum einer der Fahrschüler nutzt die Spiegel des LKW. Immer wieder strecken sie den Kopf weit aus dem Fahrerfenster, um die Reifen zu suchen. Nach rechts schaut eigentlich keiner von ihnen. Noch vor einigen Wochen habe ich sowohl ihnen als auch den Fahrlehrern die richtige Spiegeleinstellung erklärt und gezeigt. Doch diese Hinweise sind verpufft und schon einen Tag später waren die einmal richtig eingestellten Spiegel wieder verstellt. Wenn aber schon diese einfachen Dinge nicht angenommen werden, wie soll man dann darauf aufbauen?

Womöglich könnte Deutschland eine Menge Geld sparen, wenn sie die Dienstposten nicht am Dienstgrad, sondern an den Anforderungen bei den Afghanen ausrichten würden. Und wenn ich es auch nicht gerne zugebe, hier würde statt eines gut ausgebildeten Fahrlehrers auch ein guter LKW-Fahrer als Mentor reichen. Damit würde in meinem Fall ein Hauptgefreiter mit Erfahrung auf LKWs durchaus den Anforderungen entsprechen. Sein Problem wäre dann nur, dass weder sein Dienstgrad noch sein vermutlich zu junges Alter für ausreichend Respekt bei den afghanischen Fahrlehrern reichen würde. Zwar mit dem richtigen Dienstgrad und Alter, aber für die Gegebenheiten völlig überqualifiziert, muss ich die minimalen Veränderungen, die von den Afghanen akzeptiert werden, hinnehmen. Ob damit mein persönlicher Einsatz noch zu rechtfertigen ist, kann ich nicht mehr ohne Zweifel beantworten. Doch spätestens, wenn mir oder Dieter einmal ernsthaft etwas passiert, rutschen wir tief ins „Minus". So sind die meisten unserer Tage hier draußen davon gekennzeichnet, dass wir anwesend sind und die Ausbildung beobachten. Große Veränderungen werden immer schwieriger. Vielleicht zu Recht, denn es ist ja gewollt, dass die Afghanen selbstständiger werden und damit unabhängiger von den ausländischen Kräften. Wir geben ihnen einerseits das Gefühl, schon viel erreicht zu haben und ärgern uns andererseits über das geringe Level ihrer Fähigkeiten. Mehr als zehn Jahre spielen wir und die anderen Nationen hier bereits die „Oberlehrer" und wundern uns über zunehmend taube Ohren?

Noch vor einigen Tagen ist der Versuch, unsere Fahrstrecken für etwas mehr Unberechenbarkeit zu variieren und durch das Kabul militärische Trainingscenter Camp (KMTC) zu fahren, kläglich gescheitert. Das Camp, in dem noch vor wenigen Wochen das *Alamo* lag, ist nicht mehr für Internationale Truppen offen. Und dieses Verhalten lässt sich zunehmend auch auf der Straße an Polizeiposten und anderen afghanischen Wachstationen beobachten. Dass dabei ein Gefühl der Unbeliebtheit zurückbleibt, dürfte nachvollziehbar sein. Wenn mein Eindruck damit vielleicht sehr subjektiv sein sollte, ich fühle mich von den Afghanen zunehmend wie ein „Besatzer" als wie ein Verbündeter behandelt.

Der Prüfling, der nun zum zweiten Mal die Aufgabe verhauen hat, sitzt steif in seinem LKW und wartet wohl auf einen weiteren Versuch. Rabur, der dicht bei uns steht, redet unterstützt durch Handzeichen auf ihn ein. Der LKW steht direkt mit dem Vorderrad auf einer Pylone und hat einen weiteren Reifen unter sich gelassen. Der kleine Oberleutnant fuchtelt mit seinen Armen herum und scheint mit ihm zu schimpfen. Das Ganze zieht sich wenige Minuten hin und da ich nicht alles verstehe was dort gesprochen wird, erkenne auch ich erst recht spät, dass sie den Fahrschüler nun seit längerem zum Aussteigen auffordern. Doch der wohl beharrlich auf eine weitere Chance Hoffende bleibt fest in das Lenkrad des LKW vergriffen. Erst als der kleine Oberleutnant die Fahrertür aufreißt und ihn am Hosenbein zerrt, steigt er widerwillig aus. In angedeutetem militärischem Schritt kommt er auf Rabur zu. Dieser beginnt lautstark eine Standpauke und unterstreicht seine Verärgerung über den verweigerten Befehl zum Aussteigen mit einer laut schallenden Ohrfeige an die linke Wange des Soldaten. Der, immer noch stramm in der Grundstellung, wackelt sogar leicht unter dem Schwung des Schlages. Direkt darauf setzt Rabur mit einem kräftigen Tritt seines rechten Stiefels nach und muss sich dabei aus der Position etwas umständlich drehen, um mit der

Stiefelspitze statt des Oberschenkels das Hinterteil zu treffen. Ich bin so überrascht von Rabur seiner Reaktion, dass ein ungutes Gefühl in mir hochkommt. Abgesehen davon, dass ich kein Freund der Gewalt bin, kann ich mich gerade gut in das erniedrigende Gefühl des Soldaten hineinversetzen. Wer selbst Gewalt in seinem Leben erfahren hat, kann das Gefühl der inneren Machtlosigkeit, wenn man einer mächtigeren Person ausgesetzt ist, nachvollziehen. Das passt auch so gar nicht zu Raburs sonst ruhigen und ausgeglichenen Art. Ob er selbst unter Druck steht, schlecht gelaunt ist oder sonstige persönliche Gründe für seinen Wutausbruch hat, kann ich in seinem ernsten Gesicht nicht lesen.

Doch weder Dieter noch ich mischen uns gerade ein. Dafür ist jetzt kein guter Zeitpunkt. Die Gefahr ihn, den Chef dieser Inspektion in Frage zu stellen, könnte zu viel Schaden anrichten, so falsch und ungerechtfertigt sein Handeln auch gerade sein mögen. Dass er dem Prüfling dennoch eine weitere Chance gibt, könnte für sein schlechtes Gewissen sprechen, doch sinnvoll ist das gerade nicht. Innerlich aufgewühlt und mit sichtlichem Zittern in den Händen meldet sich der Soldat mit ernster Miene ab, um geradewegs wieder in den LKW zu steigen. Der weitere Versuch – wie kann man unter dieser Anspannung etwas anderes erwarten – verläuft nicht optimal. Am Ende steht er, doch diesmal nur leicht, mit den Rädern auf den Reifen und Pylonen. Würde Rabur diese Leistung nun gelten lassen, würde er sich vor den anwesenden Offizieren und Fahrlehrern unglaubwürdig machen und lässt ihn damit auch durchfallen. Er will wissen, welcher Ausbilder für die schlechten Leistungen des Prüflings verantwortlich ist und zitiert ihn zu sich. Zwar wird er dem Fahrlehrer gegenüber nicht handgreiflich, doch der Ton lässt auch hier keine Zweifel am Missfallen. Ab sofort lässt Rabur jeden Fahrschüler, der nicht besteht, beaufsichtigt durch den Ausbilder auf dem Schotter mehrmals hin und her kriechen. Dass es unter der heißen Sonne auf dem Untergrund mit teils scharfkantigen Steinen sehr schmerzhaft sein kann, liegt auf der Hand. Als etwas Ruhe einkehrt, nutzt Dieter die Gelegenheit, Rabur auf die Handgreiflichkeit anzusprechen. Ohne Diskussion bestätigt Rabur, die auch für das afghanische Militär unzulässige Handlung. Dennoch lässt er sich eine kurze Rechtfertigung nicht nehmen.

Sinngemäß verweist er darauf, dass diese Soldaten zu dumm seien, um etwas durch Erklärung zu lernen und so nur den Schmerz als einprägende Erinnerung behielten. Eine kurz darauffolgende Diskussion mit einem weiteren Fahrlehrer, der möglicherweise schlecht ausgebildet hat, bringt mich trotz des Ernstes der Situation zum Grinsen. Erst fragt er den Feldwebel, warum sein Fahrschüler diese einfachen Fahraufgaben nicht kann, obwohl er doch fast drei Monate Zeit zum Üben hatte. Als er dann jedoch erklärt, dass man in Europa Hunden und Katzen mehr beibringen würde als ein afghanischer Soldat nach den vielen Wochen hier vermittelt bekommt, finde ich es eigentlich schon wieder witzig. Ganz Unrecht hat er ja nicht, obwohl er gerade anschaulich übertreibt. Doch stellt er damit die Leistungen seiner Offiziere und sogar von sich selbst in Frage. Denn würden die Hörsaaleiter ihren Job richtig machen, müsste ihnen auffallen, wenn die Ausbilder ihre Ausbildung nicht oder nur schlecht durchführen.

Genau er als Chef muss in regelmäßigen Abständen seinen Offizieren auf die Finger schauen. Doch seitdem ich hier bin, habe ich ihn noch nicht einmal im Gelände bei der Ausbildung gesehen. Müsste er nicht konsequent durchsetzen, dass die Lehrpläne eingehalten werden? Dann wäre doch sichergestellt, dass Unterricht und Fahrausbildung zur richtigen Zeit im richtigen Umfang durchgeführt werden. Doch diese Lehrpläne schmücken auch nur einen der vielen Plätze in seinem Zelt – jederzeit bereit, den Besuchergruppen präsentiert zu werden. Und selbst wenn die Ausbilder besser ausbilden wollten, ständig sind zu viele Fahrzeuge defekt oder es ist nicht genügend Kraftstoff vorhanden. So schließt sich der Teufelskreis, den wir Mentoren seit Jahren gebetsmühlenartig ansprechen und zu verbessern versuchen.

Würde Abdal, der technische Offizier, wie seit 2010 vergeblich von uns immer wieder erneut versucht, jeden Donnerstag die Fahrzeuge überprüfen lassen, könnte man auch die Instandsetzungskette in Gang setzen. Zusätzlich würden die Fahrschüler beim Abarbeiten der Checkliste mit dem Fahrlehrer sogar noch technisches Wissen erwerben oder vertiefen. Doch aus Angst, für Schäden an den Fahrzeugen selbst aufkommen zu müssen, wird nichts weiter gemeldet oder nur, wenn man sich vor Regress sicher ist. Und aus Angst, zu schlechte Ergebnisse beim Kommandeur rechtfertigen zu müssen, wird solange geprüft, bis das Höchstmaß an bestandenen Prüflingen erreicht ist. Wenn es also darauf ankommt, ist die Prüfungsrichtlinie, obwohl von den Afghanen auf höheren Ebenen genehmigt, nicht wirklich viel Wert, weil es an der Umsetzung scheitert.

Es ist der erste Tag seit Monaten, an dem ich das ganz deutliche Signal der Resignation bei Dieter wahrnehme. Immer wieder hat er zielstrebig die Verbesserungen, die er für wichtig hält, in Angriff genommen. Meine Aufgabe bestand dann oft darin, die realistischen Ansätze von den unrealistischen zu trennen und ihn so vor einer Energieverschwendung zu bewahren. Nicht, dass alles hier keinen Sinn hat. Nein, es geht schlicht und nüchtern darum, sich mit Dingen auseinanderzusetzen, die auch wirklich veränderbar sind oder zumindest so auf uns wirken. Sähe ich keinen Sinn mehr in meiner Aufgabe, dann hätte ich auch keinen Antrieb mehr, hier täglich rauszufahren. Wenn ich zu Hause etwas in Angriff nehme, arbeite ich in der Regel ohne sinnlose Unterbrechungen, bis ich mein Ziel mit zufriedenstellender Qualität erreicht habe. Hier zieht sich jedes Projekt unendlich in die Länge und scheint damit auch keine erkennbaren Fortschritte zu machen. Doch auch so ist es nicht! Die Fortschritte sind nur häufig so klein und langsam erreicht, dass wir sie nach unseren Maßstäben kaum noch als solche erkennen.

Das Kontingent neigt sich dem Ende. Wenn ich in den Heimaturlaub fliege, beginnt der Personalwechsel und wird sich über etwa drei bis vier Wochen hinziehen. So vermeidet man einen schlagartigen Austausch des Personals. Und hat immer noch erfahrene Kameraden vor Ort. Mit dem Ende des 31. Kontingents der ISAF geht eine traditionelle Abschiedsfeier einher. Der Tod des Kameraden in Masa vor einigen Wochen ist nicht endgültig geklärt. Nur das wieder einmal Alkohol im Spiel war, scheint sicher und hat zu einer weiteren Verschärfung der Bestimmungen geführt. Nun darf nur noch in den Betreuungseinrichtungen, also hier in der Wolfshöhle, zwischen 20 und 22 Uhr Alkohol verkauft werden. Nur wenige Ausnahmen, wie beim kommenden Fest, sind zulässig. Dabei ändert sich jedoch nichts an der begrenzten Menge von zwei Dosen pro Abend. Auch ist es nun verboten, sich Alkohol von zu Hause schicken zu lassen und auf der Stube zu trinken. Wie man das letztlich überwachen will bleibt mir schleierhaft, denn dazu müsste man bei allen eintreffenden Paketen den Generalverdacht anwenden und sie vor der Ausgabe öffnen. Diesen Eingriff in die Privatsphäre, ohne konkreten Verdacht, wird sich aber wohl kaum ein Vorgesetzter anmaßen. Auch meine zwei Dosen, die wie für alle anderen auch aus den zur Verfügung stehenden Betreuungsmitteln gekauft werden, bleiben so ungenutzt zurück. Könnte ich mir über die gesamte Dienstzeit den Alkohol, den ich zwar theoretisch hätte trinken können, aber nie genutzt habe, auf einmal ausgeben lassen, so könnte ich vermutlich für einige Monate eine Kneipe damit versorgen. Ob bei Feiern oder anderen Anlässen, eigentlich waren in den Umlagen die Kosten für den Alkohol immer enthalten. Da wäre für mich nur der Ausschluss aus den gemeinsam finanzierten Veranstaltungen möglich gewesen und hätte in jedem Fall seinen Beigeschmack gehabt. Es wird wieder deutlich, welche bedeutende Rolle der Alkohol in unserer Gesellschaft und damit auch in der Bundeswehr spielt. Nach dem Motto „Ihr seid erwachsen, handhabt das verantwortlich!" funktioniert es jedenfalls nicht. Schon am frühen Nachmittag kann man die Aufbauarbeiten im Innenhof sehen. Ob Soundcheck oder Gartenbänke, die Unterstützungskompanie scheint sich viel Mühe zu machen.

In der Vergangenheit haben wir uns mit unserer Einheit schon öfter aus den Kontingentfesten rausgehalten, da wir ja eigentlich auch nicht direkt dazugehören. Dennoch finde ich diese Variante deutlich besser, fördert sie doch den Kontakt und die Kameradschaft zu jenen, auf die wir ständig angewiesen sind. Da das Kontingentfest bereits um 16 Uhr starten soll, beginnt der Start in das Wochenende zwar etwas früher, zieht sich dafür aber auch bis spät in den Abend. Offiziell endet die Veranstaltung um 22:30 Uhr. Wie sie diese lange Zeit überbrücken wollen, werden wir sehen. Kurz vor vier begebe ich mich mit meinen Kameraden in den Innenhof. An mehreren zusammengestellten Bierbänken sitzen schon einige von unserer Einheit. Auch heute Abend wird man wieder typische Grüppchenbildung beobachten können. Obwohl ja gerade solche Veranstaltungen eine gute

Gelegenheit für den Blick über den Tellerrand sind, lässt sich die Masse doch wieder dazu verleiten. Ich nehme mich dabei gar nicht aus, denn nur weil man weiß, dass etwas nicht optimal ist, heißt es ja nicht, dass man es auch ändern will. Es ist einfach viel bequemer und integriert einen auch schneller in die Gesprächsrunde, wenn man sich kennt. Hinzu kommen dann bei einigen noch kleine „Rivalitäten“ zum Kontingent. Doch das dürfte in jeder Firma ähnlich sein.

Die Angehörigen unserer Einheit sehen sich eben nicht als Kontingentsoldaten (die 4 Monate im Einsatz sind) und legen darauf, zu mindestens inoffiziell, großen Wert. Ob die deutlich längeren Stehzeiten oder eben die besonderen Aufgaben in der Zusammenarbeit mit den Afghanen, sie unterscheiden uns schon deutlich von den Kontingentsoldaten. Dinge, in die sich der Kamerad im Camp nur schwer hineindenken kann. Und so hält sich jeder in seinem Element für etwas „Besseres“. Doch gerade mit dem aktuellen Kontingent kommen die meisten sehr gut klar. Das hatten wir schon stressiger.

In den Tagen zuvor bestand die Möglichkeit, Lose für die Tombola des Abends zu erwerben. Für einen guten Zweck sollen die eingenommenen Gelder dann Bennis Hilfsorganisation zur Verfügung gestellt werden. Er plant damit die marode Kindertagesstätte in der Mädchenschule zu renovieren. 3000 Lose für je zwei Euro sollen an den Mann und die Frau gebracht werden. Noch habe ich keine, doch die zu gewinnenden Preise und der gute Zweck dahinter sind Grund genug, dabei mitzumachen. Langsam füllt sich der Innenhof. Unter einem der Pavillons ist ein Getränkestand aufgebaut. Hier kann man die Softdrinks, die einem zum Abendessen zugestanden hätten, empfangen. An verschiedenen Plätzen um die Gebäude sind Grills aufgebaut, an denen es später etwas Leckeres geben soll. Der Oberst und Kontingentführer hat sich auf die Eingangstreppe des hinteren Gebäudes begeben und pustet prüfend gegen das Funkmikrophone. Die Geräusche verteilen sich über mehrere Lautsprecher zu den versammelten Soldaten. Seine Zettel, die im leichten Wind immer wieder umknicken, sprechen für eine längere Rede. Immer wieder muss er sich etwas gegen den Wind drehen, damit er seine Worte ablesen kann. Er beginnt nach der obligatorischen Begrüßung damit, sich für seine kommende Abwesenheit zu entschuldigen. Lange hätte er überlegt, ob der heutige Abend oder die Einladung eines hochrangigen Afghanen zu einer traditionellen Hochzeit wichtiger ist. Sein Plan, die Zeit etwas zu teilen und später zum Kontingentfest wieder dazuzustoßen, scheint mir etwas gewagt.

Wer das Zeitverständnis der Afghanen kennt, kann sich an fünf Fingern abzählen, wann sie anfangen und wann sie aufhören werden. Ich schätze mal, dass wir den Oberst vor morgen nicht wiedersehen. Dennoch ein aus meiner Sicht kluger Schritt, durch Transparenz eine klare Linie zu fahren. Hätte er sich einfach aus dem Staub gemacht, hätten ihm alle Dessinteresse an der Feier unterstellt. Aufgefallen wäre es in jedem Fall. Wie immer gehört es zu so einer Ansprache, sich bei den Kameraden, die die ganze Mühe mit den Vorbereitungen hatten, zu bedanken. Sowohl allgemeine Worte als auch eine deutliche Herausstellung der besonderen Anforderungen an genau dieses Kontingent, kommen vor. Recht hat er, denn eigentlich war das 31. wie ein „Erstes Kontingent". Lässt man noch einmal den riesigen Aufwand des Umzuges und der Neueinrichtung in diesem Camp Revue passieren, war das eine beachtliche Leistung! Es ist eben doch ein großer Unterschied, ob man sich ins gemachte Nest setzen kann oder es erst einmal selbst bauen muss. Dennoch konnten sie ihre Unterstützungsleistung für unsere Einheit parallel mit anbieten. Dass es nicht immer auf dem Level im alten Camp Warehouse sein konnte, ist verständlich.

Wenn ich demnächst aus dem Urlaub zurückkehre, werde ich nur noch ganz wenige der bekannten Gesichter wiedersehen. Neben dem Oberst sind große Fernseher aufgebaut. Das Standbild zeigt den Text „Schlag den Chef" und soll einen Teil des Programmes für den Abend andeuten. Seitlich des Einganges stehen Büroschränke, in denen die verschiedensten Dinge liegen. Auch das soll wohl Teil der späteren Spiele sein. Obwohl es noch recht früh ist, hat sich der Himmel mit dichten Wolken zugezogen. Die spenden angenehmen Schatten, nehmen aber auch etwas das Licht aus dem Innenhof. Der Oberst hat noch einen förmlichen Akt zu erledigen, bevor er das Fest offiziell eröffnet und ruft den Betreuungsfeldwebel zu sich nach vorne. Als Hauptverantwortlicher dieser Veranstaltung bekommt er für seine bereits gezeigten Leistungen der letzten Monate und auch für diesen Abend eine förmliche Anerkennung. Eine Würdigung, die oft mit ein oder zwei Tagen Sonderurlaub verbunden ist und deren Bekanntgabe den anderen Kameraden als Motivation dienen soll.

Dass es in diesem Fall durchaus angemessen zu sein scheint, erinnert mich dennoch ironischerweise an die Worte eines ehemaligen Chefs. Der sagte in einem Beurteilungsgespräch auf meine Frage, warum der eigentlichen Arbeit eines Ausbilders in der Beurteilung so wenig Gewicht beigemessen wird: „Was sie als Ausbilder den ganzen Tag lang machen interessiert keine Sau, organisieren sie lieber mal eine Party für die Einheit, damit können sie beim Kommandeur Punkte machen!“ So hart das auch klingen mag, es trifft leider häufig zu. Die gute Ausbildung kommt schließlich nur der Gruppe Lehrgangsteilnehmer, die es mit viel Glück in ihrem Abschlussfragebogen erwähnen, zugute. Doch eine gute Veranstaltung unterhält alle und ist gut für das Klima und die Moral.

Dann, nach den letzten Worten des Obersts, sind die „Spiele“ eröffnet. Motto des Abends ist der Wettstreit zwischen den Chefs und ihren Untergebenen in unterhaltsamer und etwas humoristischer Weise. Der Oberst selbst beginnt das erste Spiel gegen seinen Fahrer, einen Stabsbootsmann, der erst vor einigen Wochen den Posten übernommen hat. Der Moderator, ein Oberfeldwebel des Leitstandes, weist die beiden Mitspieler in das erste Spiel ein. Links vorm Eingang steht ein Büroschrank, der an einer Seite verschlossen ist, während er an der rechten Seite offen und leer steht. Über das Kopfmikrophon des Moderators können die Zuschauer die Anweisungen verfolgen. Der Oberst hat nun eine begrenzte Zeit, um sich Gegenstände, die hinter der geöffneten Schranktür auftauchen, zu merken. Dabei ist wichtig, dass er sich sowohl die Dinge als auch den richtigen Platz dazu merkt. Als die Zeit abgelaufen ist, verschließt der Moderator den Schrank, der aus einem Oberteil und einem Unterteil besteht, und begleitet den Oberst zur anderen Seite. Wieder startet die Zeit und nun muss der Oberst versuchen, möglichst viele der etwa 20 Gegenstände wieder an ihren Platz aus einer Kiste am Boden zu bringen. Dabei ist er sehr schnell und scheint sich seines fotografischen Gedächtnisses sicher. Deutlich vor dem Ablauf der

Zeitgrenze ist er fertig. Sicher nicht die größte Herausforderung für einen Mann seines Intellektes, dennoch eine achtbare Leistung. Er hat alle Gegenstände wieder an den richtigen Platz gelegt und damit für seinen Fahrer die Messlatte sehr hochgelegt. Jetzt ginge es eigentlich darum besser als der Chef zu sein, doch das ist natürlich für dieses Spiel nicht mehr möglich. An einem Ständer aus Metall hängen Schilder mit Zahlen. Der Oberst bekommt dort die ersten Punkte für die Chefs. Der Stabsbootsmann steht bereit und wartet auf das Öffnen der Schranktüren. Er nutzt die volle Zeit bis zum Schließen der Türen, um sich so viel wie möglich zu merken. Dann wechselt auch er auf die andere Seite und versucht so schnell wie möglich den leeren Schrank richtig zu füllen. Er liegt genauso gut in der Zeit und ist sehr schnell fertig. Doch da noch Zeit übrig ist, beginnt er einige Gegenstände noch einmal umzustellen. Das erinnert mich an einen wichtigen Grundsatz für Prüfungen, den ich auch regelmäßig an die Fahrschüler vor der Theorieprüfung weitegebe: „Der erste Gedanke ist meistens der Richtige!" Genau dieser Grundsatz hätte jetzt die Fehler vermeiden können, denn wie sich herausstellt, liegen genau die nachträglich umgelegten Teile nun alle falsch. Das kostet den Sieg!

Es folgen weitere Spiele. Da wir immer wieder in kleine Gesprächsrunden abgleiten und so nicht jedem Spiel aufmerksam genug folgen können, bekomme ich auch nicht mehr jedes Detail mit. Erst das letzte Spiel kurz vor dem Essen, weckt wieder meine Aufmerksamkeit. Vielleicht hätte man besser kleine Pausen zwischen die Spiele legen sollen, dann wäre das Interesse bei den Zuschauern vermutlich höher geblieben. So ziehen sich die Spiele fast nahtlos bis kurz vor 18 Uhr. Ein kleiner Gabelstapler steht im Durchgang des Innenhofes vor einer Mülltonne, die wohl den Start und das Ziel darstellen soll. Auf den Gabeln steht eine Metallbox. Weiter unten in Richtung Wache ist ein kleiner Parcours aufgebaut, der mit kleinen weißen Schildern an den Pylonen bei der Orientierung helfen soll. Die nächsten Kandidaten stehen bereit. Unsere Ärztin und ein Stabsunteroffizier der Fernmelder wollen gegeneinander antreten. Warum die Ärztin keinen „Gegner" in den Kreisen ihrer Untergeben gefunden hat, bleibt für mich offen. Sie darf beginnen. Zu Beginn bekommt sie von einem Kameraden in Kurzform die Bedienung des

Staplers erklärt und probiert dabei die Funktionen der verschiedenen Hebel. Der Kamerad wird die gesamte Zeit neben ihr auf dem Stapler sitzen bleiben. So kann er, falls nicht alles wie geplant funktioniert, auch mal helfend eingreifen. Ziel ist es, den Parcours möglichst schnell zu durchfahren und dann die Metallbox auf eine andere, die in der schmalen Zufahrt neben einem Container steht, zu stellen. Die Pylonen, die dem kurvigen Verlauf zur Wache folgen, sind im Slalom zu durchfahren. Die engen Abstände versprechen eine sportliche Aufgabe. Nachdem die Ärztin bereit ist, beginn die Zeit zu laufen. Das Fahren mit dem Stapler ist für Ungeübte gar nicht so leicht, denn selbst wenn man an sich ein guter Autofahrer ist, das Lenken über die Hinterachse mit sehr engem Wendekreis will geübt sein. Der begrenzte Platz, die herumstehende Menge und die langen Gabeln des Staplers, die beim Einlenken ständig irgendwo dagegen zu stoßen drohen, machen die Sache spannend. Teilweise laufen Kameraden auch durch die Bahn, die durch die Ärztin nur mit überschaubarem Tempo bewältigt wird. Immer wieder müssen Pylonen den kleinen Rädern weichen und werden entweder nur gestreift oder auch komplett überrollt. Das gibt jeweils fünf Sekunden Strafpunkte, die auf die benötigte Gesamtzeit dazu addiert werden. Mehr als sechs Minuten sind nötig, um die Aufgabe zu Ende zu bringen und das leuchtend rote Gesicht der Ärztin verrät den inneren Stress, den sie gerade durchmacht. Doch schließlich steht sie wieder am Ausgangspunkt und ist erlöst. Mit nur wenigen Fehlern, manövriert der Stabsunteroffizier unter den anfeuernden Kameraden durch den Parcours und kommt nahezu fehlerfrei ins Ziel. Mit nur gut vier Minuten Fahrzeit erreicht er ein klares Ergebnis und bedient damit das Vorurteil, dass Männer die besseren Fahrer sind. Dass dieses Ergebnis trotz der Tatsache, dass die Ärztin alles gegeben hat, ein Muss in der männerdominierten Umgebung ist, wurde erwartet und versteht sich fast von selbst.

Nach der Auswertung und der Punktegutschrift werden die Grillstände eröffnet und schnell bilden sich lange Schlangen der Hungrigen an den Tischen mit dem Besteck und den Salaten. So geht es vorbei an Nudel-, Kartoffel- und Krautsalaten, die in Blechwannen angeboten werden. Soßen und Senf stehen neben den

Essensbehältern, in denen das fertige Fleisch warmgehalten wird und die den ersten Ansturm abfertigen sollen. Spieße, Hähnchenbrust und Steaks gibt das Angebot her. Ohne lange Wartezeiten bekommt jeder einen gefüllten Teller. Das verdient für die Grillmeister ein klares Lob, denn schließlich werden hier in kürzester Zeit etwa 150 Soldaten verköstigt. Wenngleich natürlich ein Stück Fleisch direkt vom Grill das I-Tüpfelchen wäre, selbst im heimischen Garten klappt die Versorgung mit Grillgut an die hungrigen Mäuler nicht immer so reibungslos.

Alle schlagen kräftig zu und für einen Nachschlag ist genügend vorhanden. Das sind diese kleinen Dinge, die einen, wenn auch nur für kurze Zeit und vielleicht auch nur durch den Geschmack, gedanklich in die Heimat zurückbringen. Sowohl die Bilder des lecker gegrillten Fleisches als auch die Aktivierung der Geschmacksnerven mit bekannten Leckereien, unterstützen dieses Gefühl und die Gedanken. Ob hier beim Grillen oder die Tüte Chips aus der Heimat beim abendlichen Film, es ist nur schwer zu beschreiben, wie angenehm und vertraut sich das anfühlen kann. Dann ist man für kurze Momente viel näher an zu Hause und weg von dem Negativen um einen herum. Richtet man sich dann noch etwas zivil und heimisch in seiner Stube ein, dann hat man sich seinen Rückzugsort geschaffen, der einem beim Abschalten hilft und ein Stück „Normalität" zulässt.

Da kann mich dann nur das miese Gefühl eines Alarmes wieder abrupt rausreißen. Eben deswegen sind solche Veranstaltungen in regelmäßigen Abständen für die Männer und Frauen hier wichtig. Selbst wenn es negative Ausnahmen gab, es geht den meisten dabei nicht um das Besaufen, sondern darum, einfach mal abgelenkt zu werden und nicht 24 Stunden am Tag und sieben Tage die Woche nur auf den nächsten Anschlag oder die nächste „Horrormeldung" zu warten.

Das Essen kann gemütlich genossen werden und die zunehmende Dunkelheit ruft den zweiten Teil des Abends auf das Programm. Der Stellvertreter des Obersts vom Kontingent ergreift das Wort, um den Anwesenden Grüße vom Oberst selbst zu bestellen und ihn auch für den Rest der Veranstaltung zu entschuldigen. Der Plan, spätestens gegen 21 Uhr wieder dazuzustoßen, kann er nicht mehr halten.

Willkommen in der afghanischen Zeitrechnung, denke ich bestätigend. Wie er mitteilt, sind erst vor wenigen Minuten die letzten Gäste der vom Oberst besuchten Feier eingetroffen und somit der eigentliche Beginn deutlich nach hinten verschoben. Auch nutzt er die Gelegenheit, um sich wiederholt bei allen Kameraden, die zum Gelingen des Abends beigetragen haben, zu bedanken. Damit ist der wohl spannendste Teil, die Tombola, eröffnet. Für unsere Einheit darf unsere Frau Oberbootsmann die Glücksfee spielen und wird später, wenn möglichst viele Lose verkauft sind, hoffentlich auch unsere Lose aus der Tombola ziehen. Insgesamt stehen 374 Gewinne zur Verfügung. Diese Gewinne sind in der Masse Spenden von Firmen und Vereinen in Deutschland. Dabei müssen die Reaktionen auf die Anfragen der organisierenden Kameraden sehr unterschiedlich gewesen sein. Denn trotz des stolzen Ergebnisses und teils sehr hochwertiger Preise haben viele Angeschriebene die Anfragen nicht einmal mit einer Absage beantwortet. Das passt zum Bild der Bundeswehr im Auslandseinsatz in der Gesellschaft. Denn von Desinteresse, über Ablehnung und letztlich Unterstützung oder Zustimmung, scheint alles vertreten, wobei die ersten beiden Positionen überwiegen dürften. Die verschiedenen Blickwinkel rechtfertigen schließlich viele Positionen. Besonders ein Kaffeevollautomat im Wert von etwa 1.300 Euro und hochwertige Ferngläser, Messer oder Uhren locken die Teilnehmer zum Loskauf. Ich habe mir inzwischen 20 Stück gesichert und dabei einfach aus einem der verschiedenen Losblöcke die ersten 20 Stück fortlaufend herausgerissen.

Viel Hoffnung auf einen der besseren Gewinne mache ich mir nicht, habe ich doch noch nie etwas wirklich „Großes“ gewonnen. Eine Mikrowelle bei einer Verlosung im Einkaufszentrum steht dabei an der Spitze. Und das, obwohl ich seit vielen Jahren ein Megalos der Fernsehlotterie besitze, dass mir bisher gerade einmal 10 Euro zurückgebracht hat. Beim normalen Lotto bin ich auch regelmäßig dabei. Obwohl hier über die Jahre mehr durch kleinere Gewinne zurückgeflossen ist, ins Plus dürfte mich nur noch ein Sechser bringen. Warum spielt man dann? Das Engelchen auf meiner linken Schulter weist mich immer wieder darauf hin, dass es unrealistisch ist, an das große Glück zu glauben – wenn man es auf die finanziellen Dinge reduziert. Das Teufelchen auf meiner rechten Schulter jedoch verführt mich immer wieder dazu, es doch wieder zu versuchen, da es ja doch möglich ist, etwas zu gewinnen. Und sicher wäre es schön, wenn ich später mit der Heimat telefoniere und mit einem Gewinn angeben kann, doch heute zählt mehr der gute Zweck als allein der Gewinn.

Noch habe ich etwas Zeit, mir die Preise genauer anzusehen. Im Eingangsbereich des Nachbargebäudes ist in einer Bucht im hinteren Bereich alles aufgebaut. Es wirkt ein wenig wie ein Stand auf dem Markt. Die Regale, in denen sonst Bücher stehen, sind voll. Auf Tischen, die wie ein langer Verkaufstresen aufgestellt sind, liegen ebenfalls jede Menge Gewinne. Taktisch klug steht der kleine Tisch, an dem der Hauptfeldwebel-Kamerad die Lose verkauft. So wird der Anreiz mit Blick auf die in der Masse wirklich guten Preise noch weiter gesteigert. Sonst ist er mir mehr als ruhiger, wenn nicht sogar etwas miesepetriger Kamerad im Camp aufgefallen. Heute wirkt er freundlich und umgänglich, scheint zu wissen, wie man „Kunden" behandelt und hat auch mal einen lockeren Spruch drauf.

Wir haben uns zu einem Team zusammengefunden und wollen uns die nächste Zeit mit Kickern vertreiben. Da es inzwischen dunkel geworden ist, müssen wir den Kicker etwas unter das schwache Licht der Lampen im Innenhof rücken. Doch schnell stellt sich heraus, dass unsere eigenen Schatten erheblich stören und man den kleinen, schmutzigen Kunststoffball so gut wie nie erkennt, wenn er durch das Spielfeld schießt. Der Versuch, den ganzen Tisch direkt unter eine Laterne auf die Wiese zu stellen scheitert am Einspruch des Camp-Kommandanten. Dass er behauptet, es täte dem Rasen nicht gut, macht uns ein bisschen ein schlechtes Gewissen. Es kommt eben doch nicht so gut an, wenn wir hier unser Parallelprogramm machen und sei es nur zur Abwechslung.

Die letzten Minuten bis zur Verlosung werden wir auch noch überstehen. Der Abend ist lang geworden und die Planung, um 21 Uhr zu starten, kann nicht gehalten werden. Dass man so viele Lose wie möglich loswerden möchte kann ich verstehen, doch mein Interesse beginnt mit der zunehmenden Müdigkeit etwas zu schwinden. Ich überlege schon, ob ich mir nicht einfach die Preise am nächsten Tag abhole, doch jetzt auf die letzten Minuten die Veranstaltung zu verlassen, wäre auch irgendwie unkameradschaftlich. Das sehen anscheinend nicht alle so, denn von etwa 150 anwesenden Soldaten sind wir weit entfernt. Dann ist es endlich soweit und die Stimme aus den Boxen ruft noch einmal zur Aufmerksamkeit auf. Unsere Admin steht gemeinsam mit einem anderen Kameraden auf der oberen Stufe des Treppeneinganges. Die Los-Box ist in eine goldfarbene Erste-Hilfe-Folie eingewickelt und hat die Form einer großen runden Vase. So können weder die Anwesenden noch die Glücksfee hineinschauen und der Zufall voll zum Zuge kommen. Jetzt werden nur die zehn hochwertigsten Preise verlost. Aus Zeitgründen hat man die Gewinne 374 bis 11 bereits vorab gezogen, um die Auslosung nicht weiter unnötig in die Länge zu ziehen. Ein Stabsgefreiter, der eine teure Uhr gewinnt, räumt auch den Hauptpreis ab und streicht damit Gewinne im Wert von etwa 1500 Euro ein. Glücksschwein würde ich sagen! Eines der guten Ferngläser geht an Dolli, der damit den dicksten Preis für unsere Einheit abgeräumt haben dürfte. Alle anderen Preise können jetzt oder morgen direkt bei der Auslage empfangen werden. An riesigen Übersichten sind die Lose farbig aufgelistet. In der freien Spalte neben der Losnummer ist eine weitere Nummer eingetragen. Sie klebt an einem der Gewinne und kann unter Vorlage des Loses an der Ausgabe abgeholt werden. Je höher die Nummer, desto niedriger der Gewinn. Meine niedrigste Nummer trägt die 174 und bringt mir eine 8GB Speicherkarte. Das passt gut, da ich noch eine für meine Kamera brauche. Ein kleines Plüschtier und ein Cap füllen zumindest meine Hände noch etwas auf. Aber es können ja nicht alle, die Lose erworben haben „Plus“ machen, dann käme ja nichts mehr in die Spendenkasse. Sie ist mit 5500 Euro fast an das mögliche Maximum herangekommen. Benni kann zufrieden sein. Zugegebenermaßen ein wenig enttäuscht schleppe ich mich müde auf meine Stube. Mit einer erfrischenden Dusche und einem kurzen Telefonat mit der Heimat, soll es das für heute auch gewesen sein. Das Kontingentfest halte ich für einen vollen Erfolg. Besser machen kann man immer etwas, doch das muss man erst mal schaffen. Sie haben sich viel Mühe gemacht und einen unterhaltsamen Abend mit leckerem Essen geboten. Das verdient Dank!

Es ist kurz nach halb fünf und eine starke Detonation reißt mich und einige andere Kameraden aus dem Schlaf. Das Vibrieren der Fenster deutet auf eine kurze Entfernung oder eine sehr große Menge Sprengstoff hin. Auf dem Flur höre ich zweimal den Ausruf „Alarm, Alarm!“ Ich springe aus dem Bett, die Augen brennen noch und eine leichte Benommenheit lässt mich durch die Stube wanken. Der Puls fährt schlagartig aus der Ruhefrequenz in den Aktionsmodus. Zügig ziehe ich meine Hose an und schlüpfe in die Stiefel. Vorerst werfe ich mir nur noch schnell mein Shirt über und reiße die Stubentür auf. Der Kamerad von schräg gegenüber stolpert mir ebenfalls noch sehr verschlafen in seiner Feinrippunterwäsche entgegen. Der Flur füllt sich, doch die Sirene gibt noch kein Signal.

Um meine Alarmaktivierung am Telefon zu prüfen, drehe ich mich wieder in die Stube. Nichts. Also ist offiziell noch kein Alarm ausgelöst, sondern nur von einem Kameraden, der es eben für angebracht hielt. Dieter schaut, schon komplett angezogen und die Schutzweste übergeworfen, aus seiner Stube. Auch er weiß nichts Genaues. Ich gehe zum Seitenausgang auf die Feuertreppe und erblicke eine dicke schwarze Rauchwolke im Osten Kabuls. Das dürfte recht nah an unserer Hauptstrecke liegen. Möglicherweise sogar das amerikanische Camp. Um deswegen einen Alarm in unserem Camp auszulösen, ist der Ort des Geschehens zu weit weg, doch lieber einmal zu viel als einmal zu wenig. Da sich auch nichts weiter tut und erst mal keine Anweisungen der Führung kommen, fahren wir unsere Aufregung wieder runter. Auch die Ungarn auf meinem Flur legen ihre Westen wieder ab und gehen nach und nach wieder in ihre Stuben. Zurück in meiner Stube ziehe ich die Bettdecke glatt über mein Bett und lege mich, so wie ich bin, darauf. Sollte doch noch ein scharfer Alarm kommen, so brauche ich nur die Weste und die Stiefel anzuziehen. Schnell komme ich wieder zur Ruhe. Schneller als die letzten Male. So dicht eine so heftige Explosion und ich liege hier, als wäre nichts gewesen. So ist das wohl im Krieg. Durch mein geöffnetes Fenster kann ich die Diskussionen der Kameraden im Innenhof hören.

Sie hindern mich daran, noch einmal einzuschlafen. Bedingt durch den kurzen zeitlichen Abstand zu den Anschlägen der letzten Wochen wirkt die Sicherheitslage auf mich mit jedem Vorfall schlechter. Obwohl die innere Aufregung von Situation zu Situation abflaut, fühle ich mich längst nicht mehr so sicher, wie noch 2010 im Camp Warehouse.

Ein kurzes Klopfen an meiner Stubentür, die noch auf ist. Dieter möchte wissen, was ich nun mache. Aber was soll ich schon machen? Die Zeit nutzen, um den verpassten Schlaf aufzuholen. Er wollte aber wohl nur sein Gewissen etwas beruhigen, wenn er sich ebenfalls wieder auf sein Bett legt. Nur wenig später klingelt das Telefon. Ein leichter Schreck durchfährt meinen Körper, der schon wieder in die Ruhephase eingetaucht ist. Für einen kurzen Augenblick halte ich das für die nun scharfe Alarmierung und hechte zum Telefon. In der Dämmerung meiner Stube kann ich die Nummer oder Schrift auf dem unbeleuchteten Display auch nicht klar erkennen. Dieter ist dran. „Wollen wir Frühstücken gehen? Ich kann nicht mehr einschlafen“, kommt es aus dem Hörer. Es ist gerade viertel vor sechs und die Küche macht erst 06:15 Uhr auf. Ein wenig mürrisch und sicher auch mit ironischem Unterton antworte ich: „Wie willst du das denn machen, wenn die Küche erst in 30 Minuten öffnet?“ Nach einer kurzen Pause reagiert Dieter mit „oh ja, stimmt ja…“. Wieder schweigt er, als warte er auf einen Lösungsvorschlag von mir und irgendwie will ich einfach nur wieder auf das Bett. „Ich hole dich nachher ab!“, bekommt er von mir mit etwas entnervter Stimme zurück. Dann lege ich auf. Doch jetzt ist es auch egal und bevor ich erneut aus meiner Ruhe gerissen werde, stelle ich meinen Laptop auf den Schreibtisch und fahre ihn hoch. Eine gute halbe Stunde reicht mir, um ein weiteres Prozent in meinem Englischprogramm weiterzukommen. So habe ich schon mal einen Punkt des Tages zur Beruhigung meines Gewissens abgearbeitet. Und wie ich nun immer wacher werde, wird mir auch wieder klarer: Da draußen ist Krieg und wir sitzen mittendrin!

Auf dem Weg zum Frühstück kommen uns der Oberstaber und Felix entgegen und geben uns erste Informationen. Am Frühstückstisch bekommen wir dann die nächsten von Benni und Dolli. Teilweise widersprüchlich zu den anderen Infos, nehmen Dieter und ich sie zur Kenntnis. Nach dem Essen werden wir uns dann selbst die hoffentlich vollständigen und bestätigten Informationen beim Leitstand abholen. Dann wissen wir auch, ob wir heute überhaupt noch rausfahren dürfen oder nicht.

Der Anschlag ereignete sich nicht am amerikanischen Camp, sondern an einer Liegenschaft der Polizei, direkt an unserer Strecke nach PeC. Nach dem Auftakt durch einen Selbstmordattentäter sind mehrere Angreifer mit Gewehren in das Camp eingedrungen. Man weiß bereits von 15 Verletzten und dass die Gefechte noch andauern. Um den Bereich zu meiden, werden alle Straßen, die dort direkt vorbeiführen, für unsere Nutzung gesperrt. Damit müssten wir durch den KaIA oder direkt durch das Zentrum von Kabul fahren. Das kann dauern, denn seit wenigen Tagen haben die Posten an den Gates ihr Kontrollverfahren verschärft. Dabei muss nun die gesamte Fahrzeugbesatzung, die in den Flughafen möchte, aussteigen. Damit steht man mit direkter Einsicht durch die Zufahrtstraßen, die durch regen Verkehr der afghanischen Bevölkerung frequentiert werden, wie auf einem Präsentierteller.

Man hat sich vonseiten unserer Führung dieses Problems angenommen, doch bis zur Klärung müssen wir die aktuellen Kontrollen über uns ergehen lassen. Die Tatsache, dass bei einem Anschlag in der letzten Woche ein Toyota – ein Modell, welches sehr oft von der ISAF genutzt wird – und gefälschte ID-Karten im Spiel waren, hat die Kontrollen weiter hochfahren lassen. Nun schauen die Posten, ob die ID-Karten wirklich echt sind und das im direkten Kontakt zu den Soldaten. Bleibt nur zu hoffen, dass die Taliban von dieser unklugen Vorgehensweise, erst nach deren Änderung zurück zu einem sicheren Verfahren Wind bekommen. Im Leitstand bestätigt sich die Aussage von Benni und wir könnten, wenn auch mit mehr notwendiger Fahrzeit, zu den Afghanen rausfahren. Dieter und ich sind jedoch der Meinung, besser erst einmal die weitere Entwicklung des Tages abzuwarten und diesen Tag im Camp zu bleiben. Jörg aus der 4. Inspektion und Fahrer unseres Begleitfahrzeugs möchte jedoch unbedingt raus. Die Erfahrung zeigt jedoch, dass weitere Anschläge an anderen Orten der Stadt nach so einem Vorfall nicht ungewöhnlich sind. Die Ungarn beschließen ebenfalls, wie jeden Tag ganz normal zu fahren und wollen, da sie früher dran sind als wir, uns telefonisch über die Lage am KalA informieren. Wir rechnen mit einem erhöhten Fahrzeugaufkommen an den Gates, da sicher einige nun die „Abkürzung“ nehmen werden.

Etwas später als geplant beginnen wir unsere Fahrt. Dieter und ich sind uns einig, dass es keine gute Idee ist. Schon bei der Ausfahrt in der Schleuse, kommt vom Leitstand per Funk die Sperrung des KalA durch. Damit sitzen die Ungarn, die schon dort sein müssten, nun fest. Spätestens jetzt hätte ich die Fahrt abgebrochen, doch mit drei Offizieren im Konvoi trifft meine Meinung auf taube Ohren. Stattdessen wird nun die Route durch das Zentrum genommen, was einen deutlichen Umweg bedeutet. Diesmal fahre ich an zweiter Position und somit muss die Besatzung des vorderen Fahrzeugs führen und sich mit der Strecke auseinandersetzen. Es wäre ein Leichtes mit meiner Ortskenntnis die Führung zu übernehmen, doch da keiner fragt, dränge ich mich, etwas bockig, auch nicht auf. Dieter hält dennoch die Karte vor sich aufgeschlagen in den Händen und versucht zu folgen. Der erste Abzweig ist noch recht einfach, da eine markante Tankstelle zur Orientierung dient, doch danach sollte man sich auskennen! Mit den fehlenden Straßennamen und Wegweisern kann nicht jeder umgehen. Wie erwartet, saust Jörg an der zweiten Abbiegung vorbei und verlässt damit eine gut ausgebaute und breite Straße, auf der man verhältnismäßig zügig vorankommt.

Mein Grinsen kann ein wenig Schadenfreude auch vor Dieter nicht verbergen. Das Handy von Dieter klingelt und wie versprochen geben die Ungarn ihre Informationen durch. Wenngleich wir erst kurz vorher schon durch den Leitstand aktualisiert wurden, zuverlässig sind sie. Ich kann nur schwer beurteilen, was sie da draußen so mit den Afghanen machen, die Zusammenarbeit mit ihnen ist aber absolut professionell und unvoreingenommen. Sie sind, obwohl das teilweise neue Team noch nicht lange hier ist, voll in die Kameradschaft in unserer Einheit aufgenommen.

Jörg versucht seinen Fehler zu korrigieren und biegt nach links in eine schmale Straße ohne Belag ab, um wieder auf die eigentliche richtige Route zu gelangen. Nur langsam und durch tiefe Schlaglöcher kommen wir voran und treffen nach wenigen Hundert Metern die

Hauptstraße. Nun sind wir wieder auf dem richtigen Pfad und kommen an einen der größeren Kreisverkehre in Kabul. Wir müssten links wieder raus und wenn man die Berge im Auge behält, dann ist auch die grobe Richtung leicht wiederzufinden. Das funktioniert nur dann nicht, wenn man zu viele Häuser und Gebäude um sich herumhat, die den Blick in die Umgebung verdecken. Jörg fährt an unserer Ausfahrt des Kreisverkehrs vorbei und fast zeitgleich ertönt ein krächzender Ton aus dem Funkgerät, welcher unter der Musik aus dem Würfel fast untergeht. Tim gibt eine neue Lage durch, die wir – weil wir nicht den Funkkreis des Leitstandes mithören können, wenn wir den internen Fahrzeugfunk eingeschaltet haben – sonst nicht bekämen.

Ab sofort müssen alle deutschen Fahrzeuge in die Camps zurück oder eine naheliegende ISAF-Liegenschaft aufsuchen. Alle Straßen sind ab sofort gesperrt. Den genauen Grund dafür erfahren wir auf diesem Wege vorerst nicht. Doch die Vermutung, dass im Laufe des Tages weitere Orte angegriffen werden, scheint sich zu bestätigen. Es geht, und diesmal bleibt Jörg auf der richtigen Strecke, direkt zurück in unser Camp. Böse bin ich deswegen nicht, denn meine Meinung über die Entscheidung, doch rauszufahren, hat sich nun auch bestätigt. Zudem kann ich nun mit Dolli den Tag nutzen, um unsere Wölfe weiter für den besonderen technischen Dienst, der für Donnerstag ansteht, vorzubereiten. Das geht auch nur im Team, denn der Dampfstrahler ist immer noch teilweise defekt und benötigt einen Mann für den Schalter. Nur wenn er festgehalten wird, kann man wenigstens ein paar Minuten durchgehend waschen. Wegen dem stark verkrusteten Schlamm an Unterboden und Fahrwerk braucht man mindestens eine halbe Stunde für eine gründliche Reinigung je Fahrzeug. Fast wie zu Hause gehe ich mit meinem Eimer voller Wasser und einem Putztuch an meinen Wolf. Dolli hat noch getankt und hängt etwas hinterher. Macht aber nichts, weil ich so schon mal den Innenraum vom dicken Staub der letzten Tage befreien kann. Nach der nervenaufreibenden Wäsche der Wölfe, die von ständigen Arbeitsabbrüchen des Dampfstrahlers gekennzeichnet ist, können wir die Wölfe auf ihre Plätze zurückstellen.

Um am Donnerstag etwas Zeit zu sparen und weil mir ein weiteres Fahrzeug der Ersten zugeteilt wurde, arbeite ich noch die Checkliste ab, bevor ich mit meinen Utensilien wieder auf die Stube zurückgehe.

Damit habe ich seit längerem wieder während des Tages Zeit für meine Zeilen und kann das Erlebte zeitnah festhalten. Inzwischen liegen schon mehrere der kleinen Notizzettel, die mir als Gedankenstütze dienen, auf meinem Schreibtisch versammelt. Von Woche zu Woche wird es, bedingt durch die vielen verschiedenen Ereignisse, schwieriger, alles Wichtige festzuhalten und zu selektieren. Würde ich konsequent alles festhalten, bekäme das Buch zum Ende des Einsatzes geschätzte 1000 (Word) Seiten. Doch es soll ja irgendwie lesbar bleiben und kein zweites „Krieg und Frieden" werden. Denke ich an meine Ziele zu diesem Buch für dieses Jahr zurück, könnte ich das Schreiben so langsam beenden. Es kommt doch viel mehr zusammen als ich selbst erwartet hätte. Mit jeder Seite wird mir bewusster, dass es wohl keine andere oder im Ansatz vergleichbare Ausgabe eines solchen Buches von einem anderen Autor geben wird. Denn der Umstand, dass ich sehr lange – viel länger als die meisten anderen deutschen Soldaten – hier im Einsatz bin und mir dann noch die Mühe mache es festzuhalten, wird wohl Seltenheitswert haben.

Die knappe Stunde für das Schreiben vergeht wieder wie im Flug und kurz vor halb zwölf steht Tim vor meiner Tür, um mich und Dieter zum Mittag abzuholen.

Das Gesprächsthema Nummer eins ist natürlich immer noch der Anschlag vom Morgen. Während Tim und ich das ganze etwas ins Lächerliche ziehen, wirkt Dieter sehr nachdenklich und klingt keineswegs so, als wolle er in unsere amüsante Unterhaltung einsteigen. Erst am Tisch, als er nun mehr als drei oder viermal darauf hinweist, dass er das alles überhaupt nicht witzig findet und sich ernsthaft Sorgen um die Sicherheit unseres Camps macht, verstehe ich, dass er es absolut ernst meint. Bis gerade hatte ich noch geglaubt, dass es zu seiner trockenen Reaktion auf manche Scherze gehört, doch seine Mimik spricht Bände. In so einer seelischen Verfassung habe ich ihn noch nie gesehen.

Es stimmt mich nachdenklich und ungewohnt, fast wortlos schaufele ich nun meinen Teller leer. Die Erinnerung an Kameraden, bei denen ich diese Vorstufe einer „Angstspirale" bereits gesehen hatte, gibt mir schwer zu denken. Dieter ist kein Jungspund mehr und kann sicher vieles von dem, was auf ihn einwirkt, anders verarbeiten. Doch die Alarmsignale sollte man nicht übersehen und die nächsten Tage werde ich mich bemühen, etwas feinfülliger auf ihn zu achten. Meine weiterblickenden Gedanken bringen schon die Befürchtung in mir hoch, es könnte zur Repatriierung (Ablösung aus dem Einsatz zurück nach Hause) kommen. Neu wäre das nicht, doch vermutlich male ich gerade einfach zu schwarz. Wenn es nun nicht gerade jeden Tag so einen Vorfall gibt, dann wird er sich auch wieder fangen.

Ich lenke mich, nach dem nachgeholten Schlaf in der Mittagspause, mit meiner Rudereinheit im GYM ab. Dabei lenke ich mich nicht ab, weil mich etwas bedrückt, sondern weil ich genau dies bei jedem Sport versuche. Einfach abschalten und mit den Gedanken zwischen Lottogewinn und Arbeiten am Haus geistig abgleiten. Ganz nebenbei tut es auch noch dem Körper und der Seele gut, selbst wenn es sich direkt nach der Übung nicht ganz danach anfühlt. Damit geht ein weiterer Tag zu Ende. Stimmt meine letzte Berechnung, dann habe ich in drei Tagen 680 Tage Afghanistan zusammen und somit ein weiteres, selbstgestecktes Etappenziel erreicht. Über die goldene Einsatzmedaille kann ich mich zwar erst im Dezember bei meiner eigenen Verabschiedung aus dem Einsatz freuen, doch rechtlich habe ich sie mit Erreichen dieser Anzahl an Tagen erworben.

Es ist kurz vor halb drei morgens. Die wenigen Stunden der Nacht waren von unruhigem Schlaf geprägt. Der Gedanke daran, den Wecker zu überhören und damit meine Schicht in der MG-Stellung zu verpassen, lässt mir keine Ruhe. Noch kurz vor dem Schlafengehen habe ich den Brotbackautomaten angeworfen und ein Kartoffelbrot gebacken. Der Duft des frisch gebackenen Brotes durchzieht meine Stube und bis in den Flur. Erst um 6 Uhr ist mit einer kurzen Ablösung für das Frühstück zu rechnen. Ich kenne mich, ohne Essen komme ich so viele Stunden nicht gut klar und so hat Dieter auch etwas zur Überbrückung. Eigentlich wäre er heute Nacht gar nicht mit mir in der Schicht, doch so leidet das Mentoring nur einen Tag. Es macht keinen Sinn nach fünf Stunden in der Stellung noch raus zu fahren, um dann mit der Müdigkeit und der Konzentrationsschwäche durch das „Chaos“ von Kabul zu manövrieren. Zwar lässt sich Dieter später noch rausfahren, um die Vorstellung der Inspektion für den neuen Leiter unserer Einheit, der in meinem Urlaub die Dienstgeschäfte übernehmen wird, vorzunehmen. Da Dolli für ihn fährt, ist es für ihn kein ganz so großes Problem. Doch erst müssen wir die fünf Stunden rumbekommen. Das Maschinengewehr steht schon in meiner Stube und Dieter hat die Munitionskisten bei sich. Dazu gehört noch eine kleine Kiste mit verschiedenen nützlichen Dingen und ein Funkgerät. In voller Montur schleppe ich das schwere MG, an dem bereits ein Patronenkasten hängt, auf den Flur. Mit meinen Waffen und der Ausstattung für die Stellung kommt so Einiges zusammen.

Dieters Tür steht schon offen und auch er ist dabei, seine letzten Vorbereitungen abzuschließen. Leise gehe ich mit vollen Händen die Treppe hoch und weiter zur Feuertreppe. Da alle noch fest schlafen und der Blechboden stark schallt, muss ich mich fast wie auf Zehenspitzen bewegen. Dieter hat schon einen Teil der Kisten nach hier oben geschafft. Seit unserer letzten Bereitschaft während des Alarmes ist hier nicht mehr viel verändert worden. Einzig die großen, schlauchförmigen Sandsäcke, die entlang der Brüstung aufgelegt sind und so ein besseres Auflegen des MG ermöglichen sollen, sind neu. Das MG stelle ich in die Ecke der Blechmauer und lege mein Gewehr auf dem Tisch an der Gebäudewand ab. Um das frisch aufgeschnittene Brot zu holen, gehe ich, nachdem mir Dieter schon entgegenkommt, wieder zur Stube zurück. Zwei dicke Scheiben und jeweils einen Softdrink für uns beide auf mein Brotbrett gepackt, laufe ich vorsichtig, ein wenig wie ein Kellner, der das Essen serviert, wieder nach draußen in die Stellung. Dieter hat ebenfalls an etwas Verpflegung gedacht, doch Schokoriegel und Kuchen sind um diese Uhrzeit zu süß für meinen Geschmack, da müsste ich schon im Halbschlaf sein. Der Softdrink bildet da mal wieder die klare Ausnahme.

Wie auch beim letzten Mal funkeln die vielen kleinen Lichter in der Breite der Stadt. Je weiter man in die Ferne hinüber zu den Bergzügen schaut, desto schmutziger scheint die Luft. Wie ein leichter Nebel liegt er über der Stadt und lässt selbst den Blick zu den Sternen immer wieder unklar werden. Die Scheinwerfer der Einfahrt blenden wieder und unnötig viel Licht erhellt den Bereich einige Meter unter uns. Zwischen den Bürocontainern hängen grelle Neonleuchten, die anscheinend Tag und Nacht in Betrieb sind. Aus meiner Sicht taktisch unklug, denn bei dem vielen Licht findet sich selbst ein Ortsunkundiger sofort zurecht. Die kleinen Wegeleuchten, die zwar schwaches, aber ausreichendes Licht abgeben, würden völlig reichen. So ist der Einsatz der Nachtsichtgeräte unsinnig, da die vielen Lichtquellen eine Blendung des Trägers bewirken würden.

Dieter steckt sich eine Zigarette an und da ich rechts am äußeren Platz stehe, bekomme ich mal wieder den ganzen Qualm ab. Da ich aber nicht schon so früh „rumzicken“ möchte, sage ich nichts. Mit einem starken Ruck hebe ich das MG mit dem Lauf auf den Sandsack auf der Brüstung, öffne die Verschlussklappe und vergewissere mich, ob die Munition richtig eingelegt ist. Alle Handgriffe sitzen, als wäre erst gestern die Ausbildung gewesen. Die Monate als *Door Gunner* haben sich in meinem Gehirn eingebrannt. Oft genug konnte ich damals die Abläufe und Störungsbehebung „trainieren“. Mit einem leichten Druck auf die Verriegelung des Deckels rastet er wieder ein. So ziehe ich den Verschluss am Griffstück zu mir und spanne damit das MG. Den kleinen Sicherungsknopf am Griffstück könnte ich erst jetzt, im gespannten Zustand eindrücken. Jetzt ist das MG fertig geladen, gespannt und gesichert. Mit leichtem Kraftaufwand hebe ich das MG wieder von der Brüstung und stelle es zurück in die Ecke. Es oben liegen zu lassen könnte Nachteile haben. Sollten sich, was bei einem Angriff die wahrscheinlichste Variante ist, Angreifer den Weg am Tor freisprengen, so könnte die Druckwelle das MG von der Brüstung schleudern. Später, wenn mal der geplante Halter angebracht ist, braucht man das MG nur noch einzuhängen und es wäre auch bei einer Druckwelle sicher. Die Zigarette ist aufgeraucht. Nach wenigen frischen Atemzügen nehme ich mir eine der dicken Brotscheiben und setze mich in den Stuhl hinter mich an den Tisch. Wieder erfordert es etwas Geschick mit den Westen dort hinein zu kommen.

Wir reden nicht viel und kauen fast wortlos die kleinen abgebrochenen Stücke vom Brot vor uns hin. Dieter steht noch an der Brüstung und schaut langsam schwenkend über die Stadt hinweg. Egal wo hier in der Stadt etwas passiert: Solange es auf unserer Seite des „TV-Hill“ passiert, können wir es aus der Entfernung sehr gut einsehen. Doch die Stadt liegt im Schlaf und die Lichter flackern wie von einer Discokugel in der Nacht. Obwohl ich mich voll auf einzelne Lichtquellen konzentriere, das Flackern bleibt. Warum auch immer. Nach etwas mehr als der Hälfte legt Dieter sein Stück Brot wieder weg. Genüsslich und mit Geduld esse ich jedoch alles auf. Die Augen brennen noch und der Schlafmangel lässt sich nicht verstecken. Dennoch geben wir nicht, wie der afghanische Wachposten auf dem Wachturm des Nachbarcamps neben uns, dem Verlangen nach Schlaf nach. Er sitzt auf der schmalen Terrasse seines Turmes auf dem Stuhl und hat den Kopf tief auf die Brust herunter gekippt. Sein kleines Handfunkgerät steht vor ihm auf dem Geländer der flachen Mauer. Doch kein Laut weckt ihn. Unsere Wachposten scheinen da aufmerksamer. Sie sind irgendwie ständig in Bewegung dort vorne am Tor. Dafür läuft ein amerikanischer Soldat in voller Montur über den großen Landeplatz nebenan. Doch auch ihm fällt der schlafende Posten nicht auf. Seine Kameraden, die mit ihm in Funkverbindung zu stehen scheinen, sitzen in einem Hummer hinter einem Gebäude im Schatten der Scheinwerfer. Sie verlassen sich eben nicht allein auf den einheimischen Wachdienst. Zu Recht, wie man jetzt vermuten darf.

Eigentlich vergeht die Zeit für uns wie im Fluge, denn obwohl ich nicht direkt auf meine Uhr am Hosengürtel unter der schweren Weste blicken kann, wird es nicht langweilig. Selbst die Füße und Beine ertragen heute Nacht die lange Stehzeit hier in der Stellung. Durch die Sandsäcke kann man im Sitzen kaum noch etwas sehen. Nur nach rechts, mit Blick direkt in das Stadtzentrum, kann man etwas darüber schauen. Darum stehe ich die meiste Zeit, genauso wie Dieter. Wir versuchen erst gar nicht, uns künstlich mit Gesprächen die Zeit zu vertreiben. Nur ab und zu wechseln wir ein paar Worte. Gegen viertel vor vier beginnen die ersten Gebetsrufe über die Stadt zu schallen. Über eine halbe Stunde dauert es, bis aus keiner Ecke der Stadt erneut das etwas seltsam klingende Schallen der Lautsprecher zu hören ist. Doch dafür, dass diese Gebetsrufe mit Sonnenaufgang ertönen sollen, gibt es hier eine große Spanne zwischen dem empfundenen und dem echten Sonnenaufgang. Wir Deutschen hätten wohl in den Kalender und auf die Funkuhr geschaut, um sicher zu gehen. Hier scheint man das nicht so genau zu nehmen.

Nur langsam steigt der scharf sichelförmige Mond hinter der Bergkette im Osten in unser Sichtfeld. Das Licht im Hintergrund verrät auch die aufsteigende Sonne. Die ersten Kameraden gehen schon wieder zum Sport und schlaflose Raucher „verirren“ sich zu früher Stunde zu uns nach draußen. Felix, der gerade vom Sport zurückkommt, steht wenige Minuten später mit zwei eiskalten Coladosen an unserer Stellung. Kleinigkeiten, die eine gute Kameradschaft ausmachen. Auch einige andere, die im weiteren Verlauf des Morgens uns in der Stellung sehen, erkundigen sich immer wieder, ob wir etwas brauchen. Verhungern oder verdursten würden wir hier nicht. Mit Unterbrechung von etwa 20 Minuten für ein kleines Frühstück, bekommen wir ohne Zwischenfälle unsere Stellungs-Schicht rum.

Kalle ist pünktlich um acht bei uns, um die Waffe und den Rest der Ausstattung wieder mit auf seine Stube zu nehmen. Schnell ist unser Platz wieder aufgeräumt und der Auftrag erledigt. Jetzt bleibt Dieter nur wenig Zeit, um sich für die Abfahrt fertig zu machen, denn Dolli ist bereits vor einer halben Stunde zum Auto gelaufen. Ich bin immer noch der Meinung, dass auch morgen früh noch genug Zeit für die Vorbereitungen des Besuches durch den neuen Oberst wäre. Bin mal auf Dieter seine Bewertung gespannt, wenn ich ihn heute Nachmittag frage, ob sich unter diesen Bedingungen das Rausfahren gelohnt hat. Zurück auf der Stube packe ich alles an den richtigen Platz und entledige mich sämtlicher Bekleidung. Die letzte Stunde in der Morgensonne hat noch einmal richtig Farbe und Temperatur auf unsere Körper gebracht. Mein Shirt zeigt wie eine Landkarte die verschwitzten Bereiche, die unter der schweren Ausrüstung nicht gut belüftet wurden.

Jetzt gemütlich auf das Bett legen und versuchen wieder in den Schlaf kommen, bevor noch kleinere Aufträge für Dieter erledigt werden müssen. Eigentlich habe ich jetzt alle Zeit der Welt. Schon fast eingeschlafen, werde ich durch mein laut gestelltes Telefon wieder wachgerüttelt. Amin versucht mich zu erreichen. Vermutlich hofft er, da Dieter ja erst sehr spät weggekommen ist, dass er und Avabi heute frei haben und wir nicht mehr rauskommen. Einfach zu müde, gehe ich nicht ran, denn die halbe Stunde, bis Dieter dort ist, kann er sich auch noch gedulden. Zwei weitere Versuche lasse ich ebenfalls im Sande verlaufen. Zu müde und zu lustlos bin ich, um mich jetzt mit Amin über die meistens schlechte Telefonverbindung anzuschreien. Doch einschlafen kann ich nicht mehr. So wie mich die kreisenden Gedanken um den Nachtschlaf gebracht haben, hört auch jetzt mein Kopf nicht mehr auf zu rattern. Immer öfter findet eine Bilderserie aus alten Erlebnissen und Erinnerungen seinen Weg in mein Bewusstsein und schafft es dabei auch immer penetranter in den Vordergrund.

Genervt raffe ich mich auf und setze mich an den Dienstrechner. Nachdem er aus seinem „Dornröschenschlaf" erwacht ist, nehme ich mir die Präsentation für den Oberst vor. Dieter hat sie erstellt und möchte, dass ich noch mal einen Blick darauf werfe. Sieht ganz gut aus. Bis auf einige Aufzählungen, die nicht in einer Reihe untereinanderstehen und nicht korrekten Fahrzeugbezeichnungen, kann es so bleiben. Vier Augen sehen eben doch mehr als zwei. Dann noch die Fahrtanmeldung für den morgigen Tag und schon ist das Wichtigste des Tages erledigt. Zwar tut mir die Ruhe ganz gut, doch auch in der Mittagspause komme ich nicht in den Schlaf. Ein etwas unbeholfenes Knallen einer Tür, dass mich kurz aufschreckt, signalisiert mir Dieters Rückkehr. Eigentlich rechne ich damit, dass er an meiner Tür klopft, um vom Vormittag bei den Afghanen zu berichten. Vermutlich ist er aber jetzt selbst so müde, dass er nur noch ins Bett will. Vielleicht eine Form von Dünnhäutigkeit, aber ich merke, dass ich auf gewisse Geräusche und Gerüche immer sensibler reagiere, dass Gefühle und Gedanken ausgelöst und angestoßen werden, die es früher nicht gab. Vielleicht bräuchte mein Kopf nach so vielen Monaten und Ereignissen einfach mal eine längere Phase der „Abkühlung"?

Gegen halb drei klopfe ich das erste Mal an seine Stube. Keine Reaktion. Irgendwann im Laufe des Nachmittages soll er die Präsentation halten und es wäre schlecht, beim ersten offiziellen Termin vorm neuen Oberst zu spät zu erscheinen. Möglicherweise ist er aber auch schon in dem Termin. Etwa 15 Minuten später, mein Gewissen lässt mir keine Ruhe und ich möchte mir nicht vorwerfen schuld zu sein, versuche ich es erneut. Ich hätte es hören müssen, wenn er seine Stube verlassen hätte. Habe ich aber nicht! Müde genug, um in einen ordentlichen Tiefschlaf zu fallen, war er jedenfalls. Wieder gehe ich erfolglos auf meine Stube zurück. Auch das Rufen an seiner Tür hat nichts gebracht. Kurz vor halb vier klingelt dann endlich mein Telefon. Er hat wirklich so fest geschlafen, dass er meine Weckversuche überhört hatte. Die Hälfte vom Rest des frischen Brotes habe ich ihm in einen kleinen Gefrierbeutel getan und drücke es ihm in die Hand. Sichtlich verschlafen beginnt er jedoch die Eindrücke des Vormittages an mich weiterzugeben. Meine Frage nach dem Sinn kann ich mir dennoch nicht verkneifen.

Wie immer, wenn ich ihn etwas in die Ecke dränge und er nach der richtigen Antwort sucht, verzieht er die Mundwinkel und wendet den Blick kurz nachdenklich aus meiner Stube in den Flur. Als hätte er Angst, ich könne seine Gedanken durch seine Augen lesen. Doch zu meinem Erstaunen versucht er erst gar nicht drumherum zu reden. Außer die aktuellen Lehrgangsteilnehmerzahlen zu erfassen hat der „Ausflug" an einem Tag, an dem die Lehrgangsteilnehmer keine Ausbildung mehr haben, weil sie fertig sind, nichts gebracht. Das hätte ein Telefon günstiger und weniger aufwendig erledigt. Darüber hinaus sind die Zahlen auch noch unschlüssig, weil Teilnehmer in die Prüfung eingeschleust wurden, die nie an der Ausbildung teilgenommen haben. So bekommt man bei 42 Fahrschülern 45 „Bestandene" zustande. Doch das ist Afghanistan „Live". Und obwohl nicht wirklich viel passiert ist, geht ein spannender und interessanter Tag zu Ende. Langweilig geht hier nicht!

Hätte ich gewusst, dass wir nun nur noch zweimal rausfahren und dann schon meine Reise in den Urlaub beginnt, wäre ich vielleicht anders in diese Tage gegangen. Das war gerade noch Zeit genug, um dem neuen Oberst unsere Inspektion vorzustellen. Noch am Vorabend hatte Dieter mich beim neuen Oberst mehrfach lobend erwähnt. Er meint es sicher gut, weil der neue Oberst später auch mein Vorgesetzter in Deutschland sein wird und sicher bei meinem weiteren Werdegang mitreden kann. Doch draußen bei den Afghanen setzt Rabur die „Lobeshymnen" überdeutlich fort, so dass es schon etwas peinlich wird. Natürlich kann ich dem afghanischen Oberst nicht die Worte in den Mund legen, dennoch finde ich das Gutgemeinte sehr übertrieben. Hoffen wir mal, dass damit die Suppe nicht versalzen ist. Insgesamt macht der neue Oberst einen sehr guten Eindruck auf mich. Seine umgängliche und ruhige Art kann man gut ertragen. Ein wenig druckfreier als der Bisherige und somit entspannter wirkt er auf mich. Das kann sich mit der Übernahme der Einheit noch ändern, denn erst dann muss jede Entscheidung verantwortet werden. Jetzt kann er sich jedoch noch „unterhalten“ lassen und scheint sehr interessiert.

Der Ramadan steht kurz bevor und die Annahme, es könne vermehrt zu Anschlägen kommen, begrenzt unsere Arbeitsfähigkeit mit den Afghanen deutlich. So kurz vor den Bundestagswahlen will man sich unter keinen Umständen weitere deutsche Gefallene oder Verwundete „leisten“. Damit sind die Vorgesetzten, wann immer Zweifel angebracht und Schaden nicht ausgeschlossen werden kann, zur sorgfältigen Abwägung von Nutzen und Aufwand angehalten. Damit legt der Oberst fest, dass am 8. und 9. dieses Monates nicht rausgefahren wird, wenn nicht absolut notwendig. Wer damit ein Problem habe, könne später mit dem Oberst darüber reden. In unserer Inspektion ist gerade Lehrgangspause, selbst die Vorführung für den neuen Oberst haben wir nur zur besseren Veranschaulichung durchgeführt. Raus müssen wir also nicht unbedingt. Unsere neuen Lehrgänge starten am Samstag, wenn ich in Hannover lande. Einzig die Zeugnisverleihung (hier Graduierung genannt) des Fahrlehrerlehrganges wäre ein Grund. Doch diese stünde auch in keinem Verhältnis zu einer möglichen erhöhten Gefährdung. Um Hände zu schütteln und Tee zu trinken muss man dieses Risiko nicht eingehen. Dass bei so einem Thema auch kritische Stimmen laut werden, muss wohl so sein. Dabei geht es aber um die Abwägung, ab wann man die Entscheidung im Camp zu bleiben, treffen sollte. Überspitzt man die Argumente derjenigen, die nicht raus wollen, dann gäbe es so gut wie keinen Grund mehr, rauszufahren. Doch dann könnte man die Ausbildungsunterstützung ganz einstellen. Das ist natürlich übertrieben. Es wird immer Zeiten geben, in denen die

Gefahr ansteigt und die Vorgesetzten Entscheidungen treffen müssen. Wie schnell man danebenliegen kann, haben uns Beispiele der Geschichte schon gezeigt. Genauso wird es aber auch immer Zeiten geben, in denen eben „nur“ die normale Gefährdung vorhanden ist. Würde man die Tage, an denen wir im Jahr tatsächlich draußen sind, mal zusammenzählen, so würden die Argumente schnell verpuffen. Zu Hause unterbrechen wir ja auch unsere Arbeit für Feiertage oder Brückentage und damit halte ich das aktuelle Vorgehen für gerechtfertigt.

Ob wir nun bis zum Wochenende überhaupt noch einmal rausfahren, entscheidet der endgültige Beginn des Ramadans. Er ist je Region unterschiedlich und wird erst kurz vorher bekanntgegeben. Dabei ist die Form des Mondes Wichtig, die in der Nacht zu erkennen ist. Beginnt er am Dienstag, dann ist Mittwoch und Donnerstag bei den Afghanen ein normaler Arbeitstag. Beginnt er aber erst Mittwoch, dann werden dieser und der Donnerstag ein Feiertag. In Verbindung mit dem ohnehin freien Freitag macht das dann ein langes Wochenende. Dumm nur, dass während dieser Tage der Flughafen nicht in den Morgenstunden angefahren werden darf. Da die letzten Anschläge immer sehr früh begonnen haben, möchte man auch diese kritische Zeit meiden. Das hieße dann jedoch für mich, dass ich abends hingebracht würde und dort schlafen müsste. Somit also von Mittwoch bis Samstag unterwegs wäre, um nach Hause zu kommen. Da waren sie früher auf ihren Pferden fast schneller. Also hoffe ich, dass der Oberst sich einen Ruck gibt und die Regelung, die für normale Transporte gedacht ist, für mich und Schmittchen, der mit mir gemeinsam fliegt, aufhebt. Wenn er mir morgen zu meinem Geburtstag gratuliert, werde ich nach einem Wunsch fragen. Und dieser Wunsch wird sein, dass ich erst am Donnerstagmorgen zum KaIA gebracht werden möchte. Bin ich ehrlich, kommen mir die „Base Days“ sehr gelegen. In aller Ruhe kann ich meine Stube ein letztes Mal vorm Urlaub auf Vordermann bringen und meine Sachen für die Reise organisieren. Wenn ich wiederkomme, möchte ich mich sofort wieder einigermaßen wohlfühlen, denn dann muss ich die verbleibenden fast fünf Monate am Stück durchstehen.

Der letzte Tag vor meiner Abreise ist auch mein Geburtstag. Dass Dieter nicht daran denken würde, war ziemlich sicher. Da er sogar die Geburtstage seiner Frau vergisst, überrascht mich das nicht. Übel nehme ich es ihm aber dennoch nicht, denn so viel besser bin ich in der Merkfähigkeit solcher Termine auch nicht. Wie immer treffen wir uns morgens gemeinsam mit Tim und gehen zum Frühstück. Der Spieß und unsere Admin sitzen schon beim Essen und ich könnte schwören, dass der Spieß sicher auf dem Schirm hat, dass ich heute Geburtstag habe. Doch bevor ich mit meinem Tablett am Tisch ankomme, ist er mit unserer Admin schon wieder weg. Der neue Oberst sitz neben mir und wie es scheint, denkt noch niemand daran zu gratulieren. Der Tisch hat sich inzwischen gefüllt, denn die Zweite ist nun auch dazu gekommen. Dann steht der Spieß auf einmal hinter mir und hält mir einen kleinen Schokokuchen, der noch eingepackt ist, hin. In ihm steckt eine kleine Kerze, die brennt. Er nimmt sich Zeit, mir ausführlich zu gratulieren, während im Hintergrund die Kameraden zwischen Begeisterung und Ausreden schwanken. Doch dann kommt einer nach dem anderen und vom einfachen Händeschütteln, bis zu herzlichen Umarmungen ist alles dabei. Schon fast ein wenig unangenehm von den Blicken der anderen im Speisesaal getroffen, freue ich mich dennoch sehr über die etwas zeitverzögerten Reaktionen der Kameraden.

Dieter ist sichtlich verlegen und stammelt immer mal wieder die ein oder andere Ausrede zu mir rüber. Zwar ist das gerade etwas gemein, doch ich kommentiere es nicht, um ihn etwas schmoren zu lassen. Vielleicht denkt er dann das nächste Mal wenigstens bei seiner Frau daran. Später werde ich sein Gewissen wieder etwas beruhigen. Nach dem Frühstück gehe ich mit Dolli zum Wolf und nehme wieder eine Box Wasser mit. In den letzten Tagen habe ich jede Gelegenheit genutzt, den schnell schwindenden Trinkwasservorrat im Wolf aufzufüllen. So hat Dieter die ersten Tage Ruhe. Die Fahrzeugpapiere bereite ich ihm ebenfalls noch einmal vor und reinige die Scheiben vom Staub. Morgen werde ich nur Gast in diesem Auto sein. Ab dann muss Dieter sich selbst um alles kümmern und sieht auch mal wieder, an wie viele Kleinigkeiten man vor jeder Fahrt denken muss. Dann hole ich meine Waffen aus der Stube, um sie abzugeben. Alle

Magazine meines Gewehrs habe ich zusammengesteckt und sie in das Gewehr getan. Sieht etwas extrem aus, hält mir aber die Hände für den Rest frei. Meine Pistole stecke ich „Cop-mäßig“ hinten in die Hose. Die Magazine passen problemlos in die Hosentaschen. Doch der Kamerad für die Waffen muss mich wieder wegschicken, da er noch keine Zeit für mich hat. Dafür gibt er mir Verpackungen mit, in die ich die Munition stecken kann. So sind meine Magazine später leer und die Munition lässt sich leichter zählen. Getrennt nach normaler Gewehrmunition, Leuchtspur und Pistolenmunition, bereite ich alles für die Abgabe vor und lege es in einen kleinen Karton.

Es klopft an der Tür. Dieter steht davor und kurz nach dem Öffnen beginnt er das Lied „Happy Birthday“ anzusingen. Er drückt mir eine Flasche Druckluft, mit der man beispielsweise den Laptop vom feinen Staub befreien kann, in die Hand und beginnt wieder zu lachen. Ich wusste, dass er ein schlechtes Gewissen hat und mache mir auch einen kleinen Spaß daraus, dass auszukosten. Dann reicht er mir einen kleinen Patch (Aufnäher) zu. In guter Qualität habe ich nun die deutsche und afghanische Flagge, diagonal geteilt, in meiner Sammlung. Zwar bedanke ich mich dafür, lenke aber schnell wieder vom Thema ab. Kurz nach ihm kommt Jörg dazu. Grinsend gratuliert auch er mir und versteckt dabei etwas hinter seinem Rücken in der linken Hand. Dann, mit dem Ende seiner Glückwünsche, holt er sein Geschenk hervor. Einen Umschlag und eine Duftkerze kommen zum Vorschein. Auf dem Umschlag steht geschrieben: „Für die Zeit danach oder die Hoffnung stirbt zuletzt! Alles Gute, Jörg.“ Damit zielt er spaßig auf die Stelle an meinem Kopf, wo die Haare deutlich Lichter geworden sind. Im Umschlag befindet sich ein noch original verpackter Kamm. Klar, dass man hier keine großen Geschenke von den Kameraden bekommt und so finde ich die Idee, es etwas lustig zu gestalten, gar nicht so schlecht.

Es ist mein erster Geburtstag im Auslandseinsatz und irgendwie fühlen sich die Glückwünsche der Kameraden hier herzlicher an als in der Einheit zu Hause. Das liegt sicher auch an dem deutlich engeren Verhältnis, dass zu Hause seltener zustande kommt, wenn jeder ab 16:30 Uhr seine eigenen Wege geht. Kurz darauf begegne ich unserem neuen Oberst, der „aufgerödelt“ den Flur aus der Gästestube entgegenkommt. Er hat das Bild im Spießcontainer sicher gesehen und nimmt sich nun auch viel Zeit, um mir zu gratulieren und in ein kurzes Gespräch zu verwickeln. Heute wird er weiter vom „alten" Oberst eingewiesen und bekommt den TV-Hill gezeigt. Ein guter Tag dafür, denn bedingt durch den Feiertag ist wenig auf den Straßen los und somit auch nicht so viel Staub wie an belebten Tagen in der Luft. Damit dürften sie eine nahezu perfekte Aussicht auf Kabul haben. Da der TV-Hill sehr zentral liegt, hat man einen tollen Blick auf beide Seiten von Kabul. Den freien Blick auf den Südwesten Kabuls bekommt man sonst nicht so häufig zu sehen. Die Protektions-Brille über die Stirn gezogen, schaut er von weit oben auf mich herunter. Er dürften fast zwei Köpfe sein, um die der Oberst mich überragt. Dennoch bleibe ich meiner These von meiner Optimalgröße treu. Denn schon der aktuelle Oberst hatte deutliche Probleme, in den geschützten Fahrzeugen eine angenehme Sitzposition zu finden. Bei mir passte bisher jede Sitzeinstellung. Auch ohne Kindersitzerhöhung... Beim zweiten Anlauf gelingt die Waffenabgabe problemlos. Nur das unsere Admin mir bei jeder Begegnung das „Geburtstagskind" entgegenwirft, gestaltet den Weg „hindernisreich". Jeder Kamerad und jede Kameradin, hat das Gefühl, mir gratulieren zu müssen. Obwohl es mit den Waffen und dem Karton in den Händen etwas umständlich ist, ich empfinde es dennoch als nette Geste.

Damit sind so langsam auch die letzten Vorbereitungen vorm Urlaub abgeschlossen und irgendwie habe ich das Gefühl, dass es diesmal viel mehr und aufwendiger ist. Die beste Nachricht des Morgens ist jedoch, dass der Oberst die Fahrt für morgen früh genehmigt hat und mir so eine „unnötige" Nacht am Flughafen erspart.

Kapitel 3

Vom Gipfel abwärts

Wie im Fluge sind die letzten drei Wochen in der Heimat verflogen. Das Bestreben, möglichst viel mit der Familie in der Zeit zu unternehmen und die gemeinsame Zeit so angenehm wie möglich zu gestalten, hat nur teilweise funktioniert. Jetzt, wo ich wieder in der *Trall* nach Kabul sitze und darüber nachdenke, fällt mir auf, wie wenig ich mich eigentlich wirklich erholt habe und wie wenig die Akkus aufgeladen wurden. Das Wetter hat gut mitgespielt und die Woche auf der Insel Rügen hat auch gutgetan. Selbst wenn das wichtigste Ziel erreicht wurde und ich die gesamte Zeit mit meiner Frau und den Kindern verbracht habe, so muss ich doch einmal tief durchschnaufen, wenn ich an die nächsten fast 5 Monate denke, bis ich wieder zum Weihnachtsfest nach Hause komme. Eine lange Strecke ohne Regenerationspausen und dabei fühle ich mich zurzeit doch etwas ausgepowert. Jetzt bleibt nur zu hoffen, dass mich der Einsatzalltag schnell wieder einnimmt und mich über die nächsten Monate weiter mitreißt. Zu sehr sind im Urlaub Spannungen entstanden, die ich nicht entschärfen konnte. Alle wollten ein Stück meiner kurzen Zeit und so habe ich den Kindern am meisten davon gegeben. Ich habe das Gefühl, dass meine Frau sich immer mehr von mir distanziert. Es findet gerade sicher eine Veränderung in unserer Beziehung statt, die noch deutlicher klarmacht, dass wir die letzten Jahre zwei völlig unterschiedliche Leben entwickelt und geführt haben. Aber wie sollte es auch anders sein, wenn wir in unterschiedlichen „Zügen des Lebens“ sitzen und uns nur gelegentlich auf dem „Bahnhof“ treffen? Die Müdigkeit, die mich auf der Rückreise nach Kabul begleitet, kann ich mit Schlaf nicht stillen. Da fehlt mehr…

Die Rampe der parkenden Maschine öffnet sich und nichts von den Bergen um Kabul ist zu erkennen, obwohl es ein sonniger und sehr heißer Tag ist. Der Staub der Stadt füllt ab jetzt wieder meine Lungen und wird sich so nur mühsam zwischendurch wieder aus meinem Körper lösen. Zielgenau, wie die vielen Male zuvor, laufe ich durch die Stationen meiner Reisen. Einen Tag später, was mir vorher auch noch nie passiert ist, bin ich hier in Kabul wieder ankommen. So durchfließt mich ein Gefühl der völligen Kontrolle und Routine, als könnte ich einfach nichts mehr falsch machen. Der Kontrast, den mir die „Neuen“ um mich herum mit ihrem oft hilflos wirkenden Verhalten bieten, ist mitunter schon fast amüsant. Wenngleich ich immer wieder den einen oder anderen kameradschaftlichen Tipp gebe, so sehe ich im Zeitraffer den Weg, den ich schon gegangen bin und den sie im Ansatz noch vor sich haben. Dabei bin ich mit zwei Jahren hier in Afghanistan schon viel zu weit aus ihrem Sichtfeld. Das mag überheblich klingen, denn natürlich habe auch ich die Weisheit nicht mit Löffeln gefressen, doch es bleibt ein beruhigendes Gefühl der Sicherheit und Gewohnheit zurück.

Telefonisch melde ich mich bei Dieter zurück. Die halbe Einheit ist vor Ort am KalA, da gerade ein Leistungsmarsch für die neuen der Einheit und die internationalen Kameraden durchgeführt wird. So ermöglicht man ihnen den Erwerb des deutschen Leistungsabzeichens, wobei dazu noch weitere Voraussetzungen erfüllt werden müssen. Dieter ist, weil er mal wieder Stellungswache hatte, im Camp geblieben und wird sich sicher danach erst einmal schlafen legen. Dolli und unsere Admin sind vorgefahren, um mich mitzunehmen. Sogar Kalle steht kurz danach mit seinem Wolf vor Ort. Und schon wie nach der Begrüßung und der Frage, wie der Urlaub war, kommt wie auch nach dem letzten Urlaub gleich die Frage nach den nächsten Terminen für Haarschnitte. Durch den einen Warte-Tag in Masa konnte ich etwas Schlaf nachholen und könnte vielleicht die ersten „Kunden“ am Abend abarbeiten. Doch ich gehe nicht direkt darauf ein und werde aus Höflichkeit dann auch vorerst in Ruhe gelassen. Viele Informationen prasseln auf mich ein und die Stimmung in der Einheit scheint nicht auf dem Höhepunkt. Der neue Oberst ist nun fast drei Wochen im Amt und dürfte langsam „warm“ geworden sein. Etwa ein Drittel unserer Einheit ist zum Sommer durchgetauscht worden und jede Einheit steht und fällt mit den Menschen. Mal sehen, wie es sich entwickelt hat.

Da Benni zurzeit auch in Deutschland im Urlaub ist, bin ich die aktuelle Vertrauensperson (gewählte Vertreter/in einer Dienstgradgruppe) im Amt. Zwar kann ich über die einzelnen Fälle aufgrund der mit dem Amt verbundenen Schweigepflicht nicht sprechen, doch die Stimmung insgesamt schon. Und Angelegenheiten, die eine Einbindung der Vertrauensperson nicht erfordern, sind ebenfalls davon ausgenommen. Jetzt bin ich jedoch vorerst mit mir selbst beschäftigt.

Die Kinder hatten im Urlaub Priorität und dabei ist auch die Zeit mit meiner Frau etwas auf der Strecke geblieben. Das schlechte Gewissen lässt sich daher nicht gänzlich bestreiten, doch mit vielen Kindern ist das auch oft nicht anders machbar. Sie haben jedes für sich auch nur wenige Gelegenheiten ausgelassen, Zeit mit mir zu verbringen. Vom Reifenwechsel mit meinem Ältesten, einem Ausritt auf Rügen mit meiner Tochter, über die Einbindung meines Jüngsten in die anfallenden Arbeiten im Haus bis zum Baden in der Ostsee mit unserem Pflegekind war alles dabei. Ihm haben das Salzwasser und die Unternehmungen scheinbar am besten getan. Seine ansonsten sehr stark ausgeprägte Neurodermitis ist zum Ende des Urlaubes fast vollständig zurückgegangen. Der Besuch der Dame vom Jugendamt, welche regelmäßig einen Blick auf den Kleinen wirft und auch mich persönlich kennenlernen wollte, bestätigt die positive Entwicklung des kleinen Mannes. Das Gefühl, was man hat, wenn man nach einem längeren Urlaub wieder zur Arbeit muss, kennt sicher jeder. Untermalt von der Tatsache, dass diese „Arbeit“ mich jetzt wieder für Monate von der Familie fernhält, fühlt es sich noch viel schlechter an. Die Sinnfrage versucht in ruhigen Minuten immer wieder hochzukommen. Hätten die Argumente des Für und Wider für diesen Einsatz ein berechenbares Gewicht wie die Stoffe in der Physik, dann wäre es einfach. Doch der Fakt, dass es viel komplizierter ist, lässt Zweifel hin und wieder aufkeimen. Vielleicht wird es mit den nächsten Tagen und dem damit verbundenen Abstand zu den schönen Wochen des Urlaubes etwas besser werden.

Wieder sucht sich unser Wolf durch die Schlaglöcher seinen Weg in das Camp. Die Hauptstraße kurz vor unserem Camp hat Form angenommen. Scheinbar ernsthafte Bemühungen, sie nun einmal wie eine richtige Straße anzulegen, scheinen zu fruchten. Wenn auch nur für eine kurze Strecke in unsere Richtung (dafür deutlich weiter in

Richtung des Zentrums von Kabul), liegt sie geglättet und bereit für eine Teerschicht auf der Gegenseite. Ansonsten hat sich rein optisch auf der Strecke wenig getan. Der Ramadan ist in Kabul erstaunlich ruhig verlaufen. Da wirkt es fast lächerlich, als wir vom Leitstand auf Kinder mit Spielzeugwaffen hingewiesen werden und auch einen Jungen damit entdecken. Solche Meldungen sind natürlich keineswegs lächerlich, denn da auch Kinder von den Taliban rekrutiert werden, kann man nie wirklich sicher sein, ob sie nicht doch mit echten Waffen unterwegs sind. Diesmal scheint es jedoch harmlos zu sein.

Zurück auf meiner Stube, kurz zuvor war ich bei Dieter und habe mich zurückgemeldet, kommt mir kühle Luft nach dem Öffnen der Tür entgegen. Dieter hat an alles gedacht. Sogar meine zerrissene Hose, die ich mit einem Zettel auf den Schreibtisch gelegt hatte, hat er gegen eine neue getauscht. Das Wasser im Bad ist wieder aufgedreht und der Boiler heizt das Duschwasser vor. Da schon einige Kameraden von den Überschwemmungen ihrer Stuben nach einem Bruch des Wasserschlauches am Boiler überrascht wurden, hatte ich den Haupthahn zugedreht. Und obwohl immer wieder Schläuche platzen, werden weiterhin die chinesischen Billiggeräte verbaut. Die scheinen wohl trotz Reparaturen günstiger als bessere Modelle zu sein. Auf dem Schreibtisch hat Dieter einige Zettel gelegt. Meine Wäsche liegt ausgebreitet auf dem Bett und die Wäschesäcke daneben, als hätte er selbst die Wäsche noch für mich in den Schrank räumen wollen und ist dabei gestört worden.

Wenige Minuten zuvor musste ich mich etwas aus dem Gespräch winden. Zwar freue ich mich, ihn gesund wiederzusehen, doch direkt das volle Programm der Informationen zu den letzten Wochen ist mir dann doch zu viel. Außerdem haben wir noch gut eine Woche, bis auch er seinen Urlaub antritt und ich dann etwa drei Wochen mit der Inspektion und den Afghanen allein sein werde. Das dürfte noch einmal eine spannende Zeit werden. Eine neue Erfahrung, die ich trotz der Vertretung meines damaligen Majors im Jahr 2010 so noch nicht erworben hatte. Damals war unsere Inspektion deutlich größer. Viele Aufgaben konnten verteilt werden und die Belastungen blieben überschaubar. Es ist noch früh und nun nutze ich die Zeit, um meine

Reisesachen wieder zu entladen und meine Stube „betriebsbereit“ zu bekommen.

Die schlechteste Nachricht des Morgens war wohl das Abschalten des kostenlosen Internetzuganges, veranlasst durch die deutsche Führung. Noch gar nicht allzu lange ist der Besuch des Wehrbeauftragten her. Schnell und überzeugt hatte er meine Bedenken zum kommenden Wegfall des kostenlosen Internets ausräumen wollen. Politisch korrekt zwar nicht zugesichert, dennoch überzeugend dargestellt, hatte er diese Möglichkeit ausgeschlossen. Nur wenige Monate später hat sich der Vertragspartner der Bundeswehr für die Kommunikation der Soldaten mit der Heimat hier im Camp arbeitsfähig niedergelassen und bietet kostenpflichtige Leistungen an. Eine Leistung, die vom Camp kostenlos bereitgestellt wurde und die Kommunikation mit der Familie deutlich verbessert hatte, ab sofort gestrichen!

Das erinnert mich an den Versuch der ARD in 2010, sich die Satelliten-Miete für die zentralasiatische Region zu sparen. Damals hatte man errechnet, dass die Rundfunkgebühren der Soldaten im Einsatz die Kosten für die Miete nicht decken würden und den Sendebetrieb unter anderem für Afghanistan abgeschaltet. Peinlich musste man sich wenige Monate später als öffentlich-rechtlicher Sender der Öffentlichkeit, die sie ja nun mal finanziert, geschlagen geben. So wirft die Situation die logische Frage auf, warum man dem Soldaten eine bereits bezahlte Leistung streicht? Denn durch die Abschaltung wird keinesfalls der Betrag je Soldaten im Camp gemindert. Im Gegenteil müssen nun zusätzlich weitere Steuergelder aufgewendet werden, um die Standmieten und laufende Kosten für die Kommunikationssysteme an das amerikanische Camp zu zahlen. Dabei kann das System mit so wenigen Soldaten als potentielle Nutzer nicht kostendeckend sein. Aus Fürsorgegesichtspunkten und wirtschaftlicher Sicht, ist diese Maßnahme also nicht zu rechtfertigen. So macht man sinnlos Motivation kaputt! Natürlich bekommt jeder Soldat genug Auslandsverwendungszuschlag, um die Kosten für privates Internet zu decken, doch hier wäre es absolut nicht nötig, ihm diese Kosten zu verursachen. Schließlich nutze ich im Hotel mit kostenlosem Internetzugang ja auch nicht mein privates Netz, das in der Regel nach einer erreichten Bandbreite erschöpft ist und dann nur noch im Zeitlupenmodus arbeitet. Wieder einmal bleibt bei mir und vielen anderen Kameraden der Beigeschmack, dass hier Entscheidungen von Menschen ohne nötigen Hintergrund und Verständnis getroffen wurden. Das zumindest können viele unserer befreundeten Nationen besser.

Der Rest des Tages verging wie im Flug. Alles ist wieder so wie es sein soll. Meine Waffen habe ich zurück. Die Munition ist unter geschwärzten Fingern wieder in den Magazinen und mein Dienstrechner läuft nach einigen Updates auch wieder problemlos. Wie am Fließband habe ich den ersten fünf Kameraden bereits die Frisuren wieder angepasst und werde dort wohl morgen weitermachen. Nun liege ich wieder unruhig im Bett und versuche einzuschlafen. Die Gedanken springen von Thema zu Thema. Manchmal wünsche ich mir einen Schalter an meinem Kopf, der mein Gehirn in den Schlafmodus versetzt. Es scheint, als wolle mein Kopf krampfhaft die Ereignisse der letzten Tage verarbeiten. Dabei kommt noch nicht einmal viel Urlaub darin vor. Je mehr ich mich darauf einlasse und die Sprünge der Gedanken durch die Konzentration auf einzelne Probleme fixiere, desto mehr wird mir klar, dass es gerade in diesem Moment wieder mehr um die Zukunft als um die Vergangenheit geht. Mal sitze ich in einem Personalgespräch mit meinem zukünftigen Chef in Deutschland, den ich noch nie gesehen habe und feilsche um die Punkte der nächsten Beurteilung und dann wieder sehe ich die nächsten Monate hier unter der *Sonne im Staub* vor mir. Ob schon die Übergabe mit meinem Nachfolger oder das, was noch mit den Afghanen zu erarbeiten ist, die Kette der Aufgaben und Baustellen scheint kein Ende zu nehmen. Da scheinen die wenigen Bilder von vergangenen Einsatzerlebnissen, die sich dazwischendrängen wollen, schon fast uninteressant – wenngleich sie viel penetranter sein können als die schönen Erinnerungen.

Es ist fast Mitternacht und die Kameraden des neuen Kontingentes scheinen Probleme mit dem Uhrablesen zu haben. Draußen auf dem Flur wird sich noch lautstark amüsiert. Ob sie nicht wissen, dass auch unser neuer Oberst nun hier auf dem Flur wohnt? Er ist direkt in der Gästestube geblieben, die er ursprünglich nur bis zum Abschied seines Vorgängers bewohnen sollte. Eigentlich ein kluger Zug, denn oben im dritten Stock ist es noch wärmer und die letzte Stube direkt an der stählernen Feuertreppe ist oft deutlich lauter. Besonders aus Sicht der Sicherheit wäre er hier direkten Einschlägen feindlicher Geschosse nicht so schnell ausgeliefert wie in der anderen Stube. Möglicherweise hat er sich aber auch gleich dort so häuslich eingerichtet und wohlgefühlt, dass er keine weitere Veränderung mehr wollte. Das könnte ich auch gut nachvollziehen. Wenn ich nur bedenke, wie gerne ich meine alte Stube im Camp Warehouse wiedergehabt hätte. Der Mensch ist eben ein Gewohnheitsstier. Gelegentlich höre ich Klopfen an meiner Wand. Dieter scheint etwas unruhig zu schlafen oder schaut noch fern. Meine Klimaanlage läuft noch und ist doch über das stetige Rauschen von Draußen kaum zu hören. Immer wieder wälze ich mich umher und versuche eine möglicherweise bessere Schlafposition zu finden. Noch etwas im Internet surfen und Aktien checken oder Autos anschauen hat sich ja nun wegen des abgeschalteten Internets auch erledigt. Für einen Film ist es viel zu spät und so schreibe ich. Fange meine Gedanken ein und hoffe, dass die Angst, etwas zu vergessen, mir etwas Ruhe für die Nacht gibt. Kaum liege ich wieder und habe meine Nachttischlampe ausgeschaltet, springt mich ein neues Thema an – als hätte es nur darauf gewartet, dass ich die Ablenkungen mit dem Licht abschalte. Es nützt nichts und so lasse ich mich, in der Hoffnung, dass die Müdigkeit später sowieso siegt, darauf ein.

In der gesamten Zeit meiner Abwesenheit war nicht ein einziger scharfer Alarm. Schon irgendwie seltsam. In den nächsten Tagen, nach dem „Eat-Fest“ (nach dem Ramadan), wird es noch einmal zu einer Häufung der Anschläge kommen können. Hoffen wir, dass es uns hier und die anderen Kameraden in Afghanistan verschont.

Etwas gerädert und mit leicht brennenden Augen geht es in den neuen Tag. Erst gegen vier Uhr morgens bin ich eingeschlafen und so fühle ich mich auch. Obwohl ich etwas länger schlafen konnte, hat es nicht mehr wirklich ausgereicht, um die fehlenden Stunden zu kompensieren. Für halb zehn ist ein gemeinsames Frühstück mit Tim und Dieter angesetzt. Tim hat wohl derart viele Vorräte angehäuft, dass er noch vor seinem Urlaub etwas davon teilen möchte, um etwas

Platz in seinen Schränken zu bekommen. Ich hätte den ersten Freitag nach der Reise zwar schon gerne für mich gehabt, doch vor den Kopf stoßen möchte ich sie auch nicht. Einerseits bin ich schon froh, direkt wieder das Tempo der Arbeitsflut mit aufzunehmen und doch wäre jetzt etwas Ruhe, so seltsam sich das nach drei Wochen Urlaub auch anhört, nicht verkehrt. So zieht sich das Frühstück auch wieder lange hin. Es gibt viel zu erzählen und dabei springen wir durch die verschiedensten Themen.

Es mag sich gegenüber meiner Dienstgradgruppe etwas abgehoben anhören, aber ab und zu finde ich die Gespräche mit der intellektuellen „Offiziersschicht" sehr angenehm. In meiner Dienstgradgruppe sind wir tendenziell doch mehr am lockeren und spaßigen Umgang miteinander interessiert. Es wird nicht jedes Wort auf die Goldwaage gelegt und nicht jedes Verhalten des anderen hinterfragt. Dennoch gibt es auch Kameraden unter ihnen, mit denen man, meistens unter vier Augen, sehr tiefsinnige Gespräche führen kann.

Erst gegen elf beginne ich dann demonstrativ damit, die ersten Dinge wieder vom Tisch zu räumen. Schließlich ist gleich schon wieder Mittag und am Nachmittag eine Sanitätsausbildung geplant. Sie ist der letzte fehlende Teil für dieses Jahr, um erneut das Leistungsabzeichen der Bundeswehr zu bekommen. Darum bin ich auch sehr dankbar, dass Dieter mich vorsorglich in die Teilnehmerliste eingetragen hat. Sehr oft ist er sehr väterlich zu mir und das mag ich auch an ihm, seine menschliche Seite. Nachdem ich alles aufgeräumt habe und Dieter das Geschirr abgewaschen hat, lege ich mich noch einmal auf mein Bett. Schon wieder drückt das schlechte Gewissen, als mein Puls in den Ruhemodus fährt.

Jeden Tag ein Prozent meines Englischprogrammes steht nach der Sommerpause noch aus. Der gestrige und auch der heutige Tag zählen ja schon wieder. Wenn ich da erst den Schlendrian aufkommen lasse, erreiche ich mein Ziel, den nächsten Englischtest in der Heimat mit wenigstens 50 Prozent zu bestehen, möglicherweise nicht. Auch der Sport hatte jetzt lange genug Pause und muss wieder ins Rollen kommen. Doch der Ausblick in den Terminplan der nächsten Tage lässt nur wenig Spielraum. Also werde ich wie gewohnt mein

Lernprogramm vor das Frühstück und den Sport in die verfügbaren Abende legen. So bleiben mir die Nächte für das Schreiben und die Filme zur Ablenkung.

Ich bin todmüde und doch weigert sich mein Körper wieder hartnäckig, in den Schlaf zu kommen. Erst gegen halb eins komme ich dann wenigstens in die Vorstufe, das Ruhen. Dabei nehme ich zwar noch Hintergrundgeräusche wahr, aber nicht mehr im Detail zur Kenntnis. Mir wird bei all den aufkommenden Schlafschwierigkeiten klar, wie stark gerade wohl meine wichtigste Stütze, all diese Einsätze durchstehen zu können, bröckelt: der soziale, familiäre Rückhalt. Denn gefühlt ist er mit Beginn dieses neuen Einsatzes klar weggeschmolzen. Ich bin also noch mehr Einzelkämpfer, wie früher schon.

Eine der häufigsten Schlafformen, das Ruhen, die ich oft an den Wochenenden zu Hause praktiziere. Gut für meine Frau, die diesen Zustand als sehr beruhigend empfindet und wohl auch nur dann tief und fest schlafen kann, wenn ich „Wache halte". Das geht zum Teil so weit, dass meine Kinder, wenn sie nachts auf die Toilette gehen, von mir zurückgepfiffen werden, sollten sie danach die Hände nicht gewaschen haben. Dann bin ich selbst beim Ruhen auf bestimmte Reize konzentriert. Fehlt das Geräusch des Wasserhahnes, den ich durch das lautere Geräusch der nachlaufenden Spülung heraushöre, kommt mein Kommentar durch die immer leicht geöffnete Schlafstubentür. Effektiver kann man Kinder wohl nicht konditionieren. Dass mein Verhalten damit nicht im normalen Bereich liegt, versuche ich mir erst gar nicht auszureden. Jetzt kann man das belächeln oder auch nicht, doch es funktioniert.

Nur wenige Minuten vor 13 Uhr klopft es lautstark an der Tür. Blitzschnell hebt sich mein Puls in den Betriebsmodus und ich hechte zur Tür. Nur in der dienstlichen Unterhose und meinem Shirt, dass ich in der Hand vor die Brust halte, öffne ich die Tür einen Spalt. Volker steht vor der Tür, um mir mitzuteilen, dass ich um 13 Uhr einen Termin als Vertrauensperson habe. Es ist drei Minuten davor. Der oft von allen Kameraden kritisierte hakende Informationsfluss hat zugeschlagen. Rekordverdächtig springe ich in meine Uniform, greife mir den jungfräulichen Schreibblock vom Schreibtisch und begebe mich schnellen Schrittes zum Konferenzsaal. Die Vertrauenspersonen der verschiedenen Dienstgradgruppen werden hier aus allen deutschen Einheiten Kabuls zusammengezogen. Der monatliche Termin, der natürlich schon länger feststand und wohl durch die sich überschneidenden Urlaubsflüge von Benni und mir untergegangen war, ist heute fällig. Doch meine Eile war umsonst. Erst zwei der etwa zehn Vertrauenspersonen stehen vor dem Saal in der drückenden Sonne auf der Stahltreppe. Der Kontingentführer hatte diese regelmäßigen Treffen bei seiner Amtseinführung festgelegt, um regelmäßig ein Stimmungsbild des ihm unterstellten Bereiches zu erhalten. Ein kluger Zug wie ich glaube. Die VPs haben so immer genügend Zeit, Anträge und Anliegen für das nächste Treffen aus dem Wählerkreis ihrer Dienstgradgruppe aufzunehmen und der Oberst kann versuchen, den drückenden Schuh etwas zu lockern und aufkeimende Probleme frühzeitig klären. Dieser Termin ist gleichzeitig mit einer anschließenden BMA–Sitzung verbunden (BMA ist der Betreuungsmittelausschuss). Damit ist meine Sanitätsausbildung „gestorben". Vor 16 Uhr komme ich aus dieser Nummer nicht raus und danach werde ich wie immer den LKW für das nächste Schießen übernehmen und mitbeladen. Morgen ist bereits ein Schießen mit den Amerikanern ganz in der Nähe unseres Camps geplant. Dabei geht es erneut um die Möglichkeit, für internationale Kameraden die deutsche Schützenschnur (Schießabzeichen) zu schießen. Im Gegenzug können wir dann am Nachmittag die Schützenschnur der Amerikaner schießen. Interessant dabei ist für mich die Pistole, da ich bereits 2010 schon das goldene Abzeichen, den „Expert" für das Gewehr erworben habe. Mit der Pistole könnte ich dem internationalen Abzeichen an meiner Uniform etwas mehr Glanz verleihen und das reizt mich schon etwas.

Erst für 08:30 Uhr ist die Abfahrt zur nur wenige Hundert Meter entfernten Schießbahn der Amerikaner geplant. Somit sind das Aufstehen und Frühstücken zu einer angenehmen Zeit möglich. Auch die letzte Nacht habe ich wieder nur wenig geschlafen und langsam führt der Schlafmangel zu etwas Schwunglosigkeit. Die unsinnige Abschaltung des kostenfreien Internets hatte mir keine Ruhe gelassen und so habe ich weit nach Mitternacht einen ersten Entwurf für eine Eingabe an den Wehrbeauftragten des deutschen Bundestages erstellt. Sobald Zeit dafür ist, werde ich die Gespräche mit meinem Oberst und seinem Stellvertreter, sowie Chris, dem Camp-Manager suchen. In zwei bis drei Tagen dürfte das Schreiben dann reif für die Post sein. Es ist für mich einfach nicht einsehbar, warum man den Soldaten das kostenfreie Internet abschaltet und dann einen deutschen Anbieter hier hereinholt, der ein recht teures Internet für die Soldaten zur Verfügung stellt. Um dem Schreiben eine angemessene Seriosität zu geben, müssen die Fakten natürlich stimmen und nicht wegen irgendwelcher Gerüchte und Vermutungen später „belächelt" werden. Die letzte Eingabe hatte ich vor fünf Jahren geschrieben, ich schreibe also nur, wenn mir etwas wirklich gegen den Strich geht.

Doch jetzt liegt erst mal das Schießen vor uns. Unser Oberstaber, der nicht mehr allzu lange hier hat und von dem ich demnächst die Ausbildung für das „Personal Recovery" übernehme, sitzt mit Kalle und Bronco, dem Nachfolger von Felix, in der Raucherecke vorm Einheits-Container. Wir klären kurz noch einmal die Abfahrtzeit und die letzten vorbereitenden Maßnahmen und dann begebe ich mich allein, da Dieter erst gegen Mittag rauskommen wird, zum Frühstück. Nach nur knapp vier Wochen stottere ich mir beim Bestellen der Spiegeleier beim Küchenpersonal einen ab und merke, wie schnell man wieder aus dem Englisch raus ist, wenn man nicht ständig zum Sprechen gezwungen wird. Doch morgen, wenn ich wieder bei den Afghanen sein werde und Avabi mich nach dem Urlaub ausfragt, werde ich wohl wieder schnell reinkommen. Hoffe ich zumindest. Es hat sich wohl etwas eingebürgert, dass man in den Fahrteams und mit seinen Mitfahrern frühstückt. Doch heute fährt „Rabbit", ein Hauptfeldkamerad von der KSK (Kommando Spezial Kräfte) aus einem der Nachbarcamps, bei mir im LKW mit. Er hat uns den Zugang zu der Schießbahn der Amerikaner erleichtert und wird wohl erst kurz vor dem geplanten Abfahrtstermin zum LKW kommen. So sitze ich die ersten Minuten ganz allein an dem großen Tisch, direkt vor dem recht laut eingestellten Fernseher im Speisesaal. Nach und nach kommen dann die Kameraden unserer Einheit an unseren Stammtisch. Es ist gerade mal kurz nach sieben, ich kann mir also Zeit lassen und so quatschen wir uns auch schnell in der Runde fest.

Gerade jetzt fällt wieder auf, dass genaugenommen nur die Mahlzeiten und die festgelegten Meetings die verschiedenen Kameraden der gleichen Einheit zusammenbringen. Tagsüber ist jeder in seiner Funktion unterwegs und abends sind wir häufig auf unseren Stuben und vertreiben uns dort die Zeit. Erst hier und bei den Veranstaltungen lernt man die Kameraden richtig kennen. Die wenigen Schießen, bei denen eigentlich auch immer alle mit anpacken sollen, ergänzen das vielleicht noch. Auch Bronco, der das „schwere Erbe“ von Felix antritt, sitzt mit am Tisch, mir direkt gegenüber. Er macht einen netten Eindruck und verhält sich mir gegenüber sehr kameradschaftlich, so als würde er mich schon länger kennen. Möglicherweise haben aber auch Kalle und die anderen schon während meines Urlaubes über mich gesprochen. Etwas stämmig und locker im Umgangston, wirkt er wie ein Kumpel-Typ. Geduldig und durch die ständig wechselnden Themen gut unterhalten warte ich, bis auch der Letzte mit seinem Essen fertig ist. Der gesamte Tisch gehört zum Organisationsteam für das Schießen unter der Leitung des Oberstabers. Der Rest der Einheit hätte Baseday, da die Teilnahme am Erwerb der amerikanischen Schützenschnur freiwillig ist. Somit dürfte die Masse den offiziellen Dienstbeginn zum längeren Schlafen nutzen.

Es verspricht ein heißer Tag zu werden, obwohl ein paar Wolken fast unbewegt am Himmel stehen. So richtig Schatten vor der brennenden Sonne bieten sie noch nicht. Überhaupt ist es schon jetzt wieder um die 30 Grad warm und schon wenige Anstrengungen dürften uns eine Menge Schweiß aus dem Körper treiben. Ohne Hast gehe ich mit den anderen noch vor Fahrtantritt zum Leitstand, die aktuellen Lagemeldungen erhalten. Eine Menge Meldungen hängen ausgedruckt an der Wand. Würden alle Meldungen in die Tat umgesetzt, so dürften wir uns nicht mehr besonders oft außerhalb des Camps aufhalten und 24-Stunden Schichten in den Stellungen ableisten. Es bleibt noch genug Zeit, den LKW mit frischem Trinkwasser und in mehreren Durchgängen mit meiner Ausrüstung zu beladen.

Der alte MAN hat schon viele Jahre auf dem Buckel und dürfte damit das Alter der meisten Kameraden hier im Einsatz überbieten. Er wurde nachträglich mit einer Panzerung versehen und es ist nicht zu übersehen, dass hier an der einen und anderen Stelle improvisiert wurde. Die schweren Türen lassen sich nur umständlich unter dem Gewicht der Panzerung öffnen und das Haltesystem, dass ein Wiederzufallen der Tür verhindern soll, dürften auch nur die wenigsten auf Anhieb verstehen. Erst wenn man die Tür, die vom Endanschlag wieder etwas zurück in die Arretierung geht, ein wenig aus der Arretierung herauszieht, klickt die Verriegelung zurück und macht ein Schließen der Tür möglich. Das wäre an sich recht schnell zu durchschauen, doch man darf die Tür nur wenige Millimeter aus der Arretierung, also nicht bis zum Endanschlag aufdrücken, sonst bleibt die Verriegelung geschlossen, denn sie kann ja nur dann sichern, wenn die Tür ganz geöffnet wurde. Also wird das Schließen der Tür selbst bei geübten Kameraden zum „Wackelspiel", um die Arretierung zu lösen. Als sehr praktisch hat sich die nachträglich eingebaute Klimaanlage erwiesen. Funktioniert sie ordentlich, so kühlt sie nicht nur deutlich besser als die Anlagen der Wölfe, sondern bietet durch ein Metallgestell über den Lüftungsdüsen einen „Kühlschrank" für die Getränke, die dort in normalen Größen gut reinpassen. Dafür ist eine direkte Belüftung des Fahrers und Beifahrers auf Grund der nur geringen Verstellmöglichkeit der Lüftungsdüsen fast unmöglich. Selbst wenn der Motor mit dem Gewicht des Fahrzeuges gut beschäftigt ist, so kommt man mit dem äußerst robusten und bewährten LKW gut durch die verschiedensten Bereiche. Voraussetzung dafür ist jedoch eine gute Pflege und Wartung und natürlich das Wissen um die richtige Bedienung und die Möglichkeiten des Gefährtes. Sobald man damit in Bewegung ist, merkt man als Fahrer schnell den Stand der Technik. Nur beschwerlich sind enge Stellen zu befahren. Trotz der Lenkunterstützung und dem großen (eigentlich viel zu großen) Lenkrad hat man das Gefühl, jemand zieht in die Gegenrichtung. Hat man dazu noch eine geringe Körpergröße, dann wird das manövrieren in Engstellen zur Sportstunde. Das ganze vielleicht noch rückwärts mit einem Anhänger daran, bestehen nur noch wirklich gute Fahrer.

Heute wird es halb so wild, denn die wenigen hundert Meter bieten nur wenige Herausforderungen. Da ist schon das Heranfahren an die Ladestelle hier im Camp durch die engen Wege eine größere Herausforderung. Das scheint auch der Oberstleutnant von der Ersten so zu sehen, der mir gestern nach dem Erreichen der „Parkposition“ bestätigend auf die Schulter klopfte und lobende Worte für die Fahrtkünste fand. Die Geste fand ich super. Doch auch hier ist es so, dass Übung den Meister macht und da ich ständig der Einzige bin, der diesen LKW fahren darf, werde ich auch nur durch diese Gelegenheiten besser. Das Schießen verläuft wie immer, wenn der Oberstaber es organisiert hat, problemlos. Nur die Amerikaner, die den Nachmittag übernommen haben, haben ihr Zeitmanagement nicht im Griff.

Um Zeit zu sparen, verzichte ich schon auf die Schießübungen mit dem Gewehr, denn die habe ich ja schon. Dennoch ist gegen 15 Uhr abzusehen, dass sie zumindest heute nicht mehr die Pistole anbieten werden. Das Highlight des Tages war eine Störung an der Pistole, die gerade durch einen Amerikaner benutzt wurde. Erst als er die Ladehemmung selbst nicht behoben bekommt, nehme ich ihm die P8 (Pistole) aus der Hand, sichere sie und entnehme das Magazin. Eine Patrone fäll direkt aus dem Magazinschacht nach unten durch. Der Verschluss hängt auf halber Strecke hinten und man kann die goldfarbene Patrone im Auswurffenster zum Teil erkennen. Doch erst als ich den Verschluss nach hinten ziehe, so wie man es auch macht, um die Pistole fertig zu laden, sehe ich das Problem. Wie auch immer das geklappt hat, doch die Patrone hat sich um 180 Grad gedreht und mit der Rückseite im Lauf verklemmt. Der Versuch, sie durch Zurückziehen des Verschlusses auszuwerfen, hatte sie mit der zweiten verklemmten Patrone, die zuvor rausfiel, immer fester mit dem Patronenboden in den Lauf gedrückt. Das ist mehrere Fotos Wert, denn eine Pistole, in der eine Patrone mit dem silberfarbenen Projektil zum Schützen zeigt, hatte noch keiner von uns zuvor gesehen. Doch letzten Endes hat dieser Tag statt eines weiteren Abzeichens nur viel Arbeit für das Organisationsteam gemacht. Die großen „Profiteure“ sind dabei nur die Ungarn, die sowohl das Deutsche als auch das amerikanische Abzeichen schießen durften. Und die Stimmung unter den deutschen Kameraden verbreitet sich, dass wir viel für sie und die anderen tun, es jedoch sehr dem Charakter einer Einbahnstraße entspricht. Lediglich die Besonderheit, dass wir durchgängig ein sehr freundschaftliches Verhältnis pflegen, lässt die Stimmen darüber schnell verstummen. Dann vielleicht beim nächsten Mal?

Nur noch wenige Stunden, dann beginnt Dieter, der mehr als fünf Monate am Stück hier war, seine erste Urlaubsreise. Schon die Tage seit meiner Rückkehr ist er dementsprechend gut gelaunt. Aber wer kann das besser nachvollziehen als jemand, der gerade aus dem Urlaub kommt? Damit ich ab morgen dann unsere beiden Jobs fortführen kann, sind noch einige Dinge abzusprechen. Er hat einige „Projekte", die er natürlich gerne erledigt sehen würde, wenn er aus dem Urlaub kommt. Ob das in den knappen drei Wochen alles umzusetzen sein wird, bleibt abzuwarten. Die gemeinsam entstandene Idee, das neue Camp in PeC 2 mit Verkehrszeichen auszustatten, gefällt mir immer besser und wird, neben weiteren hohen Besuchen und dem Alltag, sicher meine besondere Aufmerksamkeit finden. Etwas Bleibenderes mit positivem Effekt könnte sich zurzeit für unsere Inspektion kaum anbieten. Das wird sicher etwas Geduld erfordern und entscheidend davon abhängen, wie die Afghanen die Pläne, die ich in den nächsten Tagen dazu erstellen werde, aufnehmen. Dieter ist merklich ungeduldig, mit den Gedanken immer mal wieder woanders. Rabur scheint mehrere Tage frei zu haben und so hält uns heute auch nicht viel bei den Afghanen. Damit Dieter und Tim, der auch heim in den Urlaub fliegt, die letzten Vorbereitungen der Reise abschließen können, verlegen wir zeitig wieder ins Camp. So zeitig, dass wir seit langem mal wieder fast die Ersten beim Mittag sind. Dolli war Gast in unserem Wolf und wird heute Nachmittag, wenn wir die beiden zum Flughafen bringen, mein Beifahrer sein. Dann darf Dieter, der als Passagier unterwegs sein wird, hinten sitzen.

Mit Dolli werde ich mich öfter die nächsten Wochen arrangieren müssen, da ich sonst schlicht nicht aus dem Camp komme. Wir verstehen uns super, vielleicht sogar am besten hier. Daher wäre mir natürlich am liebsten, wenn wir ein beständiges Team für die Wochen von Dieters Abwesenheit bilden könnten. Dolli könnte mal seit langem wieder einer der Kameraden sein, zu denen man auch später noch lange den Kontakt hält. Dabei gebe ich mich keinen Illusionen hin, die oft von jungen Kameraden versprüht werden, wenn sie sich im Einsatz „ewige Freundschaft“ schwören. Zu den wenigsten Kameraden hält man über lange Zeit einen guten Kontakt. Ob die Entfernung oder die später fehlenden Gemeinsamkeiten des Einsatzes, Gründe dafür, dass die Verbindung einschläft, lassen sich viele finden. Bei Dieter bin ich mir im Moment noch nicht sicher, denn auch wir verstehen uns zwar sehr gut, ob das für ihn oder mich jedoch auch später noch für guten Kontakt reicht, weiß ich ehrlich gesagt noch nicht. Die Zeit wird es zeigen. Er hat mir für die Dauer seiner Abwesenheit ein paar „Projekte“ zurückgelassen. Als er in den letzten Tagen eines nach dem anderen ansprach, konnte ich mir ein inneres Grinsen nicht verkneifen. Einiges von dem hätte er ebenso in der Zeit meiner Abwesenheit zumindest schon einmal beginnen können. Doch die Veränderungen der letzten Wochen lassen wenig Stress vermuten. Es stehen einige hohe Besuche meines Bereiches bei den Afghanen in den nächsten Tagen an, die sorgfältig vorbereitet werden müssen. Dazu kommt, dass unser Leiter die Idee mit der Beschilderung im neuen Camp von PeC 2 gut findet und nun Ergebnisse sehen möchte. Ohne Terminkalender und System wird das sicher nicht funktionieren.

Ein Paket des Deutschen Bundeswehrverbandes, in dem sich Klemmbretter befinden, hält dann eine weitere Aufgabe für mich bereit. Sie stellen mir das Material freundlicherweise für meine Arbeit mit den Afghanen zur Verfügung. Seit Anfang 2010 versuchen wir Deutschen nun, eine Checkliste für die Fahrzeuge zu etablieren. Damit könnte im ersten Schritt zumindest für eine bessere Einsatzbereitschaft und vor allem bessere Pflege und Wartung gesorgt werden. Es ist nur eine weitere Idee, an dieses Problem heranzugehen, doch die Klemmbretter könnten dabei helfen. Da man sie aufklappen kann, werde ich die zweiseitige Checkliste in einlaminierter Form jeweils in die Innenseiten einkleben. Dann werde ich diese vorbereiteten Klemmbretter an die afghanischen Ausbilder verschenken und sie bitten, diese zumindest immer an den Donnerstagen, wenn „Putztag“ ist, mitzubringen, um das eigene Fahrzeug zu überprüfen. Wie gesagt, auch nur einer von vielen Versuchen, die Afghanen zu mehr Verantwortung für ihre Fahrzeuge zu bewegen. Ein neues Wandbild, das in Vorbereitung auf den kommenden Umzug erstellt werden soll, habe ich in ersten Schritten ebenfalls vorbereitet. Hierauf sollen wir unsere Inspektion in Bildern und Fakten präsentieren. Auch wenn dies neben den anderen Projekten eine ganze Menge für etwa drei Wochen ist, so möchte ich schon versuchen, alle Baustellen abzuarbeiten, um Dieter zu zeigen, dass ich seine Abwesenheit nicht zum Faulenzen genutzt habe.

Um 15 Uhr habe ich heute meinen zweiten Durchgang für die weitere Nebenaufgabe „Personal Recovery". Danach werde ich die Ausbildung für alle weiteren Neuankömmlinge übernehmen. Da gestern ein neuer Oberleutnant angekommen ist, der als Nachfolger für Jörg dient, bietet sich der Unterricht an. Der wöchentliche Besprechungstermin, den ich vertretend für Dieter wahrnehmen musste, lief besser als gedacht. Diese Besprechungen finden wegen der Teilnahme der internationalen Teilnehmer in Englisch statt und sind nicht selten mit speziellen militärischen Begriffen gefüllt. Doch erstaunlich gut und ohne wirkliche Probleme konnte ich dem Ganzen folgen. Mein tägliches Training mit dem Englischprogramm trägt Früchte. Lediglich die Aussprache einzelner Teilnehmer machte das Zuhören beschwerlich. Wenn sich ein starker französischer Akzent mit „nuscheligem" Englisch vermischt, dann haben selbst die gut ausgebildeten Offiziere so ihre Probleme, alles fehlerfrei zu übersetzen. Noch zwei dieser Termine und ich habe das Problem erst mal wieder vom Hals. Selbst wenn es gut lief und meine kurzen Kommentare, die ich in der Runde abgeben musste, keine negative Aufmerksamkeit erzeugt haben, fühle ich mich dort etwas unwohl. Der Stellvertreter, der diese Besprechung leitet, ist bekannt dafür, dass er Kritik auch mal etwas hart vermittelt, wie selbst der ungarische Major nach einer schlecht platzierten Frage erfahren musste. Dabei ist er nach Aussage eines anderen Offiziers nach der Besprechung noch gut weggekommen. Deswegen lautet mein Motto „Kopf unten halten" und lieber hinterher noch einmal im Zweifelsfall die Kameraden auf einzelne Punkte ansprechen, um Verständnisschwierigkeiten zu vermeiden.

Mein Gefühl sagt mir, dass der Stellevertreter mich etwas leiden kann, dennoch muss man ja keine Angriffsfläche bieten. Überhaupt scheint es so, als hätte die Information über die nun verschickte Eingabe sowohl bei ihm als auch beim Oberst einen positiven Eindruck zu meiner Person hinterlassen. Gut, wenn es so sein sollte, denn das kann der späteren Zusammenarbeit nicht schaden. Nun hatte ich bereits mehrere Gelegenheiten, den neuen Oberst kennenzulernen und bin im Moment positiver überrascht, als es bereits mein erster Eindruck war. Man kann recht frei und ungezwungen mit ihm reden und einer lockeren Atmosphäre gegenüber ist er nicht abgeneigt. So sind Scherze auch in seinem Beisein kein Problem und werden von ihm mitgemacht, solange es nicht aus dem Rahmen fällt. Andererseits habe ich ihn nun schon mehrmals dabei erlebt, wie er kleinere „Anschisse" verteilt hat. Sie waren gerechtfertigt und ließen an seiner Dominanz keinen Zweifel. Er scheint also, so wie ich es wahrnehme, seinem Anspruch an „Zuckerbrot und Peitsche" gerecht zu werden. Dass auch seine persönliche Entwicklung durch die Dauer und Umstände des Einsatzes noch veränderbar ist, liegt, durch genügend Beispiele belegt, auf der Hand.

Es ist Samstag der 17.08. und Dieter wird in den Nachmittagsstunden im Airbus von Termez nach Köln unterwegs sein. Sein eigentlicher Urlaub beginnt damit am späten Abend, wenn er die Uniform abgelegt hat. Die ersten Tage ohne ihn haben ganz gut begonnen, obwohl ich nicht mehr ganz so beweglich bin wie mit ihm. Da Dolli mit mir im Fahrzeug sitzt, müssen wir uns eben arrangieren um die verschiedenen Bereiche zu erreichen. Am Donnerstag konnte ich so überhaupt nicht zu den Afghanen, wenngleich ich nur wenige Kilometer entfernt war. Das zweite Fahrzeug, ein Toyota, mit dem die anderen Soldaten aus PeC 1 unterwegs waren, musste direkt nach der Ankunft weiter zur „Range Control". Der Offizier, der den Oberstaber mit dem „Schießauftrag" beerbt, hat seine Einweisung durch die Amerikaner bekommen und so wäre, wenn auch ich mit Dolli weitergefahren wäre, kein Fahrzeug mehr für die beiden Offiziere in PeC 1 vor Ort gewesen. Das geht natürlich nicht, da im Falle einer Evakuierung alle Kameraden auch mitgenommen werden müssen. So bin ich bis fast 11 Uhr nicht weggekommen. Doch für Dolli war es ein guter Tag. Seit etwa sechs Wochen hat er vergebens versucht, eine deutsche Feldküche zum Hallenbereich der neuen afghanischen Küche zu bringen. Dort möchte er sie für die Ausbildung nutzen. Aber die Afghanen hatten mal wieder die nötige Unterstützung und das ersthafte Interesse vermissen lassen. Kurzerhand habe ich den Fahrer des Stellvertreters meiner afghanischen Inspektion, welcher vor Ort an einer Besprechung teilnahm, mit seinem Ford Ranger eingebunden. So konnten wir, wenn auch etwas behelfsmäßig, die Feldküche an seiner Anhängerkupplung befestigen und trotz der fast platten Reifen quer durch das Gelände vom Abstellplatz zur neuen Halle ziehen. Nun, wo die Feldküche ihnen direkt vor die Füße gestellt wurde, begannen die Afghanen auch direkt mit dem Reinigen. Zwar erst einmal etwas umständlich mit Wasserschüsseln und kleinen Eimern, aber wenigstens bereit etwas zu tun. Vielleicht war der Beginn mit dem Reinigen auch nur ihre Art uns etwas Dankbarkeit für unsere Unterstützung zu zeigen. Noch Stunden später sprach Dolli darüber, wie unverständlich es für ihn ist, dass es an solchen Kleinigkeiten hängen muss, wenn es etwas vorwärtsgehen soll. Er ist noch nicht besonders lange in diesem Land und regt sich leider auch noch zu oft und meistens unnötig über die Schwerfälligkeit der Afghanen auf. Doch in meiner Inspektion kann man sehr gut sehen, dass es auch hier an dem richtigen „Schlüssel“, dem Zugang zu den Afghanen auf persönlicher Ebene, liegt. Diesen Schlüssel kann er eben noch nicht haben. Wenn er sich voll auf seine afghanischen Soldaten einlässt, könnte es in ein bis zwei Monaten besser werden, doch Garantien gibt es keine. Die Zeit bei mir im Wagen, und wir unterhalten uns eigentlich ständig, sollte ihm noch die eine oder andere Erkenntnis bringen. Wie er sie einsetzt, muss er dann für sich entscheiden. An seinem gutmütigen Wesen sollte es nicht scheitern. Möglicherweise schon mehr die Hemmungen, sich an bestimmte kulturelle Bedingungen anzupassen. So ist er heute im Wolf geblieben und hat Musik gehört, als ich gemeinsam mit den Afghanen den nächsten Besuch, der recht groß ausfallen wird, vorbereitet habe. Damit wollte er den Zwang, einen Tee mittrinken zu müssen, vermeiden. Seit einigen Tagen hat er Probleme mit seinem Magen und Angst, dass verschmutzte Gläser und das Wasser es verschlimmern. Alles für mich plausibel, doch die Afghanen verstehen so etwas schnell falsch. Für meine Inspektion kann es ihm egal sein, solange man nicht allgemein später auf Seiten der Afghanen schlecht über ihn spricht, doch wenn er das auch bei seinen Soldaten macht, dann wird das nicht unbeachtet bleiben.

Gerade einmal zwei Stunden hatte ich heute für die Vorbereitungen auf den kommenden Dienstag zur Verfügung, dann musste es mit der Ersten weitergehen. In zwei Stunden kann man hier nicht gerade das Land verändern und dabei wollte ich nur zwei wichtige und eine, wenn noch Zeit bliebe, Sachen klären. Dabei hatte der Aufbau für das Briefing, welches bei dem Besuch abgehalten werden soll und später durch eine Gesprächsrunde ergänzt wird, oberste Priorität. Die Tatsache, dass Samstag ist und der Besuch am Dienstag kommt, bringt leider keine Entlastung. Morgen können wir nicht hier sein, weil in der DMS eine Beförderung, an der wir Deutschen geschlossen teilnehmen sollen, stattfindet. Und am Montag wird, bedingt durch den Feiertag, niemand in PeC sein. Bleibt also nur noch der Dienstagmorgen. Hier auf Lücke zu setzen macht aber keinen Sinn, denn sowohl der Aufbau der verschiedenen Ausbildungsstationen als auch des Rechners und Beamers könnten noch Probleme machen. Es sollte alles mindestens eine Stunde vorher stehen. Hashib, einer der Hörsaalleiter, ist ein kluger Kerl und dürfte mit den neuen Stationen, die ich aufbauen möchte, um etwas Abwechslung in die Vorführungen zu bringen, keine Probleme haben. Damit möchte ich einfach den Eindruck, gerade bei denen, die diese „Show" nun schön öfter gesehen haben, vermeiden, dass wir nur diese Vorführungen können und nicht wirklich ausbilden. Allerdings habe ich auch nie zuvor so viele Besuche in so einem kurzen Zeitraum registriert. Jeder ist natürlich wichtig und das Hinterfragen die Afghanen auch jedes Mal. So auch heute, als Amin wissen möchte, ob auch die Afghanen etwas davon haben.

Da ja nun ein deutscher General bei diesem Besuch die „Hauptrolle" spielt, erschließt sich der Nutzen für die Afghanen nicht immer. Doch dies ist elementar wichtig, weil damit die Motivation, ernsthaft bei der Sache zu sein, steht oder fällt. Das der afghanische Schulkommandeur anwesend sein wird, macht die Sache schon etwas leichter, denn vor dem haben die meisten schon etwas „Angst". Amin habe ich schnell überzeugt und so hat er es auch an Hashib weitergegeben. Sollten die „hohen Herren“ bei den vielen Besuchen nämlich keinen Sinn in unserer Unterstützung der Afghanen sehen, so würden sie unsere oder ähnlichen Einheiten auch keine Bedeutung und damit Zukunft beimessen. Bestenfalls könnte dies zu einer Reduzierung des Personals führen, was auch Auswirkung auf die Weiterbeschäftigung der Sprachmittler hätte. So schließt sich der Kreis schnell und da sie uns bei solchen Events immer noch gut unterstützen, darf man davon ausgehen, dass sie uns auch weiterhin hier haben wollen. Diese Annahme zieht sich aber keinesfalls durch alle Bereiche, die durch unsere Einheit unterstützt werden. Dafür muss man nur genau hinhören, wenn die Kameraden sich über die Schwierigkeiten mit ihren Afghanen unterhalten. Vielleicht überwiegt mittlerweile die Resignation bei den Deutschen, die immer wieder auf die „Arbeitsgeschwindigkeit“ der Afghanen zurückgebremst werden. Wenn Dolli diesen Punkt erreicht und akzeptiert hat, dann wird er vermutlich um vieles mehr erreichen als jetzt, wo er sich manchmal zu große Ziele steckt. Da sind die Afghanen sehr stumpf und lassen ihn wie einen fast Verdursteten, der nun alle seine Gefäße an einer Oase in der Wüste befüllt, um möglichst genug Wasser mitzunehmen, es jedoch nicht allein tragen kann, stehen. Er könnte jetzt allein weitermachen und sich mit den schweren Gefäßen abquälen, um dann irgendwann der Erschöpfung zu erliegen. Oder er tut sich mit den anderen zusammen und hält sich an die Regeln der Gruppe.

Mit Hashib und Amin fahre ich, nachdem das Zelt mit Unterstützung der Fahrlehrer vorbereitet ist, in den neuen Camp Teil. Noch gestern Abend habe ich im Camp-Plan alle wichtigen Stellen, wo Verkehrszeichen stehen sollten, vermerkt. Über 50 Stück sind dabei zusammengekommen und das, obwohl ich keinen „Schilderwald“ nach deutschem Vorbild erzeugt habe. Das Camp ist auch nicht gerade klein und neben Vorfahrtsregelungen sind auch Fußgängerüberwege und Geschwindigkeitsbegrenzungen dabei. Am Eingang zum Camp, direkt neben dem alten Wachhäuschen, dass uns damals als Bürogebäude diente, tauschen Dolli und ich die Plätze. Wenn Dolli fährt, kann ich wesentlich besser mit dem großen Plan in der Hand den Sinn meiner Vorschläge zu den verschiedenen Verkehrszeichen erklären. Dazu drehe ich mich auf dem Beifahrersitz stark nach links und kann so Amin direkt und Hashib, der hinter mir sitzt, halbwegs ansehen. Langsam rollt Dolli die frisch geteerten und doch stark durch Bausand verschmutzten Straßen entlang. An jeder Kreuzung oder Zufahrt lasse ich ihn kurz anhalten, um die geplanten Verkehrszeichen zu erklären. Das Argument, die Sicherheit im Camp und eine fast perfekte Übungsanlage für Fahrschüler zu bekommen, überzeugt zumindest Hashib voll. Mir ist dabei wichtig, dass er auch eigene Ideen einbringt, damit die Afghanen diesen Plan besser annehmen. In der geplanten Geschwindigkeit von 20 Kilometer in der Stunde sind wir uns schon bevor Amin übersetzen kann einig. Sonst besteht er lediglich auf das Verkehrszeichen, welches das Hupen untersagt, weil es ja an Krankenhäusern und Schulen oft zu finden ist. Das geht in Ordnung und wird im Plan direkt hinter die Camp-Einfahrt als „Zone" eingezeichnet. Schneller als gedacht und dem engen Zeitfenster geschuldet sind wir den Bereich abgefahren. Jetzt kann ich darauf den Plan aufbauen und für einen ersten Entwurf Richtung Schulkommandeur und Leiter der Ausbildung vorbereiten. Theo, als unser „Beschaffer", will sich derweil um die Frage kümmern, wo und zu welchem Preis wir diese Verkehrszeichen bekommen können. Dass der Oberst dieses Thema mit Nachdruck bearbeitet sehen will, macht die Sache für mich um vieles leichter. Könnten wir es schaffen, wenigstens die Genehmigung durch die Afghanen in den nächsten zwei Wochen zu erreichen, wäre das ein Meilenstein. Dieter dürfte dann nicht schlecht staunen, was „sein Hauptfeldwebel" in seiner Abwesenheit so „gerissen" hat.

Mein erstes Klemmbrett mit der eingeklebten Checkliste ist von den Afghanen – und das von wirklich allen, die etwas zu sagen haben – ebenfalls positiv aufgenommen worden. So werde ich spätestens am Montag, wenn alles Material für den Besuch im Wolf liegt, weitere davon fertigstellen, um alle Offiziere und Fahrlehrer damit auszustatten. So hat sich das Warten, hier wieder hinzukommen, auch für mich gelohnt. Sobald der „Besuchsstress" vorbei ist, werde ich Dolli dabei helfen, die beschädigte Feldküche mit Teilen der anderen wieder in einen guten Zustand zu bringen. So werden wir versuchen, uns abwechselnd behilflich zu sein und damit für alle – und vor allem für die Afghanen – etwas zu bewegen. Das erste Mal seit ich im

Januar hier eingetroffen bin und vielleicht mit der Ausnahme „Prüfungsrichtlinie“, habe ich das Gefühl, dass etwas Bleibendes und Sinnvolles passiert. Nicht nur für meine Inspektion, sondern auch für Dolli und das macht es noch wertvoller.

„Erstens kommt es anders, und zweitens als man denkt.“ Gerade in der „Sonntagslage“ ist der Besuch durch den General abgesagt worden. Nicht endgültig, aber bis auf weiteres. So richtig freuen kann ich mich darüber nicht, denn so hätte die Möglichkeit bestanden zu zeigen, dass nicht zwingend ein Offizier nötig ist, um solche Besuche zu unterstützen. Jetzt bleibt abzuwarten, ob Dieter zurück ist, wenn der Termin neu angesetzt wird.

Das mein Prototyp eines Klemmbrettes so positiv aufgenommen wurde, hat mich motiviert über den ganzen Nachmittag weitere zu fertigen. Zwar ist es zeitraubender als gedacht, da ich immer nur eines fertigstellen kann und dann auf das Trocknen des Klebers warten muss, doch es geht mit den hier vorhandenen Möglichkeiten voran. Den Rest müsste ich bis morgen Abend fertig haben. Dann ist der erste Schwung von 15 Stück bereit zur Übergabe. Es ist etwas umständlich, weil jede Seite eine Aussparung im oberen Bereich für das Klemmstück benötigt. Damit können sie bündig und langlebiger festgeklebt werden. Nachdem ich den Klebstoff in feinen Bahnen entlang des unteren Blattrandes gezogen habe, richte ich es auf der Innenseite des Klemmbrettes aus und fixiere es mit etwas größeren Büroklammern an den Rändern entlang. So wird die laminierte Checkliste fixiert und angepresst. Womöglich arbeite ich schon wieder viel zu genau und immer wieder laufen Bilder durch meinen Kopf, die sich damit beschäftigen, wie sinnvoll diese Aktion für die Praxis sein wird. Schon jetzt ist klar, ein Teil dieser Klemmbretter wird in der „Versenkung“ verschwinden und ein anderer Teil beschädigt. Sollten jedoch wenigstens die Offiziere und die guten Fahrlehrer etwas darauf achten und sie als Gedankenstütze bei den technischen Diensten nutzen, so habe ich etwas Wichtiges erreicht. Der Vergleich zu meinen Predigten in den theoretischen Unterrichten zu Hause, in denen ich die Fahrschüler dazu bringen möchte, über ihren Fahrstil nachzudenken und damit Unfälle zu vermeiden, liegt nahe. Warum auch nicht, wenn sie es gut finden – und das tun sie auf den ersten

Blick, dann sollte sich das durchsetzen. Die Spendendose bekommt ihren „guten Zweck“, bevor sie an die Organisation übergeben wird. Da ich in der Mitte keine Büroklammern anbringen kann, beschwert sie durch ihr mittlerweile beachtliches Gewicht die Blätter. Es gefällt mir zwar nicht, dass ich so auf mehreren Baustellen gleichzeitig wühle, doch anders bekomme ich die verschiedenen Themen nicht abgearbeitet. Und es werden täglich irgendwie mehr. Ob Fahrerlaubnisverlängerung oder Ausnahmegenehmigung für Einweisungen in den Wolf, als einziger mit entsprechenden Fachkenntnissen bleibt alles an mir hängen. Da nützt es auch nichts die Verantwortung weiterzuschieben, da ich für einige der Probleme schlicht den falschen, zu niedrigen Dienstgrad habe. Dann heißt es nur: „Machen sie, wir unterschreiben!“.

Dass unser Wandbild der 3. Inspektion für unsere Einheit nun auf Termin gesetzt wurde, ist dabei wenig hilfreich. Eigentlich eines der unwichtigsten Probleme, bindet es so Zeit für die wichtigen Projekte. Der Oberst möchte beim Thema Beschilderung baldige Fortschritte sehen und so habe ich nebenbei damit begonnen, einen entsprechenden Plan, angelehnt an der Infrastruktur-Skizze, zu erstellen. Dafür jedoch muss ich jedes benötigte Verkehrszeichen mühsam aus den Unterrichtsmaterialien heraussuchen und so bearbeiten, dass ich es später in den Plan mit der richtigen Größe und Anzahl übertragen kann. Die Herausforderung, Programme wie Power Point und PDF zu verbinden, ist für mich, der das „Learning by Doing“ ohne entsprechenden Lehrgang hinbekommen soll, nicht gerade einfach. Dass dieser Umstand weitere Zeit beansprucht ist selbsterklärend. Es wird die nächsten Tage und damit die neue Woche wie im Flug vertreiben. Für Donnerstag bin ich dann mit Dolli, wir haben uns freiwillig in die Liste im Geschäftszimmer eingetragen, von 3 bis 7 Uhr in der MG-Stellung. Am Freitag werden wir noch einmal von 7 bis 10 in der Stellung Wache halten, obwohl wir uns damit die Option zum „Ausschlafen“ nehmen. Die Stellungsdienste gehören inzwischen zum Alltag und müssen, neben dem eigentlichen Auftrag draußen bei den Afghanen, geleistet werden. Meistens bin ich sowieso früher wach und so haben wir dann die nächsten Freitage Ruhe. Wer weiß, wofür es gut ist. Damit bleibt nur noch der Mittwoch als offizielles

Highlight, wenn ein französischer Oberst unsere Inspektion besucht. Vorbereiten brauchen wir dafür jedoch nur wenig. Eine „Show“ wird es nicht geben und so werde ich nur sicherstellen müssen, dass der „normale“ Ausbildungsbetrieb läuft, damit der Oberst etwas Action sieht.

Ob Amin bereits mit Rabur oder einem der anderen Offiziere telefoniert hat, konnte ich noch nicht fragen. Da ich den neuen Oberleutnant als Beifahrer in meinem Wolf habe, Dolli hat unten in PeC 1 zu tun, bin ich damit beschäftigt, ihn etwas in unsere Inspektion einzuweisen. Doch dass nur Amin und wenige Ausbilder sich in dem sonst wie leergefegten Bereich aufhalten, wundert mich schon etwas. Wenn sie die Information über die Absage des Besuches nämlich noch nicht haben, wäre ich spätestens jetzt ins Schwitzen gekommen. Es ist nach halb neun durch und keinerlei Vorbereitungen für einen Besuch erkennbar. Weder Hashib noch Samuel, die wichtigsten Leute neben Rabur, sind zu sehen. Schnell stellt sich heraus, dass auch Rabur noch zu Hause ist. Aus drei Tagen frei sind so gut sechs geworden. Doch auch wenn der Besuch nicht kommt, die Ausbildung sollte schon laufen und Unterschriften, denen ich jetzt fast eine Woche hinterherlaufe, benötige ich auch von Rabur. Es nützt nichts und so bitte ich Amin, Rabur anzurufen und zu fragen, wann er das nächste Mal in seiner Inspektion ist. Verstehen kann ich nur Brocken, doch Raburs Reaktion am anderen Ende des Telefons scheint eindeutig. Sein schlechtes Gewissen hat ihn wohl wachgerüttelt und er sagt zu, innerhalb der nächsten halben Stunde hier zu sein. Damit kann ich wenigstens einen Punkt auf meiner Tagesliste abhaken. Tatsächlich steht er weniger als 30 Minuten später in seinem Zelt.

Die Zeit dazwischen habe ich genutzt, um die Luftfilter von Dollis und meinem Wolf auszublasen. Da Dollis Wolf mit einer beschädigten Scheibe von einem Steinwurf gesperrt im Camp steht, hat er morgens den Filter kurzerhand ausgebaut und mit in meinen Wolf gelegt. Würde ich dieses Ausblasen nicht durchführen, so könnten wir in trockenen Tagen den Luftfilter nahezu einmal die Woche erneuern. Was da aus den Filtern kommt, kann sich ein Autofahrer in Deutschland wahrscheinlich kaum vorstellen. Minutenlang gehe ich mit der Druckluftpistole an den Rückseiten der Filterlamellen vorbei und es scheint als nähme der Staub, der feiner als Mehl durch die Luft wirbelt und nur sehr langsam von der fast windstillen Umgebung mitgenommen wird, kein Ende.

Im hinteren Bereich des Camps steht der Wassertanker und befüllt die riesigen Speicher mit Frischwasser. Eine gute Gelegenheit auch gleich noch den Scheibenwaschbehälter aufzufüllen und den Wolf mit dem dicken Wasserstrahl vom gröbsten Schlamm zu befreien. Dann fahre ich wieder vor das Zelt von Rabur, während der neue Oberleutnant, gemeinsam mit Amin in ein Gespräch vertieft, mir zu Fuß folgt. Dieses Prozedere ist auch immer das gleiche. Innerlich, die beiden kurz im Rückspiegel beobachtet, grinse ich mir wieder einen. Nach den Fragen nach den persönlichen Hintergründen kommt sicher irgendetwas, was Amin von ihm möchte.

So vernünftig Amin oft auch ist, doch da kann er nicht aus seiner „kulturellen Haut". Nur wenige Minuten später berichtet mir Moritz (der neue Oberleutnant), dass Amin irgendwelche Programme für seinen PC benötigt. Das hat er bei seinem Vorgänger wohl auch schon erfragt und so etwas wie eine Zusage bekommen. Das der Nachfolger die „Päckchen" der Vorgänger erbt und die Afghanen glauben, man fühle sich auch eins zu eins dafür verantwortlich, ist nicht ungewöhnlich. Es ist dann nur für den Nachfolger eine unangenehme Zwickmühle, in die er rutscht. Führt man so etwas fort, ist man der Dummkopf, den die Afghanen ausnutzen und man spielt das „kleine Spiel" der Korruption mit. Hält man sich distanziert, weil man es mit seiner Erziehung und unserem europäischen Rechtsempfinden nicht vereinbaren kann, ist man auf jeden Fall schon nicht mehr unter den „Guten" bei den Afghanen. Wenn es dann noch Ausmaße wie bei meinen damaligen Vorgängern annimmt, wo über Uhren und Fotokameras auch hochwertige Dinge dabei sind, hört der Spaß endgültig auf. Für mich war mit der Versorgung einer Familie mit fünf Kindern schnell ein gutes Argument gefunden, dabei nicht mitzuspielen. Doch viele andere können sich nicht so gut aus der Affäre ziehen. Kinder und Familie haben dagegen ein hohes Gewicht und macht man ihnen dann die Lebenshaltungskosten in Deutschland anschaulich, akzeptieren sie es in der Regel auch. Gerade Neuankömmlinge ohne Hintergrund und Kenntnisse im Umgang mit den Einheimischen sind dabei willkommene Opfer (was nicht heißt, dass alle alten Hasen besser sind).

Noch vorm Urlaub hat Dieter mir 80 Dollar in die Hand gedrückt, damit ich Ismael (ist bei Rabur für das Führungszelt zuständig, hält es sauber, kocht Tee usw.) losschicke, einen Kühlschrank für Raburs Zelt zu kaufen. Der kostet aber mindestens 100 Dollar. Die 20 Dollar aus meiner Tasche kann ich zwar verschmerzen, dennoch – obwohl wir sicher auch das eine oder andere Getränk dort kaltstellen können – halte ich von solchen Aktionen nicht viel. Sobald der Kühlschrank seinen Platz im Zelt gefunden hat, wird er automatisch und stillschweigend in Raburs Besitz übergehen. Neugierig, was Ismael für das Geld heranschleppt, bin ich natürlich schon, denn im alten Camp Warehouse gab es für 120 Dollar einen nagelneuen, wenn auch nicht besonders großen Kühlschrank. Aber das wird sich in den nächsten Tagen zeigen.

Es waren nur wenige Tage, die ich Rabur nicht gesehen habe, doch er freut sich fast wie nach meinem Urlaub. Ihn lange zu nerven habe ich nicht vor, aber Moritz vorstellen und noch einmal an den morgigen Besuch des französischen Obersts erinnern, muss sein. Da er wissen will, was er dabei machen muss, scheint er es auch aufgenommen zu haben und wird hoffentlich pünktlich sein und für eine laufende Ausbildung sorgen. Kurz bevor ich mich verabschieden kann, betritt Ismael das Zelt. Er ist in letzter Zeit nur noch kurz angebunden, begrüßt mich deutlich sachlicher als noch vor einigen Wochen. Woran das liegt frage ich lieber nicht, denn ich vermute es hat mit seinen Wünschen nach deutschen Produkten zu tun. Benni hat ihm wohl ab und zu Shampoo und Creme mitgebracht. Die wollte er auch von mir haben und grundsätzlich habe ich auch kein Problem damit, den Afghanen Produkte, die sie so hier nicht bekommen, zu besorgen. Doch dann wird auch der aktuelle Kurs errechnet und bezahlt wie in jedem Geschäft auch. Doch die Lieferung, die ich für ihn mitgebracht hatte, wollte er, als ich den Preis nannte, nicht mehr haben. Das legt die Vermutung nahe, dass er es von Benni wenigstens ab und zu kostenlos bekommen hat. Wo würde das enden, wenn sich sowas rumspricht? LKW-weise könnte ich ranschaffen und es wäre nicht genug. Alle wären meine besten Kumpel und würden mehr oder weniger auf die Tränendrüse drücken. Mein Weg gefällt mir da viel besser. Wer was will, soll es bekommen und bezahlen. Schließlich will ich nichts daran verdienen aber draufzahlen auch nicht. Dass es bis auf wenige Einzelfälle funktioniert, bestätigt meine Denkweise und hat sich bewährt.

Als wir schon wieder am Wolf und zur Abfahrt bereit sind, taucht auch Samuel auf. Es ist halb elf und für den eigentlichen Besuch wäre er viel zu spät gewesen. Doch was soll es, sich über ungelegte Eier Gedanken zu machen. Nach einer kleinen Einweisungsrunde durch die „KMTC Area" für Moritz geht es zurück nach PeC 1, wo bereits die anderen Mitglieder unserer „Fahrgemeinschaft" warten. Die Mittagspause muss, obwohl wir gegen 12 wieder im Camp sein werden, dennoch ausfallen. Nachdem ich noch gestern Nacht die technischen Hürden zur Bearbeitung des Planes für die neuen Verkehrszeichen in PeC 2 überwunden habe, werde ich ihn fertigstellen und dem Stellvertreter vorstellen – in der Hoffnung, ihn damit etwas besänftigen zu können, nachdem Dieter es anscheinend versäumt hat, ihn über das Projekt zu informieren. Jetzt wo der Plan vollständig am PC erstellt und mit Verkehrszeichen aus den Unterrichten gefüllt ist, sieht er richtig gut aus. Eine Ausfertigung vervollständige ich handschriftlich um die Übersetzung in Farsi. Mit den Zahlen habe ich nur noch wenige Probleme. Die Vier macht mit ihrer für mich unlogischen Form die größten Schwierigkeiten. Die Überschrift lasse ich dann von Amin ändern und so habe ich eine Ausfertigung für Rabur. Eine weitere bekommt Theo für die ersten Schritte der Beschaffung der Verkehrszeichen. Jetzt wo es sehr professionell aussieht, wage ich einen Anlauf, um es dem Stellvertreter vorzustellen. Doch schnell wird klar, dass er davon nun nichts mehr hören möchte, bis Dieter wieder hier ist. Die Liste wird immer länger und Dieter tut mir jetzt schon etwas leid. Der Stellvertreter ist bekannt dafür, seine Unzufriedenheit auch klar zum Ausdruck zu bringen und so muss ich kurze Zeit später meine eigene Erfahrung damit machen. Noch morgens hatte ich vermutlich „Pluspunkte" mit meiner Checkliste, deren Übergabe an die afghanischen Ausbilder, die er direkt mitbekommen hatte, gesammelt.

Eigentlich sollen wir die Afghanen ja nicht mehr materiell unterstützen, doch bei den Checklisten sah ich keinen besseren Weg. Der kritische Blick des Stellvertreters war mir dabei natürlich nicht entgangen und so klärte ich auch sofort auf, woher die dafür verwendeten Klemmbretter stammten und worum es dabei genau ging. Auch der Oberst, der für eine kurze Führung mit einem französischen Oberst in meinem Bereich war, sah die neuen Arbeitsmaterialien, als sie direkt in der Ausbildung an einem Hummer genutzt wurden. Ein wenig stolz erklärte ich auch ihm den Hintergrund meiner Idee und fand seine Zustimmung. Meine Befürchtung, diese Klemmbretter könnten in den nächsten Wochen in der Versenkung verschwinden, wiegelte er schnell ab und bot offen die Beschaffung weitere Klemmbretter an, wenn sie sich in der Ausbildung bewähren. Möglicherweise durch diese Offenheit, eben doch an der einen oder anderen Stelle materiell zu unterstützen, bewegte mich dazu, einem Wunsch von Samuel nachzugeben. Er hatte mich schon oft in den letzten Monaten darum gebeten, die Unterrichtsmaterialien für seine Ausbildung auf den Spezialfahrzeugen als Ordner mitzubringen. Diese Ordner stehen vollständig im Zelt von Rabur. Nutzen darf Samuel sie aber nicht, weil Rabur sie für Besuche vorhalten möchte und wohl eben auch befürchtet, dass er sie sonst nicht wiedersieht. Der Grund, warum ich nicht sofort auf Samuels Wunsch eingegangen bin, ist einfach: Wirklich unzählige Ordner sind allein in der Zeit zwischen 2010 und 2011 erstellt und an die Afghanen abgegeben worden. Teilweise sogar in vier- oder fünffacher Ausfertigung, um es jedem Hörsaalleiter zugänglich zu machen. Was heute davon noch übrig ist, ist einfach nur traurig. Ob als Geschenk für Vorgesetzte oder an andere Einrichtungen verschachert, bis auf wenige Ausfertigungen, die nun bei Rabur stehen, ist alles verschwunden. Doch Samuel ist ein „Guter" und nach zähen Verhandlungen habe ich mich dann doch breitschlagen lassen. Wohl wissend, dass es eben nicht der optimale Weg ist. Doch der Konflikt, einerseits die Unterstützung mit Material runterzufahren und andererseits aber einen guten Ausbilder zu unterstützen, hat dann doch meine gutmütige Seite gewinnen lassen.

Diesen Unterricht, der aufgrund der Leseschwäche der afghanischen Fahrschüler viele Bilder enthält, sollte in Farbe gedruckt werden. Doch der Drucker dafür steht im Geschäftszimmercontainer und wird relativ rege genutzt. Mit dem Klick auf die linke Maustaste geht der Druckauftrag raus und sofort mache ich mich auf den Weg zum Container. Unten angekommen sind die ersten Seiten schon in der Ausgabe, doch es folgen noch weitere. Um wenig Aufmerksamkeit zu erregen, stelle ich mich etwas vor den Drucker, um die Papierausgabe zu verdecken, doch schon beim Betreten des Containers durch den Stellvertreter, schießt mir nur ein Gedanke durch den Kopf: Jetzt gibt's einen Anschiss! Es dauert nur wenige Sekunden, denn auch er hatte etwas ausdrucken wollen und allein die Tatsache, dass er nun wegen mir warten muss, lässt ihn hellhörig werden. Schon bevor er seine Frage „Was machen sie denn da?" formuliert hat, schießen mir die ersten Entwürfe meiner Ausreden durch den Kopf. Selbst die Begründung, dass ich es für meine Unterlagen benötige, könnte ich unehrlicher Weise bringen, um mich vor dem drohenden Anschiss zu schützen. Doch ohne weiter darüber nachzudenken, sage ich es wie es ist. Damit war das „Feuer" eröffnet und lautstark und ausführlich macht er seinem Frust Luft. Sicher, es ist bereits über die Monate mehrmals angesprochen worden und doch sehe ich hier eine besondere Situation. Dass ich während seiner „Predigt" dann auch noch die Blätter weiter sortiere, was wohl den Anschein von Desinteresse machen muss, bringt ihn weiter auf die Palme. Immer wieder versuche ich stoßweise meine Argumente und Rechtfertigungen einzubringen. Doch ich muss mir auch nichts vormachen, denn Recht hatte er! Vielleicht gefällt ihm meine ruhige und trockene Reaktion auf seinen Anschiss nicht, doch dann beginnt er seiner Verärgerung über die mangelnden Informationen durch Dieter rauszulassen und ab dem Moment fängt der Anschiss tatsächlich an ungerecht zu werden. Jetzt will ich es auch nicht einfach mehr so hinnehmen und konfrontiere ihn mit seinem Fehler, mir Dinge anzulasten, die Dieter verbockt hat. Aber er ist nun mal gerade in Fahrt und will als Vorgesetzter sicher nicht als Verlierer des verbalen Gefechtes gelten. Nach dem Motto „Sie sind zur Zeit der Vertreter des Inspektionschefs und damit mein Ansprechpartner, dann müssen sie das auch hinnehmen!" bügelt er jeden Versuch der Rechtfertigung nieder. Erst als unsere Admin ihn direkt mit der Frage konfrontiert, ob die unbeteiligten Anwesenden den Container verlassen sollen, fährt er seine Erregung zurück und verlässt, immer noch vor sich hin schimpfend, selbst den Container. Dass der Container sowohl mit deutschen als auch mit ungarischen Kameraden gefüllt ist, die den Anschiss sicher aufmerksam mitverfolgt haben, hat mich nicht weiter gestört. Dafür habe ich ihn wohl auch zu ruhig und bedacht hingenommen. Lediglich die Tatsache, dass ich gerade für den guten Willen und eigentlich für die gute Sache abgestraft wurde, stört mich schon sehr.

Der Oberstaber, der ebenfalls im Raum steht, versucht sofort den Sachverhalt aufzugreifen, wobei er den Stellvertreter klar in Schutz nimmt. Das kann ich verstehen, denn abgesehen davon – und das habe ich auch eingesehen, dass er mit dem „ersten Anschiss" recht gehabt hat – sind sie auch dicke Freunde. Jede weitere Rechtfertigung meinerseits war eigentlich nur der höfliche Akt, irgendwie auf seine Worte zu reagieren. Richtig interessiert hat es mich aber nicht mehr. Das Gefühl, der Stellvertreter könne mich einigermaßen leiden, ist damit jedenfalls zerstört, wenn auch nicht unberechtigt.

Am selben Abend bin ich, aus der Küche kommend, vom Oberstaber und Flo „überrumpelt" worden. Aus dem Schatten der umliegenden Dunkelheit waren sie mich von den Seiten angesprungen und hatten mich zu Boden geworfen. Völlig überrascht von dieser Aktion, die ich nicht sofort einordnen konnte, begann ich sofort damit, mich heftig zu wehren. Wenn ich etwas absolut nicht abkann, dann, wenn ich körperlich bedrängt werde. Doch das war um einige Stufen schlimmer! Nicht nur, dass der Versuch, mich mit ihrem Körpergewicht am Boden zu halten, auch die Schmerzen des Aufpralles und der verrenkten Arme auf dem Rücken brachten „böse Erinnerungen" in mir hoch. Mit Mühe und hohem Krafteinsatz, der mich selbst erstaunte, konnte ich mich immer mal wieder von einem der „Angreifer" befreien. Doch was sollte das? Für Spaß war es viel zu schmerzhaft! Wären es nicht zwei Kameraden gewesen, die ich für Freunde halte, ich hätte wohl irgendwann mit Fausthieben geantwortet. So dauerte es dennoch eine Weile, bis sie sichtlich erschöpft aufgaben. Und so schnell wie sie aus der Dunkelheit über mich hergefallen sind, so schnell waren sie wieder weg. Das eigentlich traurige daran: Ich werde mir noch

Wochen später, wenn beide schon wieder zu Hause sind, Gedanken über das: „Warum?“ machen. Gefragt habe ich danach nicht mehr. Vielleicht reichte mir der „Sieg“ über die zwei?!

Am heutigen Abend steht die Verabschiedung von Jörg und dem Oberstaber an und das Grillen, was den Abend begleiten soll, ist eine gute Gelegenheit, aus der Schusslinie zu bleiben und etwas Wiedergutmachung zu signalisieren. Dolli ist ohnehin dafür eingeplant und als Kalle mich bittet für die ersten Minuten zu unterstützen, lasse ich mir den Job auch später nicht mehr nehmen. Kalle scheint das ganz gut zu passen, denn eigentlich wollte er ja mit dem Oberstaber Abschied feiern und nicht den ganzen Abend am Grill stehen. Geschlagene vier Stunden hat sich das Grillen dann hingezogen. Alle sind rundum begeistert und in Dollis Gesellschaft komme ich trotz der Nachwehen des Anschisses schnell wieder in meine sonst ehr lockere Stimmung. Ein wenig aufgepasst habe ich dennoch, denn schließlich will ich vorm Stellvertreter auch nicht den Eindruck aufkommen lassen, sein Anschiss würde mich nicht jucken.

Vielleicht zu meinem Glück bittet unser Oberst mich, für den französischen Oberst, der noch vormittags durch die Bereiche der Einheit geführt wurde, eine Einweisung in den *Dingo* oder den *Eagle* zu organisieren. Als Leiter eines französischen Militärmuseums ist er sehr an den verschiedenen Fahrzeugen interessiert. Gleich am frühen Nachmittag, nach unserer Rückkehr von den Afghanen, mache ich mich also auf den Weg zum Transportzug. Den Transportzugführer kenne ich, er war auch mal kurzeitig einer meiner Lehrgangsteilnehmer an der Schule in Deutschland und wie gesagt, man sieht sich immer zweimal. Wir vereinbaren einen Termin und da ursprünglich sowieso eine Einweisung des Sicherungszuges in unser riesiges Gelände geplant ist, klappt das völlig unproblematisch. So schlage ich zwei Fliegen mit einer Klappe. Der Transport- und Sicherungszug, der uns im Zweifelsfall auch aus dem Gelände rausholen muss, wenn wir mal technische Probleme mit dem Fahrzeug haben, bekommt seine längst überfällige Einweisung. Ich bestelle den Oberst ebenfalls dorthin und er kann sich mit unseren Fahrzeugen auseinandersetzen und auch mitfahren. Wenn jetzt noch alle Beteiligten ihre Termine darauf abstimmen, kann die Aktion in wenigen Tagen stattfinden. Damit ist der erste wichtige Punkt des Tages neben der „Routine“ bei den Afghanen erledigt.

Mit Dieters Terminplaner unterm Arm, in den ich für die Zeit seiner Abwesenheit alle Termine eintrage, laufe ich zurück zu meinem Unterkunftsblock. Auf der Bank und in den Gartenstühlen hinterm Geschäftszimmercontainer sitzen einige Kameraden der Einheit. Der Stellvertreter ist ebenfalls dabei und raucht sichtlich gut gelaunt eine dicke Zigarre, von der aber nicht mehr viel übrig ist. Die Gelegenheit, dem Informationsmangel und damit seinem größtem Kritikpunkt entgegenzuwirken. Langsam trete ich an die Gruppe heran und höre erst einmal den Gesprächen zu. Es geht um nichts wirklich wichtiges, Smalltalk eben. In einem günstigen Moment spreche ich den Stellvertreter, der mir bereits mehrfach prüfende Blicke zugeworfen hat, an. Die Information zum Thema „französischer Oberst“ hat er noch nicht, also gut für mich. Als ich damit beginnen will, die Einzelheiten zu erläutern, beginnt er mit der Hand, in der sich auch der Zigarrenstumpf befindet, zu winken. „Holen sie sich mal einen Stuhl ran!“ Meine innere Spannung fällt sofort etwas ab und so greife ich mir einen der noch freien Stühle aus dem Hintergrund und ziehe ihn neben seinen Platz. Seine Reaktion und die Offenheit, ein längeres Gespräch zuzulassen, beruhigt mich etwas. Nicht, dass ich Angst vor seiner Reaktion gehabt hätte, doch so fühlt es sich besser an und ich kann lockerer und ungezwungener reden. Geduldig und ausführlich erkläre ich ihm die Hintergründe und mein Vorgehen. Dass die Kameraden des Sicherungszuges eingewiesen werden sollten war schon lange vorher abgesprochen und findet allseitige Zustimmung. Für ihn umso mehr ein Grund, sich über die Unterstützungskompanie, die der Sicherungszug ja nun mal angehört, aufzuregen. Völlig begründet, denn es muss auch in ihrem Interesse sein, im Notfall einen guten Job machen zu können und sich dort, wo sie gebraucht werden, auszukennen.

Hinterherlaufen jedoch habe auch ich aufgegeben. Es wird einmal angesprochen, zweimal angesprochen und dann war es das auch. Dennoch gut für mich, dass er sich nicht wieder über mich aufregen muss und mein Vorgehen sogar mitträgt. Es dauert noch eine ganze Weile, bis ich die Gruppe wieder verlasse. Einerseits ist es ganz amüsant, gerade Kalles Sprüche zu hören. Andererseits möchte ich auch nicht unhöflich wirken und den gebotenen Platz sofort wieder aufgeben. Also nutze ich die Zeit, um mit den Jungs etwas abzuschalten und gehe erst, als der Stellvertreter auch wegmuss.

Der Oberst ist noch unterwegs und hat mehrere deutsche Generale an den „Hacken", die er sowohl als Vertreter des Führers Deutsche Kräfte als auch als Leiter unserer Einheit beschäftigen muss. Die Anzahl der Generale ist schon ungewöhnlich hoch und auch hier zeigt sich, wie bei den meisten Besuchen der letzten Monate, dass das Interesse an einer weiteren Mission nach 2015 groß ist. Der Illusion, alle würden abziehen und die Mission ist beendet, gibt sich hier keiner, der etwas von Afghanistan versteht, mehr hin. Wenn nach der Bundestagswahl auch der politische Druck anschwillt, wird sicher noch offener über die Folgemission und größeren Personalbedarf für eine selbige gesprochen. Dennoch ist die Führungsrolle der Amerikaner nicht zu unterschätzen! Denn viele Nationen laufen nur in deren Schatten.

Ab 17 Uhr halte ich mich daher bereit, um sowohl als Vertrauensperson der Unteroffiziere als auch als Vertreter des Inspektionschefs bei einem folgenden Briefing Rede und Antwort zu stehen. Eine Vorbereitung auf dieses Briefing ist anscheinend nicht notwendig und so gehe ich kurz vor fünf nach oben zu Dolli. Er sitzt bei offener Tür an seinem Schreibtisch und wartet startklar auf den Oberleutnant, um mit ihm zum Abendbrot zu gehen. Für mich fällt das vorerst aus, denn im Anschluss an das Briefing soll es was Warmes geben. Als der Stellvertreter aus seiner Stube kommt und mich sieht, bittet er mich den „Melder" zu machen. Da der Start für das Briefing etwas variieren kann, würde er mich anrufen und ich müsste dann die anderen Inspektionschefs einsammeln und zum Konferenzraum mitnehmen. Er scheint wirklich nicht nachtragend zu sein, denn auch diese Geste, auf mich zuzugehen, zeigt Entgegenkommen. Er hätte schließlich auch jeden anderen einteilen können. Es bleibt ein wenig der Eindruck, er könnte sogar ein schlechtes Gewissen haben. Schließlich war nur der erste Teil der Zurechtweisung wirklich gerechtfertigt. Wie auch immer, denn eine deutliche Erleichterung macht sich in mir breit. Er ist einfach kein Vorgesetzter, mit dem man

Stress haben muss. Fast schon wie gewohnt bewegt sich aber lange nichts. Zwar eine gute Gelegenheit auf den weichen Bänken der Raucherecke auf der Feuertreppe mit einem „alten Oberstleutnant“ aus dem ersten langen Einsatz zu reden, dennoch nervt die Warterei.

Da nun feststeht, dass mein neuer Nachfolger erst im Januar kommen wird, werden so zwischendrin noch die Papiere von unserer Admin dafür fertig gemacht. In Absprache mit Jörg, meinem Bürokameraden aus Deutschland, wird er erst im Januar kommen, um Weihnachten und Silvester noch bei seiner Familie zu verbringen. So werde ich zwar ebenfalls planmäßig nach Hause fliegen, aber kurz nach Silvester wieder zurückkommen, um die Dienstgeschäfte an Jörg zu übergeben. Die etwa drei Wochen werde ich dann auch noch auf einer Backe absitzen und habe damit für alle Seiten wieder eine gute Lösung gefunden. Meine Frau versteht es auch und hat sogar vorgeschlagen, dass ich Weihnachten wegen des Flug- und Reisestresses gar nicht nach Hause komme. Doch davon halte ich allerdings nichts. Sie denkt dabei zwar auch an das unangenehme Gefühl, wenn ich wieder abreise, doch abgesehen davon, dass der Zeitraum bis Ende Januar einfach zu lang ist, möchte ich genauso bei meiner Familie sein, wenn Feiertage sind. Alternativ könnte ich natürlich auch die Herbstferien mit ihnen verbringen, doch Weihnachten ist mir wichtiger. Die Frage, warum nicht einfach Herbstferien und Weihnachten Urlaub machen, ist schnell beantwortet. 2014 möchte ich als Jahr des Ausgleichs und der Regeneration von diesem Einsatz mit viel Urlaub und Zeit für die Familie freihalten. Jeder Tag, den ich jetzt verbrate, wird mir nächstes Jahr fehlen. Zwar ist auch nächstes Jahr an der Schule recht viel in der Ausbildung zu tun, doch man muss auch mal an sich und die Familie, die unter so einem langen Einsatz wohl am meisten leidet, denken. Und das versuche ich.

Der Stellvertreter kommt zügig aus seinem Container. Da ich mittlerweile über die Brüstung der Feuertreppe nach unten schaue, sehe ich ihn sofort und signalisiere ihm, dass ich nun allen Bescheid sagen werde. Es geht direkt hinter mir zurück in den Flur, wo zurzeit bis auf Dieter ausnahmslos alle Inspektionschefs untergebracht sind, und rufe laut: „Es geht los, die Generale warten!“ Da ja alle darauf gewartet haben, dass es losgeht, dauert es auch nur Sekunden, bis sie vor den Stuben auf dem Flur sind und mir entgegenkommen. Nur Jörg hat die Ruhe weg und hängt etwas hinterher. Der Stellvertreter wartet bereits am oberen Ende der Treppe zum Konferenzraum und treibt uns etwas an. Mit einem Blick zurück prüfe ich noch einmal, ob auch wirklich alle dabei sind, um dem Stellvertreter keine „Falschmeldung“ zu liefern. Jörg fehlt! Auf die Frage des Stellvertreters, als ich oben ankomme, ob alle da wären, suche ich immer noch Jörg auf der Feuertreppe und entdecke ihn. Also rufe ich: „Alle da, Jörg kommt auch sofort.“ Jörg schlendert den Weg von unserem Gebäude in Richtung Konferenzraum als hätte er alle Zeit der Welt und könnte sich gar nicht in die Hektik der anderen hineinversetzen. Jetzt könnte man denken, es interessiere ihn nicht mehr, jetzt wo er schon offiziell verabschiedet ist und in wenigen Tagen nach Hause fliegt. Doch er ist einfach der ruhige und ausgeglichene Typ. Ein lieber Kerl, der wohl keiner Fliege etwas zu Leide tun könnte. Ich muss schon automatisch grinsen, wenn er beginnt eine seiner „Kriegsgeschichten“ zu erzählen. Wenn er dann so betonend mit seinem Kopf zu den Worten wackelt und seine durch die dicken Brillengläser vergrößerten Augen den Blickkontakt zum Gegenüber suchen. Einer der wenigen Stabsoffiziere, die einigen hier das Du unabhängig vom Dienstgrad angeboten haben und damit mehr eine gute Zusammenarbeit unterstreichen wollen. Nun muss auch der Stellvertreter lachen, obwohl er natürlich Wert darauflegt, dass ab jetzt das Auftreten gegenüber den Generalen angemessen ist. Jörg, der seit anderthalb Jahren hier war und dem man sowieso irgendwie nur wenig übelnehmen könnte, wird in dieser Truppe fehlen. So unscheinbar er auch oft gewirkt haben mag, er ist ein sehr angenehmer Zeitgenosse, der einfach schon durch seine Anwesenheit etwas Ruhe und Zufriedenheit ausstrahlt. Aber auch er hat die Zeit hier in Kabul ausgereizt und muss nun, ob er will oder nicht, zurück nach Deutschland. Weniger aus Fürsorgegründen seiner Vorgesetzten, sondern mehr, weil man ihn schlicht auf einem anderen Dienstposten braucht.

Da haben wir Unteroffiziere es etwas leichter, denn von uns gibt es in der Regel in den verschiedenen Verwendungen deutlich mehr und somit sind wir auch leichter ersetzbar. Wir rücken dem Stellvertreter folgend in den Saal ein und stellen uns etwas ungeordnet kurz hinter dem Eingangsbereich auf. Die Generale kommen einer nach dem anderen an uns vorbei, um uns zu begrüßen. Und wieder werde ich auf meinen Namensvetter im Einsatzführungskommando angesprochen. *Ja ich kenne ihn vom Hörensagen doch nicht persönlich und nein, wir sind nicht verwandt.* Vom Sehen kenne ich einige von den Generälen, doch Berührungspunkte gab es zuvor nicht. Es werden die Plätze eingenommen und geduldig, als immerhin kleinster Dienstgrad im Raum, warte ich ab, um mich nicht versehentlich in den falschen Sessel zu setzen. Dann signalisiert mir der Stellvertreter mit seiner gewohnten Handbewegung, dass ich mich neben ihn setzen solle und das tue ich auch. Ohne lange Pause steigt der Leiter in sein Briefing ein und springt, vermutlich vom Zeitplan gedrängt, durch die Folien seiner Präsentation. Dabei wirkt es wenig langweilig, wie es bei solchen Briefings schnell passieren kann. Gekonnt und wirklich redegewandt garniert er seine Ausführungen mit bildhaften Beispielen aus dem Alltag mit den Afghanen. Etwas verwundert bin ich darüber, dass er trotz Anwesenheit des französischen Oberstleutnants und der drei ungarischen Majore aus unserer Einheit das Briefing in Deutsch hält. Erst als er seine Ausführungen zum Thema „Unterstützung in Afghanistan nach 2014“, so könnte man es zusammenfassen, beendet, eröffnen die Generäle eine „Fragerunde“ auf Englisch. Werde ich gefragt, werde ich natürlich versuchen mein mäßiges Englisch anzuwenden, doch hier in der hinteren Reihe der Sessel an dem großen Besprechungstisch fühle ich mich recht wohl und versuche zumindest den Inhalten der Gespräche zu folgen. Und da es anscheinend genügend Redebedarf bei den Chefs der anderen Inspektionen gibt, halte ich mich bewusst zurück. Müsste ich die vorgetragenen Schwierigkeiten, die hier angesprochen werden, auf den Punkt bringen, so wäre dies recht einfach.

Es ist wohl überall, wo mit Material gearbeitet werden muss, dasselbe Leid. Die Amerikaner stecken Material in Milliardenhöhe hier in das Land, doch eine funktionierende Logistik, die auch eine Erhaltung und Instandsetzung sicherstellt, gibt es nur auf dem Papier. Da könnte ich mit den Motorradteilen, die nun mehr als acht Monate auf sich warten lassen, in dieselbe Kerbe schlagen. Nur ändern würde es nicht viel, weil es immer noch an den Denkweisen und kulturellen Hemmnissen der Afghanen liegt. Mir erschließt sich auch nicht ganz, was diese Generäle eigentlich für eine Motivation für diesen Besuch und welche Ziele sie haben. Werden sie präventiv beeinflusst, um später in irgendwelchen Ausschüssen und weiteren Gesprächen zum Thema Afghanistan für die Mission und somit für den Fortbestand unserer Einheit zu sprechen? Es scheint als wollen alle Beteiligten dieser Runde zum Ende kommen und so endet sie auch nach kurzer Zeit. Damit ist dieser Kelch an mir vorbeigegangen. Der Leiter bittet zum Abendessen und langsam leert sich der Saal. Um nicht direkt in der hochrangigen „Meute“ mitzumüssen, stelle ich die Sessel, die aus der benachbarten Tischgruppe genommen wurden, wieder zurück. Nur noch der Leiter, der seine Unterlagen eilig zusammensucht, befindet sich jetzt außer mir im Raum. Daher stelle ich mich in die Tür zur Wolfshöhle und halte sie ihm, damit er der Gruppe zügig folgen kann, auf. Er bedankt sich und hechtet über die Treppe hinab durch das GYM zum Seitenausgang, der direkt vor der Ausgangstür zur Küche liegt. Der Versuch einiger Offiziere der Gruppe, durch genau diese Ausgangstür den kürzesten Weg in die Küche zu nehmen, wird vom Truppenarzt, der sich direkt daneben befindet, ausgebremst. Von dieser Seite kann man sich nicht die Hände waschen und da hat er nun mal, auch wenn es ein kleiner Umweg um die Halle ist, Recht.

Ansteckende Krankheiten kann man sich hier an jeder Ecke holen und besonders das ständige Händeschütteln trägt sämtliche Erreger durch das Land. Wer schon einmal mehrere Tage an Durchfall in diesem Land gelitten hat, zweifelt nicht mehr so schnell an der Notwendigkeit dieser einfachen, aber sehr wirkungsvollen Maßnahme. In der Küche mit gewaschenen Händen angekommen, stelle ich mich neben den Oberstaber. Der Speisesaal ist in zwei Bereiche unterteilt, die durch die Plastikblumentöpfe optisch leicht zu erfassen sind. Der Bereich für den Besuch ist mit Stehtischen, die mit weinroten Decken verziert sind, ausgestattet. In der anderen Hälfte stehen die normalen Esstische, an denen auch noch einige zu Abend essen. Wie alle anderen müssen nun auch die Generäle und wir unser Essen von der Auslage holen und so bildet sich schnell eine längere Schlange davor. Der Oberstaber und ich warten, denn ob nun am Ender der Schlange oder hier, es wird sowieso einen Moment dauern, bis wir dran sind. Nur zäh arbeitet sich der Ansturm auf die heute besonders ansehnliche Auslage ab. Es gibt neben den ohnehin reichhaltigen Salaten gebackene Scampi und Hummer. Auch das Hähnchenfleisch und die kleinen Frühlingsrollen lassen mir das Wasser im Munde zusammenlaufen. Mit mehr als zwei Stunden Verspätung bin ich voll aus meinem Verpflegungsrhythmus und so hängt nicht nur mir der Magen in den Kniekehlen. Langsam lichtet sich die Schlange und da der Oberstaber, etwas bockig wirkend mit vor der Brust verschränkten Armen näher an das Essen in der Auslage herangeht, folge ich ihm. Die sonst ungezwungenen Abläufe, begleitet von lockeren Sprüchen und Small Talk, gibt es heute Abend nicht. Zu viele Augen, die Wert auf Etikette legen, befinden sich im Raum und so versuche auch ich ein wenig „erzogen" zu wirken. Einer der Gründe, warum ich solche Situationen überhaupt nicht mag. Man kann nicht man selbst sein, da nicht jedem Vorgesetzten dieser lockere Umgangston gefällt. Dass sich ein Stabsoffizier dann zum Beispiel mit einem Feldwebeldienstgrad duzt, gehört genauso zum „No-Go" wie zu auffälliges Herumscherzen untereinander. Und das weniger, weil es den Generälen sauer aufstoßen würde, sondern weil man einfach damit die Aufmerksamkeit auf sich und damit von wichtigeren Personen ablenken könnte.

So oft kommen solche Events nun zum Glück nicht vor, als dass man nicht damit leben könnte sich für die wenigen Stunden dem „Zwang" anzupassen. Etwa sechs der Stehtische befinden sich im „VIP-Bereich", der sich mit den Besuchern bereits stark gefüllt hat. Ein Tablett, auf dem sowohl das Besteck der Teller und das Getränk stehen, gibt es heute nicht. Lediglich meinen Teller, den ich mit Hummer und einigen Scampi neben einer kleinen Burg aus Salz befüllt habe, nehme ich mit an den Tisch. Die drei ungarischen Majore und Jörg sind meine erste Wahl. Auch der Oberstaber kommt kurz vor mir an denselben Tisch, der nun kein Gedeck mehr übrighat. Mit der Zusammensetzung kann ich gut leben, obwohl mein Englisch nicht das Beste ist, so braucht man sich in dieser Runde nicht zu verkrampfen. Und so kommen wir auch gut ins Gespräch. Der Oberstaber, der mittlerweile mithilfe des gleichen Lernprogrammes wie ich es nutze, fast perfekt Englisch spricht, unterhält die Ungarn am meisten. Dabei geht es im Wesentlichen um Dienstposten im Ausland und das Intranet der Bundeswehr. Die Unterschiede, so klingt es aus den Diskussionen zumindest heraus, sind groß und irgendwie bekomme ich den Eindruck, dass die ungarische Armee noch viel tun muss, um sich dem „NATO-Standard" anzupassen. Sowohl die Bezahlung als auch die allgemeinen Bedingungen klingen nicht besonders attraktiv. Zwar könnte man sagen, dass der hohe – und das meine ich wirklich ernst – Standard der Bundeswehr nicht so leicht zu erreichen ist, doch schon die Art, wie sie über die Bedingungen in der Armee reden, verrät eine Menge. Trotz weniger Scherze oder gerade deshalb bleibt die Stimmung am Tisch verhalten. Genaugenommen wartet jeder auf ein Zeichen, dass ihn aus dieser Runde entlässt.

Es ist Donnerstagabend und für gewöhnlich würde ich den Abend jetzt bei einem Film und mit einem Telefonat mit meiner Frau ausklingen lassen. Stattdessen beginnen meine Beine vom langen Stehen zu schmerzen. Noch nicht stark und ich kann das durch regelmäßigen Wechsel des Gewichtes von einer Seite auf die andere kompensieren. Im Zusammenhang mit der aufkommenden Langeweile am Tisch beginnt es jedoch zu nerven. An den anderen Tischen, die mit den Generälen gefüllt sind, scheint man sich angeregt zu unterhalten. Die Höflichkeit erfordert es, dass man sich nicht einfach heimlich aus dem Staub macht. Es ist kurz vor halb zehn und die Geduld sowohl von mir als auch meiner Tischnachbarn ausgereizt. Ohnehin steht hier nur noch die Abordnung unserer Einheit mit den Generälen herum. Sowohl die Feldjäger als auch die Anteile der Unterstützungskompanie haben sich verabschiedet. Unserem Stellvertreter, der am Tisch mit dem Leiter neben uns steht, scheint ebenfalls die Geduld auszugehen. Sein Versuch, uns beim Leiter abzumelden, scheitert unter Teils spaßigem und Teils ernstem Gelächter des Obersts. Ob aus leichter Verärgerung oder um sich mit den „Leidenden" zusammenzutun, kommt er an unseren Tisch. Ein Stück näher zum Oberstaber und er findet auch noch einen Platz, an dem er sich mit den Armen auf dem Stehtisch auflegen kann. Mit diesem gescheiterten Versuch dürften wir weitere Zeit, die mittlerweile sinnloser denn je erscheint, „gewonnen" haben. Das muss man unserem Stellvertreter ja lassen, er setzt sich erstens für seine Leute ein und vertritt uns auch nach „oben". Auch die Ungarn sehen inzwischen extrem genervt aus und zwingen sich dennoch, mit uns gemeinsam stehen zu bleiben. Diese Kurzsichtigkeit der Besucher verwundert mich wirklich und so frage ich ohne daraus eine Ironie machen zu wollen den Stellvertreter: „Ich bin etwas verunsichert Herr Oberstleutnant. Ist unsere Anwesenheit weiterhin erwünscht oder sieht dort nebenan niemand, dass wir uns seit etwa einer Stunde nur noch die Beine in den Bauch stehen?" Deutlich entrüstet entlädt er seinen Frust und antwortet: „Das ist eine einzige Verarsche! Natürlich könnten wir schon längst weggetreten sein!" Das war klar zu verstehen und um ihn nicht weiter auf die Palme zu bringen, halte ich mich zurück und kommentiere seine Äußerung nicht weiter. Es steht mir einerseits nicht zu, den Anlass zum Lästern zu nutzen und zum Ziel seines Frustabbaus möchte ich ebenfalls nicht werden.

Kurz nach 22 Uhr nimmt er einen neuen Anlauf. Der höchste der Generäle hat sich zuvor, als er selbst auf der Toilette war, verabschiedet. Selbst das Personal der Küche und die Bedienungen sitzen seit Stunden an ihrem Tisch im Speisesaal und warten auf das Ende dieser Veranstaltung. Nur einer von ihnen scheint die Zeit zum Putzen zu nutzen und wirbelt unaufhörlich an den edelstahlglänzenden Wagen für die Auslagen. Diesmal kann der Stellvertreter überzeugen oder sich durchsetzen. Jetzt zählt nur noch das „Ergebnis" und wenige Sekunden später dürfen wir dann auch gehen und die Veranstaltung verlassen.

Entnervt und mit leicht brennenden Augen gehe ich den kurzen Weg durch die Dunkelheit zu meinem Block und verschwinde in meiner Stube. Damit ist der gemütliche Teil des eingeläuteten Wochenendes hin. Um noch einen Film zu starten ist es viel zu spät und duschen muss ich auch noch. Mit Dolli habe ich mich für halb neun zum Frühstück verabredet und so nehme ich lieber die zwei Stunden mehr Schlaf, als die Nacht künstlich in die Länge zu ziehen. Mein Schlafrhythmus hat sich gut drei Wochen nach dem Urlaub wieder etwas angepasst. Wach werde ich zwar immer noch sehr oft mitten in der Nacht, doch damit kann ich leben und irgendwie gehört es zu meinen kleinen Ritualen hier im Einsatz.

Nach dem Frühstück werde ich, wie auch die letzten Male, mit Dolli zum Sport gehen. Seine Trainingseinheiten sind zwar etwas kürzer als meine, doch wenn meine Laufeinheit dran ist, können wir uns dabei gut unterhalten und die Zeit vergeht recht schnell. Seit ich zurück bin und er regelmäßig bei mir im Wolf mitfährt um Dieter als Beifahrer zu ersetzen, habe ich immer mehr Gemeinsamkeiten festgestellt. Wir haben einen sehr ähnlichen Humor und können uns so über den Tag immer wieder mit Scherzen und Spaß belustigen. Jetzt wo feststeht, dass ich ebenfalls genau wie Dolli erst Ende Januar Afghanistan verlassen werde, bin ich irgendwie erleichtert, jemanden zu haben, mit dem ich mich so gut verstehe. Möglicherweise höre ich mehr zu und er kann sich vieles von der Seele reden, doch das passt schon. Jetzt hat er auch noch extra seinen Weihnachtsurlaub an meinen angepasst und wir können zusammen fliegen und die Wartetage in Masar beim Kickern verbringen. Erst jetzt, wo ich mir in Ruhe Gedanken darüber mache, fällt mir auf, wie oft wir zusammenhängen und was wir über den Tag alles so zusammen machen. Wir kickern als „festes" Team, essen zusammen und nehmen auch alle allgemeinen Termine gemeinsam wahr. Das hat dann gleich noch eine gute Seite, weil wir gegenseitig darauf achten, dass keiner von uns etwas vergisst. Schon schade, dass er so weit im Süden Deutschlands wohnt, vielleicht würden sich unsere Frauen ja auch gut verstehen?

Der Freitag wird wie immer im Flug vergehen und die Phase der Erholung auch diesmal unbedeutend sein. Dass ich meinen Rhythmus des Dienstalltags hier im Einsatz wiederhabe, ist gut und sollte dafür sorgen, dass mir die Tage nicht so lang erscheinen. Etwas weniger als vier Monate und es geht in den letzten Urlaub für diesen Einsatz.

Termine, die keine Langeweile aufkommen lassen, gibt es genug. Ob ein weiterer Besuch des französischen Obersts in Verbindung mit einer Geländeerkundung zu *Dingo* und *Eagle* oder Journalisten, die Bilder der Afghanen von der Ausbildung einsammeln. Dabei geht der Ausbildungsbetrieb in „aufgebohrter Form" weiter. Teile eines afg. Offizierslehrganges sind uns zugewiesen worden und werden nun für die nächsten zwei Wochen in Technik und dem Fahren auf den Militärfahrzeugen der afg. National Armee ausgebildet. So viele Fahrzeuge wie heute habe ich schon lange nicht mehr im Gelände im

Einsatz gesehen. Die Tatsache, dass es sich um eine Offiziersausbildung handelt, scheint den Kraftstoff und den Willen, Ausbilder einzusetzen, fließen lassen. Die Wertigkeit der sonstigen Ausbildung für die Fahrlehrer und Fahrschüler liegt damit auf der Hand. Wo sonst gerade genug in den Tank gefüllt wird, um aus dem Gelände wieder zurück in die Einheit zu kommen, zeigt jetzt die Tanknadel fast voll. Es ist schade, dass es nur geht, wenn die entsprechend wichtigen Vorgesetzten sich einschalten. Zumindest für die Zeit, in denen die drei verschiedenen Gruppen der Offiziersanwärter die verschiedenen Stationen an der fahrpraktischen und technischen Offiziersausbildung durchlaufen, werden die anderen Lehrgänge davon profitieren. Denn nun hat auch unser Fahrlehrerlehrgang vorerst genug Kraftstoff für die praktische Ausbildung. Da ich mich mit Dolli arrangieren muss, komme ich zurzeit nicht allzu oft und allzu lange nach draußen in die praktische Ausbildung.

Noch etwa eine Woche und dann ist Dieter wieder da. Ab dann kommt wieder der gewohnte Rhythmus und wir sind mehr bei den Lehrgangsteilnehmern und ihren Ausbildern. Gestern haben wir nur wenige Minuten gehabt, in denen Rabur aber noch irgendwo unterwegs war.

Da Jörg seine Verabschiedung in der neuen Küche in PeC 1 vorbereitet hat und wir nicht besonders viele Gäste vermuteten, sind wir wieder zeitig zurückgefahren. Dolli hat schon darauf gewettet, dass kein Afghane der Verabschiedung beiwohnen würde. Doch die Erfahrung zeigte, dass wenn es etwas umsonst gibt, dann kommen sie auch. Dass sogar der Chef des Stabes dazustößt, hätte ich jedoch nicht gedacht. Ein wenig unwürdig und einem Gast, der 16 Monate in diesem Land zugebracht hat, fiel dann auch die Rede des afghanischen Chefs aus. Sie konnte nicht schnell genug zu Ende sein, damit sich die etwa 30 Teilnehmer der Verabschiedung über die Softdrinks und den Kuchen hermachen konnten. Irgendwo zwischen 10 und 15 Minuten mag es gedauert haben und das Angebot der Abschiedsspeisen war abgegrast. Wirklich peinlich begannen dann die Ersten damit, sich die noch verbliebenen Reste auf den Einwegtellern zu stapeln und zu sichern. Nachdem sich dann nach kurzen abschließenden Worten des afghanischen Obersts alle von den Plätzen erhoben hatten, blieb der zu mehreren Metern Länge zusammengeschobene Tisch mit den unbrauchbaren Müllresten aus Dosen, Essensresten und Einwegbesteck zurück. Da habe ich weiß Gott schon anständigere Verabschiedungen gesehen. Das einer der Sprachmittler eine klappbare Holzschale, wie sie hier oft als Souvenir an Ausländer verkauft wird, als Abschiedsgeschenk dem Chef bei seiner Rede in die Hand drückte, um sie an Jörg weiterzureichen, hat das negative Bild dieser Veranstaltung in meinen Augen nicht aufgebessert.

Die Erinnerung an den Abschied meines Majors aus 2010 lag nahe. Interessanterweise ist Hashib, der damals Chef unserer Inspektion war, auch diesmal der Chef und hätte in Verantwortung gestanden. Doch er war gar nicht erschienen und das ist in der afghanischen Kultur schlimmer als in unserer. Eine geringere Wertschätzung kann man seinem Mentor, auch wenn er es wirklich einfach vergessen haben sollte, nicht zukommen lassen. Das hatte weder der Major damals noch Jörg heute verdient. Heute haben wir erfahren, dass er sich dafür entschuldigt hat und zum Prüfen von Fahrschülern unterwegs war. Ein Schelm wer Böses dabei denkt. Dolli und ich konnten das Gesicht und die Ausreden Hashibs leider nicht direkt miterleben, da wir im Fahrschulgelände unterwegs waren und die Zeit genutzt haben, um die Kameraden des Transportzuges in die Örtlichkeiten einzuweisen und dem französischen Oberst einen exklusiven Einblick in unsere geschützten Fahrzeuge zu geben. Schon lange habe ich keinen Oberst mehr so oft und so lange grinsen sehen. Als Leiter des Militärmuseums in Frankreich haben wir damit seinen Nerv getroffen und sowohl ihn als auch die französischen Kameraden unserer Einheit, die ihn begleitet haben, etwas glücklich gemacht.

Es ist noch etwa eine Stunde bis zum Abendbrot und da Jörg mir gestern bereits ein Zwei-Euro-Stück für den letzten Haarschnitt vor dem Heimflug in die Hand gedrückt hat, nehme ich mir mein Haarschneideset aus dem Bad und begebe mich in das oberste Stockwerk. Jörgs Tür steht einen Spalt offen und er sitzt in seinem Shirt und dem Rest der Uniform an seinem Schreibtisch. Mit den Worten „der letzte Haarschnitt“ halte ich das Set in seine Stube.

Zustimmend nickt er und wiederholt ruhig und vielleicht sogar etwas wehmütig klingend meine Worte. Er möchte die Haare auf dem Flur vor seiner Stube geschnitten haben. So hat er die Haare nicht in seiner Stube und das Licht hier im Flur ist auch deutlich besser. Während ich meine Einzelteile des Sets zurechtlege, holt er einen der Barhocker aus dem Gemeinschaftsraum und stellt ihn vor die Steckdosen an der Wand. Dann geht er zurück in seine Stube, um sich ein dunkelbraunes Badehandtuch um den Nacken zu legen. Den Barhocker rücke ich wieder etwas von der Wand weg, da ich sonst nicht um ihn herumlaufen kann. Wie immer sehr gemächlich schlurft Jörg in seinen Badeschlappen auf den Sitz. Jetzt, wo ich ihm mehr als ein halbes Jahr die Haare geschnitten habe, brauche ich eigentlich nicht mehr danach zu fragen, wie es werden soll und welche Längen er haben möchte. Doch irgendwie gehört es schon zu dem Prozedere dazu und zudem bricht es immer etwas das Eis, ein Gespräch loszutreten. Es geht nach Hause und so habe ich den Willen, es besonders gut zu machen. Dafür, dass Jörg ein recht ruhiger Typ ist, redet er dennoch ganz gerne. Vielleicht weil er bei mir, Dolli und Moritz das Gefühl hat, das wir auch hören wollen, was er zu sagen hat. Er strahlt auf jeden Fall eine Ruhe und Entspannung aus, die mir gefällt und in so einem Einsatz schon wieder guttut.

Viel ist beim Schneiden nicht runtergekommen, doch es gefällt mir und scheint gut gelungen. Mit meinem Reinigungspinsel fege ich die kleinen Haarbüschel von seinen Schultern, den Ohren und dem Nacken. Das Handtuch hat er inzwischen über die Hose gelegt, um nicht gleich die ganze Uniform wechseln zu müssen. Hier kann er seine Wäsche nicht mehr waschen lassen, da sie nicht vor Donnerstagnachmittag zurück wäre und dann sollte er schon in Masa sein. Axel aus der Zweiten hatte im Vorbeilaufen ebenfalls nach einem Termin gefragt. Jetzt wo ich schon mal hier bin und sowieso nachher saubermachen werde, kann er gleich danach auf den Stuhl. Als hätte er auf das Aufstehen von Jörg gewartet, kommt er den Flur entlang und nimmt kurz darauf Platz. Noch einmal kommt Jörg aus seiner Stube und bringt seine „Sammelbox“ für Kleingeld mit raus. Wortlos stellt er sie auf den kleinen Schrank an der Wand, auf dem auch Teile meines Sets liegen. Bevor ich mit Axel weitermache, verharre ich, um ihm nachzuschauen. Bevor ich etwas sagen kann, grinst er mir zu und meint: „Kannst du auch in die Sammelbüchse tun, ist eine gute Sache!“ Klar, dass ich mich bedanke, denn selbst, wenn ich noch keine Ahnung habe was da insgesamt wohl drin sein mag, ist es eine wirklich gute Geste! Ganz verstehen kann ich die Aktion noch nicht und kurz glaube ich, er hat nur keine Lust, das „Klimpergeld“ mit auf die Heimreise zu nehmen. Aber schon wenig später muss ich mich für diesen Gedanken innerlich etwas schämen.

Nachdem ich mein Set gereinigt und den Flur von den herumliegenden Haaren befreit habe, schütte ich die Plastikdose auf meinem Schreibtisch aus. Unter all dem Kleingeld kommt auf einmal ganz oben auf dem Haufen ein sauber zur Hälfte gefalteter 50-Euro-Schein zum Vorschein. Mein erster Gedanke: „Den hat Jörg bestimmt vergessen!“ Ohne zu zögern stecke ich ihn in meine linke Hosentasche und spurte ohne meine Stube zu verschließen nach oben zu Jörg zurück. Auf mein Klopfen an der Tür folgt keine Reaktion. Dolli, in der Stube direkt neben ihm, hat die Tür auf und meint: „Der ist unterwegs!“ Da Dolli und ich jetzt noch zum Wolf müssen um die Papiere, die er zuvor wiederbekommen hatte, zurückzubringen, machen wir uns, nachdem ich den Fahrzeugschlüssel geholt und meine Stube verschlossen habe, auf den Weg. Draußen ist es, obwohl es auf fünf Uhr zugeht, immer noch etwas unangenehm warm. Heute war so ein Tag, in dem man auch im Auto unter voller Klimaanlage schwitzen musste. Knapp 40 Grad im Schatten hatte das Thermometer vom Wolf angezeigt. Beim Öffnen der Tür kommt mir eine Wand drückender Hitze, die kaum Luft zum Atmen lässt, entgegen. Zügig öffne ich die kleine Klappe unter meinem Fahrersitz, in der ich die Papiere verstaut habe und lege sie auf die Stofftasche, in der sich alle anderen Dokumente des Wagens befinden. Da ich das Heft regelmäßig und als nächstes morgen für das Betanken brauche, lasse ich es so griffbereit liegen. Vorsichtig schließe ich die Tür wieder ab. Der krumme Schlüssel steht kurz davor abzubrechen. Ein neuer ist unterwegs, doch bis dahin sollte er halten. Als ich meinen Kopf wieder hebe und den Blick vom Türschloss nehme, sehe ich wie Jörg in einigen Metern Entfernung zwischen den Hallen durchläuft. Dolli rufe ich zu, dass er kurz warten soll und renne

Jörg, den ich schon nicht mehr sehen kann, weil er zwischen den Hallen verschwunden ist, hinterher. Erst hinter der Trennmauer zwischen altem Camp und der Erweiterung entdecke ich ihn wieder, als er fast um die nächste Ecke biegen will. Mit lauter Stimme rufe ich seinen Namen und schon beim ersten Mal hört er mich und bleibt stehen. Auf seiner Höhe angekommen ziehe ich den 50-Euro-Schein aus meiner linken Tasche und halte ihm das Geld hin. „Das war unter deinen Münzen, hast du sicher vergessen, oder?“ frage ich ihn etwas verunsichert. „Deswegen bist du mir jetzt hinterhergelaufen?“ Keine Ahnung wie er das meint und warum es ihn wundert, doch ich halte es immer noch für ein Missverständnis. „Das hat schon seine Richtigkeit! Ich halte das, was du machst für eine gute Sache und das gefällt mir!“ Etwas verunsichert stammele ich vor mich hin und blicke dabei mit gesenktem Kopf auf den Schein in meiner Hand: „So viel, das ist eigentlich viel zu viel!“ Wenn die Kameraden mal kein Kleingeld haben und mir einen Fünfer hinhalten, bestehe ich schon darauf, dass sie den nächsten Schnitt damit bezahlt haben, doch so viel ist schon etwas Besonderes! Damit bestätigt er mich ein weiteres Mal darin, dass er ein guter Mensch ist! Die Summe seiner Taten und der Umgang mit seinen Mitmenschen geben mir Recht. Nun wo es klargestellt ist, weiß ich gar nicht genau, wie ich mich dafür noch bedanken soll. Diese Spende wird den Topf schlagartig anwachsen lassen und ein einfaches Danke, dass dazu noch Gefahr läuft als Floskel verstanden zu werden, das wäre einfach nicht genug. „Ein ehrliches Doppeldanke!“ gebe ich ihm grinsend herüber. Sowohl meine Betonung als auch meine Mimik und Gestik sollen ihm unmissverständlich zeigen, wie toll ich diese Geste finde. Dabei geht es nicht um die Summe allein, sondern darum, dass er mir das Gefühl gibt, es von Herzen zu tun. Wenig später beim Abendbrot setzt sich der Oberst neben mich. Diese Gelegenheit kann ich mir nicht nehmen lassen und abgesehen davon, dass ich immer noch beeindruckt bin, möchte ich, dass es auch sein „Chef“ weiß! Also erzähle ich dem Oberst vom rentabelsten Haarschnitt für die Spendenaktion und er findet lobende Worte.

Das am Esstisch unterzubringen war sicher nicht die schlechteste Idee, denn hier hat auch ein Oberst in der Regel den Kopf etwas freier als über seinen Unterlagen im Bürocontainer. Einige andere nutzen die Gelegenheit und bringen ihre Themen auf den Tisch. Das weckt ein wenig das schlechte Gewissen, hatte ich doch damit angefangen ihn beim Essen zu „belästigen“. Aber dafür ist er Oberst und außerdem auch offensichtlich offen für solche Gelegenheiten. Als er mich auf den morgigen Termin mit dem Journalisten anspricht, sind wir dann auch wieder quitt. Gemeinsame Mahlzeiten haben eben nicht nur eine soziale, sondern auch kommunikative Komponente.

Der Termin mit dem Journalisten läuft recht unspektakulär ab und ist die „Aufregung“ nicht wert. Sven war nun schon viermal hier, um Bilder für seine Artikel und Berichte zu machen. Dass er früher selbst Soldat war, bringt einen angenehm entspannten Umgangston mit sich. Mein Auftrag besteht darin, ihn mit in das Fahrschulgelände zu nehmen und ihm die Bilder zu stellen, die er haben möchte – natürlich im Rahmen der Möglichkeiten. Nebenan bei Salim in der Fahrschülerinspektion ist Graduierung. Die Zeit, die der Oberst, bei dem Sven mitgefahren ist, nun für die Teilnahme neben dem Schulkommandeur braucht, haben wir für die Fotos der 3. Inspektion. Gemeinsam mit Dolli und auch Amin als Sprachmittler fahren wir vom Bereich der Dritten mit dem Wolf los. Rabur folgt in seinem Ranger und Ismael ist sein Fahrer. Das neue Fahrschulgelände ist nur wenige Minuten entfernt und so erreichen wir sehr schnell den Platz, an dem eine Gruppe Fahrschüler auf ihren „Einsatz“ wartet. Wenige Meter davon entfernt übt ein Fahrschüler unter Anleitung das Rückwärtsfahren mit dem LKW. Wir steigen aus dem Wolf und warten noch, bis auch Rabur aus seinem Ranger zu uns kommt, um ihn als Vorgesetzten der Afghanen einzubinden. Erste Szene soll eine gestellte Technikausbildung sein und so bitte ich Rabur, seinem Fahrlehrer zu sagen, dass die Motohaube des LKW geöffnet werden soll und sich auch einige der wartenden Fahrschüler aus dem Schatten des heruntergekommenen, deutschen Anhängers zu uns begeben sollen. Anfangs noch etwas zögerlich, kommen sie zu uns herüber. Sven beginnt direkt damit, sie sich in Position zu rücken. Alle müssen irgendwie auf die Front des LKWs, und so einen freien Blick in den Motorraum zu bekommen. Es soll ja schließlich später auch wie eine realistische Ausbildung aussehen. Das klappt soweit ganz gut, denn klettern können sie in der Regel. Nur das sie ständig in die Kamera schauen macht Sven zu schaffen. Immer wieder drückt Amin sich dazwischen und übersetzt für ihn. Nach einigen Minuten beginnt das bekannte Klicken der Kamera und die ersten Bilder kommen in den Kasten. Sven sieht noch nicht so aus, als wären das die Bilder, die er sich wünscht. Immer wieder, nicht unbemerkt, geht sein Blick hinüber zu den Infanterieeinheiten, die in Schützenreihen durch das Gelände streifen. Mit ihren Waffen und der Ausrüstung auf dem Rücken verkörpern sie etwas deutlicher das Bild der afghanischen Armee und Bilder in kämpferischen Posen hätte Sven sicher auch gern. Doch mit denen haben wir nichts zu tun und so schlage ich eine andere Szene vor.

Der kleine Oberleutnant, der als Hörsaalleiter eingesetzt ist, kommt mit einem Ranger vorgefahren. Er hatte oben auf dem Berg des besseren Überblickes wegen mit seinem Wagen und einigen Ausbildern gestanden und ist nun auf uns aufmerksam geworden. Sein Ranger ist noch bunter geschmückt als der von Rabur. Kleine afghanische Fähnchen hängen im Innenraum und am Stoßfänger. Ein kleiner roter Teppich schmückt, wie hier auch oft bei Zivilfahrzeugen, das Armaturenbrett. Noch dazu sieht er frisch gewaschen, also wie für ein gutes Foto vorbereitet aus. Ein bewegtes Bild kann man sehr gut in einer Fahrsituation mit Staub und drehenden Rädern erzeugen, also schlage ich vor, den Ranger am Berg im Hintergrund eine Anfahrübung machen zu lassen. Zwar scheint der Berg etwas zu steil, um vom Ranger bezwungen zu werden, doch für Bilder ist das genau richtig. Sven scheint die Idee gut zu finden und so erkläre ich Amin in Ruhe, was ich genau vorhabe, damit er es an den kleinen Oberleutnant weitergibt. Der Oberleutnant ist ein pfiffiger, wenn auch manchmal lästiger Kerl. Schnell begreift er was von ihm erwartet wird. Fahrschüler, die noch auf der Ladefläche des Pickups sitzen, springen nun ab und kommen auf meine Seite mit etwas Abstand zum Ranger. Überall liegen Steine und loses Geröll. Da macht es Sinn, sich nicht direkt in die „Schusslinie“ der durchdrehenden Räder zu stellen. Sven ist inzwischen bis fast nach oben auf die Anhöhe gegangen und verlässt sich bei den Instruktionen für den Oberleutnant auf mich. Er steht somit diagonal von uns auf der anderen Seite des Rangers und kann damit sowohl den Wagen als auch uns auf das Foto bekommen. Ob Amin und ich aus dem Bild gehen sollen rufe ich ihm nach oben zu. Doch alles passt so wie es ist. Auf mein Zeichen – ich habe vorher Blickkontakt zu Sven gesucht, der mir den erhobenen Daumen zeigt – gebe ich dem kleinen Oberleutnant das Signal zum Start. Mit viel zu viel Gas beginnen direkt die Räder durchzudrehen und der Wagen beginnt sich unter einer dichten Staubwolke in den Boden zu graben. Mein linker Arm geht nach oben und die geschlossene Faust soll, was sich hier in Afghanistan durch die Amerikaner stark verbreitet hat, das Stoppzeichen anzeigen. Fast verzugslos hören die Räder auf zu drehen, wie gesagt, pfiffig ist er. Nur langsam und ausgerechnet nach oben zu Sven, schiebt sich der Staub vom Ranger weg. Stück für Stück kommt das Fahrzeug wieder zum Vorschein und ein unangenehmer Geruch verbrannten Gummis zieht in unsere Nasen. Weniger von den Reifen als mehr von der Kupplung, kommt es als klares Zeichen der Überlastung. Mit Handzeichen navigiert Sven den Ranger wieder bergabwärts, damit er erneut Anlauf nehmen kann. Doch dieses Mal soll Amin dem kleinen Oberleutnant sagen, dass er die Räder nicht mehr durchdrehen lassen soll, sondern einfach versuchen soll, den Berg zu befahren. Das an sich dürfte schwer genug sein und Staub und sich in den Dreck beißende Räder erzeugen. Der zweite Anlauf funktioniert tatsächlich besser. Nur der Gang schein zu hoch gewählt und so bleibt der Wagen mehrmals fast vollständig stehen, bevor mit hoher Drehzahl, einen Gang runterschalten scheint zu schwierig, erneut die Kupplung gequält und jetzt nur noch eine Qualm-Wolke fehlt, die ihr Ende besiegelt. Erstaunlich, wie sich der Ranger trotz des etwas ungeübten Fahrers mit den etwa 100 Prozent Steigung (45 Grad) schlägt. Ob er die verfügbaren Sperren und Geländestufen überhaupt eingeschaltet hat, bleibt offen. Den Oberleutnant dabei zu kontrollieren, käme einer Beleidigung gleich und da Sven zufrieden abwinkt, hinterfrage ich es auch nicht weiter. Er hat seine Bilder von der Szene im Kasten und nur das zählt. Noch mit den Füßen im Wagen, streckt der kleine Oberleutnant bei laufendem Motor den Oberkörper aus der Fahrertür. Sein rechter Arm hält ihn am Wagen fest, während sein linker Arm mit erhobenen Daumen über das Dach zeigt. Mit dem Ausruf „Chub?“, was so viel heißt wie „Gut?", sucht er meine Bestätigung. „Cho, saista chub!" antworte ich ihm und bestätige damit, dass es super war. Zufrieden grinst er und schwingt sich wieder gekonnt auf den Fahrerplatz. Vorsichtig lässt er sich den Hang rückwärts hinunterrollen, bis er auf einen der dahinter verlaufenden Feldwege gelangt. Sven hat inzwischen eine andere Einheit der Infanterie auf dem Berg ausgemacht und ist immer noch an Bildern mit ihnen interessiert. Schnell wird jedoch mit sprachlicher Unterstützung des kleinen Oberleutnants klar, dass sie keine Bilder zulassen werden ohne eine schriftliche Genehmigung ihrer Vorgesetzten. So richtig abfinden möchte er sich mit diesem Umstand nicht und nur zögerlich gehen wir den Berg hinab zurück zu Dolli, der die ganze Zeit beim Wolf gewartet hat. Dolli bittet mich, noch schnell mit seinem Smartphone ein Bild mit dem LKW im Hintergrund zu machen, damit er es seiner Familie, die in Griechenland im Urlaub ist, schicken kann. Dafür stellt er mir das Gerät fertig ein und drückt es mir in die Hand. Aus der Hocke, das Gerät direkt über den steinigen Boden gehalten, versuche ich das Display in der grellen Sonne zu erkennen. Solche Blickwinkel machen normale Fotos etwas interessanter, finde ich.

Dann geht es direkt in das Fahrzeug, dabei vergesse ich sogar mich von Rabur zu verabschieden. Er ist dabei den Bau eines Sonnenschutzes mit den afghanischen Fahrschülern anzuleiten. Das Gestell aus alten Rohren sieht nicht besonders stabil aus. Lange Streifen aus Wellblech, die ihre beste Zeit auch schon hinter sich haben, werden in Schräglage an das obere Rohr gelegt. So haben sie eine Seitenwand und können sich dahinter vor der Sonne verstecken. Lange dürfte das aber nicht halten, denn der Sonnenschutz direkt am Zaun des Camps, den sie vor einigen Monaten gebaut haben, ist inzwischen auch wieder zusammengebrochen und sieht verlassen aus. Wir haben aber keine Zeit, uns das „Schauspiel" der besonderen Ausbildung noch länger anzuschauen. Der Oberst hat ein Zeitfenster vorgegeben, welches so langsam abläuft. Dennoch suche ich mit dem Wolf recht vorsichtig den Weg zurück zur befestigten Straße. Das Gelände und die Wege sind trotz der ständigen Nutzung durch die Militärfahrzeuge nicht die besten. Zudem habe ich nun schon mehrfach alte Sprengmittel (alte Granaten, Mienen usw.), die von den dafür speziell ausgebildeten Einheiten gesprengt werden mussten, entdeckt. So schärft sich mein Blick nicht nur für die Unebenheiten, sondern eben auch andere Auffälligkeiten, besonders abseits der befestigten Wege. Für Sven und Amin, die fast direkt über der Hinterachse sitzen, bedeutet das unangenehme Sprünge und Schläge, wenn das Tempo hier nicht passt. Zurück auf der Straße geht es dafür umso zügiger voran. In einiger Entfernung taucht bereits der nächste Infanteriezug auf. Auch sie laufen ordentlich in Schützenreihe an den Rändern der Straße in gleichmäßigen Abständen auf uns zu. Nur die Ausbilder laufen etwas, das gleichmäßige Bild störend, dazwischen herum und dirigieren die Soldaten immer wieder zurecht. Wieder beginnt Sven mit seinen Bildern von der Infanterie zu nerven. Doch erstens drückt die Zeit und zweitens weiß ich nicht, was sich an der Situation mit der schriftlichen Genehmigung geändert haben sollte. Das hätte man einfach anders planen und vorbereiten müssen. Wir biegen in die Einfahrt zum Camp ein und warten einige Sekunden, bis der Wachposten uns das Tor öffnet. Es ist immer noch amüsant anzusehen, wenn er den kleinen gebogenen Draht aus dem Neben-Tor aushängt, um unsere Seite zu öffnen. Gut verschlossen wäre anders.

Seit Monaten öffnen mir hier dieselben Gesichter, die oft ein Lächeln übrighaben, das Tor. Immer noch bringe ich ihnen gelegentlich Wasser vorbei und habe es so an Tagen, an denen viele Fahrzeuge für Besuche einfahren, einfacher. Würden sie dann Dienst nach Vorschrift machen und jedes Fahrzeug abspiegeln, würden sämtliche Zeitpläne der Besuche wie Seifenblasen zerplatzen. Kaum einer berücksichtigt so etwas in seiner Planung. Abgesehen davon, dass sie beim Abspiegeln nicht gerade sorgfältig sind. Dolli hält wie immer seinen Brustbeutel, in dem seine ID Karte steckt, an das Fenster. Obwohl sie auch da nie genau hinsehen sobald sie mich erkannt haben, hält er sie Tag für Tag gutmütig an das Fenster. Da nimmt er sich mit Dieter nicht viel. Der Platz, an dem vorhin noch die Fahrzeuge vom Oberst und Volker, dem Chef des Stabes, gestanden haben, ist leer. Ich drehe eine Runde, um vor den Zelten zu wenden und fahre zur Fünften, denn möglicherweise sind sie dort rübergefahren.

Die Tore zu Salims Bereich stehen weit offen. Ein Wachsoldat, der für die morgendliche Zeremonie geschmückt wurde, steht gehorsam am Eingang. Den alten russischen Stahlhelm, der weiß lackiert und mit roten Streifen überzogen ist, hat er neben sich auf den Tisch gelegt. Weiße Ledergamaschen und ein dicker weißer Ledergürtel wirken fast ein wenig fein, aber passen zu dem Anlass. Ohne extra anzuhalten fahre ich langsam an ihm vorbei und Grüße mit der Hand in seine Richtung. Etwas zögerlich und scheinbar verunsichert hebt er vorsichtig die Hand, um den Gruß zu erwidern. Es ist viel Bewegung in dem Bereich wo gerade in mehreren Hörsälen die Urkunden verliehen werden. Für die meisten dürfte es damit in das Wochenende gehen, bevor sie am Samstag dann wieder in ihren Einheiten antreten müssen. Langsam fahre ich an den immer wieder im Weg stehenden Soldaten vorbei. Es sind auch hier keine Deutschen zu sehen und so drehe ich am Ende, kurz vor dem Zaun zur neuen Liegenschaft, wieder um und bleibe stehen. Der Versuch, einen der Fahrer anzurufen, scheitert an der schlechten Verbindung, die mir eine Frauenstimme der Vermittlung in der Landessprache vermutlich bestätigt. Erst als ich wenige Meter vor rolle, klappt es. Sie stehen nur wenige hundert Meter im neuen Camp-Teil vor den Gebäuden. Um zu ihnen zu gelangen, muss ich jedoch außen herumfahren und den Eingang, den ich im letzten Einsatz täglich mehrmals genutzt habe, anfahren. Schließlich soll der Journalist wieder in seiner ursprünglichen Gruppe weiterfahren. Kurz vor der Ausfahrt aus der Wache lasse ich Amin raus. So brauchen wir hier nicht mehr zurückzukommen und können uns noch kurz um Dollis Afghanen in PeC 1 kümmern. Nur allzu oft hatte ich Dolli die letzten Tage, bedingt durch Dieters Abwesenheit, als Beifahrer missbraucht und damit seinen Auftrag etwas zu kurz kommen lassen. Ob dabei viel liegengeblieben ist, darf man zwar bezweifeln, doch es geht auch ums Prinzip. Hashib und die Offiziere der Vierten scheinen es Dolli nicht gerade leicht zu machen. Immer wieder halten sie Absprachen nicht ein oder sind zu verabredeten Terminen nicht da. Umso schneller Dolli jedoch versteht, dass man hier eben nichts erzwingen kann, desto weniger graue Haare wird er davon bekommen.

Die beiden Wölfe im neuen Bereich sind schnell gefunden und die Fahrer sitzen, jeweils allein und Musik hörend oder einen Film auf dem Tablet schauend, darin. Wohin die anderen gegangen sind, interessiert mich nun auch nicht mehr so recht und Sven ist bereit, an den Fahrzeugen auf sie zu warten. Freundlich bedankt er sich noch einmal für die Tour und die Bilder, bevor Dolli und ich zurück nach PeC 1 fahren. Dort wartet schon der Chef der Ersten auf uns und möchte am liebsten direkt zurückverlegen. Dolli startet dennoch einen Anlauf, um mit Hashib die nächsten Lehrgänge zu besprechen und geht, mit dem Versprechen sich zu beeilen, aus dem Aufenthaltsraum der Deutschen hinüber in das andere Gebäude, in dem Hashib sein Büro hat. Ich lasse mich in einen der dicken Ledersessel gegenüber dem Chef der Ersten fallen und berichte kurz vom Vormittag. In unserer Fahrgemeinschaft ist er der am wenigsten „Lockerste“. Das kann einerseits mit seinem Dienstgrad zu tun haben, doch Jörg oder Tim, die ebenfalls Oberstleutnante sind, wirken wesentlich entspannter. Der Chef der Ersten lässt seinen Dienstgrad doch oft durch eine etwas spießige Art und teils willkürlich wirkende Entscheidungen raushängen. Einer der zentralen Punkte, die in den letzten Monaten Anlass zu „Reibereien“ gaben.

Erst gestern hatte er den Zeitplan ohne Rücksprache umgeworfen und Dolli angewiesen, die Abfahrtszeit auf 8 Uhr gemäß der Fahrtanmeldung, die eigentlich auf halb geschrieben war, zu ändern. Das ich mir etwas dabei gedacht hatte, um nämlich frühzeitig und natürlich vor dem Journalisten draußen zu sein, fiel dabei unter den Tisch. Zu seiner Entlastung stellte sich erst morgens heraus, dass er nichts vom Besuch des Journalisten wusste. Dennoch hätte eine kurze Nachfrage beim Vertreter der Dritten, mir, Unstimmigkeiten vermieden. Dass er dann ein wenig ein schlechtes Gewissen hatte, war seinem Fahrstil deutlich anzumerken. Sonst ein typischer „Sonntagsfahrer“, hatte er morgens ein so schnelles Tempo vorgelegt, dass es für mich schwer war dranzubleiben. Dann im Gate des Flughafens, als wir zur Überprüfung der Waffen aussteigen mussten, sprach er mich direkt wieder auf das Thema an. Aus Sorge, ich könnte nun zu spät zu dem Termin erscheinen, erkundigte er sich nochmals über die Details. Und tatsächlich konnten wir etwa zehn Minuten vorm Eintreffen bei Rabur über Funk die Ankunft des Obersts mit dem Journalisten hören. Schlimm war das nicht, denn sie mussten ja vor unserem Termin noch an der Graduierung teilnehmen. Es blieb jedoch ein ungutes Gefühl, denn dem Oberst ist unsere recht späte Ankunft eben nicht entgangen. Wenn es das erste Mal gewesen wäre, dass solche eigensinnigen Entscheidungen Probleme heraufbeschworen hätten, man würde es abhaken. Doch langsam schwindet die Hoffnung, dass er seine Fehler einsieht. Es geht nun mal dort, wo sich die Inspektionen abstimmen müssen, nicht, dass einer über die Köpfe der anderen hinweg entscheidet. Aber damit darf Dieter sich ab Mittwoch, wenn er wieder hier in Kabul ist, herumärgern. Insgesamt wird es eine spannende Woche werden, denn die Termine beginnen sich zu überschlagen.

Da bereits am Mittwoch schon wieder Besuch in unseren afghanischen Bereich kommen wird, kann ich Dieter erst gegen Mittag am Flughafen abholen. Das sind mindestens drei bis vier Stunden Wartezeit für ihn, doch ich kann es nicht ändern. Andernfalls müssten extra zwei Wölfe zum KaIA fahren und danach direkt wieder in das Camp zurück. Damit würde sich die Weiterfahrt an die Ausbildungseinrichtungen der Afghanen nicht mehr lohnen. Das wäre einfach unverhältnismäßig, nur um Dieter die Wartezeit zu ersparen. Der Besuch am Mittwoch gibt mir jedoch die Möglichkeit, die abgeänderten Stationen zu testen um sie dann am Donnerstag beim sehr hochrangigen Besuch ohne grobe Schnitzer ablaufen zu lassen. Insgesamt habe ich ein gutes Gefühl dabei, denn mal ein etwas anderer Ablauf tut den „Vorführungen“ ganz gut. So beginnt der September direkt mit neuen Aufgaben, was für eine schnell verfliegende Zeit nur gut sein kann.

Zu Hause haben sich die gewohnten Abläufe auch wieder eingespielt. Der Monat mit den meisten Events ist vorüber und der Stress dürfte damit auch für meine Frau wieder ein erträgliches Maß annehmen. Ein Mix aus Resignation mit Blick auf die fast fünf Monate ohne mich und das ungute Gefühl am Ende jedes Urlaubes hatten ihre Stimmung in den Keller gedrückt. Verbunden mit sichtbarem Gewichtsverlust, kamen natürlich auch wieder die „klugen“ Stimmen, die mich und meinen Job kritisieren. Wenngleich es mich mittlerweile nicht mehr besonders berührt, weil ich weiß, dass es von Menschen kommt, die anscheinend nicht verstehen können, was wichtig und richtig sein kann, regt es mich dennoch zum Nachdenken an. Letztlich drehe ich mich dann aber immer wieder im Kreis. Die Kinder fragen nur selten nach mir, wenn wir telefonieren. Sie scheinen sich einen kleinen Schutzmantel umzulegen, um die lange Zeit besser zu verarbeiten. In einem unserer Gespräche hat mir meine Frau erzählt, dass die Kinder sich noch nicht sicher sind, ob sie mich über Weihnachten, jetzt wo ich danach noch einmal zurückmuss, zu Hause haben wollen. Um einen weiteren Abschiedsschmerz zu verhindern, würden sie wahrscheinlich lieber ohne mich Weihnachten feiern. Meine Tochter hatte dazu angemerkt, dass sie das Gefühl habe, bei jedem Abschied von mir ginge etwas in ihr kaputt. Harte Worte, die verdeutlichen, welche Belastungen jedes einzelne Familienmitglied in so einer Situation und Zeit durchleben muss. Verstehen kann ich das schon auf der einen Seite und doch tut es auch etwas weh, so etwas zu hören. Vielleicht, weil wieder niemand danach fragt, was ich eigentlich denke und möchte. Am Ende bleibe ich zur „Strafe“ etwa sechs Monate am Stück eines Einsatzes von nun 13 Monaten hier, weil es für die Familie besser ist. Fast vier Wochen nach dem Urlaub hat sich wenigstens die Stimmung meiner Frau wieder aufgehellt und sie gibt mir auch am Telefon das Gefühl, dass wir zusammengehören und auch diesen Abschnitt unseres Lebens durchstehen. Einen Abschnitt, den eigentlich jeder allein gehen muss, damit wir später wieder auf denselben Weg kommen können. Mehr und mehr bekomme ich jedoch die Gewissheit, dass tatsächlich die nächsten Jahre damit Schluss sein muss. Dass die ertragbare Belastung, die ich damit meiner Frau und meinen Kindern zumute, bereits sichtbar überschritten ist. Irgendwann habe ich womöglich den richtigen Zeitpunkt zwischen Nutzen und Aufwand bereits verpasst. Doch jetzt bin ich Gefangener meiner eigenen Prinzipien und werde das, was ich angefangen habe, auch beenden – in der Hoffnung, dass es auch dieses Mal gutgeht und die Menschen, die mir wichtig sind, zu mir halten.

Gerade dann, wenn ich die Ruhe und die Zeit habe darüber nachzudenken, kann ich die Zweifel an dem Preis für diesen Einsatz nicht mehr wegwischen. Von Woche zu Woche schiebt sich der Text auf dem virtuellen Bildschirm in meinem Kopf mehr in den Vordergrund. Klar macht der Einsatz in diesem Land noch Sinn, denn die Veränderungen gehen voran. Ob uns das Tempo und die Qualität gefällt, ist dabei nicht die Frage. Nur der Preis, den wir für ein Volk zahlen, jeder einzelne deutsche Soldat, der hier seine Monate oder Jahre abgeleistet hat, der ist inzwischen in meinen Augen sehr fragwürdig. Wenn ich nicht mehr von der Sache überzeugt wäre, könnte ich nach Hause fliegen! Doch immer öfter rede ich mir die Motivation schön, indem ich es als „meinen Auftrag" definiere. Muss ein Soldat etwas ausführen von dem er persönlich nicht überzeugt ist, seine Meinung aber keine Rolle spielt, dann ist es eben der Auftrag oder „Befehl", der sein Handeln rechtfertigt und definiert. Und davon findet man auch hier in Afghanistan nach weit über zehn Jahren immer mehr deutsche Soldaten. Sie kommen für Punkte in der Beurteilung, die Chance auf schnellere Beförderungen oder auch wegen dem Auslandsverwendungszuschlag. Nur die, die wenigstens versuchen, die „Sache" als Grund anzugeben, die findet man eigentlich gar nicht mehr. Würde ich einige hundert Seiten in diesem Tagebuch zurück blättern, was ich im Moment grundsätzlich noch nicht mache, würde ich sicher die ersten Widersprüche in meinen Aussagen und Denkweisen zum Beginn des Einsatzes finden. Auch ich bin gehorsam und so werde ich mich weiter jeden Tag über jeden einzelnen Auftrag motivieren und definieren. Mit optimistischer Grundhaltung das Gute und einen Sinn darin sehen. Solange das funktioniert, werde ich auch die nächsten Monate bewältigen und hoffen, dass die Motivation nicht durch weitere Faktoren, wie der allgemeinen Sicherheit oder Problemen zu Hause, gedrückt wird.

Die Taliban sind wieder aktiver geworden und so darf man sich nie wirklich sicher fühlen. Gestern sind zwei Raketen auf das Camp *Black Horse* abgefeuert worden. Eine, und das ist schon etwas Besonderes, hat das Haupttor getroffen und zwei Wachsoldaten schwer verletzt. Die andere ist etwa einen Kilometer westlich des Black Horse eingeschlagen, ist jedoch nicht detoniert. Dicht an der Straße, die ich in das alte Fahrschulgelände fahre, ist sie eingeschlagen. So ist es nicht selten einfach nur eine Frage der richtigen Zeit und des richtigen Ortes, ob man in so etwas „hineingezogen“ wird oder eben nicht. Dass sie mit ihren oft sehr improvisierten Abschussvorrichtungen, die nicht selten nur Steinhaufen sind, auf die die Rakete gelegt wird, so genau treffen, ist selten, und wenn wohl mehr Zufall als Präzision.

Es ist wie üblich die Sonntagsbesprechung für 16 Uhr angesetzt, doch draußen an den Bänken, wo die meisten Kameraden schon darauf warten, in den Konferenzsaal weiterzuziehen, werden wir vom Spieß ausgebremst. Der Oberst liegt mit einem technischen Defekt noch irgendwo in Kabul und so wird die Besprechung zunächst um eine Stunde nach hinten geschoben. Die Gelegenheit, unser abendliches „Kicker-Turnier“ jetzt direkt zu starten. Dass wir seit Wochen abends kickern, beginnt so langsam zur Tradition oder besser zur festen Größe im Tagesablauf zu werden. Zwar sind die Gegner unseres beständigen Teams aus Dolli und mir nicht immer dieselben, doch bis auf wenige Ausnahmen schließen die Spiele immer an das Abendbrot an. Mittlerweile steht Moritz als Nachfolger für Schmittchen mit am Tisch. Nur der Leutnant ist etwas unzuverlässig, denn Pünktlichkeitsprobleme einerseits und die seit einiger Zeit laufende Bundesliga reißen ihn immer wieder aus dem Team von Moritz. Solange Kalle noch da ist – und das ist sein letzter Monat – haben wir immer einen vierten Mann, doch spätestens im Oktober wird es eng. Jetzt ist es sogar Kalle, der Gastspieler, der die Idee hat, das Spielchen vorzuziehen. Damit spielt Moritz in einem starken Team. Er selbst spielt mindestens unter den Guten genauso wie Kalle, der jedoch je nach Tagesform etwas mehr schwankt. Das ist auch Dollis und mein Problem. War der Tag anstrengend oder hat Dolli am Donnerstag beim Commander’s Call (wöchentlich angesetzte Veranstaltung zum Abschluss der afg. Woche) seine zwei Dosen Bier schon intus, dann können wir froh sein, wenn wir nicht „Krabbeln“ (muss der/die Verlierer unter dem Tisch durch bei 0 Toren) müssen. Heute starten wir vorerst stark und legen fünf Tore vor, bevor unsere Gegner das erste eigene Tor erzielen. Doch dann kommt wieder die mangelnde Konzentration gepaart mit mangelndem Einsatz bei uns durch. Nach dem Motto: Krabbeln müssen wir nicht, also können wir es entspannt angehen. Das hat uns schon oft den Sieg gekostet und ist häufig der Punkt, an dem wir die Positionen tauschen und ich in den Sturm gehe, obwohl ich hinten ganz gut blocken kann. Der Kicker-Tisch, der draußen im Innenhof steht, ist überhaupt nicht ausgerichtet. In Kombination mit dem Billigball, der aufgrund seiner nachgebildeten Fußballform wie ein Ei auf dem Tisch umherrollt, entwickelt sich fast jedes Spiel zum Glücksspiel. Lustig ist es ja und hat schon viele Lacher gebracht, nur meistens eben für die, die das Tor gemacht haben. Wenn die Bahn des Balles mal wieder seltsame Wege gefunden hat. Ein Hinspiel und ein Rückspiel, dann muss es reichen. An Sprüchen, um die Gegner psychologisch mürbe zu machen, wird von keiner Seite gespart. Sicher keine Gespräche mit intellektuellem Anspruch und auch nicht für jedes Ohr gedacht. Aber gerade bei Moritz glaube ich, dass diese lockere Atmosphäre ihm sehr früh den „Stock aus dem Hintern" gezogen hat. Darauf, dass er mich anfangs gesiezt hatte, hatte ich sowieso nicht reagiert. Doch das hat er, weil ich ihn direkt von Anfang an geduzt habe, nun auch abgelegt. Er ist locker zehn Jahre jünger als ich und da wir auf ähnlichen Ebenen zusammen unseren Dienst hier verrichten, scheint das für mich, trotz seines Offizier-Ranges, der angenehmste Weg.

Die Zeit bis zur Besprechung böte noch Zeit für eine weitere Runde, doch die Sonne steht nachmittags noch voll im Innenhof und so kommt man bei so einem Spiel schneller ins Schwitzen als einem lieb ist. Den Taschenkalender, den ich auf einen der Ablagen unter den Stützen des Pavillons abgelegt hatte, nehme ich wieder an mich und gehe gemeinsam mit den anderen drei wieder zu den Bänken. Immer noch etwa 20 Minuten bis zur Besprechung. Nochmal nach oben laufen lohnt nicht und was sollte ich da jetzt auch. Dolli setzt sich auf die Bank, die direkt am Container steht und ich setze mich daneben. Während wir wieder über dies und das Reden, brennt uns die Sonne ganz gut auf den Pelz. Nur die dicken Wolken, die schon im Laufe des Nachmittags für kurze Schauer gesorgt hatten, geben zwischendurch etwas Schatten.

Direkt nach dem Mittag war ich erneut, wie gestern schon einmal mit meinem Wolf, in der Werkstatt gewesen. Diesmal habe ich einen neuen Luftmassenmesser bekommen. Auch ein Teil, was nicht für diese staubreiche Region ausgelegt ist und sich zum regelrechten Verschleißteil entwickelt hat. Die gute Nachricht dabei war jedoch, dass man erkannt hat, dass es so nicht weitergehen kann. Alle zwei Wochen setzen die Luftfilter zu und die Fahrzeuge schalten sich ins Notlaufprogramm. Jetzt hat man von der zivilen Version die Luftansauganlage für alle Wölfe bestellt, die es eigentlich für diese nicht gibt. (Diese Idee war mir auch schon einmal gekommen, viele Seiten zuvor.) Damit saugt der Motor nicht immer direkt die staubige Luft, die von den Rädern dafür nur wenig über den Radkasten geschleudert werden muss, an. Sondern zieht sie auf Dachhöhe in seinen „Schnorchel". Mal sehen wie viele Monate diese Anforderung in der „Bearbeitungsschleife" kreisen wird, bevor der erste Wolf damit ausgerüstet wird. Der Umstand, dass bei diesem Wechsel des Bauteils mein doch sehr stark verdreckter Motorraum aufgefallen ist, hat mir wenigstens eine grobe Wagenwäsche ermöglicht. Seit Wochen steht ein Dampfstrahler, der gerade für den Hausgebrauch taugt, am Waschplatz. Der große Dampfstrahler ist ja seit geraumer Zeit defekt und mehrere Reparaturversuche sind gescheitert. Aus Angst, die vielen anstehenden wöchentlichen Fahrzeugwäschen könnten auch das kleine Reservegerät zerstören, dürfen nur noch wirklich dringende, also für Reparaturen oder Wartungsarbeiten wichtige Wäschen durchgeführt werden. Dementsprechend sehen die Wölfe eben auch aus. Und mehr als ab und zu den dicken verkrusteten Dreck vom Unterboden mit den Stiefeln wegzutreten, ist nicht drin. Da ich nun aber von Viktor, dem Schirrmeister des aktuellen Kontingentes die Freigabe habe, nutze ich die Gelegenheit, wenigstens oberflächlich dem Fahrzeug wieder etwas von seiner serienmäßigen Farbe zurückzugeben. Also arbeite ich mich durch den Motorraum, vorbei an den Stofffußmatten, die ich auf dem Beton liegen habe, an der Karosse herum. Jetzt steht „mein Lima" als sauberstes Fahrzeug in der Parkreihe unserer Fahrzeuge, obwohl ich nur bis zum Minenschutz gewaschen habe, um nicht die ganz dicken Brocken mit dem Minidampfstrahler beackern zu müssen.

In zehn Minuten soll es nun losgehen und pünktlich zum Abendbrot werden wir damit heute nicht kommen. Mit mehreren Ungeduldigen gehen wir in den Konferenzraum und suchen uns passende Plätze. Noch kann ich mich auf Dieters „Stammplatz“ setzen, bevor er nächste Woche wieder selbst dort sitzt. Den Taschenkalender lege ich auf dem Tisch vor mir ab und ziehe den Kugelschreiber, den ich von meinem kleinen Bruder erhalten habe, vom Deckel ab. So habe ich etwas in den Händen und kann mich mit dem Fummeln am Kugelschreiber etwas ablenken. Es sind noch viele Plätze frei, doch der Stellvertreter möchte schon mal die Vollzähligkeit überprüfen. Dabei fragt er durch die Inspektionen in der vom jeweiligen Chef gemeldet wird, ob seine Leute alle da sind. In meiner ist das sehr einfach. Der Oberst und zwei oder drei andere fehlen noch. Doch das kümmert mich nicht und so spiele ich weiter mit dem Kugelschreiber herum. Dann, wenige Sekunden später kommen der Oberst und Volker als letzte dazu.

Der Oberst sieht etwas gestresst aus und die Panne scheint ihm etwas im Magen zu liegen. So steigt er auch sofort und etwas ungewohnt rau in die Besprechung ein. Es täte ihm leid, dass er hier in unserer Einheit das freie „Saufen“ nicht durchbekäme um das „Mallorca-Feeling“ perfekt zu machen. In diesem Moment weiß eigentlich wohl niemand, was er damit sagen will. Es könnte mal wieder um das Thema Alkohol gehen, weil sich irgendjemand eine Dose zu viel genehmigt hat, doch das hätte sicher schnell die Runde gemacht, noch bevor der Oberst davon erfahren hätte. Seit es nur noch in der Wolfshöhle Bier gibt, dürfte die Zwei-Dosenregelung kaum noch zu umgehen sein. Klar, wenn ich es mir aus Deutschland schicken lasse, kommt erst mal keiner dahinter. Doch es geht weiter und in den folgenden Worten macht der Oberst seinem Frust über einen sehr unprofessionellen Ablauf beim Wechsel des Reserverades bei seiner Panne Luft. Es wäre nicht das vorgeschriebene Material auf den Fahrzeugen gewesen und sowohl der Umgang als auch das Material selbst wären ein Unding gewesen. Damit scheint er, aus seiner Sicht, einen gravierenden Mangel aufgedeckt zu haben. Richtig ist natürlich, dass wir immer und überall so eine Panne schnellstmöglich in den Griff bekommen sollten, um uns nicht länger als nötig der Gefahr durch Anschläge auf der Straße auszusetzen. Ein ungutes Gefühl überkommt mich, denn ich bin mir sehr sicher, dass sowohl mein Material als auch meine Fähigkeiten jederzeit für solche Situationen geeignet sind und das konnte ich mit Dieter auch schon unter Beweis stellen. Das ungute Gefühl kommt auch nicht von einer möglichen Unsicherheit deswegen, sondern weil es hier in meinen Augen – wie es leider fälschlich zu oft passiert – zu einer Gruppenbestrafung zu kommen scheint. Sowohl sein Ton als auch die Wortwahl, die eine direkte Maßnahme für uns „Fahrer“ ankündigt, lässt keinen Zweifel daran, dass es keine rationale Entscheidung ist. Der Oberst ordnet im Anschluss an diese Besprechung eine Überprüfung des Materials an allen Fahrzeugen an, die durch den Stellvertreter abgenommen werden soll. Benni als aktueller Schirrmeister unserer Einheit soll im Vorfeld die Leitung übernehmen. Das Thema scheint kein Ende zu finden und so bleibt die Feststellung des Obersts, „Wir fahren wie die Schneider draußen rum!“, unkommentiert im Raum stehen, als die Besprechung mit der Möglichkeit für jeden Einzelnen das Wort zu ergreifen, zu Ende geht. Das Benni nun auch noch fehlerhafte Eintragungen in den Fahraufträgen anspricht, setzt der nun schlechten Stimmung die Krone auf. Clever war das nicht. Zumal solche Mängel direkt mit den betreffenden Personen angesprochen werden könnten. Darauf muss der Oberst nun nochmal in die Kerbe schlagen und da er sich anscheinend dazu in der richtigen Stimmung befindet, kommt das auch an. Manchmal bleibt nach so einer Besprechung der fade Eindruck, dass immer Kameraden dabei sind, die etwas zu „melden“ haben. Wenn es Informationen oder Anregungen für alle sind, so wie man es sicher auch mit den Fahraufträgen rechtfertigen könnte, ok. Doch häufig scheint ein Gespräch unter vier Augen innerhalb einer Woche von Besprechung zu Besprechung nicht möglich und diese „Einzelschicksale“ werden hier gerade breitgetreten.

Das Abendbrot rückt in weite Ferne. Zwar rege ich mich innerlich gerade sehr über diese Materialüberprüfung, die wir ja ohnehin regelmäßig bei den besonderen technischen Diensten machen müssen, auf, doch nicht unwesentlich nervt es mich auch, dass ich immer hungriger werde und dies einer der wenigen Gründe ist, die mir schlechte Laune machen können. Die Besprechung löst sich auf und nur die Fahrer bleiben noch mit dem Stellvertreter sitzen. Es wird ruhig im Saal. Mit ruhiger Stimme und fast so, als wolle der Stellvertreter etwas Spannung aus der Situation nehmen, geht er noch einmal, jedoch deutlich sachlicher auf das Problem ein. Ohne dabei ein schlechtes Wort über den Oberst zu verlieren, steht er, der sonst für seine klare Linie bekannt ist, als „Guter" da. Er will diese Maßnahme nicht unnötig erschweren oder in die Länge ziehen und verspricht, wenn das Material ordentlich bei den Fahrzeugen ausgelegt ist, es kurz zu machen. Alle einigen sich darauf, dass wir diese Angelegenheit noch vor dem Abendbrot erledigen. Ob Gruppenzwang oder weil es nun auch nicht mehr auf die nächsten Minuten ankommt, nicke ich ebenfalls ohne weiteren Kommentar mit dem Kopf. Klar, wir werden nicht verhungern, aber irgendwie stört es die gewohnten Abläufe, zumal der Beigeschmack der Ungerechtigkeit dabei ist.

Gleich nach der Besprechung muss ich mit den anderen Inspektionschefs noch einmal zum Stellvertreter. Es gibt wiederholt eine kurze Einweisung für den Generalsbesuch am Donnerstag. Die Abläufe haben sich gegenüber dem letzten Plan nicht groß geändert, nur das alles um eine Stunde nach hinten geschoben wurde. Der Kern dieser Einweisung liegt wohl mehr in der Sorge begründet, es könnten vor dem General Dinge angesprochen werden, die der Führung nicht bekannt sind oder dort nicht hingehören. Als Ruhe in die Runde einkehrt und es anscheinend keine Fragen mehr gibt, hebe ich die rechte Hand. Ein wenig wie früher in der Schule melde ich mich zu Wort. Aus dem Stellvertreter platzt ein fragendes „Du?" heraus. Er hat wohl kurz angenommen, dass ich irgendein unangenehmes Thema auf den Tisch bringen will und so kann ich mir ein deutliches Grinsen nicht verkneifen. Es bleibt wohl doch ein wenig „der Teer des Querulanten" an mir hängen. Schnell nehme ich aber die Spannung raus und möchte eigentlich nur wissen, ob Dieter, sollte er am Mittwoch wieder da sein, auch am Donnerstag sofort wieder in Verantwortung steht. Eine gewisse Erleichterung ist dem Stellvertreter anzumerken und natürlich muss aus seiner Sicht dann Dieter wieder in das „Amt".

Es geht im Laufschritt zur Stube hoch. Ich brauche den Fahrzeugschlüssel, um an das Material zu kommen. Auch der Oberstleutnant der Ersten muss nun als Fahrer zu seinem Auto, hat jedoch auch seinen Schlüssel auf der Stube. So treffen wir uns auf dem Weg in den technischen Bereich, wo die Wölfe geparkt sind wieder. Sein Unmut über diese Aktion kann und will er wohl auch nicht verstecken. Dass er sich ein wenig wie ein Rekrut in der Grundausbildung vorkommt, kann ich voll nachvollziehen. Mit jeder Minute, die man länger darüber nachdenkt, wirkt die Aktion überzogen und deplatziert. An den Fahrzeugen herrscht schon mächtig Gewühl. Überall liegt Ausrüstung auf den Hescos hinter den Fahrzeugen herum. Was die Kameraden der Unterstützungskompanie, die noch vor und in der Werkstatt beschäftigt sind, denken? Würde man hier nicht in der Gruppe untergehen, es wäre schon etwas peinlich. Es bedarf keiner schwierigen Schlussfolgerung, um hier eins und eins zusammenzuzählen. Aus welchem Grund sollte man wohl sonst um diese Uhrzeit Ausrüstung auslegen und abnehmen lassen? Mittlerweile habe ich es nun schon so oft gemacht, dass ich fast blind meine Ausrüstungsteile aus den Staufächern ziehe und alle hinter meinen Wolf lege. Dolli ist schon fertig und da sein Wolf gleich neben meinem steht, schaue ich wie seine Ausrüstung liegt, um es dem Stellvertreter beim Vorbeilaufen durch ein einheitliches Bild etwas leichter zu machen. Es gibt nur etwas Uneinigkeit darüber, was alles genau aus dem Wagen muss. Dreht es sich jetzt nur um das Werkzeug für einen Reifenwechsel oder muss alles raus? Mir fehlt einfach der Nerv, hier jetzt noch unnötig lange herum zu eiern und so hole ich nach und nach alles heraus. Das gefällt Dolli zwar im ersten Moment nicht, denn er hat noch einiges im Wagen, doch dadurch lasse ich mich jetzt nicht beirren. Dann zieht er unter leichtem Protest nach und sieht doch ein, dass es so schneller geht, wenn der Stellvertreter durchgeht. Pünktlich auf die Minute biegt er auf den Parkplatz ein und wird sogleich von Benni in Empfang genommen. Da die Fahrzeuge alphabetisch geparkt sind, beginnen sie auch bei „A". Schnell stellt sich heraus, es fehlt nicht ein Teil auf den Fahrzeugen.

Das Problem war die Unkenntnis der Fahrer, weil sie einfach nicht genau wussten, wo ihre Ausstattung im Wagen abgelegt war. Der

Toyota wird in Deutschland nicht genutzt und auch nicht ausgebildet, dennoch hätte man bei einer guten Übernahme des Fahrzeuges solche Dinge beachten können. Webt man den Faden weiter, so ist auch der aktive Beifahrer in der Pflicht, den Wagen und seine Ausstattung zu kennen. Spätestens bei einem Verkehrsunfall, bei dem der Fahrer verletzt wird und anschließend nicht mehr ansprechbar ist, muss auch der Beifahrer, der auch sonst bei technischen Diensten und Abläufen im Verkehr zu unterstützen hat, wissen, wo der Verbandkasten oder der Feuerlöscher liegen. Das ein Oberst grundsätzlich eine herausgehobene Stellung besitz, entbindet ihn im Zweifelsfall jedoch weder von diesen noch von den allgemeinen kameradschaftlichen Pflichten. Somit bleibt an dieser Stelle, so anmaßend man das auch sehen mag, Selbstkritik gefragt. Wenn ich jetzt noch daran denke, wie oft die Fahrer stundenlang gelangweilt in ihren Fahrzeugen auf die Fahrgäste warten – ja das ginge besser! Schnell ist alles wieder in den Fahrzeugen verstaut und die Gruppe der Fahrer begibt sich zum gemeinsamen Abendessen. Das Gesprächsthema dieser Runde sind natürlich die Nachwehen und die Auswertung der Geschehnisse der letzten Stunde. Nur der Oberstleutnant der Ersten ist nicht dabei. Seine Anwesenheit hätte sicher so manch offene Kritik in der Runde unterdrückt.

Wenn es eine Quintessenz aus diesem Abendessen gibt, dann, dass man sich einig ist, dass der Oberst hier etwas richtigstellen, wenn sich nicht sogar für die Überreaktion entschuldigen sollte. Niemand ist ohne Fehler und Emotionen, seien sie auch manchmal ein schlechter Begleiter für Entscheidungen, sie sind menschlich. Es kommt nun nur darauf an, was man daraus macht. Dieses Thema zieht sich noch bis spät in den Nachmittag des Folgetages hinein. An diesem ist für 16 Uhr eine Besprechung der MKF (Militärkraftfahrer) beim Oberst angesetzt. Mehrfach erkundige ich mich, nachdem ich bereits am Vormittag davon erfahren habe, ob alle, oder nur die eigentlich als Kraftfahrer im Einsatz befindlichen Soldaten dorthin sollen. Da mir wiederholt bestätigt wird, dass ich dort nicht erscheinen muss, nutze ich die Zeit für Sport. Dolli, der sich aus dem Sport vorübergehend ausgeklinkt hat, ist jedoch hingegangen, weil sich wenige Minuten vor dem Treffen dann doch herausstellte, dass der

Oberst alle anwesend haben möchte, die ein Fahrzeug hier im Einsatz regelmäßig bewegen. So bin ich nicht dabei, was an sich nicht weiter schlimm zu sein scheint und lasse mir von Dolli berichten.

Ob der Oberst sich für die Worte des Vorabends und die darauf erfolgte Aktion entschuldigt hat, kann Dolli nicht mehr zweifelsfrei nachvollziehen. Was dafür spricht, dass der Oberst eine eventuelle Entschuldigung sprachgewandt als Richtigstellung verkauft hat. Kleinlich muss man aber wohl nicht sein, denn dass er sich dazu entschieden hat, es richtigzustellen und bei dieser Gelegenheit auf die fälschliche Annahme, es sei unvollständiges Material auf den Fahrzeugen, eingeht, ist gut und richtig. Eine Weiterbildung aller Kraftfahrer wird dennoch kommen und das kann auch nie verkehrt sein. Dabei werden die Fahrlehrer natürlich besondere Aufgaben übernehmen und als Ausbildungspersonal spezielle und erforderliche Fähigkeiten, wie das Aufziehen von Gleitschutzketten (zivil bekannt als Schneeketten), üben.

Dieter ist wieder zurück. Die Begrüßung bei seiner Ankunft ist zwar herzlich, aber kurzgehalten. Wir kommen direkt von einem weiteren Besuch unseres Bereiches und laden ihn auf der Rückfahrt zum Camp am Flughafen ein. Er sieht nicht erholt aus und schon auf der Fahrt sind wir mitten in den Übergabegesprächen angekommen. Ein kurzes Update zu den letzten Wochen und der Ausblick auf die kommenden Tage machen die Fahrtzeit zum Camp sehr kurz. So ganz scheint er noch nicht bei der Sache. Er hängt mit seinen Gedanken wohl noch etwas in Erinnerung an die letzten Tage des Urlaubes. Womöglich hat er einen ähnlichen Fehler gemacht wie ich und sich einfach zu viel für die kurze Zeit zu Hause vorgenommen. Hinzu kommt, dass es seiner Frau gesundheitlich zurzeit nicht so gut geht. Das lenkt ab und so versuche ich mich etwas zurückzuhalten, ihn nicht völlig mit Informationen zuzuwerfen. Er soll erst mal wieder ankommen. Seine Stube habe ich morgens für seine Rückkehr vorbereitet: Seine Klimaanlage eingeschaltet, das Wasser im Bad wieder aufgedreht und den Boiler einmal heiß leerlaufen lassen, um ihn zu desinfizieren.

Den Besuch des Vormittages haben wir gut überstanden und Dolli hat wieder etwas unterstützt. Wichtiger waren aber die Vorbereitungen auf den morgigen Besuch, der wieder das volle Programm unserer Darbietungen fordert. Das Zelt für das Briefing ist vorbereitet und der neue Kühlschrank ist voll mit Wasserflaschen für die Gäste. Mehrfach haben sie mir versprochen, das Wasser auch für morgen dort zu lassen, wo es ist. Ob das klappt weiß ich noch nicht, doch zur Not werde ich genug Reserven im Wolf haben. Das wird dann jedoch nicht gekühlt sein. Ein Service, der ohnehin fraglich ist. Sicher ist es großartig, wenn man seinen Gästen ein paar Annehmlichkeiten bieten kann, doch allzu schnell wird hier der Aufwand übertrieben und selten von den Besuchern gefordert. Ihnen sollte klar sein, wo wir uns befinden. Aber der Auftrag steht und so versuche ich natürlich das Mögliche möglich zu machen. Somit kann Dieter sich theoretisch morgen noch zurücklehnen und sich auf die Gesprächsrunde mit dem deutschen General konzentrieren. Aber so wie ich ihn kenne, wird er dennoch die Füße nicht stillhalten können und sich in die letzten Vorbereitungen, bevor der Besuch eintrifft, einmischen. Zurück im Camp übernehme ich vorerst ein letztes Mal seine Aufgaben, setze die nötigen Meldungen ab und prüfe die Mails, bereite die Fahrtanmeldung für den morgigen Tag vor und lege mir eine Verteilerleiste für den Strom der Geräte, die für die Präsentation gebraucht werden, in meine Handtasche. Da ich erschöpft gut in den Schlaf finde, habe ich sicher an alles gedacht und genieße die wenigen verbleibenden Stunden bis kurz nach fünf am frühen Morgen für ablenkende Träume.

Kapitel 4

Immer mehr Fragen nach dem Sinn

Das Telefonat mit meinem Nachfolger treibt Wut in mir hoch. Er hat mir berichtet, dass er von einem Hauptmann unserer Schule angerufen wurde, der ihm sinngemäß geraten hat, Spielzeug mit in den Einsatz zu nehmen, weil es ja nichts zu tun gäbe. Dazu muss man wissen, dass dieser betreffende Hauptmann selbst für etwa ein halbes Jahr in meiner Inspektion tätig oder besser ehr untätig war. Und das macht die Behauptungen, die er seither aufstellt und bis in die letzten Winkel publiziert, umso tragischer. Als jemand der für eine Zeit hier war, findet er bei einem Teil seiner Zuhörer auch Gehör. Einzig dafür gekommen, den Prüferlehrgang in unserer afghanischen Inspektion zu integrieren, hat seine „Arbeit" später mein damaliger Oberleutnant gemacht. Das ist es auch, was mich so wütend macht: Etwas schlechtzureden, weil man selbst an einer Aufgabe gescheitert ist und von seiner eigenen Unfähigkeit oder Lustlosigkeit ablenken. Schon damals hatte er mich aus dem Einsatz angerufen und mich dafür „angemacht", dass sowohl ich als auch meine Vorgänger hier nichts getan hätten. Dass die Afghanen nicht bereit wären neue Dinge anzunehmen und damit sein Auftrag nicht umsetzbar sei. Er kam zu dem Schluss, dass unsere Einheit eine einzige Steuerverschwendung wäre. Glaubwürdig wäre es jedoch nur dann gewesen, wenn er für seinen Teil die Konsequenzen daraus gezogen hätte. Hat er aber nicht! Das nämlich hätte bedeutet, dass er sich umgehend aus dem Einsatz verabschiedet hätte und somit wenigstens die durch ihn verursachten Kosten vermieden hätte. Das wäre vielleicht glaubwürdig gewesen. Doch wenn ich dann trotzdem die Zeit „absitze", um mir den Auslandsverwendungszuschlag und die „Pluspunkte" für die Beurteilung zu sichern, dann beginnt der Punkt, an dem man sich unweigerlich lächerlich macht. Dass er nicht der Einzige ist, der sich hier nicht verwirklichen konnte, möchte ich gar nicht bestreiten. Aber solche „Scheißhausparolen" sind ein Schlag ins Gesicht all derer, die täglich zu den Afghanen rausfahren und damit ihr Leben riskieren, um etwas zu bewegen. Es macht mich umso wütender, wenn ich bedenke, dass es sich hierbei auch noch um einen intelligenten Offizier handelt. Dieser sollte wissen, welche Auswirkungen solches Gerede hat und sich vielleicht lieber in Zurückhaltung üben, selbst wenn sich das in Bezug auf meine Zeilen nun für mich, widerspricht.

Da es nun doch eine Prüfungsrichtlinie und ein Seminar für die Prüfer gibt, auch wenn es sicher noch nicht perfekt ist, zeigt doch, dass hier einfach die Hausaufgaben nicht gemacht wurden. Mir ist klar wie schnell man hier resigniert, wenn man keinen Zugang und damit Erfolge bei den Afghanen findet. Dies jedoch erfordert Selbstkritik und keine unbedachte Lästerei. In einer E-Mail an ihn mache ich meiner Verärgerung Luft. Ein Telefonat wäre auch denkbar gewesen, doch dann würde ich womöglich genauso unüberlegt reden wie er. Wenn ich schon aufgrund meiner Persönlichkeit nicht den Zugang zu den afghanischen Soldaten finde, und mein Anspruchsdenken im afghanischen System verpufft, sollte ich mich jedoch damit auseinandersetzen, woran es gelegen hat und nicht wie ein Rohrspatz auf die Anderen schimpfen. Aber dieses Phänomen ist ja in unserer Gesellschaft sehr verbreitet. Man scheitert an etwas und die anderen sind schuld.

Es hat etwas gedauert, bis ich den Entwurf der E-Mail endgültig rausgeschickt habe. Auf die Reaktion, die sicher erst nach dem Wochenende kommen wird, bin ich schon gespannt. Wird es mehr Einsicht oder Konfrontation werden? Lange habe ich mich nicht mehr so aufgeregt und muss mich immer wieder daran erinnern, dass auch ein (höherer) Dienstgrad nicht vor Ignoranz schützt!

Dass ich den Besuch des Generales am Donnerstag nicht weiter erörtert habe, liegt zum einen an der knappen Zeit, die mir nur noch nachts den Raum zum Schreiben gibt und zum anderen daran, dass es kaum Erwähnenswertes gab. Soviel zum Thema, man hat hier nichts zu tun. Alles lief gut geplant und durchgeführt ab und somit kam es erfreulicher Weise zu keinerlei Kritik vonseiten der Vorgesetzten. Im Gegenteil: Freitagmorgen beim Frühstück hat der Oberst sich bei mir bedankt und lobende Worte gefunden – wohl in dem Wissen, dass Dieter mit den Vorbereitungen noch nicht so viel zu tun gehabt haben kann. Selbst Dieter hat er schon vor Ort darauf angesprochen, dass die Dritte ein gutes Bild abgegeben hat. Und direkt darauf hingewiesen, dass die Vorbereitungen in meiner Verantwortung lagen. Da sind wir wieder bei der „Meereswelle des Lebens“, die früher oder später die negativen Erlebnisse mit positiven ausgleicht.

So sehr mich damals die Missachtung des Aufwandes für den Ministerbesuch durch den Oberst geärgert hatte, umso mehr freue ich mich nun über das Lob. Überhaupt konnte man dem Oberst beim Frühstück an seiner guten Laune und der Bereitschaft, sich in kleinere Späße einzuklinken, die Entspannung anmerken, die mit dem gut gelaufenen Besuch des Generales verbunden scheint. Obwohl der Besuch dennoch ein kleines Erlebnis mit sich brachte, dass wie schon oft die Enttäuschung über manche Afghanen aufbrachte, war er insgesamt ein Volltreffer.

Das Wasser, welches ich für den nächsten Morgen in den Kühlschrank gestellt hatte und von dem man mir mehrfach versprach, es dort stehen zu lassen, war restlos verschwunden. Es war zwar schon noch Wasser in den Kunststoffflaschen im Kühlschrank, doch der Reinheitsgrad, der sich durch eine milchige Eintrübung verriet, entsprach nicht dem Originalprodukt. Was zumindest mal für ein schlechtes Gewissen, des oder der „Diebe“ spricht. Eine Kleinigkeit, die mich wirklich enttäuscht hat und wenige Stunden später durch Ismael noch auf die Spitze getrieben wurde. Lange herum zu diskutieren hätte nichts genützt und keiner der Afghanen hätte zugegeben, das Wasser genommen zu haben. Was hätte das auch jetzt noch geändert? Also habe ich neue Pakete aus meinem Wolf geholt und den Kühlschrank noch einmal bis in den letzten Winkel mit frischem Wasser vollgedrückt, in der Hoffnung, es würde noch etwas herunterkühlen, bis der Besuch eintrifft.

Schließlich blieben mir etwas mehr als zwei Stunden. Etwa 20 Minuten vor dem Eintreffen des Generales und seines „Gefolges“ holte ich dann eines der Pakete, die zu 12er-Packungen in eine Folie eingeschweißt sind, aus dem Kühlschrank und brachte es in das Briefing-Zelt. Zusammen mit den Getränken vom Spieß würde das vorerst reichen, um jedem etwas anbieten zu können. Nachdem ich die Flaschen ordentlich nach dem Muster des Spießes auf den Tisch mit den anderen Getränken, einem Tablett mit Äpfeln und etwas

Trockenkuchen gestellt hatte, ging ich zurück in das Zelt von Rabur. Amin saß ebenfalls darin und kaum durch den schmuddeligen Vorhang hindurchgeschlüpft, redete Ismael auf mich ein. An seinem Gesichtsausdruck und der Tonlage konnte ich schnell erkennen, dass er nicht gerade Spaß machte, sondern es um etwas Ernstes gehen musste. Amin übersetzte und es kam heraus, dass er mir vorwarf, seinen Kühlschrank geplündert zu haben und dass nun kein Wasser mehr für die Afghanen der Dritten da wäre. Immer versuche ich diplomatisch und ruhig zu bleiben und Dinge, seien sie auch noch so falsch, mit etwas Humor richtigzustellen. Doch hier waren wir an einem Punkt angekommen, an dem selbst mir mit meinem gutmütigen Gemüt der Kragen platzte.

Tatsächlich war der Kühlschrank schon wieder leer und wer weiß, wer sich dieses Mal bedient hatte. Doch wie erwähnt hatte ich nur eine Packung wieder herausgenommen, nachdem ich ihn erneut aufgefüllt habe und sollte mich jetzt auch noch dafür rechtfertigen, dass Wasser, das ich bereits zweimal bereitstellen musste und das von mir war, nicht mehr im Kühlschrank war!? Es kommt selten genug vor, gerade gegenüber den Afghanen, doch das war Grund genug für mich auch mal eine böse Miene aufzusetzen. Ich bat Amin, Ismael zu sagen, dass ich sehr enttäuscht bin, dass ich mich nicht auf das Wort der afghanischen Kameraden verlassen konnte und sie mir trotz meiner Bitte und ihrer Beteuerungen, das Wasser für den Besuch gestohlen haben. Einzig ihn nicht damit direkt anzugreifen, war mir in diesem Moment noch wichtig. Auch, dass ich demnächst einfach gar kein Wasser mehr an irgendeinen von ihnen herausgeben würde, musste Amin ihm sagen. Als hätte er mich nie beschuldigt oder kritisiert, ruderte er schlagartig zurück und lenkte vom Thema ab. Mit Schmeicheleien, die Amin sogar nur mit einem Grinsen übersetzen konnte, versuchte er mich zu besänftigen. Doch darauf ging ich nicht ein und zu tun hatte ich mit dem Aufbau der neuen Stationen ohnehin genug. Unbeantwortet ließ ich seine Aussagen im Raum stehen und verließ das Zelt. Den Rest des Tages ist er mir, ob bewusst oder unbewusst, aus dem Weg gegangen.

Liegt es an der Kultur, liegt es an der Erziehung? Keine Ahnung, so genau würde ich mich dabei nicht festlegen wollen. Aber dieses

Verhalten spiegelt ein vielfach getroffenes Bild des Lebens dort Draußen wider. Geht es um Grundbedürfnisse, scheinen alle Regeln des Miteinanders außer Kraft gesetzt. Als der Spieß nach der Abreise des Besuches die fast unberührten „Reste" den Afghanen anbot, wurde genau dieser Eindruck noch einmal bestärkt. Die Ersten, die in das Zelt kamen und die vielen Äpfel und den Kuchen sahen, griffen was sie tragen konnten. Nur noch ein Rucksack hätte gefehlt, damit der Erste alles allein mitnehmen hätte können. Auf die Idee, vielleicht mit den einfachen Soldaten, die fast drei Stunden mit mir an den Stationen in der prallen Sonne standen, etwas zu teilen, ist keiner von ihnen gekommen. Nur die Offiziere und Unteroffiziere konnten die Gelegenheit nutzen und sich die Taschen vollmachen. Wäre ich in dem Zelt gewesen, hätte man mir wie selbstverständlich den Vortritt gelassen. Untereinander scheint diese Höflichkeit aber kaum ausgeprägt zu sein.

Wir nähern uns dem 11. September und damit einer erneuten möglichen Hoch-Zeit für Anschläge durch die Taliban. Seit dem 9. fahren wir deshalb nur noch bei wichtigen Gründen raus zu den Afghanen. Der am Montag angesetzte besondere technische Dienst an unseren Fahrzeugen ist gut verlaufen. Gut, dass der Oberst eingelenkt hat und uns nun einen vollen Tag, an dem wir ohnehin nicht rausfahren konnten, Zeit dafür gegeben hat. Der Umstand, dass wir immer noch nur in Ausnahmefällen den Minidampfstrahler zum Waschen unserer Autos nutzen dürfen, rächte sich in mühsamen Reinigungsversuchen. Schon am Sonntagnachmittag hatte ich weit über eine Stunde benötigt, um die dicken, fest verkrusteten Schlammschichten aus den letzten Ecken meines Wolfes zu holen. Das was dort runter kam, hätte eine Schubkarre hoch aufgefüllt. Seit Wochen ist es anscheinend nicht möglich, einen brauchbaren und vor allem belastbaren Dampfstrahler für den Waschplatz zu beschaffen.

Unverständlich, wenn man bedenkt, wie viel Geld hier täglich in das Land und den Einsatz gepumpt wird. Dabei geht es nicht darum, dass die Fahrzeuge gut aussehen. Der Schmutzfilm, der selbst nach dem Abspülen mit klarem Wasser zurückbleibt, würde jeden Waschanlagenbetreiber in Deutschland pleitegehen lassen und hat mit gutem Aussehen auch nichts mehr zu tun. Es ist vielmehr für den sicheren und zuverlässigen Betrieb unter den schwierigen Bedingungen unabdingbar, dass der schwere Dreck regelmäßig vom Fahrzeug geholt wird. Ob es die Kühler sind, die sich mit Schlamm zusetzen oder der Minenschutz, der kiloweise von dem getrockneten Matsch zwischen dem Unterboden sammelt. Die Folge ist schlechtere Kühlung der verschiedensten Bereiche und verstärkter Verschleiß durch den ständigen Sand an allen beweglichen Teilen. Das kann nicht günstiger sein, als ein paar hundert Euro in die Hand zu nehmen und einen vernünftigen Dampfstrahler zu kaufen. Und genau das ist der Grund, warum entgegen der ursprünglichen Idee des Oberst, diesen Dienst an einem Nachmittag nach dem Job bei den Afghanen zu machen, nicht umsetzbar gewesen wäre. Wir konnten zwar erst um 9 Uhr beginnen, weil bis dahin aufgrund der Alarmbereitschaft alle Stellungen besetzt und der technische Bereich mit S-Draht verriegelt war, dennoch standen wir trotz streng eingekürzter Mittagspause bis in den Nachmittag bei den Fahrzeugen und bereiteten sie für Abnahme durch den Oberst vor.

Der durch Benni geleitete technische Dienst fand seine Zufriedenheit bei unserem Oberst, der mit Lob nicht sparte. Er erinnerte noch einmal an seine überempfindliche Reaktion, als es um den Zustand der Fahrzeuge ging, gab jedoch auch zu, dass es nicht ganz angemessen war. Doch seine Aussage „Die Fahrzeuge sind unsere Lebensversicherung!“ hat eben seine Berechtigung und relativiert seine damalige Reaktion auch etwas. Wenn es darauf ankommt, müssen wir uns voll darauf verlassen können, dass uns die Fahrzeuge wieder nach Hause bringen und dass tun sie nur, wenn sie einwandfrei funktionieren. Alle, die wir an dieser Aktion beteiligt waren, dürften abends gut eingeschlafen sein. Von der Sonne gequält, in verdreckter und verschwitzter Uniform zurück auf der Stube, zählte nur noch ein Gedanke: Duschen und Abschalten.

So haben wir den ersten „No Move“ Tag seit längerem auch sinnvoll genutzt. Da ab diesem Tag nun auch wieder die Stellungen zu besetzen sind, kommen Frühschichten in den nächsten Tagen auf uns zu. Vorbildlich und ohne Rücksicht auf seinen Dienstgrad hat der Oberst gemeinsam mit Volker die erste Schicht abgeleistet. Schon mehrmals hat er sich mit solchen „Kleinigkeiten“ positiv herausgehoben. Er müsste schließlich nicht von morgens 3 bis 9 Uhr die sechs Stunden hinterm MG stehen. Genauso wenig würde man bei einem Schießen von ihm erwarten, dass er die Magazine mit aufmunitioniert oder beim Auf- und Abbau mit anpackt. Doch er tut es und sammelt in meinen Augen damit reichlich Pluspunkte im ihm unterstellten Bereich.

Die letzten Tage liefen dienstlich also zufriedenstellend. Nur der Draht zur Heimat scheint etwas lang zu werden. Für den Verwandtenkreis nicht besonders ungewöhnlich, melden sich immer weniger bei mir. „Aus den Augen aus dem Sinn“ scheint es da wohl am besten zu treffen. Doch meine eigene Familie scheint sich auch etwas zurückzuziehen. Ein bescheidenes Gefühl, wenn man den ganzen Tag bis in den späten Abend nicht die kleinste Nachricht bekommt. Meine Frau möchte nun nur noch alle zwei Tage mit mir telefonieren, weil sie sonst nicht weiß was sie erzählen soll. Noch bin ich nicht sicher, ob es so für sie leichter ist, die nächsten Monate zu überstehen, oder ob sie sich tatsächlich weiter von mir entfernt. Der fehlende persönliche Kontakt und die Nähe würden so einen Schritt sicher einfacher und nachvollziehbarer machen. Doch sie weiß, wie wichtig mir der Rückhalt durch sie ist. Selbstschutz und Loyalität gibt es nur mit Kompromissen auf beiden Seiten. Vielleicht habe ich auch einfach nur zu viel Zeit zum Grübeln, wenn ich abends alleine auf meiner Stube hänge. Sie ist ständig im Stress und kommt erst spät abends, also wenn ich längst schlafe, weil es bei mir mindestens zweieinhalb Stunden später ist, zur Ruhe um sich über so etwas Gedanken zu machen. So fehlen womöglich Gespräche zur „richtigen“ Zeit?!

Gestern wollte der Spieß wissen, was mit meinem Urlaub im Oktober ist. Den hatte ich ja vorsorglich vorgemerkt. Jetzt habe ich ihn abgesagt, wohlwissend, dass die Zeit noch sehr lang werden kann. Doch zu oft hat meine Frau mir in den letzten Wochen von den weinenden Kindern erzählt. Dass sie nach meiner Abreise nach dem Urlaub förmlich zusammengebrochen seien. Wie soll ich ihnen diesen Schmerz ersparen, wenn nicht dadurch, dass ich erst gar nicht nach

Hause komme? Ob es die fehlenden Fragen nach dem eigenen Befinden sind oder mangelndes Interesse an dem, was ich hier mache, letztlich läuft man die „Staffel“ durch den Einsatz doch allein.

Selbst diese Zeilen, die ich bisher etwa alle zwei Wochen nach Hause geschickt hatte, werden nicht mehr nachgefragt oder gelesen. Dabei bin ich unsicher, ob meine Frau bei der Beschreibung der Situation daheim– wie sie es gerne tut –, nicht auch übertreibt. Das und fehlendes Feedback von Außenstehenden lässt mich nicht selten schwanken, wie lange ich das Tagebuch noch weiterschreibe und ob es später überhaupt jemanden interessiert. Hätte ich nicht bereits so viele Seiten erarbeitet, vielleicht hätte ich es schon deutlicher schleifen lassen. Mein Ziel, je Tag eine Seite festzuhalten, habe ich mehr als erreicht. Alles was nun noch kommt, ist „Bonus“ für meine Selbstzufriedenheit und vielleicht Verarbeitung von Erlebnissen und Problemen. Das Buch hört mir zu und widerspricht auch nicht. Und ich bin froh, es durchgehalten zu haben, denn sonst wäre dieses Buch hier nicht entstanden. Der aufmerksame Leser hat sicher schon festgestellt, dass ich die aktuellen Geschehnisse gelegentlich in der Vergangenheitsform schreibe. Ich hinke also nicht selten den Ereignissen hinterher. Selektiere noch bewusster und hoffe dabei, dass es für den Leser nachvollziehbar und trotz vieler Details interessant bleibt.

Wie müssen sich die Soldaten damals in den Weltkriegen gefühlt haben? Monatelang keine Post oder Zeichen von zu Hause und jahrelang überhaupt nicht zu Hause? Dagegen befinden wir uns heutzutage im absoluten „Kriegsluxus“. Jammern auf hohem Niveau nennt man das dann wohl.

Heute dürfte der erste Tag ohne telefonischen Kontakt nach Hause werden. Zumindest wenn meine Frau es durchzieht und nur noch alle zwei Tage anruft. Abwarten heißt die Devise. Mein Sport hilft mir immer noch ungemein dabei, einfach in Ruhe und ohne Ablenkung von außen über die kleinen Problemthemen des Tages nachzudenken. Stur und höchstens ab und an im zeitlichen Rhythmus gestört, ziehe ich meine Bahnen auf dem Rudergerät und dem Laufband. Fast stupide folgt darauf das Dehnprogramm, gespickt mit einem Satz Klimmzüge, um mir jedes Mal zu beweisen, dass die Leistung stabil ist. Obwohl, so ganz ohne Ablenkung läuft es dann doch nicht. Die angestellten Putzkräfte des Camps haben das GYM anscheinend für etwas wie ihren Aufenthaltsraum entdeckt und stehen oder sitzen regelmäßig in den Ecken, um den Kameraden beim Sport zuzusehen. Es hat ein wenig was von Gaffen und der sehr strenge Schweißgeruch, der wohl eher bei den Sportlern zu vermuten wäre, jedoch durch die Zuschauer mitgebracht wird, ist teils sehr aufdringlich. Meine Frau, die auf solche unangenehmen Körpergerüche mit Würgereiz reagiert, könnte es hier sicher keine zwei Minuten aushalten. Empfindlich bin ich nicht, denn auch in den Zelten bei den Afghanen draußen riecht es nicht gerade wie in einer Drogerie, doch dieser Geruch überschreitet selbst meine Ekelgrenze. Zudem bringt er schlechte Erinnerungen an den Kongo-Einsatz zurück, in dem die Einheimischen ähnlich, wenn auch etwas anders, stark gerochen haben. Zieht dann noch der Zigarettenqualm der Raucher vor der benachbarten Halle in das GYM, verliert man jede Lust am Sport in der ohnehin ungesunden Atmosphäre. Unvergleichlich und viel zu wenig beachtet sind da die Waldläufe in der Nähe meiner deutschen Kaserne. Eines der Dinge auf einer unendlichen Liste dessen, was einem zu Hause an Annehmlichkeiten normalerweise nicht mehr auffällt. Zu selbstverständlich jammern wir immer wieder auf hohem Niveau und verlieren den Blick dafür, uns an den einfachen Dingen, die vor unseren Füßen liegen, zu erfreuen. Doch was man hat wird selbstverständlich und was man nicht hat, ist das neue Ziel. Ohne Ende in Sicht, egal wie gut es uns geht.

Vorsichtig ziehe ich mir eine dünne Spur meiner Zahnpasta auf meine Zahnbürste. Schon einige Wochen setze ich mich zum Zähneputzen auf die Toilette und so beginne ich, die Route in meinem Mund über die Zähne. Wie die meisten anderen Dinge hat auch dies einen festen Ablauf. Es ist kurz vor 23 Uhr und die Gedanken fliegen wieder wie ein Jet, der über die Landschaft donnert, durch meinen Kopf. Ausschnitte aus dem Tag, dem Telefonat mit meinem kleinen Bruder und die Gedanken an meine Familie, huschen in schneller Abfolge vor meinem geistigen Auge durch.

Da habe ich heute gerade erst das Interesse meiner Verwandten in Frage gestellt und schon meldet sich wieder jemand. Ich hatte ihm etwas bei seinem Papierkram geholfen und heute hatte er es im Briefkasten. Also habe ich mich doch selbst wieder ins Gespräch gebracht. Obwohl wir heute tatsächlich nicht mehr telefonieren, nachdem meine Frau mir eine Gute-Nacht-SMS geschickt hat, fühlt es sich ein wenig erträglich an. Ich stelle mir vor, wie sie dabei ist, die Kinder ins Bett zu bringen und danach auf der Terrasse noch eine Zigarette raucht, bevor sie sich auf unser großes Familiensofa legt, um den Abend beim Fernsehen ausklingen zu lassen. Wenn die Kinder schlafen ist sie wohl genauso allein wie ich. Doch dass sie sich durch meine Abwesenheit etwas von mir entfernt, verstärkt sich schon sehr. Denke ich daran, dass sie am Anfang des Jahres einmal am Telefon sagte, dass sie es unbedingt braucht, mindestens einmal, besser sogar zweimal am Tag mit mir zu reden, hat sich dieses Blatt doch klar gewendet. Es kann daran liegen, dass ich bei den Problemen zu Hause nur selten eine Hilfe bin. Wenn wir telefonieren. Denn mehr als meine Meinung und Tipps sind auf diese Entfernung schwer möglich, doch es fühlt sich schlecht an, nicht gebraucht zu werden. Das klingt allgemein und ist so einfach nicht zu beschreiben, doch die Summe der Indizien schickt mir klare Botschaften. Das zehrt an mir. Wird dies die Probe, die wir nicht bestehen können? Ich weiß es nicht.

In Gedanken vertieft bemerke ich kaum, dass die Zahnbürste viel zu fest in mein Zahnfleisch drückt und es blutig schmerzen lässt. Die letzte Autozeitschrift liegt etwa zur Hälfte aufgeschlagen im Regal vor mir. Als wäre sie ein Genussmittel für meinen Kopf, lese ich sie täglich nur wenig, um sie mir so lange wie möglich einzuteilen. Damit hole ich mir ein Stück geistige Ablenkung und vielleicht auch Entspannung in die Stube. Als könne mich nur noch diese Zeitschrift aus den Problemen des Tages holen und für wenige Minuten den Kopf freimachen. Dass die Artikel subjektiv schlechter und die Themenauswahl irgendwie unpassender geworden sind, versuche ich zu übersehen. Vielleicht spricht es mich aber auch im Moment nicht mehr besonders an, vielleicht ist eine Sättigung eingetreten? Beim Lesen eines weiteren Artikels, die flüssig gewordene Zahnpasta läuft langsam über den Griff der Zahnbürste in meine Hand, befällt mich die

Müdigkeit immer mehr. Ohne weiter zu zögern, als hätte gerade jemand nach mir gerufen, fahre ich vom Toilettensitz hoch, schubse die Zeitschrift zurück an ihren Platz und beginne die Zahnbürste und meine Hand abzuspülen. Nur einen kleinen Schluck von dem süßlich und leicht muffig schmeckenden Wasser fülle ich, den Kopf unter dem laufenden Wasserhahn, in meinen Mund. Kaum einmal durch die Mundhöhle gelangt, spucke ich es zurück in das Becken. Gründlich wische ich unter dem noch fließenden Wasser das Waschbecken mit meinen Händen aus und beobachte mich dabei im Spiegel. Wären da nicht die etwas dunklen Augenränder, ich könnte auch gerade aus dem Urlaub kommen. Das Gesicht hat eine angenehme Bräune bekommen und die Haut, die so gut wie keine Reizungen mehr seit Monaten aufweist, scheint die Sonne auch gut zu vertragen. Nur im Bereich des Halses sind leichte Rötungen durch die letzte Rasur der Bartkonturen sichtbar. Selbst schuld, reize ich den Gebrauch meiner Klingen doch viel zu weit aus. Meine Haare stehen wie ein kleiner Kamm nach vorne hoch. Ich schiebe sie die letzte Zeit fast immer einfach von beiden Seiten mittig zusammen. Nicht die typische Frisur eines fast Vierzigjährigen. Doch es gefällt mir und ist sehr pflegeleicht. Das sieht für die Umstände, in denen ich mich befinde, schon fast zu gut aus. Doch es ist ok und nur für mich. Wenn ich jetzt noch mit mir selbst unzufrieden wäre, hätte ich ja gar keinen mehr auf meiner Seite. Bei dem Gedanken muss ich dann selbst grinsen. Mit sich selbst im Reinen sein und sich so zu akzeptieren, wie man ist, ist ein echtes Geschenk. Nicht immer ganz leicht. Die Versuche der Kameraden, wenn auch oft nur im Spaß, mich mit meinen Fehlern zu ärgern, verpuffen fast wirkungslos. Und eigentlich immer fällt mir dann auch noch ein guter Spruch als Konter ein. Von ihnen würde sicher keiner daran denken, über was ich mir den ganzen Tag so meine Gedanken mache. Es geht auch keinen was an, so blöd es sich auch anhört, wenn man es doch in einem Buch festhält. Der aktuelle Bezug wird später nicht mehr vorhanden sein und so stört es mich nicht, darüber zu schreiben. Nur, dass ich immer seltener im Spiegel mein Gesicht suche, egal ob am Morgen oder Abend, kann ich nicht abstreiten. Vielleicht wendet sich da ganz langsam der letzte Mensch von mir ab, der hier im Einsatz zu mir hält?

Die Nachrichten aus der Welt erreichen uns, obwohl sonst so viel weit weg scheint. Der „Irre", der fast genau vor einem Jahr die Koranverbrennung veranstaltet hat, bereitet anscheinend eine neue Aktion vor. Es werden als Folge darauf wieder Ausschreitungen erwartet und deshalb der Bereitschaftsstatus weiter angezogen. Meine 6-Stunden-Schicht für den nächsten Morgen ist hinfällig. Ein neuer „Stellungsplan" ist nun für 24-Stunden-Schichten bis zum Samstag erstellt worden. Schon in wenigen Stunden werden Dieter und ich deshalb einen Teil der Nachtschicht von 21 bis 24 Uhr übernehmen. Den Tag darauf geht es dann mit einer Nachmittagsschicht von 15 bis 18 Uhr weiter. Irgendwie gefällt mir diese Einteilung sogar besser. Sechs Stunden am Stück halte ich für sehr bedenklich. Bei einer so langen Zeit kann sich doch niemand mehr ernsthaft konzentrieren und seinen Auftrag mit einem Mindestmaß an Zuverlässigkeit ausführen. Dann lieber drei Stunden und eine ordentliche Pause zwischen den Schichten.

Bevor es jedoch soweit ist, steht am Nachmittag noch eine Ausbildung an. Kameraden, die ohne Einweisung und Überprüfung auf dem Wolf in den Einsatz gekommen sind, werden nun per Ausnahmegenehmigung aus Deutschland von Dieter und mir entsprechend ausgebildet. Dieter kümmert sich dabei um die formellen Dinge und ich übernehme den praktischen Ausbildungsanteil. Das dürfte das erste Mal in diesem Einsatz sein, dass ich in meinem Fachbereich eine Ausbildung gebe. Lange genug bin ich nun auf dem Wolf unterwegs, um ihn wie im Schlaf zu kennen und damit auch eine gute Ausbildung zu gewährleisten. Dennoch hole ich mir aus meinem Fahrzeug die Fahrzeugunterlagen und Bedienungsanleitung, um mich auf meiner Stube etwas vorzubereiten. Recht schnell überfliege ich das dicke Paket an Unterlagen und suche gezielt nach Punkten, die gerne in Vergessenheit geraten, weil sich in der Regel andere darum kümmern. Pflege und Wartung, aber im Besonderen eben die Bedienung. Dabei muss ich zugeben, dass der Wolf deutlich mehr „Geheimnisse" bereithält als die meisten zivilen PKW. Mit kleinen Zetteln, die ich in die Seiten der entsprechenden Stellen klebe, gebe ich mir Gedankenstützen für die spätere Ausbildung. So spare ich Zeit und vergesse hoffentlich nichts. Immer wieder klingelt das Telefon oder Dieter steht in meiner Tür, während ich mich vorbereite. Er macht sich viele Gedanken wegen der Ausbildung. Vielleicht zu viele. Klar, er möchte nichts falsch machen und jeden Tag haben wir damit hier auch nicht zu tun. Ich bin natürlich auch froh, dass er mich so intensiv in die Planung und den Ablauf einbindet, nur gerade bei diesen eigenen Vorbereitungen nervt es etwas, ständig gestört zu werden. Meinen Blick immer wieder in die Unterlagen richtend und dabei durch die Zeilen der Bedienungsanleitung blätternd, signalisiere ich ihm, dass ich beschäftigt bin. Zwar versuche ich nebenbei auf ihn einzugehen, dennoch merke ich selbst, dass er nicht mein volles Interesse hat und es wohl etwas unhöflich rüberkommt. Er meint es natürlich gut und es tut mir sogar etwas leid, doch ich möchte mich jetzt auch nicht für Dinge, die man auch später besprechen kann, ständig aus dem Thema reißen lassen. Wohlwissend, dass ich mich ernsthaft mit dem Thema beschäftige, lässt er mich dann auch in Ruhe weiterarbeiten. Keine halbe Stunde später klappe ich die letzte Vorschrift schon wieder zusammen. Jetzt hätte ich Zeit für ihn. Ordentlich lege ich den Stapel wieder in die Tasche für die Fahrzeugpapiere und die Fahrzeugschlüssel sowie meine Sonnenbrille obendrauf. Da wir hier mit zwei leicht unterschiedlichen Modellen des Wolfes fahren, habe ich mir einen weiteren Fahrzeugschlüssel des anderen Modelles besorgt. Da niemand ohne ausdrückliche Genehmigung rausfahren darf, stehen eine Menge Fahrzeuge rum. Zufrieden und innerlich etwas erleichtert, nicht ins kalte Wasser springen zu müssen, hole ich meinen Laptop von der Ablage meines Bettes und fahre ihn hoch. Jetzt bleibt bis zum Mittag genug Zeit, um in meinem Englischprogramm fortzufahren. Das erste Thema werde ich in den nächsten zwei bis drei Tagen abgeschlossen haben. Dann, um das Gelernte zu festigen, durchlaufe ich und hoffentlich diesmal deutlich schneller, das Programm noch einmal.

Es ist viertel vor zwei. Mit den Papieren und Schlüssel in den Händen mache ich mich auf den Weg. Moritz und Dolli stehen schon im Flur und warten auf mich. Dieter schein schon unterwegs zu sein, da er auf das Klopfen an seiner Tür nicht reagiert. Moritz, der die Ausbildung braucht, um demnächst auch als Fahrer eingesetzt werden zu können, freut sich auf die Ausbildung. Dolli kommt mit, weil er einerseits gerade nicht viel machen kann, solange wir das Camp nicht verlassen dürfen, und andererseits der Meinung ist, es könne nicht schaden, sein Wissen aufzufrischen. Etwas arrogant aber auch spaßig verspreche ich den beiden, dass sie garantiert Neues dazulernen werden. Ohne Eile und angeregt unterhaltend gehen wir in den technischen Bereich zu den Fahrzeugen. Da steht Dieter, seine dicke Unterlagenmappe unterm Arm und das Handy in der Hand. Er scheint wirklich etwas aufgeregt zu sein, beginnt die Ausbildung doch erst um zwei. Es gibt nicht viel vorzubereiten und so ist mein momentan wichtigstes Problem, wie ich das Fahrzeug aus der Sonne an einen schattigen Platz bekomme, ohne jemandem in dieser Enge des Camps im Wege zu stehen. Nachdem ich mit Dieter darüber gesprochen habe, läuft er sofort zur Materialgruppe, die direkt vor ihrer Halle den wohl größten Schatten in diesem Bereich hat. Doch dort würde ich in der Zufahrt zur Halle stehen und müsste, wenn sie mit dem großen Stapler durchmüssen, ständig beiseite fahren oder das Auto so parken, dass ich rundherum kaum Platz habe. Doch bei fünf „Lehrgangsteilnehmern“ macht es schon Sinn, dass man von allen Seiten gut an das Auto herankommt. Schon nach wenigen Sekunden kommt Dieter aus der Halle und fuchtelt wild mit den Händen. Hören kann ich ihn nicht, weil ich bereits im Wolf sitze, um ihn aus der Parklücke zu fahren. Schnell wird klar, wir können direkt vor der Halle stehen, wenn wir etwas Platz für den Hubwagen lassen. Damit kann ich gut leben und der „Ausbildungsplatz“ gefällt mir. Wir haben Platz und stehen im Schatten, was zu dieser Zeit schon viel Wert ist. Die Ausbildung ist für 90 Minuten angesetzt, die in der prallen Sonne sehr lang werden können und der Konzentration nicht guttun würde. Pünktlich kommen die Kameraden des Transportzuges zum vereinbarten Termin dazu und so kann ich, nach den ausführlich einleitenden Worten durch Dieter, der mir hier ein wenig wie ein „Aufpasser“ vorkommt, mit der Ausbildung starten.

Schon wenige Minuten später bin ich wieder in meinem Element. An der ungeteilten Aufmerksamkeit der Ausbildungsgruppe sehe ich, dass es sie interessiert und so macht es natürlich auch mehr Spaß. Egal wann mein prüfender Blick zu Dolli, dem freiwilligen Teilnehmer geht, ist er am Grinsen und scheint auch seine Freude daran zu haben. Wir hangeln uns über den Innenraum, die Bedienung bis zum Motorraum vor. Immer wieder lege ich Wert darauf, die für den Kraftfahrer wirklich wichtigen Informationen zu betonen. Es kommen kaum Fragen aus der Gruppe, was ich aus Erfahrung positiv deute. Wären sie desinteressiert, dann wäre das ein schlechtes Zeichen, doch so gehe ich davon aus, dass ich alles verständlich erkläre. Wie im Flug ist die Zeit, nur kurz durch eine Raucher- und Trinkpause unterbrochen, vergangen. Dabei haben wir bis auf die grundlegenden Wartungsaufgaben wie den Luftfilterwechsel und die Kontrolle der Flüssigkeitsstände noch kaum praktische Dinge gemacht. In der nächsten Lerneinheit wird der praktische Anteil dann deutlich zunehmen, da der Reifenwechsel und das Aufziehen der Gleitschutzketten anstehen. Nach dem Zurückparken des Wolfes gehen wir gemeinsam, diesmal auch mit Dieter, langsam zum Gebäude zurück. Nur noch wenige Stunden zwischen dem Abendbrot und unserer „Nachtschicht" und so bereite ich kurz die Unterlagen nach, räume alles an seinen Platz und prüfe, ob mich irgendwelche Nachrichten über die Dienstmail erreicht haben.

Der Versuch, nach dem Abendbrot noch eine Mütze Schlaf zu nehmen, scheitert wieder an meinem nicht zu Ruhe kommenden Kopf. Doch die Zeit von 21 bis 24 Uhr ist noch ok, denn solange wäre ich auch sonst beinahe aufgeblieben und bin damit noch in meinem Biorhythmus. Etwa eine halbe Stunde, bevor wir losmüssen, klopfe ich an Dieters Tür. Ob er auch eine Nudelsuppe möchte frage ich ihn und er blickt, schwer beschäftigt wirkend, über die Ränder seiner Lesebrille zu mir auf. Nur zögerlich und mit etwas nachdrücklichen Argumenten, denn drei Stunden so spät nach dem Abendbrot können den Hunger hochtreiben, gibt er nach. Er gibt mir seinen Einheits-Bierkrug und ich bereite auf meiner Stube das Essen vor. Ein guter Zeitpunkt, um die Dose Würstchen, die seit Wochen in meinen Vorräten steht, zu öffnen. In sehr kleine Stücke geschnitten, fülle ich in beide Krüge jeweils eine der Bockwürste und gebe etwas Kräuter, die Reste aus meinem selbst gemischten Glas, obendrauf. Dann nehme ich mir eine der kleinen Packungen, die mir mein großer Bruder vor einiger Zeit in einem 30er-Karton hierhergeschickt hat, und reiße sie vorsichtig im oberen

Bereich auf. Geschickt versuche ich mit zwei Fingern die Gewürzmischung aus der Tüte zu fischen, um sie nicht versehentlich weiter aufzureißen und dabei die getrockneten Nudeln in meiner Stube zu verteilen. Das zusätzliche Gewürz lege ich direkt bei Seite, da die Gewürzmischung schon so recht scharf ist. Das Fett in der winzigen Tüte nehme ich nicht. Aus Zweifel an der Herkunft und der Verarbeitung verzichte ich lieber darauf. Außerdem ist das Gericht so noch einmal deutlich kalorienärmer. Dann halte ich die Öffnung der Tüte mit den Nudeln etwas zu und zerdrücke die getrockneten Nudeln mit der freien Hand. Die zusammengeknüllte Öffnung der Tüte drehe ich auf den Kopf und stülpe sie in die Öffnung des Bierkruges. Danach lasse ich alles in den Krug rutschen. Jetzt kommt noch das übriggebliebene Gewürz obendrauf und fertig ist das Spezialgericht, in Insiderkreisen auch als „Mai-Tai“ bekannt. Um die Zeit für das Aufkochen des Wassers zu nutzen, stelle ich mir den kleinen Wasserkocher auf den Nachtisch und fülle ihn mit zwei Flaschen auf. Jetzt habe ich wieder Zeit, während das Wasser etwas braucht, die zweite Mischung zuzubereiten.

Langsam wird die Zeit eng, denn gerade einmal 20 Minuten bleiben noch und wir wollen auch nicht auf die letzte Minute in die Stellung zur Ablöse kommen. Kaum das kochende Wasser in die Krüge getan, stelle ich die Spendendose, die wie maßgeschneidert die Öffnungen abdeckt, obendrauf. So bleibt die Hitze länger im Krug und die Mischung kann besser durchziehen. Jetzt würde ich etwa 10 Minuten warten, doch die mir im Nacken sitzende Zeit lässt mich nach schon 5 Minuten die Nerven verlieren und so bringe ich den Krug mit den aufgequollenen Nudeln zu Dieter rüber. Mit in die Stellung möchte ich den Krug nicht nehmen und so beginne ich schon kurz danach, dass viel zu heiße Gericht in mich rein zu schlingen. So schnell habe ich das wohl noch nie gegessen. Die letzten 5 Minuten laufen und ohne Zeit jetzt noch abzuspülen, stelle ich den Krug mit Löffel in mein Waschbecken und lasse ihn lediglich mit Wasser volllaufen. Zügig lege ich mir die Ausrüstung an und bereite meine Waffen vor. Ein kurzer Blick an mir herunter und um mich herum in die Stube soll mir zeigen, dass ich nichts vergesse. Dann klackt die Stubentür hinter mir ins Schloss und ich mache mich schwer bepackt und sichtlich unbeweglich zu Dieter auf. Er ist wieder einmal in Ruhe dabei sich zu ordnen und legt erst zum Schluss seine Brille von der Nase auf den Schreibtisch. Dann, ebenfalls gut bepackt mit seiner Ausrüstung, greift er sich den unberührten Krug, in dem der Löffel steckt und kommt auf den Flur, um seine Tür zu verschließen. Die Hände voll und etwas überladen machen wir uns gemeinsam durch den Flur nach oben zur Stellung auf. Die stählerne Ausgangstür am Ende des oberen Flures trete ich mit dem Fuß soweit wie möglich auf, bis sie an der kleinen Sitzgruppe dahinter anstößt.

Der Blick geht von hier oben direkt in den östlichen Teil der Stadt über den Flughafen hinweg. Die verschiedensten Beleuchtungen lassen den Staub in der Luft noch intensiver erscheinen. Als würde man bei Nebel die Fernlichter einschalten, wird die leuchtende Farbenvielfalt vom Grau des Drecks getrübt. Kein schönes Bild, denn man kann nicht einmal mehr die Erhöhungen und die beiden mitten aus Kabul herausragenden Berge erkennen. Der „Koh-e-Asamai“ (Berg des Himmels) und der „Sher Darwaza“ (Tor des Löwen), die wir schlicht und fast die Kultur beleidigend nur als „TV-Hill“ bezeichnen, geben wenn überhaupt nur noch Umrisse her, die auch nur von dem erkannt werden, der weiß, was dort ist. Das lässt erahnen, wie hoch der Dreck beharrlich in der Luft steht und sich keinen Meter fortbewegt oder gar wieder zu Boden fällt. Und wir stehen mittendrin, wenngleich der Eindruck ein anderer scheint.

Der abzulösenden Kameraden warten schon auf uns. In dem Versuch ein wenig beschäftigt zu wirken, schaut der Oberstleutnant, dessen Silhouette in der Dunkelheit hier draußen so gar nicht soldatisch aussieht, durch das Fernglas über die Brüstung. Was auch immer jetzt noch dort in dem Wirrwarr der Lichter und des Staubes zu erkennen ist? Doch schon wenige Sekunden später nimmt er das Fernglas herunter und schenkt uns, die wir uns in der Enge in die Stellung schlängeln, seine Aufmerksamkeit und beginnt mit der Lageeinweisung. Beide stehen sie mit dem Gefechtshelm auf dem Kopf in der Stellung, was ungewöhnlich wirkt, war es doch bisher nicht vorgeschrieben. Der Stabsgefreite, einer der durchgewechselten Fahrer, ist wie gewohnt still und sagt nichts. Im Hintergrund der Stadt ist der Schall von Schüssen zu hören. Abwechselnd ist er mal näher und mal weiter entfernt. Afghanistan hat seit vielen Jahren das erste Mal wieder gegen Indien im Fußball gewonnen und nun scheint man dies durch Schüsse in die Luft feiern zu wollen. Darin liegt auch der Grund für die Helme. Gemäß der Aussage des Oberstleutnants sind bereits herabfallende Projektile der Geschosse auf den Blechdächern unserer Camp-Gebäude eingeschlagen.

Nicht ganz ungefährlich, denn die kleinen Metallspitzen können nach einer Fallhöhe aus mehreren hundert Metern durchaus noch eine beachtliche Durchschlagskraft entwickeln. Die Informationen der Wachübergabe gehen daher auch recht unaufmerksam an mir vorbei. Zu interessant sind die immer wieder in die Luft steigenden Leuchtspurgeschosse, die rot leuchtend schräg wie an einer Schnur miteinander verbunden in den staubigen Himmel steigen, um nach wenigen Sekunden ihr Leuchten einzustellen. Oft hört man auch nur den Schall der aufeinanderfolgenden Schüsse durch das Rauschen der Stadt. Die Übernahme der Wache ist schnell erledigt und an den Leitstand gemeldet. Die Anweisung „Helme auf!“ bleibt auch für die neue Wachmannschaft des Camps auf den verschiedenen Posten bestehen. Ich trenne das Kinnschloss meines Helmes, um ihn von der Weste abzunehmen und ziehe den kleinen Gurt aus der Lasche an der Weste. Mit den Händen halte ich jeweils die Schlaufen und schwinge den Helm gekonnt, als täte ich dies täglich, auf meinen Kopf. Ein kurzes Nachdrücken und er sitzt an seiner gewohnten Stelle. Das Leder am Inneneinsatz des Helmes beginnt sofort an der leicht verschwitzten Stirn festzukleben. Nach dem Schließen des Kinnschlosses drückt der Riemen noch etwas unangenehm an den Wangen und unterm Kinn. Trotzdem ziehe ich ihn noch etwas enger, damit der Helm bei Bewegungen nicht ständig verrutschen kann. Dieter ist noch etwas mit sich selbst beschäftig, legt die Überweste mit der Ausrüstung ab und hängt sie über seinen „Gartenstuhl“. Viel Sitzen ist die nächsten drei Stunden nicht drin, denn sobald man sitzt, kann man eben auch nicht mehr über die Sandsäcke auf der Brüstung sehen.

Da Dieter seine Suppe noch nicht gegessen hat, bleibe ich stehen und beginne den Bereich zu beobachten. Die Schießereien sind da draußen im vollen Gange. Doch Gefühl von Angst oder Unsicherheit ist weit weg. Mehr wie an Silvester, wenn man weiß, dass die Menschen ja eigentlich nichts Böses wollen, sondern feiern, fühlt es sich an. Feuerwerkskörper wird es wohl nicht, obwohl ich das nicht mit letzter Gewissheit sagen kann, geben. Dann könnte sich schließlich fast jeder mit der entsprechenden Menge seine eigenen Sprengsätze bauen und das kann gerade in diesem Land nicht gewollt sein. Auf dem Tisch hinter mir liegt einiges an Ausrüstung für die Stellung. Ob MG-Teile, das Fernglas oder auch ein Nachtsichtgerät, viel Platz ist dort nicht mehr. Das MG steht noch am Boden neben den Munitionskisten. Dadurch ist am Boden auch wenig Platz für die Beine und so muss man sich recht unbeweglich zwischen dem Stuhl und der Brüstung aufhalten. Das Nachtsichtgerät kenne ich noch nicht, denn es gibt verschiedene Modelle und damit habe ich selten zu tun. Zwar hatte ich als Bordschützengruppenführer sowohl im Kongo als auch ersten Afghanistan Einsatz welche bei den Flügen in der Nacht genutzt und auch unsere Ausbildungspanzer besitzen sie für die Nachtausbildung, dennoch möchte ich die Zeit nutzen, um mich darauf wieder fit zu machen. Ich hole es aus der Schutztasche und beginne unter den spärlichen Lichtverhältnissen, es genauer anzusehen. Dieter, der noch mit seiner Suppe beschäftigt ist, schaltet dennoch seine kleine blaue Leuchte, die bei ihm an der linken Seite der Weste hängt, an und leuchtet vor meine Hände. Das blaue Licht gibt keinen besonders guten Lichtkegel und auch nur mit schwachem Licht ab. Es dauert so also etwas, bis ich den Schalter zum Einschalten des Nachtsichtgerätes gefunden habe. Ein wenig ähnlich wie ein Fernglas aber nur mit einem „Ausgang“ sieht es aus. Man schaut wie in ein gewöhnliches Fernglas hinein, doch man schaut nicht hindurch, sondern bekommt wie beim Fernsehen ein Bild in das Gerät projiziert. Monochrom, also in grünlichen und grauen Tönen, wird das Bild von der Umgebung, die ich betrachte, etwas unrealistisch wirkend aufgehellt. Je heller der Hintergrund, desto heller das Bild vor meinen Augen. Ein schwarzer Fleck im linken Teil, der wie ein vergessener Aufkleber auf dem Glas einer Sonnenbrille wirkt, lässt vermuten, dass das Gerät bereits falsch benutzt wurde. Konfrontiere ich es mit einer zu starken Lichtquelle, so kann das zu Schäden am Gerät bis hin zum Totalausfall führen. Selbst die nicht besonders stark beleuchteten

Bereiche unseres und des Nachbarcamps reichen, um das Bild unangenehm hell erscheinen zu lassen. Würden auf einmal alle Lichter der Stadt erlöschen, weil der Strom flächendeckend ausfällt, so würde ein Viertelmond in der Nacht reichen, um sich mit dem Gerät durch die Dunkelheit, mit der das menschliche Auge nichts mehr anfangen könnte, zu bewegen. Umrisse von Gebäuden und Gegenständen wirken zwar etwas künstlich unter dem Gerät, doch es reicht, um nicht über irgendwelche Steine zu stürzen oder gegen Wände zu laufen. Hat der Feind diese Möglichkeiten nicht, so hat er ein klares Problem. Für unseren Stellungsdienst scheint das Gerät jedoch mehr Spielerei als nützlich zu sein. Schon der Feuerstoß, der beim Feuern des MG vorne aus dem Rohr kommt, kann mich beim Schießen mit dem Gerät empfindlich stören, da dies helle Lichtblitze vor den Augen geben würde. Zudem reicht die vorhandene Beleuchtung und die Augen gewöhnen sich auch recht schnell daran, um eventuelle Ziele zu bekämpfen. Von einem Scharfschützen sind wir mit dem MG ohnehin weit entfernt.

Immer wieder wird unser Orientierungsreiz durch die abgefeuerten Schüsse in der Nacht geweckt. Ständig weisen Dieter und ich abwechselnd darauf hin, wo wieder eine Leuchtspur im Nachthimmel zu sehen ist. Mal reicht die Zeit kaum, um dorthin zu schauen, wo es abgeschossen wurde und manchmal kann man, weil auch Vorfeldbeleuchtung (eigentlich dazu gedacht um über dem „Feind“ Licht zu machen) verschossen wird, die mehrere Sekunden hell brennt, ganz in Ruhe zusehen, wie sie scheinbar am Himmel hängen bleibt. Damit kommt die Vorfeldbeleuchtung unseren Silvesterraketen auch am nächsten. Mal weiß, grün oder eben am häufigsten in dieser Nacht in Rot, erleuchtet sie unter feinstem Staub den Nachthimmel. In dieser Nacht wird mehr als deutlich, wie viele Waffen allein in Kabul noch in Besitz der Menschen sind. Und an Munition scheint es zumindest heute auch nicht zu fehlen. Erstaunlich schnell vergehen die drei Stunden.

Noch weit bis nach Mitternacht steigen die „Freudenschüsse“ in die trübe Dunkelheit der nie schlafenden Stadt. Wie ich von Amin am nächsten Morgen erfahre, sind in der ersten Stunde weit über 100 Personen wegen Waffenbesitzes festgenommen worden. 38 werden in dieser Nacht verletzt und vier durch herabfallende Projektile getötet. Es hatte also seine Berechtigung unter dem Schutz des Helmes zu bleiben.

Es folgen weitere Wachdienste und die Woche zieht sich anders als sonst, etwas zäh hin. Das wir nicht rausfahren macht die „freie“ Zeit sehr lang, bietet aber dafür auch die Möglichkeit, wieder regelmäßig dem Sport nachzugehen und Zeit für sich selbst zu finden. Meine Stimmung schwankt in dieser Woche sehr stark von Freude in Kummer.

Zu Hause läuft es zurzeit nicht mehr so richtig rund. Irgendwie habe ich durch meine offenen Worte und die Kritik an der weiter – von mir so wahrgenommenen – zunehmenden Gefühlskälte meiner Frau eine kleine Gefühlslawine losgetreten. Hat sie die letzten Tage noch versucht, mir das Gefühl von familiärer Sicherheit zu geben, so ist es in den letzten Telefonaten aus ihr herausgebrochen. Dass sie mit der Situation unzufrieden ist und der Stress, zu Hause alles allein regeln zu müssen, die Stimmung noch verstärkt, ist mir bewusst und ich rede mir ständig ein, dass es bald wieder besser wird. Doch wenn die eigene Frau davon redet, getrennte Wege zu gehen und vielleicht besser als Freunde statt als Paar durch das Leben zu schreiten, dann tut das wirklich weh. Damit habe ich das erste Mal in diesem Einsatz den Punkt erreicht, wo ich am liebsten zum Oberst gehen würde und um mindestens weiteren Urlaub oder gar den Abbruch des Einsatzes zu bitten. Doch leider habe ich auf der anderen Seite nicht das Gefühl, dass dies die Lösung wäre, da meine Frau sich einfach etwas von mir isoliert und das anscheinend auch genauso will, um ihre Gedanken und Gefühle zu ordnen. Tief in mir hoffe ich natürlich, dass sie diese Phase übersteht ohne Entscheidungen zu treffen, die schwerwiegende Auswirkungen haben würden. Sie möchte mir sicher auch nicht wehtun, doch das Ziel, dass wir tatsächlich wie eine richtige Familie mit täglichem persönlichem Kontakt und eben allem was dazu gehört, zusammenleben, haben wir die letzten Jahre immer wieder vor uns hergeschoben. Verstehen kann ich das nur zu gut und gäbe es eine schnelle und vertretbare Lösung, so wäre ich der Letzte, der sie nicht wollte. Damit ist nun wohl offensichtlich, dass ich einfach zu viel über die Jahre von ihr verlangt habe und das Maß voll scheint. Was ich nie so richtig sagen wollte, um mir selbst die Möglichkeiten offenzuhalten, habe ich nun getan. Ich habe ihr versprochen, nicht mehr freiwillig an Auslandseinsätzen teilzunehmen. Nicht wieder, wenn ich befördert wurde und auch nicht in vier oder fünf Jahren. Dass ich zu meinem Wort stehe weiß sie, dennoch kann sie es mir wohl nicht so richtig glauben. Die vielen Jahre der Entbehrungen haben ihre Spuren hinterlassen. Entsprechend nüchtern war ihre Reaktion auf meine E-Mail, in der ich versucht habe, meine Gefühle und Gedanken auszubreiten. Ich bin mir sicher, dass wenn ich wieder zu Hause bin und nicht mehr wegmuss, sie sich wieder auf mich einlassen kann und gemeinsame Ziele wiederfindet. Es ist Hoffnung, aber sie schwächelt zunehmend und immer deutlicher.

Wie schnell die Zeit vergeht zeigt mir auch das nächste Kontingentfest. Eines danach dürfte ich vielleicht noch miterleben, aber auch nur vielleicht. Während die letzten Vorbereitungen zum Start des Festes laufen, wird Dolli gerade in eine neue „Eskalationsstufe“ zur Vorbereitung auf geplante Angriffe auf ISAF-Kräfte eingewiesen. Ab sofort und für die nächsten vier Wochen wird es im vorderen Bereich des Camps auf dem Wachturm einen deutschen Beobachtungsposten geben. Dolli darf dort in seiner Schicht bis Sonntag jeden Nachmittag drei Stunden verbringen. Die Verwunderung darüber, dass er und ein weiterer Kamerad unserer Einheit allein die Anteile der Schicht für den Rest der Woche übernehmen sollen, ist schnell aufgeklärt. Es geht darum, zu bewerten, ob wir eventuell im Vorfeld eines Angriffes ausgespäht werden. Dabei fallen natürlich am ehesten denen Auffälligkeiten auf, die über mehrere Tage die Abläufe vor dem Camp beobachten. So wissen sie, ob sich zum Beispiel immer wieder dieselben Personen in unserem Bereich aufhalten und können verdächtige Vorgänge damit besser erkennen. Zur Unterstützung und besseren Auswertung werden Fotos und Videos festgehalten. Da Dolli nun in wenigen Tagen in Urlaub geht, ist er eben als Erster dran. Zudem sind Dieter und ich schon deswegen für die erste Schicht außen vor, weil wir in wenigen Minuten als Teilnehmer der „Kabuler Olympiade“ die Einheit vertreten werden. Tim, der ursprünglich mit dabei sein sollte, fällt kurzfristig wegen einer Sportverletzung aus. Die zwei Ungarn, die den internationalen Anteil der Einheit repräsentieren sollten, sind leider unpünktlich. So ist Dieter als Team-Captain etwas in Stress, um nun die französischen Kameraden um Unterstützung zu bitten. Da dies jedoch durch Tims Ausfall immer noch nicht reicht, springt Moritz beim nun bunt gemischten Team ein. Etwas unwillig und nicht wirklich stark motiviert, lässt er sich von Dieter und mir dazu drängen, die Lücke zu stopfen. Dabei ist er die erste Wahl, wenn es um Ersatz geht. Da in den Spielen sowohl der Geist als auch der Körper gefordert sein soll, könnten wir kaum ein besseres Teammitglied bekommen. Die Kameraden der Zweiten wären als Alternative ebenso geeignet, scheiden aber schon deshalb aus, weil sie gerade erst vor wenigen Minuten von einem recht erfolglosen internationalen Vergleichsschießen zurückgekommen sind. Damit sind sie weder mental noch körperlich in der Verfassung, sich dem nächsten Wettkampf zu stellen. Zwar stören mich die Unzuverlässigkeit der Ungarn und die nun notdürftig zusammengestellte Konstellation des Teams etwas, doch es geht eigentlich nur darum, als Einheit und Gast auf dem Kontingentfest vertreten zu sein. Entgegen dem letzten Mal haben wir uns nämlich nicht offiziell an diesem Fest beteiligt, um mit den Mitteln, die uns der „Dienstherr“ für solche Veranstaltungen zur Verfügung stellt, ein eigenes Oktoberfest zu kreieren. Den Kompromiss, nun als Gäste hier dennoch dabei zu sein, finde ich gelungen.

Das eigene Oktoberfest ist wichtig, da wir als Einheit es dazu nutzen, sowohl unsere ausländischen Anteile einzuladen als auch Vertreter der afghanischen Seite an unseren Feierlichkeiten teilhaben zu lassen. Damit repräsentieren wir uns nicht unbedeutend. Das wäre auf so einem „deutschen“ Kontingentfest nur schwer möglich gewesen und dann auch keine Veranstaltung unserer Einheit mehr, sondern eben des Kontingentes. Doch jetzt gilt es erst einmal, bei den Spielen nicht völlig zu versagen. Außer unserem eigenen Spiel, wissen wir auch noch nicht so recht, was uns eigentlich erwartet. Jede Mannschaft ist auch Ausrichter einer Spielstation und da es mit wenig Aufwand verbunden ist, dass „Lieblingsspiel“ unserer Einheit zu veranstalten, sind wir mit dem Spiel „Cornhole“ dabei. Dabei geht es darum, mit kleinen Säckchen, die mit Körnern gefüllt sind, in das Loch eines Brettes, dass leicht schräg nach oben und in etwa zehn Meter Entfernung aufgestellt ist, zu treffen. Jeder hat vier Säckchen, also Würfe und versucht dabei wenigstens so zu werfen, dass die Säckchen auf dem Brett liegen bleiben. Dann gibt es einen Punkt. Trifft das Säckchen in das Loch, so gibt es drei Punkte. Dabei muss man schon die richtige Technik einsetzen, denn wirft man zwar in die richtige Entfernung aber zu flach, so rutscht das Säckchen über das Brett hinweg und man bekommt keinen Punkt. Da das Brett nur etwa einen mal einen halben Meter misst, besteht schon die Herausforderung darin, überhaupt das Brett zu treffen. Schon oft habe ich in den Abendstunden unter dem grellen Licht der LED-Strahler den Spieß, unsere Admin und die Ungarn dieses Spiel spielen sehen, doch es hatte mein Interesse nie geweckt. Und so stehe ich mit Dieter, dem es genauso geht, ebenso ungeübt davor wie auch die Kameraden des Kontingentes. Dabei bin ich mir sicher und es wäre auch dumm, wenn nicht, dass die anderen Gruppen wenigstens an ihren eigenen Stationen fleißig geübt haben. Während Moritz und ich im Innenhof warten, kommt Dieter mit zwei Franzosen den Durchgang entlang zu uns. Unsere Verstärkung ist eingetroffen. Sie sind beide sehr jung und normalerweise als Fahrer und Bodyguards der französischen Offiziere eingesetzt. Während einer von ihnen noch einigermaßen Englisch versteht, spricht der andere kein einziges Wort davon. Dabei dachte ich immer, dass die Zeiten, in denen man von der Schule ohne Englisch kommt, vorbei sind. Zumal Frankreich nun schließlich Teil Europas ist. Doch da wenigsten der eine Franzose es kann, macht er eben für diesen Abend den Übersetzer. Die Stimmung im Kontingent zu diesem Fest klang bisher nicht besonders vielversprechend. Da der Ablauf dem des letzten sehr ähnelt, erwarte ich auch nicht besonders viel. Die Tatsache, dass ich dieses Mal aktiv bei den Spielen dabei bin, lässt aber dennoch etwas Unterhaltung und Spaß vermuten.

Deutlich weniger aufwendig und dennoch ebenfalls ein Teil der Veranstaltung ist eine erneute Spendensammlung für das Projekt „Lachen Helfen“. Und obwohl ich weiß, dass der Zweck dahinter wirklich gut ist, kann ich das Thema dennoch irgendwie zurzeit nicht mehr hören. Benni, der hier dafür eigentlich den Nachmittag über die Werbetrommel rühren müsste, ist noch unterwegs. Überhaupt scheint er in der letzten Zeit ständig auf der Suche nach Beschäftigungen und „Sondertouren". Abgesehen davon, dass er auch sonst recht emsig ist, scheint im Moment jedoch mehr der Gedanke an eine weitere Verlängerung dahinter zu stehen. Jeder hat eben seine Interessen und setzt dementsprechend Prioritäten. Sollte sich jedoch herausstellen, dass die Ausplanung (Einteilung für die Stelle zurückgenommen) des Nachfolgers meiner Stelle für den Sommer 2014 auf seine Kappe ging, um wieder und wieder zu verlängern, hat er sich – so gut ich ihn auch leiden kann – bei mir eine Menge Minuspunkte eingefahren. Es beginnt einfach maßlos zu werden und die eigene Verlängerung auf unkameradschaftliche Weise auf dem Rücken anderer auszutragen, stößt in meinen Augen klar an Grenzen. Bereits 2011 wurde ein Kamerad, der bereits auf der Stelle als Nachfolger geplant war, wieder „abgesetzt", damit Benni das ganze Jahr bleiben konnte. Der geplante Kamerad war jung und unerfahren und so konnte man die Ausplanung zumindestens nachvollziehbar erklären. Doch diesmal hat der ausgeplante Kamerad mindestens dieselben Voraussetzungen wie Benni selbst. Zudem kann „frisches Blut" auf dem Dienstposten in regelmäßigen Abständen nicht schaden. Wie eine Stehzeit von dann gut vier Jahren wie bei Benni überhaupt von den Vorgesetzten – gerade aus Fürsorgegründen – genehmigt werden kann, entzieht sich meiner Logik. Die Schäden, die sowohl bei ihm persönlich aber und gerade auch bei seiner Frau und seinen Kindern damit hinterlassen werden, stehen in keinem Verhältnis und können nicht gerechtfertigt werden. Vielleicht geht es mich auch einfach nichts an und darüber sprechen würde ich mit Benni auch nicht. Zu empfindlich und launisch würde er auf Kritik reagieren und ich damit nur unsinnige Schwierigkeiten in der zukünftigen Zusammenarbeit und dem Miteinander riskieren. Und selbstkritisch muss ich zugeben, dass meine Einsätze auch ein erschreckendes Maß an Abwesenheit von der Familie verursacht haben.

Die letzte Veranstaltung hatte weit über 5.000 Euro für seine Projekte durch die Tombola eingebracht. Davon dürfte man heute weit entfernt bleiben. Ein Biertisch am Ende des Innenhofes mit einer in schwarze Folie gewickelten Wasserflasche und entsprechender Beschriftung soll die Spenden aufnehmen. Es ist eine der großen Flaschen, die in Wasserspendern an vielen öffentlichen Orten zu finden sind. Platz darin wäre sicher genug, um den damaligen Betrag zu toppen. Leicht zu übersehen liegen mehrere Gutscheine daneben. Einer über 70 Euro für den PX-Shop und zwei für kleiner Dienstleistungen wie Waffen reinigen und Frühstück ans Bett. Nichts Neues und etwas blass wirkend im Gegensatz zur wirklich großartigen Tombola des Vorgängerkontingentes. Um die Gutscheine zu bekommen, kann man im Anschluss an den offiziellen Teil an kleineren Spielen teilnehmen und sich dabei die Punkte gutschreiben lassen. Später wird dann eine Rangfolge erstellt und die Gewinne verteilt. Abgesehen vom klassischen Dosenwerfen sind die anderen beiden zur Auswahl stehenden Spiele zumindest einmal neu für mich. Das Erbsenschlagen, bei dem über einen Trichter Erbsen in einen Gartenschlauch, der an einem Brett befestigt ist und hochkant an der Wand hängt, geworfen werden, muss man die am unteren Ende herausfallenden Erbsen mit einem Hammer, gezielt zerschlagen. Es geht also um Reaktion und Geschicklichkeit. Das dritte Spiel, ebenfalls selbst gebaut, hat meine Aufmerksamkeit noch nicht gefunden. Es geht los, denn über das Mikro kommen die ersten Töne. Etwas zu laut und mit deutlichem Pfeifton gibt der Projektoffizier erste Infos heraus. Es wird sich noch etwas verzögern, da immer noch einige der Spielteilnehmer unterwegs sind. Damit ist unsere Einheit dann wenigstens nicht allein. Um die Zeit nicht sinnlos verstreichen zu lassen, werden die Mannschaften fotografiert, um für die Urkunden auch passende Bilder zu haben. Unsere Mannschaft ist die Letzte. Immer wieder fehlt einer der Truppe und so dauert es etwas, bis wir den grünen Innenhof als Hintergrund nutzend das Foto bekommen.

Der Führer Deutsche Kräfte ist ebenfalls noch unterwegs und soll voraussichtlich gegen 18 Uhr eintreffen. Mit seinem Nachfolger an Bord ist er in Kabul unterwegs und bereits mit der Einweisung beschäftigt. So vertritt ihn der Kommandant Stabsquartier, ein junger dynamischer und immer freundlich scheinender Oberstleutnant. Wieder kommen Töne aus dem Mikro, dass den Innenhof deutlich beschallt und der Oberstleutnant beginnt seine Eröffnungsrede, die vorweg die allgemeine Sicherheitslage betrifft. Die nächsten Tage sind gesäumt mit afghanischen Feiertagen, die bekanntlich gerne für Anschläge herhalten müssen. Somit ist erneut besondere Aufmerksamkeit gefragt. Das lässt er uns wissen und betont, dass ihm offene Informationen an alle lieber sind als mögliche Gerüchte, die schnell zur Verunsicherung beitragen könnten. Dem Ablauf der Spiele nimmt er nichts vorweg, da der Projektoffizier diesen Part für sich beansprucht und so gleitet er mit den ermunternden Worten, sich an der Spendenaktion zu beteiligen, aus seiner Rede. Ohne langes Zögern geht es zur ersten Spielstation.

Die Feldjäger haben einen Parcours aufgebaut, bei dem Geschicklichkeit und Waffenkenntnis gefordert sind. Der Durchgang hinter unserem Unterkunftsgebäude ist durch einen *Dingo* versperrt und soll als Beginn des Hindernisparcours dienen. Geduldig erklärt der Stabsfeldwebel der MP (Militär Polizei) in seinem ausgeprägten schwäbischen Akzent die Bedingungen an dieser Station. Hinter ihm auf dem Tisch liegen fünf Blätter auf Biertischen, die wie ein Tresen entlang unseres Containers aufgestellt sind. Darauf stehen jeweils Waffennamen. Vier davon gehören zu den bekannten Waffen der Bundeswehr, wobei das G3 als altes Gewehr nicht mehr jedem geläufig sein dürfte. Bei der AK-47, der Kalaschnikow, hört auch mein Wissen auf. Eine Waffe, die millionenfach in der Welt genutzt wird, mit der wir aber in der Bundeswehr eben nur in Ausnahmefällen etwas zu tun haben. Dass wir zwei Franzosen im Team haben, dürfte spätestens jetzt ein Nachteil sein. Ob es an den nächsten Stationen dafür Vorteile bringt, muss man sehen. Da sie aber unsere Waffen nicht kennen und schnell aus den Erklärungen des Stabsfeldwebels klar wird, dass es hier um das richtige Zusammensetzen der Waffen geht, dürfte es für sie schwierig werden. Es geht um fünf Waffen und wir sind fünf Mann, die natürlich unter Zeitdruck einerseits den Parcours und andererseits die Waffen bewältigen müssen. Die AK-47 dürften auch in den anderen Gruppen die wenigsten kennen, ausgenommen vielleicht ehemalige NVA-Soldaten (DDR). Bleibt aber immer noch eine Waffe, die eventuell von uns drei Deutschen mitgemacht werden müsste. Nach kurzer Absprache und meinem Vorschlag, statt der deutschen die französische Pistole zu nehmen, geht Dieter zum Stabsfeldwebel, um ein Entgegenkommen zu bewirken. Am Ende fliegt das G3, warum auch immer, raus und die französische Pistole wird zugelassen. Damit stehen die Möglichkeiten für uns wieder gut. Gemeinsam in einer großen Menschentraube mit den anderen Mitspielern laufen wir den Parcours, welcher sich am Gebäude entlangstreckt, ab. Es beginnt also damit, dass die Gruppe unter dem Dingo durchkriechen muss, um danach über Hindernisse aus großen Postkisten, einer Stolperfalle und einer Balkenbrücke hinweg muss. Immer wieder betont der Staber, dass es nicht nur darum geht schnell zu sein. Auch ihm ist wohl klar, dass solche Hindernisse auch schnell zu „Beinbrüchen" führen können und da es hier nichts zu beweisen gibt und es um den Spaß an der Sache geht, sollten Verletzungen jeglicher Art vermieden werden. Um das besonders zu unterstreichen, liegen ebenfalls im Bereich der Startlinie braune Bauarbeiterhelme für die Mitspieler. So bleiben auch die Köpfe beim Passieren der Dingos heil. Am Ende des ersten Weges vom Parcours steht eine grüne Kiste am Boden. Dort drinnen befinden sich sämtliche Waffenteile, die später als Ganzes auf dem Tisch und dem passenden Zettel im Startbereich landen sollen. Für nicht korrekt Zusammengesetzte, aber ins Ziel gebrachte Waffen, gibt es immerhin auch noch Punkte für die Gesamtwertung.

Die Einweisung ist noch nicht ganz zu Ende, da kommen unsere ungarischen Kameraden in voller Montur an uns vorbei. Doch jetzt stehen die Teams. Das Foto ist gemacht und außerdem hat es nun lange genug gedauert und Diskussionen gekostet. Wir sind uns in der Gruppe einig, dass nun nur noch die AK-47 Punkte kosten könnte, weil sie keiner von uns so gut kennt, dass er sie aus ihren Einzelteilen zusammensetzen könnte. Dieter hat eine gute Idee und läuft den Ungarn, die gerade die Außentreppe zu ihren Unterkünften hochgehen, hinterher. Er will sich in den nächsten Minuten die Waffe, die von den Ungarn standardmäßig genutzt wird, erklären lassen. Schaden kann das auf jeden Fall nicht. Um ein wenig vom Zusammensetzen der Waffen abzulenken, befinden sich in der Kiste, genauer gesagt im Deckel, 20 Bilder, die am Ende im Ziel wieder richtig zusammengestellt und zugeordnet werden müssen. Dafür ist schnell eine gute Lösung gefunden, denn da es sich um fünf Reihen der Bilder handelt, die zu Vierergruppen angeordnet sind, bekommt jeder unserer Gruppe eine Reihe, die er sich allein merken muss, zugewiesen. Damit braucht sich jeder nur vier Bilder in einer festen Reihenfolge zu merken und das sollte machbar sein. Und während unser Team in drei Sprachen die letzten Vorbereitungen für das erste Spiel abspricht, haben die Spiele begonnen und die erste Mannschaft krabbelt mit ihren braunen Helmen unter dem Dingo durch. Das sieht alles sehr schnell aus, doch das Zusammensetzen wird seine Zeit brauchen und ob dann die wenigen Sekunden Unterschied beim eigentlichen Parcours etwas bringen, bleibt abzuwarten.

Da wir als letztes Team des ersten Spieles antreten, können wir beim Zuschauen noch einige Informationen sammeln. Wie erwartet haben fast alle Teams Probleme mit der AK-47. Nachdem das letzte Team vor uns in die Ziellinie kommt, gehen wir zu ihnen herüber, um schon mal die Helme zu empfangen. Mittlerweile sind sie stark verschwitzt. Beim ersten Versuch werden wir direkt wieder aus dem Zielbereich geworfen, da wir sonst die Ergebnisse und Lösungen mitbekommen könnten. Doch wenige Minuten später werden wir dann zurückgerufen. Schnell zeige ich den beiden Franzosen an, dass sie als erste unter dem Dingo durchkriechen sollen, damit wir uns zu fünft nicht in die Quere kommen. Ein zustimmendes Nicken signalisiert die Startbereitschaft und schon geht es los. Dicht hinter den Franzosen, die schnell und geschickt unter dem Dingo hindurchrutschen, teilen Dieter, Moritz und ich uns die gesamte Breite zwischen den großen Rädern, um gleichzeitig und zügig das erste Hindernis zu bewältigen. Das läuft ohne am Unterboden des Fahrzeuges anzuecken und schon stehe ich mit dem ersten Bein in einer der zwei Kisten, die mit einem grobmaschigen Ladungsnetz überzogen sind. Das Netz soll dabei als zusätzliche Hürde beim Durchlaufen der Kisten dienen. Schnell hänge ich mit den Metallösen meiner Kampfstiefel am Netz und brauche einige Sekunden, um etwas unbeholfen diese Station zu überwinden. Doch zu meinem Trost stellen sich die anderen auch nicht wesentlich geschickter an.

Wenige Meter später geht es über den nur flach über dem Schotter abgelegten Balken hinüber zur Waffenkiste. Die Franzosen sind bereits dort und haben die Kiste geöffnet. Hektisch suche ich alle

Teile, die zum Maschinengewehr gehören heraus und lege sie neben mich, etwas abseits der Kiste. Da dies die größte Waffe ist, brauche ich etwas Platz zum Zusammenbauen. Moritz wirft mir immer wieder Teile des MG zu, die ich zu meinem Haufen lege. Ein kurzer Blick und ich meine alles zusammenzuhaben. Beim Versuch, die Rohrführungshülse einzuführen, bleibt mein Finger, der durch die Handschuhe wohl etwas zu dick ist, in der engen Bohrung stecken. Trotzdem versuche ich fast schon zu hektisch die Hülse wenigstens an ihren Platz zu bringen. Doch auch die Position passt einfach nicht und da mein Finger recht festklemmt, kann ich sie einfach nicht weit genug um die eigene Achse drehen, um die Nuten, in die sie rutschen muss, zu erwischen. Genervt ziehe ich mit einem starken Ruck meinen Finger aus der Hülse und den Handschuh gleich mit aus. Erneut versuche ich es diesmal mit dem nackten Fingern. Dieter, der inzwischen mit seiner Waffe fertig scheint, greift mir dazwischen. Gut gemeint, aber nicht gerade hilfreich. Ich bin kurz davor, einfach die Einzelteile zu schnappen und damit zurückzulaufen, da rutscht die Hülse endlich an ihren Platz. Während ich als nächstes das Rohr einführen will, hat Dieter schon wieder das MG in den Fingern. Spätestens jetzt kommt in mir der Ausbilder durch und so bekommt Dieter in kurzen Schüben verbalen Druck, um möglichst schnell die Finger von der Waffe zu nehmen. Er meint es ja gut und auch nur deshalb bleibt mein Tonfall friedlich, doch es bringt einfach nichts, wenn hier jetzt jeder reinfummelt. Er nimmt sich etwas zurück und reicht mir die nächsten Teile an. Es dauert eine gefühlte Ewigkeit. Die Franzosen sitzen etwas hilflos wirkend neben uns. Immer wieder versucht Dieter Teile direkt am MG anzubringen und findet dabei wenigstens einen Weg, wie wir uns nicht ins Gehege kommen. Dann endlich kann ich mir das MG greifen und damit den Parcours zurückrennen. Das dürfte eine Unmenge an Zeit gekostet haben und eigentlich könnten wir es jetzt ruhig angehen, doch der Wettkampfgeist lässt uns noch einmal das Tempo anziehen. Alles geht jetzt Hand in Hand. Einer wirft das MG auf das letzte Hindernis und der andere nimmt es entgegen, um damit weiter zu rennen. Noch einmal unter dem Dingo durch und die Waffe auf den Tisch mit den Zetteln geschmissen. Die Zeit wird gestoppt, wenn das Memory, an dem sich Moritz und Dieter schon zu schaffen machen, fertig ist. Wieder scheint es, als wolle Dieter auch gleich die Bilder der anderen mit lösen, um Zeit zu sparen. Ich drücke mich zwischen die Franzosen und Moritz, um neben Dieter zu stehen. Immer wieder ziehe ich ihm „meine“ Bilder unter den Fingern weg und lege sie in das Lösungsbild. Dass es beim MG so lange gedauert hat, ist schon etwas peinlich, denn woran es gelegen hat, dürften die wenigsten der Zuschauer gesehen haben. Hoffentlich bietet sich an den nächsten Stationen die Gelegenheit, das wieder etwas gutzumachen. Das Memory bringt volle Punktzahl, während die Einzelzeit so schlecht war, dass wir dafür gar keine Punkte mehr bekommen. Außer der AK-47 von Dieter sind alle Waffen richtig zusammengesetzt. Schade, denn an der AK hat Dieter lediglich den Metalldeckel nicht richtig arretiert, der dann bei der Überprüfung wieder abgefallen ist. Da dieser Deckel die Funktion der Waffe beeinträchtigen würde, gibt es dafür auch keine Punkte. An einem Brett hinter dem Memory-Spiel werden gerade die Reihenfolgen mit den Namen der Teams befestigt.

Wir sind, trotz der Zeitverluste und der null Punkte für die AK, noch auf dem vierten von sechs Plätzen gelandet. Es ist also noch alles drin. Direkt hinter uns, wo schon beim ersten Kontingentfest dieses Camps der Parcours mit dem Stapler gefahren wurde, sind wieder Pylonen aufgestellt. Auch ein Tor, gebaut aus Besenstielen, soll wohl ein Hindernis darstellen. In der leichten Steigung zum Innenhof ist die Startlinie mit Kreide aufgezeichnet. Dahinter steht startklar ein Hubwagen aus der Materialgruppe, der heute jedoch keine Ladung transportieren soll. Das Spiel ist schnell allen erklärt. Der Hubwagen soll wie ein Roller, nur eben etwas schwieriger zu fahren, durch den aufgebauten Parcours gefahren werden. Grüne und violette Striche auf dem Boden zeigen an, ab wann und bis wann Schwung mit dem Fuß geholt werden darf. Sollte der Fuß außerhalb der erlaubten Bereiche zum Schwungholen genutzt werden, so gibt es je abgesetzten Fuß 50 Strafpunkte, die in eine Zeitstrafe umgerechnet werden. Eigentlich scheint es eine Aufgabe mit der Möglichkeit, richtig Punkte für die Gesamtwertung zu sammeln. Jedoch kommt es dabei stark auf die Geschicklichkeit der einzelnen Teilnehmer an. Wieder sind wir als letztes an der Reihe und haben so genug Zeit, die Fehler der anderen für uns auszuwerten und zu unserem Vorteil zu nutzen. Die Zuschauer stehen wie bei Autorennen dicht an den anliegenden Gebäuden der Strecke. Zwar bittet der Sprecher die Gruppen beim Erklären der Spielregeln auch den neuen Spielbereich freizuhalten, doch das geht in der guten Stimmung, die sich langsam aufbaut, etwas unter. Davon abgesehen gibt es auch kaum andere Möglichkeiten, dem Spiel zu folgen. Die Feuertreppe unseres Unterkunft-Gebäudes ist bereits dicht gefüllt und die Köpfe hängen neugierig über die Geländer herab. Auch ich stehe nur wenige Zentimeter von der eigentlichen Strecke weg. Wie eng es gleich wird, hängt also von den Fahrkünsten der Spieler ab. Der Startschuss ist gefallen und der erste Teilnehmer zeigt deutlich, dass es schwieriger ist als erwartet. Ob die Koordinierung des Fußes beim Schwungholen oder das eigentliche Lenken des Hubwagens, alles sieht sehr unbeholfen aus. Wenn man jedoch vorher auch nicht üben konnte und dies die ersten Versuche mit dem etwas ungewöhnlichen Fortbewegungsmittel sind, kann man dem Fahrer auch nicht viel vorwerfen.

Noch als Lehrling habe ich oft die Strecken zwischen den Werkshallen beim Materialholen mit dem Hubwagen als „Roller“ befahren. Das laute metallische Abrollen der kleinen und dicken Stahlräder ist unverwechselbar und klingt auch über 20 Jahre später noch sehr vertraut. Mit jeder Runde, die an mir vorbeizieht, steigere ich mich mehr und mehr in die Fahrer hinein. Am liebsten würde ich mir den Hubwagen sofort nehmen und loslegen. Ein Gefühl, als könne mir gleich keiner etwas vormachen, stimmt mich siegesgewiss. Einzig die Tatsache, dass es einfach eine Ewigkeit her ist, bremst mich etwas ein. Doch schließlich wird es wie Fahrrad fahren sein, das verlernt man nicht mehr. Nur wenige sehen beim Slalomfahren um die Pylonen und hindurch unter dem Tor einigermaßen elegant aus. Am Wendepunkt bleibt fast jeder mit den Hinterrädern an den kleinen Gummikanten der Pylonen hängen. Eigentlich alle fahren einen zu engen Kurvenradius, bei dem der Hubwagen sich fast nur noch um die Hinterräder dreht. Damit bleiben diese dann aber auch fast stehen und fahren nicht mehr um das Hindernis herum. Diese Hundertachtziggradkehre kostet eine Menge Schwung und so bleiben viele einfach stehen. Da die nächste grüne „Schwunglinie" aber erst kurz dahinter beginnt, werden kräftig Minuspunkte beim zu frühen Schwungholen gesammelt. Schadenfreude lässt sich da auch für mich nicht mehr verstecken, denn schließlich sind wir jetzt Wettkampfgegner und da geht es um jeden Punkt. Trotz der vielen Fahrer, bevor unser Team dran ist, wird es keineswegs langweilig. Jede Runde ist einzigartig und es wird viel gelacht, angefeuert und angetrieben. Unsere Franzosen hatten nun ebenfalls genug Zeit, sich das Spektakel anzuschauen. Noch einmal betone ich gegenüber unserem englischsprechenden Kameraden, dass sie unbedingt auf die Füße achten sollen, um keinen Schwung in der verbotenen Zone zu holen. Auch sie scheinen nun ihren Spaß an der Veranstaltung, zu der sie sich durch ihren Chef am Anfang wohl noch befohlen sahen, zu haben. Sie sind fleißig am Scherzen und machen sich über die Beinaheunfälle der anderen lustig. Aber da auch gleich über uns gelacht wird, sollte sich das ausgleichen. Da wir in wenigen Sekunden dran sind, starten auch direkt unsere französischen Teammitglieder. Was anfangs noch gut beginnt, artet schnell zu einer kleinen Blamage aus. Nach der Kehre ist der erste Franzose zu weit nach rechts an das Gebäude gefahren und mit den vorderen schmalen Rädern in das Gitter einer Ablaufrinne gekommen. Nur schwerlich und unter enormen Zeitverlusten kann er sich aus dieser Klemme befreien. Da er nun aber auch keinen Schwung mehr hat und bereits hinter der violetten Linie steht, gibt es für den erneuten Schwung dicke Minuspunkte.

Da ich als Letzter fahren soll, habe ich mich hinter die Ziellinie gestellt. Auch hier muss auf dem nur knapp zwei Meter breiten Stück der Hubwagen vollständig gedreht werden. Da das nicht in einem Zug möglich ist, greife ich mir bei jedem einfahrenden Teilnehmer den hinteren Teil des Hubwagens und reiße ihn mit Schwung so herum, dass der nächste direkt weiterfahren kann. Wie bei einem Staffellauf gilt hier jede Sekunde, da die Zeit und die Punkte erst gewertet werden, wenn alle des Teams durch sind. Was die Haltungsnoten angeht, steht unsere Mannschaft mit Ausnahme des „Hängers" ganz gut da und kann sich mit dem Rest der Teams durchaus vergleichen lassen. Mein Einsatz steht kurz bevor, denn Dieter hat gerade die

Kehre passiert. Diesmal wird Moritz mir den Wagen ausrichten, damit ich keine Zeit mehr verliere und verzugslos durchstarten kann. Dieter kommt mit dem Rest an Schwung, den er kurz vorm Ziel noch einmal holen durfte, die kleine Steigung hochgefahren. Sie ist steil genug, um auf nur wenigen Metern den gesamten zuvor geholten Schwung aufzuzehren.

Ich greife mir den Griff des Hubwagens, drücke den Sperrhebel für das Auf- und Ablassen nach unten und pumpe noch während Moritz den Wagen am Heck herum zieht etwas höher. Meine Vorgänger, die in der Hektik versehentlich an diesen Hebel gegriffen haben, haben damit auch den Wagen immer weiter abgelassen. Damit schränkt sich die Bodenfreiheit deutlich ein und führt dazu, dass der Wagen schon am Start mit der Unterseite über den Winkel der Steigung schleift. Beim Einlenken kratzt man so sehr schnell mit dem sich in die Kurve kippenden Wagen auf dem Beton entlang und verliert wertvollen Schwung. Zu hoch pumpen jedoch wäre auch schlecht, da damit der Schwerpunkt und die Kippgefahr steigt. Hier eine Feinabstimmung vorzunehmen, ist viel zu spät und so verlasse ich mich auf mein Gefühl und drücke mich mit mehreren Schritten, die violette Linie anvisiert, am Boden ab und starte durch. Mit stark angewinkelten Beinen und tief abgehockt, geht es mit günstigem Schwerpunkt um die ersten Pylonen. Der Schwung reicht satt, um bis zur nächsten grünen Linie kurz vor das Tor, durch das ich mit meiner tiefen Position problemlos durchkomme, zu gelangen. Für einige Sekunden fühle ich wieder den Azubi in mir und scheine voll in meinem Element. Jetzt keinen Fehler an der Kehre machen und weit genug ausholen. Denn die Vorgänger haben hier gezeigt, dass die gesparte Strecke wertvolle Zeit kostet, wenn man erst mal festhängt. Diesmal reicht der Schwung gerade aus, um den Hubwagen auf Beinlänge an die nächste grüne Linie hinter die Kehre zu bekommen. Nur mühsam kann ich mit meinem kurzen Bein den Beton hinter der Linie erwischen, um mich mit etwas ungünstigem Hebel aus der weiten Streckung meines Beines heraus wieder abzustoßen. Doch dafür habe ich noch keine Minuspunkte eingesammelt. Jetzt heißt es die letzten Meter bis zur nächsten violetten Linie voll auszureizen und mit dem Schwung und richtig Tempo bis kurz vor die Steigung zur letzten grünen Linie zu kommen. Als hätte ich nie etwas anderes gemacht, rase ich sogar mit genügend Restschwung durch die Ziellinie und ernte starken Applaus. Mit gestreckter Brust kann ich mir eine Geste des Sieges unter meinen erhobenen Armen und einem breiten Grinsen nicht nehmen lassen.

Es muss wirklich gut ausgesehen haben, denn die Kameraden der Zweiten, die mich kräftig angefeuert haben, sparen nicht mit Lob und Bewunderung. Zwar reicht es am Ende in der Einzelwertung auch nicht für den ersten Platz, doch wir als Team sind zufrieden. Alles scheint noch möglich. Und so gehen wir uns gegenseitig aufbauend und lobend weiter in den Innenhof, wo das nächste Spiel wartet. Ebenfalls nicht neu, steht vor der Wand des Gebäudes der „Heiße Draht“. Schnell ist entschieden, dass die beiden jungen Franzosen das Spiel als 2er-Team für die Gruppe machen. Schließlich wollen wir sie aktiv und nicht nur als Mitläufer in die Spiele einbinden. Sie sind gut drauf und scheinen damit auch kein Problem zu haben. Allerdings stellt sich bald heraus, dass die ungeübten Franzosen sich äußerst schwer mit dieser Aufgabe tun. Das nervige Brummen der alten LKW-Hupe, die an das Spiel angeschlossen ist, scheint kaum eine Pause zu finden. Mit zitternder Hand versucht der erste von ihnen die erste Hälfte mit dem aufgesägten Ringschlüssel als Öse, der nur etwa einen Zentimeter um sich herum Platz lässt, am Draht entlangzuführen ohne diesen zu berühren, während die Zeit im Nacken hängt. Auch sein Kamerad wirkt etwas überfordert und berührt im zweiten Teil immer wieder den Draht. Da jeder Hupton einen Minuspunkt gibt, hätte man wohl besser gleich den Schlüssel am Draht herunterziehen können und ihn so nur an den Übergängen, wo der Draht am Außengestell befestigt ist, unterbrochen. Aber das hätte dann wohl auch zur Disqualifikation geführt. Und leider reicht es dieses Mal nur für den letzten Platz in der Einzelwertung, was uns wieder runterzieht.

Nun gilt es am Stand der Wehrverwaltung, die das klassische Dosenwerfen im Innenhof aufgebaut haben, noch einmal wichtige Punkte zu sammeln. Hier, wo mit selbstgebastelten Wurfbällen, die aus einem Knäuel Panzertape zu bestehen scheinen, Dosen von einer erhöht aufgestellten und einem mit weißen Bettlaken überzogenen Bierbank geworfen werden sollen, müsste doch etwas zu holen sein. Jedes Gruppenmitglied hat drei Bälle (also Versuche) und muss aus einer Position auf den Durchgangswegen des Innenhofes die Dosen kurz vor der Wand des Hintergrundgebäudes treffen. Das Bettlaken ist so befestigt, dass es gleich einer Hängematte hinter der Bank weit durchhängt, bevor es wieder nach oben an die Wand läuft, wo es mit Klebeband fixiert ist. So können die Dosen, die heruntergeworfen werden, direkt in das Laken fallen und werden auch nur gezählt, wenn sie genau das machen. Alle Dosen, die oben liegen bleiben, sind nicht in der Wertung. Die Dosen sind zur Verstärkung ebenfalls mit dem Panzerband beklebt. So soll verhindert werden, dass sie schon nach wenigen Würfen verbeult sind und sich nicht mehr zur dreistöckigen Pyramide aufbauen lassen. Dieses Mal sind wir schon als zweite Gruppe dran und da es hier nun wirklich auf Hand-Auge-Koordination ankommt, haben wir es mit unseren relativ jungen Mitspielern scheinbar etwas leichter. Als wären die Franzosen geübte Baseball-Spieler, hauen sie mit viel Schwung und gutem Auge die kleinen Dosentürme nieder. Keiner der Gruppe, wie bei unseren Gegnern häufiger, versagt völlig und bekommt wenigstens einige der Dosen in das Laken. Das Ergebnis macht für den Anfang einen guten Eindruck und am Ende stehen wir mit dem zweiten Platz weit vorne. Auch unser Spiel, dass dann als nächstes folgt fordert ähnliche Talente von den Mitspielern und soll noch vor dem Abendbrot gespielt werden.

Unsere Admin und der Spieß haben das Spiel „Cornhole“ an gewohnter Stelle unterhalb der Feuertreppe und zwischen unserem Container aufgebaut. Eine alte Linie, bestehend aus einem stark abgescheuerten Tape auf dem Betonboden, hat schon vielfach Verwendung gefunden. Direkt daneben liegen sechs der kleinen mit Körner gefüllten Säckchen. Vier je Spieler dürfen gleich werfen. Unsere Admin, die gerade aus dem Urlaub zurück ist, schreibt die Ergebnisse auf. Dieter hat sich neben sie gestellt und somit auch gleich die Anleitung des Spieles in die Hand genommen. Gegen seinen Vorschlag, zuerst die anderen Mannschaften spielen zu lassen, wird teilweise lautstark protestiert und wir aufgefordert, als erste Gruppe anzutreten. Zwar hätte ich auch gerne erst gesehen wie sich die anderen so schlagen, aber was soll es. Nur ab und zu haben wir in den wenigen Pausen selbst mal probiert wie es bei uns klappt und stellten fest, dass sämtliches Üben nun viel zu spät ist. Die ersten

Punkte, die zusammenkommen, sind sehr dürftig. Ich selbst treffe nur einmal das Brett und da das Säckchen nur mit Schwung vom Boden darauf rutscht, wird der Treffer nicht gewertet. Moritz jedoch schlägt voll zu und triff neben dem ersten Wurf, der auf dem Brett landet, danach direkt zwei weitere Würfe in das Loch und holt so sagenhafte 7 Punkte. Alles, was danach von den anderen Mannschaften kommt, kann dieses Ergebnis nicht mehr toppen. Jeder, der dieses Spiel noch nie gespielt hat, braucht einfach zwei bis drei Würfe, um das Gefühl für das Gewicht und die Weite auszubalancieren. Und dann ist noch die Technik entscheidend, die eine gewisse Erfahrung voraussetzt. Die meisten werfen einfach zu flach und so rutschen eigentlich gut gezielte Würfe mit Schwung über das Brett hinaus. Schlussendlich holt unser Team am Ende in dieser Einzelwertung den ersten Platz. Wenn wir jetzt noch was reißen wollen, dann muss es beim letzten Spiel sein.

Das *Yak*-Ziehen wird vom Transportzug mit Unterstützung der Sanitäter, denen der *Yak* (ein geschützter Sanitäts-LKW) gehört, ausgerichtet. Auch nicht wirklich neu, aber erfahrungsgemäß sehr unterhaltsam und spannend. Dabei muss der Yak, der auf Höhe unseres Containers steht, bis kurz vor das Ausgangstor gezogen werden. Um die Widerstände zu erhöhen, liegen über die Strecke Steinchen und Blechstreben verteilt. Der Arbeitsschutz würde jetzt wohl die Hände über dem Kopf zusammenschlagen, doch das auch schon allein, weil Personen das Fahrzeug durch die Gegend ziehen. In fast jeder Gruppe sind irgendwelche „Bodybuilder" dabei, die hier die Ergebnisse ihres Trainings demonstrieren können. Wenngleich es inzwischen schon recht dunkel geworden ist und nur noch wenige Minuten vergehen dürften, bis allein die Außenbeleuchtung unseren Augen hilft. Über ein dickes Abschleppseil, dass zur Doppelschlaufe vorne am Yak durch den Abschleppbolzen gezogen ist, soll das Team den Yak beschleunigen. Hier hat wohl jedes Team eine eigene Technik. Dieses Mal sind wir die Dritten in der Runde und können so schon einige Kleinigkeiten feststellen, die wir gleich anders machen werden. Es ist verdammt eng zur rechten Seite, wo der Yak an den aufgereihten Containern vorbeimuss. Auf der gegenüberliegenden Seite stehen die neugierigen Zuschauer und auch die Teams, die ungeduldig auf ihren Einsatz warten. Die kleinen Hindernisse auf dem Weg scheinen keine wirkliche Hürde darzustellen und wenn die ersten Sekunden nach dem Start so scheinen, als wolle der Yak sich gar nicht von der Stelle rühren, geht es dann schnell über in ein höheres Tempo.

Wir sind endlich dran. Sowohl Dieter und einer der beiden Franzosen, unsere „Bodybuilder" im Team, lassen sich jeweils in eine der Schlaufen spannen. Wie Pferde vor einem Fuhrwerk stehen sie weit nach vorne in die Gurte gebeugt, um sich gleich gut abstützen zu können. Ich rutsche unter dem vorderen Gurt durch und stelle mich mittig, jeweils die Gurte neben mir in die Unterarme eingedreht, ebenfalls stark nach vorne geneigt, bereit zum Antreten. Moritz und der zweite Franzose packen sich jeweils die Außenseiten, sodass wir nun alle einigermaßen an dem Abschleppseil ziehen können. Noch einmal tief durchatmen und dann ertönt der Ruf für den Start. Mit lautem Gebrüll treiben wir uns gegenseitig an. Da ich selbst immer wieder „Los Männer, mehr Dampf!" und „Eins, Zwei, Eins, Zwei!" vor mich her brülle, nehme ich die anderen gar nicht mehr war. Tief nach vorne geneigt und den Körper flach über den Boden gestellt, stampfe ich jeden Schritt „fest" in den Beton. Millimeter für Millimeter nimmt der Yak an Fahrt auf. Als kämen wir überhaupt nicht vom Fleck, treibt der Ehrgeiz, hier nicht zu versagen, mehr und mehr Kraft in die Beine. Als hätte der Soldat im Yak, der die Bremse bedient, wenn die Strecke geschafft ist, sie erst gar nicht losgelassen, scheint dann doch der Knoten geplatzt und der Yak nimmt unter der gnadenlosen Spannung unserer Körper im Gurt schlagartig an Fahrt zu. Gerade noch im Millimeterbereich unterwegs, rutscht uns nun schneller und schneller der Beton unter den Füßen weg. Es ist kaum noch ein Rhythmus zu finden, denn mit jedem Schritt muss der Abstand und die Geschwindigkeit der Füße angehoben werden. Wieder und wieder brülle ich, den Blick stur zu Boden auf meine Füße gerichtet, vor mich hin. Das so etwas hilft, ist unbestritten. Das Tempo nimmt bedenklich zu und nach mehr als der Hälfte habe ich das Gefühl, wir müssten schon fast wieder Schwung rausnehmen. Nur wenige Zentimeter hinter uns kommen die beschleunigten Tonnen des Yaks dicht an unsere Körper heran. Sollte jetzt jemand aus der Gruppe stolpern, so bleibt nur auf eine schnelle Reaktion des Fahrers zu hoffen, denn in weniger als einer Sekunde läge man unter dem Fahrzeug. Das Ausgangstor kommt schnell näher und die Muskeln beginnen zu schmerzen. Die Lunge kommt kaum noch nach, genügend Sauerstoff in den Körper zu pumpen. In jeder Millisekunde wartet man auf das Erreichen der aufgezeichneten Ziellinie. Der Köper signalisiert mehr als deutlich, dass diese Höchstleistung nur wenige Sekunden abrufbar ist, doch genau dann scheint die Uhr stillzustehen und das Ziel kommt nicht näher.

Wie so oft, wenn ich solche unangenehmen Momente überbrücken will, fließen meine Gedanken aus der Szene und versuchen die Zeit zu füllen. Diesmal zum Scheitern verurteilt, denn real kann mein Gehirn in den wenigen Sekunden und unter der Anspannung keinen klaren Gedanken mehr fassen. Beim Rudern funktioniert das deutlich besser und hilft nachweislich einerseits den Kopf frei zu bekommen und sich von Unangenehmen abzulenken. Dann hängt es von mir selbst ab, ob ich einfach nur zum Ausgleich in eine schöne Fantasie abgleite oder direkt Probleme abarbeite. Nicht ganz ungefährlich, habe ich mich doch schon oft dabei ertappt, dass die unguten Gefühle unter der Anstrengung sich darauf auswirken, wie ich mich in Probleme hineinfühle. Wäre mir das nicht bewusst, so liefe ich nicht selten Gefahr, Dinge miteinander zu vermischen, die nichts miteinander zu tun haben.

Ich stehe so unter Spannung, dass mir der genaue Zeitpunkt der Zielerreichung völlig entgeht. Erst die Spannung des Abschleppseiles und der Stillstand des Fahrzeugs, erzeugt durch die Bremsung des Fahrers, macht mir klar, dass es geschafft ist. Der Lohn folgt auf dem Fuße. Wir haben eine Bestzeit vorgelegt, meinen wir!

Doch als wäre das Fahrzeug jetzt „warm gezogen“, legt jede Mannschaft nach uns noch einen drauf und zerstört so nach und nach unser Ergebnis. Die Freude über die eigene Leistung dauert also nur kurz in den euphorischen Bereich und stellt schnell klar, die anderen sind auch gut. Da die Zeiten je Durchgang um die 30 Sekunden liegen, ist schon nach knapp 15 Minuten das Spektakel an der Station vorbei. Das war das letzte Spiel der „Olympiade“ und nun ist das Abendbrot, zu dem Gegrilltes vorbereitet wurde, geplant. Während der

Yak langsam zurück in seine Parkposition fährt, bildet sich auf dem freiwerdenden Durchgang eine Menschentraube, die unter den lautstarken Diskussionen und freudigen Ausrufen in Richtung Küche treibt.

Ich habe keine Lust, gleich allzu lange in der Warteschlange zu stehen, bevor ich mein Essen bekomme, dass gewohnheitsmäßig schon mehr als eine Stunde überfällig ist. Dass ich, noch die Anstrengungen in den Gliedern und im Magen spürend, noch gar keinen Hunger verspüre, geht im Herdentrieb völlig unter. Flotten Schrittes ziehe ich an einem nach dem anderen in der Dunkelheit der schwachen Wegebeleuchtung vorbei. Für einhundertfünfzig Soldaten wird niemals gleichzeitig an den Tischen im Speisesaal Platz sein, also heißt es Gas geben oder mindestens eine halbe Stunde warten. Da es aber schon in einer guten Stunde weitergehen soll und ich noch davor mit meiner Frau telefonieren möchte, bleibt nur, ganz vorne dabei zu sein. Großartig lohnen tut es sich aber nicht. Die Auslage sieht aus wie immer. Nur das Fleisch ist eben dieses Mal gegrillt. Doch fast alle Hähnchenflügel haben deutliche Brandspuren, die sehr auffällig neben dem sonst noch sehr schwach gegrillten Flächen hervorstechen. Ganz klar ein Zeichen dafür, dass es schnell gehen musste, um Masse zu produzieren. Nur eben schade um das Fleisch, denn so fällt es für mich aus. Ich angle mir ein kleines Stück gegrilltes Rindfleisch und nehme mir gewohnheitsmäßig einen größeren Haufen Salat und eine Pappschale mit Melonen. Seit kurzem gibt es sie wieder regelmäßig. Anscheinend hat man das Problem mit dem „eingespritzten“ Wasser, das das Gewicht erhöhen soll, um den Verkaufspreis zu manipulieren, in den Griff bekommen. Schon lange habe ich aufgehört zu misstrauen, was das Essen angeht. Die Alternative wäre hungern und das scheint auf die Dauer etwas abwegig. Gegen das noch ungute Gefühl im Magen, eigentlich überhaupt keinen Hunger zu haben und doch zu essen, versuche ich das aufgefüllte Essen vom Tablett zu arbeiten.

Tief stecken die anerzogenen Muster, die einem immer wieder eingetrichtert wurden und im vierzigsten Lebensjahr stur konditioniert zutage treten. Die Tische sind bedingt durch die deutliche Überfüllung des Speisesaales bunt belegt. Wo sonst die Einheiten sich ihre

„Stammtische" auffüllen, sitzt nun jeder bei jedem. Umso einfacher und um den Platz möglichst schnell wieder freizugeben, kann ich vom Tisch aufstehen und mein Tablett zum Abräumen in die Durchreiche schieben. Noch ein Griff in den Kühlschrank, um meine Ration an Softdrinks voll zu bekommen und einen stets ausreichenden Vorrat auf der Stube zu haben und dann geht es schnellen Schrittes zur Stube.

Es ist erneut etwas schwieriger geworden, meine Frau ans Telefon zu bekommen. Zwar telefonieren wir wieder fast täglich, doch bis sie Zeit für mich hat, kann auch schnell mal eine halbe Stunde vergehen. Natürlich soll sie nicht nur den ganzen Tag am Telefon sitzen und auf meinen Anruf warten. Doch vergleiche ich es – und das tut man wohl automatisch – mit dem letzten Einsatz, so fällt schon auf, dass sie weniger Zeit für mich hat oder sich für mich nehmen möchte. Doch es kommt dann doch noch in der „Pause" zu unserem regelmäßigen Telefonat, dass mir eigentlich fast immer, wenn es nur um unseren Tag geht, gute Laune macht. Ihre Stimme zu hören und wenigstens am Telefon für wenige Minuten zum Alltag der Familie zu Hause zu gehören, ist ein gutes Gefühl. Das baut mir die Brücke zurück in die Familie, wenn der Einsatz vorbei ist. Ob es dann so einfach klappt, ist schwer zu sagen, denn einerseits werde ich sicher die Fehler nach dem letzten Einsatz nicht wiederholen, doch andererseits funktioniert es auch nur, wenn alle mitmachen und ich wieder dahin komme, wo ich auch hingehöre. Zweifel werden immer bleiben, bis man durch diese weitere Erfahrung hindurch ist, doch eine optimistische Denkweise ist ein guter Ansatz.

Oft baut sich innerhalb weniger Stunden ein wirklich ungutes Gefühl in meinem Bauch auf. Immer wieder aufkeimende Unsicherheiten, bei den Gedanken an meine Frau und ihre nicht selten recht neutrale, teilweise ungewohnt unnahbare Art, machen es mir schwer, ihre Gefühle einzuschätzen und zu beurteilen, wie sie an jenem Tag zu mir steht. An manchen Tagen reicht es dann nur noch mir einzureden, dass die mangelnden Feedbacks auf meine Gefühle und Gedanken ihrem Selbstschutz zuzuschreiben sind. Und wenn es so ist, kann ich ihr nicht einmal einen Vorwurf machen. Ist sie weniger mit sich selbst beschäftigt, geht es ihr und den Kindern auch deutlich besser. Dass sie nun auch wieder etwas an Gewicht, dass sie nach unserem Urlaub bedenklich stark abgebaut hatte, zugelegt hat, zeigt in die richtige Richtung. Also werde ich mit den immer wiederkehrenden Bauchschmerzen leben müssen. In meinen Augen zwar ein für mich wichtiger Pfeiler, der meine mentale Stärke weit über den alltäglichen Problemen gehalten hat, doch ich werde einen Weg finden, es nicht mehr auf ihre Kosten auszugleichen. Und genau dabei fällt auf, wie mit jedem weiteren Tag in diesem Einsatz der verbleibende Rückhalt bei Verwandten und Bekannten schwindet. Nicht weil sie nicht hinter mir stehen würden, sondern weil ich langsam aus ihren Gedanken zu verschwinden scheine.

Die Zeit beim Reden ist mir davongelaufen und es wird Zeit, wieder nach unten zu gehen. Schnell schlüpfe ich zurück in die Stiefel. Unter dem Zug der Klimaanlage sind meine Füße leicht ausgekühlt und fühlen sich trotz der unendlichen Stunden in den Stiefeln, gleich wieder wohl in der schnell zunehmenden Wärme. Bevor ich die Waffe im Holster wieder an den Schnellverschluss meines Gürtels hänge, schließe ich ihn. Mit den Monaten habe ich mir angewöhnt, jede Gelegenheit zum Ablegen der Ausrüstung zu nutzen. Die mich immer dann, wenn ich zur Ruhe kommen will, auch beklemmt. Immer noch zieht die Pistole den Gürtel in meiner Hose schon nach wenigen Schritten stark in die Hüfte und schneidet ein. Immer noch nerven die schnell Schweiß auslösenden Stiefel in der Hitze des Tages und der Wärme der Nacht. Nur der Gewöhnungsprozess geht heute viel schneller vonstatten als noch am Anfang des Einsatzes. Unten im Innenhof angekommen, stehen noch alle in kleinen Gruppen und unterhalten sich. Die Teilnahme als Gäste des Festes ist zwar freiwillig, dennoch muss ich mich hier ja nicht verspäten. Als Teammitglied der Spielmannschaften steht auch noch die Bekanntgabe des Endergebnisses mit der Verleihung der Urkunden aus. Nach wenigen Minuten hat sich herumgesprochen, dass es erst gegen 21:30 Uhr geplant ist. Ursprünglich hatte ich nicht vor, dem Fest so lange beizuwohnen. Mit der Teilnahme im Gast-Team sehe ich mein freiwilliges Entgegenkommen, hier im Kontingent Präsens zu zeigen, als klar erfüllt an.

Es ist Donnerstag und die freie Gestaltung des Abends, der sonst zu unserem Fernsehabend geworden wäre, ist ohnehin vorbei. So spät brauche ich mir auch keinen Film auf der Stube mehr anzumachen, obwohl ich morgen ausschlafen könnte. Ich würde vor Müdigkeit das Ende nicht mehr mitbekommen. Zäh zieht sich die Zeit bis zur Siegerehrung. Benni hat noch einmal das Wort am Mikrophon ergriffen, um die Werbetrommel für sein Projekt zu rühren. Da er von seiner „Sondertour" zurück ist, scheint es auch angebracht, als der Verantwortliche für das Projekt „Lachen helfen" hier bei einer erneuten Sammelaktion anwesend zu sein und etwas Hintergrund darüber zu vermitteln. Es scheint zu wirken, denn plötzlich entsteht an einem der Sitzgruppen unterm Pavillon Unruhe. Es fliegen Geldscheine im schwachen Licht der Hofbeleuchtung auf den alten Glastisch in der Mitte. Einer der Kameraden hält lachend in Plastik eingeschweißte, hellgrün leuchtende Körpertangas, wie sie durch den Film „Borat" bekannt geworden sind, wedelnd und mit hochgestreckten Armen in den Händen. Dass es um eine Wette gehen muss scheint außer Frage, doch wer und was genau, geht im Tumult der Gruppe noch völlig unter. Ein anderer Kamerad greift nach den Geldscheinen und beginnt sie zu zählen. Weitere Scheine fliegen in die Runde. Alle, die sich an der kommenden Wette beteiligen wollen, scheinen Geld gegeben zu haben. 270 Euro sind in den wenigen Minuten zusammengekommen und sollen nach dem Einlösen der Wette in die große Spendenflasche für Bennis Projekt.

Kurz danach kommen aus dem hinteren Ausgang zum Innenhof drei fast nackte Kameraden in den leuchtenden Körpertangas. Wer den Film kennt, aus dem diese Tangas stammen, weiß auch, dass er nicht jedem Körper steht und selbst an gut gebauten Männern an gewisse Grenzen der Scham stößt. So fast nackt und ohne ihre Dienstgrade und Uniformen, kann ich auf den ersten Blick kaum zuordnen, wer die drei eigentlich genau sind. Der Projektoffizier ergreift das Wort, während sich die drei gut sichtbar dichter in den Innenhof und weg vom Seitenausgang stellen. Erst jetzt dürfte sich die Wette allen im Innenhof stehenden Soldaten erschließen. Unter lautem Gegröle und durch die Nacht schallendem Beifall, werden die Wett-Kandidaten vorgestellt. Erstaunlich für mich, sogar ein Offizier ist darunter. Der gute Zweck bietet die Rechtfertigung für die Abweichung von der Norm und da selbst der Kontingentführer anwesend ist und es wortlos zur Kenntnis nimmt, geht das wohl in Ordnung. Sein Grinsen lässt jedenfalls auch seine innere Zustimmung erkennen. Worum geht es also genau? Die Wette scheint zum Teil schon erfüllt, da die Kameraden tatsächlich in dieser „Verkleidung" hier aufgetaucht und nun den Blicken der Anwesenden ausgesetzt sind. Doch erst dann, wenn sie vorbei an der Menge durch den Innenhof auf der Vorderseite des Gebäudes vorbeigelaufen sind, gilt die Wette als endgültig erfüllt. Unter einer Folge übermäßigen Alkoholgenusses kann man die Aktion nicht verbuchen, denn dafür sind selbst die zwei zulässigen Dosen des Abends für „wenig-Trinker" nicht genug. Es ist die Mischung aus Spaß, Unterhaltung und dem guten Zweck der Wetteinsätze. Dennoch hätte ich, der neben wenigen anderen noch völlig nüchtern ist, dabei wohl nicht mitgemacht. Die bis dahin sich zäh ziehende Zeit hat es jedenfalls gefüllt.

Dann geht es fast nahtlos in die Siegerehrung über und am Ende steht ein ehrenrettender dritter Platz gemeinsam mit einem anderen Team. Als Erinnerung bleibt das noch am Nachmittag geschossenem Foto auf einer Urkunde für jeden Teilnehmer und das gute Gefühl, sich an dieser kameradschaftlichen Veranstaltung beteiligt zu haben. Damit ist der „Pflichtteil" vorbei und es folgt die abendliche Dusche und der Ausklang in die Nacht.

Wir schreiben den 22.09. Heute sind Bundestagswahlen. Anlässlich seiner Verabschiedung einen Abend vor dem Abflug, dem Dolli in seinen ersten Urlaub folgen wird, gibt der nun ehemalige Chef der Zweiten noch eine Runde aus. Etwa zehn Minuten zu spät, da 19 Uhr abgesprochen war, stoße ich zu der Veranstaltung oben auf dem Flur. Das Telefonat mit meiner Frau war wichtiger und da sie in ihrer Stimmung wieder etwas sicherer hinter mir steht, möchte ich ihr auch bei jeder Gelegenheit die Zeit geben, die sie braucht.

In meiner kurzen Short und im Shirt falle ich neben den Kameraden in Uniform stark auf. Außer dem Leutnant und mir sind alle noch im

Feldanzug. Auch die Ungarn sind anwesend. Drei von ihnen, die wegen ihres 9-Monatseinsatzes im Urlaub waren, sind erst heute wieder eingetroffen. Moritz hat Salami, Käse und afghanisches Brot im Betreuungsraum vorbereitet. Eine Spende aus den Sendungen aus der Heimat. Aus der Anlage dröhnt laute Musik, als wolle man hier eine Party feiern. Ich nehme mir eine Coke und setze mich in die Sitzecke, um einen guten Blick zum Fernseher zu haben. Ursprünglich war der Plan von Moritz, dass wir uns die Bundestagswahl ansehen und dabei seine Spenden genießen. Das der Oberstleutnant nun auch noch eine Runde spendiert, hat den Personenkreis stark anwachsen lassen. Unser Oberst und einige andere, wie auch Benni, sind gemeinsam in der deutschen Botschaft und werden erst deutlich später zurück sein. Die Stimmung ist gut und mit Ausnahme wird bereits das eine oder andere Bier getrunken. Irgendwann im Wirrwarr der verschiedenen Unterhaltungen greift Tim nach der Fernbedienung des Fernsehers und schaltet auf das Erste um. Noch sind keine Hochrechnungen zu sehen und das Thema des Abends sind natürlich die Wahlen. Je höher die Dienstgrade, desto tiefsinniger klingen die Diskussionen um den Ausgang der Wahl. Meine Dose ist schnell leer, denn die würzige Salami und das trockene Brot – das durchaus noch gut schmeckt, obwohl es von heute Morgen ist – fordern ausreichend Flüssigkeit zum Nachspülen. Doch ich sitze hier zwischen den Kameraden etwas eingeklemmt und kann mir erst mal keinen Nachschub holen. Schlagartig ist die Gelassenheit zu Ende.

Der Spieß rennt „Alarm“ rufend über den Flur und ohne Worte setzt sich ein automatisches Verhalten in Gang. Schnell und dennoch recht ruhig rutsche ich aus der Sitzecke hinter dem riesigen Tisch heraus und renne nach unten in meine Stube. Noch kurz bevor ich durch die Tür verschwinde, rufe ich einmal laut „Alarm“, weil die Ungarn auf ihrer Seite des Flures etwas verunsichert wirken. Wie nun schon einige Male zuvor springe ich in meine Uniform und behalte dabei an, was ich am Körper trage. Hose, Feldbluse, Pistole und Stiefel liegen in nur wenigen Sekunden an. Nichts muss jetzt schön aussehen, sondern nur praktisch sein und mir in der MG-Stellung nützen. Die Hosengummis bleiben raus und die Hose kommt einfach lang herunterhängend über die zugeschnürten Stiefel, bei denen ich darauf verzichte, die Schnürsenkel, die ich sonst in die Stiefel stecke, zu verstauen. Es folgen meine Schutzweste und die Überweste mit der Ausrüstung, der sogenannten „Second-Line“. Darin ist alles, was ich zwar unbedingt brauche, aber nicht wichtig genug ist, um den geringen Platz meiner Taschen in der Uniform zu verstopfen. Mit einem gezielten Griff löse ich das Helmschloss und ziehe den Helm von der Überweste direkt auf meinen Kopf. Dann greife ich mein Gewehr, klappe die Schulterstütze aus und raste sie mit einem deutlichen Klacken ein. In gefühlten Millisekunden ist die Waffe fertig geladen und der Verschluss springt unter starker Spannung zurück nach vorne. In einer Hand die Waffe, reiße ich mit der anderen die Stubentür auf und lasse sie mit Schwung in den Stopper an der Wand fliegen. In einer Bewegung husche ich durch die sich wieder schließende Öffnung der Tür, die gerade dem Schwung des Abpralles nachgibt und ziehe den Schlüsselbund vom Rand meines Schreibtisches. Alles geht sehr schnell und wie vielfach geübt. Obwohl ich noch keinerlei Informationen habe und nicht weiß, was mich gleich da draußen erwartet, ist in mir immer noch alles ruhig. Das Türschloss rastet ein und der Schlüssel rutscht, etwas schwerlich durch die stramm anliegenden Ränder, in die Hosentasche. Während ich mit dem Gewehr in der linken Hand die Treppe wieder nach oben sprinte, versuche ich mit den Fingern der rechten Hand meine beiden Teile des Helmschlosses zu greifen und zu schließen. Es klappt nicht und der Helm wackelt unruhig unter meinen Sprüngen auf dem Kopf hin und her. Darum greife ich an den rechten Rand des Helmes und fixiere ihn mit den Fingern von innen und außen. Kurz vor der Stahltür bremse ich meine Geschwindigkeit, drehe mich mit der linken Schulter zur Tür und springe leicht dagegen. Noch gar nicht ganz offen, rutsche ich an ihr nach draußen in die schwache Beleuchtung der Feuertreppe.

Ich bin der letzte und dennoch nach weniger als fünf Minuten an meinem Platz. Der Hauptmann, der Stellungsführer und Axel, stehen mit den Gewehren auf der Brüstung liegend feuerbereit im Anschlag. Axel mit dem schweren MG und der Hauptmann mit seinem Gewehr. Auch der Fahrer vom Oberst, warum auch immer er den Oberst heute Abend nicht zur Botschaft gefahren hat, steht, jedoch noch auf der

Treppe zur oberen Plattform, mit seinem Gewehr im Anschlag. Warum die anderen drei so schnell waren, wird schon wenige Minuten nach dem Beziehen der Stellung klar. Die Ausrüstung ist noch unvollständig. Immer wieder muss der Fahrer vom Oberst los, um das Material für die Stellung zu vervollständigen, was sowohl bei Axel als auch beim Hauptmann auf der Stube liegt. Mit dem Magazin auf dem Sandsack der Brüstung fixiert, schaue ich durch mein Reflex-Visier des Gewehrs und schalte den roten Leuchtpunkt ein. Es dauert etwas, bis ich meine Augen auf die schlechten Sichtverhältnisse hinter dem Leuchtpunkt einstellen kann. Die Wachleute im Bereich des Haupttores scheinen nicht besonders beunruhigt und bewegen sich weiter in unserer Schusslinie. Noch ist meine Waffe gesichert, doch der rechte Daumen liegt gewohnheitsmäßig am Sicherungshebel bereit. Dann blicke ich durch das zweite Visier und zentriere mir das Fadenkreuz an verschiedenen Punkten des Tores. Einer der Wachleute scheint auf einem Stuhl direkt zwischen den beiden Toren und sehr nahe vor dem ersten, dem Haupttor zu sitzen. Lediglich die Umrisse eines dunklen Schattens, die keinerlei Rührung zeigen, lassen eine Person vermuten. Ich richte das Fadenkreuz in den Schatten hinein und bin etwas erstaunt, wie ruhig es im Ziel hängen bleibt. Keinerlei zittern oder Wackelbewegungen durch die noch etwas schnelle Atmung sind erkennbar. Glasklar liegt es vor meinem Auge und wäre das mein Ziel, so würde abgesehen von der Abweichung der Waffe, wohl ein „Volltreffer" daraus werden. Überhaupt, würden jetzt feindliche Kräfte das Camp stürmen, so sähe es für die Wachleute, deren rote Armbinden in der Dunkelheit einfach nicht mehr zu erkennen sind, sehr schlecht aus. Dass sie im Kugelhagel des MGs und unserer Gewehre überleben würden, scheint äußerst unwahrscheinlich. Und sollten sie davon nicht getroffen werden, so müssen sie auch noch den eigentlichen Angriff überstehen und versuchen, abzuwehren. Scheißjob für wenige hundert Dollar im Monat.

Auf den Dächern des Nachbarcamps, die deutlich tiefer liegen als unsere Stellung, sind viele Personen. Auch hier kann man in der Dunkelheit kaum etwas erkennen und es wäre auch dumm, sich seinen Bereich auszuleuchten, um vom Gegner leichter gesehen zu werden. Die üblichen Meldungen und Funksprüche hallen aus dem Funkgerät des Hauptmannes, der ebenfalls jede Veränderung meldet. Diese Veränderungen sind im Wesentlichen die Lautsprecherdurchsagen des Nachbarcamps und schwer zu verstehen. Was gut durch kommt, sind die Statusangaben mit Farben (Gefahrenstufen), die an unseren Leitstand weitergegeben werden. Doch es scheint im Moment das Einzige zu sein, was man an Informationen von den Nachbarn bekommt. Noch während „die Führung" weitere Einzelheiten zu bekommen versucht, nehmen die Durchsagen weiter zu und heben den Status der Bereitschaft in wenigen Minuten vollständig wieder auf. Die unmissverständliche Durchsage „all is clear" lässt hoffen, dass dies keine der Nächte in der Stellung wird. Und so werden auch wir kurz darauf zurückgerufen.

Der Führer Deutsche Kräfte beordert alle Deutschen in den Innenhof. Es dauert sehr lange, bis der Letzte eingetroffen ist, während unsere Einheit sich schon einige Minuten die Beine unter dem Gewicht der Waffen und Ausrüstung in den Bauch steht. Dass alle Waffen wieder entladen und überprüft werden müssen, zieht sich eben hin. Doch dann, unter dem lauten Schlagen der Rotorblätter eines uns überfliegenden Hubschraubers, beginnt die „Ansprache". Neben den vorläufigen Ergebnissen der Bundestagswahl wird auch der Alarm ausgewertet. Der Oberst ist zufrieden. Nur der eigentliche Alarmausruf, der nicht jeden erreicht haben soll, muss beim nächsten Mal noch öfter und deutlicher rüberkommen. Kann also die Sirene nicht rechtzeitig betätigt werden, so geht es nur über die lauten Rufe der Kameraden und einem selbst.

Es geht zurück auf die Stuben. Ausrüstung kurz überprüfen und wieder alles ablegen. Mein Shirt unter der Weste ist am Bauch und Rücken schon wieder etwas feucht. Wie in eine Folie gewickelt bleibt die Feuchtigkeit des Körpers unter der Weste hängen und dabei war die ganze Aktion noch nicht einmal richtig anstrengend. Doch man merkt, dass die vielen Alarme Spuren hinterlassen. Mit Routine und ungewohnter Ruhe haben sich die Abläufe eingespielt. Und während die Kontingentsoldaten wenige Wochen vor ihrem Einsatzende gerade eingespielt sind, läuft es bei uns fast perfekt. Auch das nächste Kontingent, dass ich noch bis zur Hälfte erleben werde, wird vermutlich bei den ersten Alarmen nicht alles richtigmachen und dafür entsprechend zurechtgewiesen werden. Doch so ganz kann man ihnen das nicht verübeln, sind sie doch in den vier Monaten mit vielem und vor allem mit sich selbst sehr beschäftigt. Da wäre es schon fast peinlich, würden Kameraden mit unseren Stehzeiten ihre Aufgaben nicht kennen und vor allem nicht gut beherrschen. Andererseits kann es nicht unsere Aufgabe sein, mit knapp 30 Mann das Kontingent zu „beschützen", wo sie doch normalerweise für uns da sind und wir für die Afghanen.

Es ist kurz vor halb zehn und es war mit meiner Frau abgesprochen, dass wir noch einmal telefonieren, wenn unsere Veranstaltung vorbei ist. Noch im Ausziehen erreicht mich eine SMS. Meine Frau, die gerade unseren Ältesten zu Hause hat, möchte noch zu einer Freundin, um Kinderkleider abzuholen. Schade, denn ich hätte gerne noch etwas mit ihr geplaudert. Da wir aber schon vor dem Alarm miteinander telefoniert haben, muss das für heute reichen und ich bin ja auch froh, dass sie überhaupt wieder Lust hat, täglich mit mir ein Gespräch zu führen. Ohne diese Gespräche wäre ich machtlos, irgendeinen Einfluss auf ihre Gefühlswelt zu nehmen. Reden hilft und gibt mir außerdem das Gefühl, wenigstens irgendwie ein bisschen für sie da zu sein. Wenn es sie etwas bedrückt, dass die Nachbarn seltsam auf Besuche reagieren, obwohl es eben nur Freunde sind, oder Probleme mit den Kindern nicht ohne Gespräche mit dem Vater zu bereinigen sind. Dabei schwingt jedes Mal ein Gefühl der Eifersucht und des Neides mit, um die kostbare Zeit, die sie zusammen haben und vielleicht nicht immer ganz zu schätzen wissen.

Es hat sich vieles in mir verändert. Als befände ich mich geistig in den Wechseljahren, verlieren auf einmal viele Dinge an Bedeutung und andere werden umso wichtiger. Nur das ich hier festsitze und daran aktiv nichts ändern kann, gibt mir ein sehr beklemmendes Gefühl. Wie bei dem Start einer besonderen Sache, einer Veranstaltung oder auch nur einem schönen Urlaub, sitze ich aufgeregt in meiner Stube und würde am liebsten losfliegen. Einfach alles hinter mir lassen und das machen, was mir wichtiger geworden ist. Doch die Fesseln der Verantwortung und der Verpflichtungen halten mich fest und diszipliniert am Platz. Und so bleibt mir nur, mich in Geduld zu üben und weiter die Tage auf meinem Kalender weg zu kreuzen. Heute bin ich unter die drei Monate bis zur Ankunft im Weihnachtsurlaub gerutscht. Meiner Frau scheint das noch zu lange, um schon darüber zu reden und der Urlaub mit den Kindern, der in genau zwei Wochen startet, lenkt sie ab und überbrückt weitere Zeit. Kommen sie zurück, so sind es nur noch etwas über 2 Monate und die Zeit wird rennen. Bis dahin heißt es „Täglich grüßt das Murmeltier“ und ich ziehe mich Tag für Tag weiter an der Schnur entlang, die mir den Weg zurück nach Hause zeigt. Doch mit jedem Tag verwurzelt sich die Gewissheit tiefer, dass es mit den Einsätzen reicht.

Nachdem ich „backfrisch“ die letzten Stunden festgehalten habe, falle ich schnell in das Reich der Träume, bevor der schrille Klang meines treuen Weckers mich wieder daraus hervorholt.

Eine weitere unangenehme Meldung, mit der schon so oft wiederholten Anweisung, die Augen offenzuhalten, kommt in den Freitag. Ein Innentäter hat einen amerikanischen Kameraden erschossen und einen weiteren verletzt, bevor er dann selbst erschossen wurde. Ab sofort ist wieder überall dort, wo einem afghanischen Soldaten scharfe Munition zur Verfügung steht, mit voller Schutzausrüstung Präsenz zu zeigen. Dabei soll es im Wesentlichen um den Bereich von Schießanlagen gehen. Damit sind wir wieder einmal hin- und hergerissen zwischen Vertrauensverlust und unserer eigenen Sicherheit.

Die Augen offenhalten und aufmerksam bleiben? Wie soll das genau gehen? Als würde man Menschen, die öffentliche Orte besuchen, vor potenziellen Amokläufen warnen. Immer dann, wenn ich direkt mit vielen afghanischen Soldaten zusammenarbeite, werde ich ein „Restrisko“ nie ausschalten können. Gebe ich ihnen Waffen und das muss man nun mal, wenn man die Verantwortlichkeit für die Sicherheit im Land an sie abgegeben will, so besteht auch die Gefahr, dass es unter ihnen Attentäter gibt, die sie dann gegen die verbündeten Kameraden oder uns, wie es die Geschichte schmerzlich belegt, missbrauchen. Kann man sich wirklich effektiv dagegen schützen, wenn man sich nicht verkriechen will? Das glaube ich kaum. Denn auch dein bester afghanische Freund wird sich möglicherweise gegen dich stellen, wenn entweder der Preis oder Zwang hoch oder die Not für ihn und seine Familie groß genug geworden ist. Zu glauben, man könne durch Aufmerksamkeit einem geplanten Anschlag entgehen oder vereiteln, erfordert schon eine ordentliche Portion Optimismus. Und ich kann nicht jedem Afghanen gegenüber ständig in hundertprozentiger Vorsicht gegenübersitzen. Mit viel Glück verrät er sein Vorhaben vielleicht vorher und ich bekomme die Information von den „wirklichen Freunden" unter den Afghanen. Vielleicht bemerke ich auch auffälliges Verhalten? Doch selbst dann sitze ich nirgendwo mit der fertiggeladenen und entsicherten Waffe in der Hand bei den afghanischen Soldaten, um im Bruchteil einer sonst nötigen Reaktionszeit zurückschießen zu können. Ob diese Gefahr also eine Gefahr für den Einzelnen ist, bleibt zumindest in meinen Augen, wohl reine Glückssache.

Ob man in einem Zug sitzt, der entgleist oder in einem Flugzeug das abstürzt, auch das bleibt Glück oder eben Unglück. Was bleibt mir also konkret zu tun? Wenig. Ich weiß es nun wieder einmal, dass es eine von vielen Möglichkeiten bleibt, um den Taliban zum Opfer zu fallen. Ob es denn eine Konsequenz daraus geben wird, kann nur die Situation zeigen, wenn sie mir bevorsteht. Sollte mir Gott die nötigen Sekunden geben, um reagieren zu können, so bin ich mir sehr sicher, keine Millisekunde davon zu verschenken, um den Versuch mit allen zur Verfügung stehenden Mitteln abzuwehren.

Die letzten Wochen sind ohnehin schon immer stressiger geworden. Besuche scheinen kein Ende zu nehmen und ich warte nur auf den Tag, an dem die Afghanen den „Hahn des Entgegenkommens" zudrehen. Mehr als sonst werden sie auch wieder abgesagt oder verschoben. Nicht selten so spät, dass bereits getroffene Vorbereitungen vergebens waren. Die nächsten Wochen wird es wohl so bleiben, so als betrachte man uns als eine Art Show-Programm bei der Erkundung Afghanistans. Sicher sind auch wichtige Besuche, die Einfluss auf unseren Verbleib und die Stärke in diesem Land haben, dabei. Doch sind wir es, die den Afghanen vorhalten, sich nicht an Dienstpläne und Ausbildungsabläufe zu halten, und fordern jedoch ständige Bereitschaft, die Vorführungen durchzuführen. Egal ob die Ausbildung dies schon hergibt oder nicht. Und ich behaupte einfach mal; wäre unser persönliches Verhältnis nicht so außergewöhnlich gut, so wären wir sicher schon aufgelaufen.

Der Monat September schiebt die letzten Tage vor sich her und heute, an einem immer noch sonnigen Sonntag, soll die Übergabe der Verantwortung für die deutschen Kräfte in Kabul stattfinden. Schon wieder ist ein halbes Jahr rum. Als wäre es erst vor wenigen Tagen gewesen, dass der sympathische Oberst das Kommando übernommen hat. Dabei kam er damals genau in die Aktionsphase des Umzuges vom Camp Warehouse rein. Eine kurze Stellprobe am Vorabend hat ganz gut funktioniert. Einzig die tief stehende Sonne hat etwas genervt. Sonnenbrillen wurden untersagt, der Einheitlichkeit wegen. Heute steht uns, unserer Einheit, die Sonne im Rücken. Nur die Fahnenabordnung, die ebenfalls von uns gestellt wird, steht uns gegenüber, mit dem Blick in die Sonne. Man glaubt kaum, wie anstrengend es werden kann, über weit eine Stunde mit zusammengekniffenen Augen stillzustehen. Dann, wenn man eine halbe Ewigkeit darauf wartet, dass es vorbei ist, fällt einem jedes störende Detail auf. Ob der Rücken, die Knie oder die Augen, sogar Schwindelgefühl mit drohender Ohnmacht reiht sich in die Liste der nervenden Punkte bei so einem Appell in der prallen Sonne. Es ist kurz nach neun und gemeinsam mit anderen Kameraden begebe ich mich zum freigeräumten Parkplatz des Camps, auf dem der Übergabeappell durchgeführt werden soll.

Wir fallen schon mal optisch aus der Rolle, denn abgesehen von Dieter tragen alle entweder das Barrett oder eben ein Schiffchen. Da es aber nicht zur Einsatzausstattung gehört, kann man es eigentlich nicht zum Anzug befehlen und so bleibt Dieter bei der eher unscheinbar wirkenden Feldmütze im Flecktarn der Uniform. Ansonsten sieht man bei den Kameraden des restlichen Kontingentes durchweg den Tropenhut, wenngleich er auch in ungewöhnlich vielen verschiedenen Designs vorzufinden ist. Der Versuch vieler, dem sehr gewöhnungsbedürftigen Aussehen eine etwas ansehnlichere Note zu geben. Sie falten die Ränder in verschiedene Formen, wobei sich der

„Westernhut“ eindeutig durchsetzt. Wäre er nicht ebenfalls in Flecktarn, so könnte er auch auf den Köpfen von eigenwilligen Touristen in der ganzen Welt anzutreffen sein. Da nun dieser aber eben zur Einsatzausstattung gehört, ist er immer noch der einfachste Weg, eine Einheitlichkeit herzustellen. Warum wir mit unserer kleinen Einheit aus dem „Einheitsbrei“ ausscheren, hinterfrage ich nicht, fühle mich aber dennoch mit meinem Schiffchen wohler. In irgendwie jeder Ecke des Camps sieht man nun die Personenschützer, die filmreif mit ihrer Ausrüstung etwas hermachen. Je näher wir zum Platz der Veranstaltung kommen, desto mehr von ihnen gibt es. Das spricht dann auf jeden Fall schon mal für mehr als einen deutschen General vor Ort, der hieran teilnimmt.

Wir biegen in die „Zielgerade“ mit freiem Blick auf den geräumten Parkplatz. Der helle Beton reflektiert schon jetzt stark die Sonne, die an deutschen Verhältnissen gemessen immer noch hochsommerlich über uns die Atmosphäre erhitzt. Hinter der Ecke, die zur Stellung mit Sandsäcken aufgehäuft ist, ist die Elektronik für das Lautsprechersystem aufgebaut. Von dort aus werden auch Volker und die Sprachmittler die Reden moderieren und übersetzen. Das vielfältige Publikum erfordert es, dass während des Appelles in drei Sprachen gesprochen wird. Zur Rechten sind Bierbänke als Sitzplätze für die geladenen Gäste in mehreren Reihen aufgebaut. Soldaten des afghanischen Musikcorps stehen noch etwas bunt verstreut auf dem Platz herum. Dabei kommt dem „bunt“ eine besondere Bedeutung zu, da ihre feuerrote Uniform schon sehr ungewöhnlich und auffällig aussieht. Goldfarbene Schulterklappen und schwarze Schirmmützen heben den Uniformcharakter jedoch klar hervor. Ungewöhnlich gut im Vergleich der sonstigen Uniformen, die man auf der Straße täglich sieht, sieht dieser Anzug aus. Sehr sauber und ordentlich grenzt er sich stark von dem ab, was ich sonst so bei den Afghanen sehe. Wäre nicht ein stark übergewichtiger unter ihnen, der das uniforme Bild etwas stört, so könnte das auch in seiner Erscheinung ein Musikcorps jedes anderen Landes sein. Schon jetzt wischt sich der Träger eines Saxofons fast ununterbrochen mit seinen Ärmeln den Schweiß von seinen Schläfen. Wie er das die nächste Zeit in der prallen Sonne aushalten will, ist fraglich. Seine Uniformjacke ist über die Knöpfe stramm gespannt. Als würden sie jede Sekunde wie Geschosse in die Menge fliegen, schaut es etwas merkwürdig aus. Der untere Rand der Jacke steht weit über der Hose und scheint zumindest dort, am Bauch für eine gute Belüftung zu sorgen.

Recht schnell sind die deutschen Soldaten dabei, die bekannten und zuvor beim „Trockenüben“ festgelegten Plätze einzunehmen und sich auszurichten. Dort wo sonst unsere Fahrzeuge parken, stehen die etwa 100 Mann und wenigen Frauen des Kontingentes einheitlich wie befohlen mit den Tropenhüten auf den Köpfen. L-förmig daneben beginnt unsere Einheit sich aufzustellen. Wir sind nur etwas mehr als 15 Mann und doch leuchtet das bunte Bild aus den verschiedenen Kopfbedeckungen deutlich auffälliger als die Masse an Menschen des Kontingentes. Hätte unsere Admin ihr Marineschiffchen auf, so wären alle Teilstreitkräfte optisch vertreten. Da sie aber die Grundausbildung bei der Marinesicherung absolviert hat, darf sie auch deren Barrett tragen und fällt unter den Heereskameraden nur noch durch ihre gelben Schulterklappen auf. Dass sie die einzige Frau in unserer Einheit ist, ist auch den Afghanen, die ihre Blicke kaum von den wenigen Frauen hier abwenden können, aufgefallen. Der optische Entzug auf den Straßen Kabuls, der nur sehr wenige Gelegenheiten bietet, Frauen zu sehen zu bekommen, deren Gesicht man auch erkennen kann, scheint sie neugierig zu machen.

Gerade Frauen ohne Kopftuch sind nur extrem selten anzutreffen, wenn es denn überhaupt außerhalb von geschlossenen Räumen möglich ist. Direkt im Stadtkern kommt es schon vor, dass die Frauen nicht ganz verhüllt sind und sich mit einem Kopftuch begnügen, doch draußen, wo wir ständig unterwegs sind, dominiert ganz klar die Burka, die selbst kleinste Andeutungen von Körperformen und das Gesicht vollständig verstecken soll. Und selbst diese Frauen anzuschauen ist in der islamisch-afghanischen Kultur nicht erwünscht. Frauen sollen also so behandelt werden, als wären sie gar nicht da. Alles andere kann schnell zu einer Beleidigung des Begleiters werden. Unsere Admin hat sich in die hintere Reihe gestellt und ist so kein direktes „Schauobjekt“ mehr für die afghanischen Soldaten. Unser Oberst steht bereits vor der Front (also vor den angetretenen

Soldaten). Geduldig, ebenfalls mit seinem blauen Schiffchen bekleidet, steht er mit verschränkten Händen auf dem Rücken und betrachtet die Aufstellung. Alles geht sehr schnell und die deutsche Formation und auch die Fahnenabordnung, die uns am anderen Ende des Platzes gegenübersteht, sind sauber angetreten. Zwar kann man aus meiner Perspektive erkennen, dass das Kontingent nicht wirklich gerade ausgerichtet ist, doch ohne Orientierungslinie und auf der Länge von etwa 20 Metern ist wohl eine gewisse Ungenauigkeit akzeptabel. Ein Hauptfeldwebel der Wehrverwaltung, er könnte optisch der Bruder des übergewichtigen Afghanen sein, steht mit seinem ebenfalls sehr ausgeprägten Bauch in der ersten Reihe und bricht das sonst einheitliche Bild deutlich auf. Warum man ihn ausgerechnet vorne hinstellen muss, verstehe ich zwar nicht, denn auch wenn er in Deutschland als ziviler Angestellter/Beamter nicht den Anforderungen an Soldaten unterliegt, so trägt er doch hier die deutsche Uniform und steht somit auch für unsere Armee im Einsatz. Dass ich ihn oft beim Sport sehe, spricht klar für ihn, dennoch hätte ich ihn in eine der hinteren Reihen gestellt. Mich hat man zum Beispiel erst gar nicht in die Auswahl für die Fahnenabordnung hineingenommen, weil man drei gleichgroße Personen brauchte und meine Größe eben seltener vertreten ist.

Hinter uns haben sich die Sanis mit etwas Ausrüstung unauffällig einen Platz eingerichtet. Die Erfahrung zeigt, dass es nur wenige langandauernde Appelle gibt, bei denen kein Soldat umfällt, weil er bewusstlos wird. Zwar sind hier keine 500 Männer und Frauen angetreten, dennoch schätze ich, dass nicht alle bis zum Ende durchhalten werden.

Links neben uns füllen sich langsam die Sitzbänke mit den Gästen. Einige bekannte Gesichter werden von vielen unbekannten begleitet. Die afghanischen Generäle und Offiziere habe ich durchweg alle schon einmal gesehen. Das Gesicht des Botschafters und die anderen zivil gekleideten Gäste sind mir neu. Auch unsere ungarischen Kameraden, die heute als Gäste anwesend sind, haben in den Gästereihen Platz genommen. Taktisch günstig, im Schatten der Werkstatthalle, sitzen die Gäste wohl zu Recht auf den besten Plätzen dieser Veranstaltung. Langsam beginnt sich die erste Hitze unter meinem Schiffchen zu stauen und der Schweiß, der unaufhörlich mit der wärmenden Sonne auf dem Rücken entsteht, beginnt mein Shirt mit dem Körper zu verkleben.

Das Frühstück liegt noch nicht wirklich lange zurück und doch habe ich schon wieder Hunger und besonders Durst. Ich hätte vorher noch etwas trinken sollen. Wie seit der Grundausbildung in die Abläufe eines Antretens automatisiert, beginne ich die Backen meines Gesäßes im Intervall zusammenzukneifen und wieder zu lösen. Nun, wo mein Mund schlagartig austrocknet, bin ich mir nicht mehr sicher, ob es unter der drückenden Sonne und der mangelnden Bewegung nicht auch für mich unangenehm schwierig werden kann, hier so lange zu stehen. Noch nie zuvor musste ich aus einem Appell raus, weil mir schlecht oder schwindlig wurde, doch sag niemals nie. In leichten Wellen beginne ich mich etwas vor und zurück zu schwingen. Fast schon unbewusst hebt es mich regelmäßig leicht über die Fußspitzen nach oben. Alles scheint gerade recht, um die Durchblutung des Körpers zu gewährleisten, solange es unauffällig bleibt. Das Beobachten der vielen Menschen und besonderen Typen lässt die Zeit noch wie im Flug an mir vorbeifliegen. Dann ertönt von unserem Oberst mit lauter und durchdringender Stimme: „Deutsches Einsatzkontingent stillgestanden!“ Dabei schwingt die Betonung der Worte etwas ungewohnt wirkend durch den Ausruf, den Kern des Befehles „still...gestanden“ hervorhebend. Blitzartig, tausendfach absolviert, erstarrt mein Körper in der Zwangshaltung der Grundstellung, während die Hände flach ausgestreckt unter der Hüfte ihren Platz suchen. Das Pistolenholster stört die Ausrichtung der rechten Hand und liegt nun genau im Weg. So bleibt nur der Platz auf dem Holster seitlich vom Bein. Mein Daumen ertastet den Spannhebel meiner Pistole und rutscht sofort wieder zurück neben den Handballen. Runterschauen geht nun nicht mehr und so glaube ich, dass meine Hände auf gleicher Höhe an den Oberschenkeln anliegen. Das „Richt euch!“ (Kommando zum Ausrichten der Formation) lässt meinen Kopf etwa 45 Grad nach rechts drehen. Dieter, der rechts von mir steht und unsere Reihe damit abschließt, behält den Kopf richtigerweise gerade. Da er der äußerst Rechte in der Reihe ist, richtet sich alles nach ihm aus. Nur ein bis zwei Sekunden bleiben dafür, bevor das „Augen gerade aus!“ diesen Vorgang, bei dem man ein letztes Mal seine Standposition leicht angleichen und die Stellung der Füße ausrichten kann, beendet. Dann schnellt der Kopf zurück in die „Geradeaus-Position“ und der Blick beginnt sich an einem Punkt – in meinem Fall einen weit vor mir in der Fahnenabordnung – zu fixieren. Das vermeidet, dass der Kopf unruhig in der Formation erscheint.

Die Wellen meiner Wankbewegungen sind fast vollständig auf ein unmerkliches Maß zurückgefahren. Immer noch presse ich nach dem Motto „lieber zu viel als zu wenig“ meine Pobacken zusammen und entspanne sie dann wieder. Ich bilde mir ein, dass es hilft. „Zur Meldung an den Führer der Deutschen Kräfte Afghanistan, Augen rechts!“ schallt es weiter mit kräftiger Stimme und mein Kopf schwingt nach links. Zwar hat der Oberst gerade „Augen rechts“ gesagt, doch das hat nur symbolische Funktion, denn bei einer Formation wie hier würden dann einige in die falsche Richtung schauen, da ja vom Oberst gesehen nicht alle auf derselben Seite stehen und daher ist natürlich mitdenken angesagt. Aus dem Hintergrund heraus kommt der recht drahtig wirkende General, den ich nun schon mehrmals in diesem Einsatz bei Besuchen sehen konnte, auf den Oberst zugelaufen und stoppt wenige Meter vor ihm. Der Oberst, der bereits die Hand zum Gruß angelegt hat, wartet solange, bis auch der General die Hand erhoben hat, um zurück zu grüßen und die Meldung abzunehmen. Der Oberst, der fast zwei Köpfe über den General herausragt, meldet mit deutlicher Stimme die angetretenen deutschen Anteile. Nur schwer kann ich die Erwiderung auf die Meldung hören. Doch die Erfahrung vieler Appelle und die Wortfetzen, die über den Platz fliegen und über jeden Meter, den sie überwinden müssen, schwächer werden, fügen die Meldung fast automatisch zusammen. Der General dreht seine Position etwas ein, um den angetretenen Kameraden parallel gegenüber zu stehen und begrüßt uns mit den lauten Worten „Guten Tag Kameradinnen und Kameraden!“. Sekunden vergehen, bevor der erste Laut aus der Truppe das Zeichen zur Erwiderung der Begrüßung gibt. Dann setzt leicht, in Wellen verschoben, der Chor der angetretenen ein und ruft über sämtliche Hintergrundgeräusche hinweg: „Guten Tag Herr General!“ Der General lässt seine rechte

Hand vom Kopf herab an sein rechtes Bein fallen und auch der Oberst, der bereits nach der Meldung den Gruß beendet hatte, steht nun leicht versetzt hinter ihm. Sowohl der alte als auch der neue Führer Deutsche Kräfte schließen zum General und bilden jeweils links und rechts neben ihm die Flanke. Dann beginnen sie von unserer gegenüberliegenden Seite die Front abzuschreiten. Vorbei am fein ausgerichteten Musikcorps, bleiben sie auf Höhe der Fahnenabordnung stehen und drehen sich zu ihr ein. So stehen sie in einer Linie der Fahne gegenüber und erheben fast zeitgleich die Hand zum Gruß. Mit wenigen Schritten sind die vorherigen Positionen wieder eingenommen und das Abschreiten der Formation wird fortgesetzt. Mit einem Rechtsschwenk kommen sie, immer noch die Hände zum Gruß erhoben, an den Kameraden des Kontingentes vorbei, auf uns zu. Die jeweiligen Führer der Teileinheiten, die ohne weitere Kameraden im Hintergrund allein in einer „Rotte“ (drei Mann hintereinander) stehen, erheben beim Passieren der Offiziere ebenfalls die Hände zum Gruß und folgen mit dem Blick leicht den Vorbeilaufenden nach. Erst wenn der Blickwinkel zu ungünstig für ein Nachschauen ist, geht der Kopf zurück in die gerade Ausrichtung und die Hand fällt zurück an ihren Platz in Hüfthohe. So schwenken der General und die beiden Obersten auch an uns vorbei und jeder in der angetretenen Formation, selbst wenn er nicht die Hand zum Gruße erheben muss, folgt mit dem Blick und dem Kopf den Vorbeilaufenden. Während der General sich zurück zur „Besuchertribüne“ begibt, geht der „alte“ Führer der deutschen Kräfte zum Rednerpult. Unser Oberst lässt derweil die Augen geradeaus nehmen und wieder rühren. So steht man zwar immer noch in einer vorgegebenen Form, doch etwas unverkrampfter.

Meine Hände wandern auf dem Rücken zusammen und meine Finger verhaken sich ineinander. Das regelmäßige Training macht sich mit einem leichten Ziehen in den Oberarmen bemerkbar. Trotz meines beständigen Dehnprogrammes nach jeder Sporteinheit fällt es mir zunehmend schwerer, die Arm- und Schultermuskulatur dazu zu bringen, die Arme entspannt hinter dem Rücken zu halten. Dabei fallen die Veränderungen wohl nur meiner Frau zu Hause auf, denn selbst habe ich nur wenig das Gefühl, dass die Muskulatur in den letzten Monaten gewachsen ist. Unser Oberst tritt etwas zur Seite, um das Bild auf den Redner freizugeben, der gerade noch einige Zettel vor sich im Pult zu sortieren scheint. Dann beginnt der alte „Führer deutsche Kräfte“ seine Rede, die er selbst in Deutsch und Englisch einleitet, um dann in eine deutsch-afghanische Version zu wechseln. Mit Redepausen gibt er dem Sprachmittler, der etwas versteckt im hinteren Eck des Antreteplatzes ein Mikrofon vor das Gesicht gehalten bekommt, ein Zeichen. Ich kenne diesen Sprachmittler nicht und schnell stellt sich mir nach den ersten übersetzten Worten die Frage: Warum er? Seine Stimme gibt den Klang einer Mischung aus stark alkoholisiertem und mit letzter Kraft Worte suchendem Redner wieder. So bin ich nicht der Einzige in der angetretenen Menge, der sich ein Grinsen nicht verkneifen kann. Genauso wenig wie ich einen Dickbäuchigen in die erste Reihe stelle, genauso wenig nehme ich einen Sprachmittler für so eine Veranstaltung, um dessen Gesundheit man jede Sekunde fürchten muss. Zumal der Oberst auch auf seinen eigenen Sprachmittler, der als einer der wenigen aus dem Camp Warehouse mitgekommen ist, hätte zurückgreifen können. Dass Reden mehrerer Redner, die zudem in drei Sprachen gehalten werden, diesen Appell sehr lang erscheinen lassen, leuchtet wohl jedem ein. Da sind die verschiedenen Musik-Märsche, die durchaus gut von der afghanischen Militärband nachgespielt werden, eine willkommene Abwechslung. Dabei liegt es keinesfalls an den Inhalten der Reden. Diese sind sowohl vom Oberst als auch vom darauffolgenden General durchaus gut.

Nur wenig von dem erwarteten, standardmäßigem „Geschwafel“, das in Reden zu gehören scheint, ist vertreten. Vielmehr ist der Teil, der in deutscher Sprache gehalten wird, sogar interessant. Natürlich gehören dankende Worte sowohl an die Soldaten als auch an den scheidenden Oberst zum guten Ton, doch es steckt mehr in den Reden. Ein gewisser Tiefgang, der zum Nachdenken anregt. Mich zumindest. Doch es kostet eben seine Zeit und wie erwartet wird der Erste aus der Formation getragen. Kreidebleich, von zwei Kameraden unter den Armen gestützt und tief eingesunken, wird er in Richtung der Sanis hinter uns gebracht. Sofort setzt in meinem Gesäß wieder der „Pumpvorgang“ ein. Wenngleich das theoretisch jedem passieren könnte, es bleibt ein Stück weit peinlich, weil es Schwäche signalisiert, die ein Soldat nicht zeigen will.

Die Muskulatur meiner Oberarme beginnt unter der Zwangshaltung zu schmerzen. Eigentlich tut man es nicht, doch ich lasse die Arme kurz lang herunterfallen und schüttele sie leicht. Zwei, maximal drei Sekunden. Das muss wieder eine Weile vorhalten. Mein Rücken beginnt sich gegen das sture Stehen mit Ziehen oberhalb des Gesäßes zu beschweren. Ich brauche Ablenkung, denn ich wippe immer mehr unruhig hin und her und versuche durch leichte Bewegungen, wenn auch unmerklich, meinen Körper zu entspannen. Der Vormarsch der Fahnenabordnung lenkt wieder etwas ab. Moritz ist auch dabei und scheint sich mit ernster Miene auf seine Aufgabe zu konzentrieren. Ein „letztes" Mal gibt der alte Oberst die Kommandos und die Fahnenabordnung setzt sich in Bewegung, während wir uns wieder im „Stillgestanden" befinden. Wenige Meter vorm Rednerpult bleiben sie in einer Linie stehen. Die Fahne, die bei Axel in einer speziellen Gürtelhalterung steckt, neigt sich nach vorne. Der General steht gemeinsam mit den beiden Obersten vor der Fahnenabordnung. Symbolisch wird nun die Fahne vom alten Oberst an den General und von ihm weiter an den neuen Oberst übergeben. Dieser reicht sie zurück an die Fahnenabordnung. Axel nimmt sie zurück und steckt sie wieder in die Halterung. Damit ist das Kommando nun vom einen an den anderen Oberst mitsamt der damit verbundenen Verantwortung übergeben. Mit den Worten „Deutsches Kontingent hört auf mein Kommando!" übernimmt der neue Oberst abschließend seine Soldaten und lässt sie rühren.

Damit fällt dem alten Oberst, der diese Verantwortung nun ein halbes Jahr getragen hat, sicher auch eine kleine Last von den Schultern. Es folgen die Nationalhymnen Afghanistans und Deutschlands. Dass hier mitgesungen wird, gehört zum guten Ton. Dass ich gerne auch unter der Dusche singe, scheint hier nicht zu schaden. Fast ein wenige schade, dass bei der Hymne immer nur eine Strophe gesungen wird. Der Appell neigt sich mit einem weiteren Marschlied, das den Hintergrund für die nun geladenen Gäste bietet, sich von ihren Plätzen zu erheben und zum Empfang zu gehen. Ein Sektempfang mit „Fingerfood" im neuen Stabgebäude soll die

Veranstaltung abrunden und die Möglichkeit zu Gesprächen eröffnen. Da der Platz im Innenhof, einer Art Terrasse, sehr begrenzt ist, nimmt daran allerdings nur ein ausgewählter Kreis teil. Zu dem gehöre ich, wie weitere etwa 100 Soldaten, nicht und so ist, nachdem auch der letzte Gast den Weg dorthin gefunden hat, der Appell für uns zu Ende.

Derweil wird, da es sich zu diesem Anlass anbietet, das neue Stabsgebäude formell vom Camp-Betreiber an die deutschen Soldaten übergeben. Das lässt erahnen, dass es nun wohl nicht mehr lange dauern dürfte, bis wir dorthin umziehen und somit einen lieb gewonnenen Luxus verlieren. Was damals im Camp Warehouse noch wie eine unangenehme Belastung klang, hat sich in der Zwischenzeit als sehr angenehm herausgestellt. Die Möglichkeit seine Stube gleichzeitig als Büro nutzen zu können oder müssen, ist keinesfalls so unangenehm wie erwartet. Sowohl das Telefon als auch der Internetzugang, der ja seit einiger Zeit sonst nur noch kostenpflichtig genutzt werden kann, sind schon sehr praktisch.

Meine Eingabe zu dieser unsinnigen Streichung von kostenfreier Kommunikationsmöglichkeit mit der Familie zu Hause ist am 13.08.2013 beim Wehrbeauftragen eingegangen und wird nun überprüft. Ob das jedoch schnell genug gehen wird, um einen gleitenden Übergang zwischen Abschaltung der dienstlichen Möglichkeiten und eventueller Wiederfreischaltung des Camp-Netzes hinzubekommen, bleibt fraglich. So bleibt nur die Hoffnung, so viel wie möglich an Zeit durch die letzten Fertigstellungsmaßnahmen zu gewinnen und so das kostenlose Internet so lange als möglich zu nutzen. Die letzten dreieinhalb Monate laufen schließlich.

Endlich dürfen wir aus der Formation heraustreten. Ein letztes Mal gehe ich mit den anderen Kameraden dafür in die Grundstellung, drehe den linken Fuß über den Hacken um 180 Grad und setze den rechten Fuß so nach, dass ich nun mit der Drehung des Körpers genau in die Gegenrichtung schaue. Der kommende Schritt tritt in die ersehnte Entspannung. Erst jetzt merke ich, wie sehr sich meine Kniegelenke durch die Standzeit versteift haben und mir unangenehme Schmerzen, die nur langsam mit jedem weiteren Schritt nachlassen, durch den Körper schicken. Ich werde alt.

Unter lockernden Bewegungen ziehe ich mein Handy aus der Brusttasche. Nichts Neues. Zu Hause ist es gerade Zeit, dass die Kinder sich für die Schule fertigmachen müssen, denke ich. Und dann erwischt es mich wie schon so oft in diesem Einsatz: Mein Zeitgefühl spielt mir wieder einen Streich, denn heute ist Sonntag. Das heißt zusammenreißen bis zum nächsten Telefonat. In letzter Zeit ist das Bedürfnis nach dem Kontakt mit meiner Frau immer stärker geworden. Dabei habe ich vermutlich sogar damit dazu beigetragen, dass ich ihr immer mehr auf die Nerven gehe. Jede unbeantwortete SMS und jeder zulange dauernde Rückruf, rufen sofort beunruhigende Gedanken an zu Hause hervor. Dann habe ich schlagartig kein Hungergefühl mehr und meine Stimmung dreht sich. Das Gedankenkarussell beginnt zu drehen und ich weiß selbst nicht mehr, ob es begründet oder übertrieben ist. Wenn ich meine Frau dann einige Zeit später am Telefon spreche, fallen die Sorgen wie tonnenschwere Steine von mir. Ihre Stimme zu hören und dem Klang zu entnehmen, dass alles gut ist, bringt mich genauso schnell zurück in eine gute Stimmung, wie ich herausgerissen wurde. Obwohl ich weiß, dass sie viel zu tun hat und selbst Ablenkung beim Sport oder ihrer Freundin sucht, wenn sie gerade nicht die Kinder um sich hat, hoffe ich, dass sie immer und überall für mich da ist.

Im letzten Einsatz war es vielleicht auch so und sie hat es immer und überall versucht mir recht zu machen. Doch dazwischen lag eine der schwierigsten Zeiten unsere Ehe. Es hat uns verändert. Oft frage ich sie, ob sie noch zu mir steht, ob alles gut ist und wird. Eigentlich gibt sie mir dann auch immer das Gefühl, dass es so ist. Und doch ist einiges anders, was mir ab und zu wirklich Angst macht. Angst sie zu verlieren, weil sie keine Lust mehr hat, die Bedingungen unsere Ehe zu akzeptieren.

Seit unserem letzten Urlaub hat es sich noch einmal zugespitzt. Ich kann mich schon nicht mehr daran erinnern, wann sie das letzte Mal von sich aus etwas Liebes zu mir gesagt oder geschrieben hat. Dabei ist sie vermutlich nur ehrlich und möchte sich nicht verstellen. Doch die Angst, dass sie sich abwendet, einen Fehler macht oder die Hoffnung verliert, ist allgegenwärtig. Vermutlich genau die Angst, die meine Gefühle wie Wellen durch den Tag schlagen lässt. Manchmal etwas ruhiger und manchmal etwas stürmischer. Signale von ihr, die ich viel zu spät verstanden habe und nun nur noch jeden Tag hoffen kann, dass die immer kürzer werdende Zeit des Einsatzes ihr die Kraft, an uns zu glauben, zurückgibt. Vielleicht dann, wenn sie sieht, dass ich wieder zu Hause angekommen bin und für sie und die Kinder nicht nur als „Versorger“ da bin, kann sie mich wieder akzeptieren. Kein angenehmer Umstand, der mir das Leben und den täglichen Dienst an manchen Tagen sehr schwer macht. Doch letztlich selbstgemachtes Leid! Die nächste Brücke der Erholung für sie und die Kinder, die die gefühlte Zeit bis zum Wiedersehen etwas verkürzt, kommt rasend näher. Der Kurzurlaub, den sie mit den Kindern alleine im Freizeitpark macht, soll alle zu Hause wieder etwas entspannen und Erholung bieten, die sich gerade meine Frau unter den täglichen Belastungen mit dem Haushalt und den Kindern verdient hat. Hätte mir wohl auch gutgetan, doch es bleibt dabei, dass der Herbstferienurlaub für mich gestrichen ist.

In der Raucherecke der Einheit sitzen einige der Kameraden, die ihren Nikotinhaushalt nach der „Trockenphase“ wieder ausgleichen wollen. Auch Moritz, der so gar nicht wie ein typischer Raucher aussieht, zieht genüsslich an seiner Zigarette. Seit Dolli im Urlaub ist, spielen wir fast jeden Abend als Team beim Kickern. So wie wir uns verstehen, könnten wir auch gute Freunde sein und werden. Seine ruhige und ausgeglichene Art ist mir sympathisch. Intelligent, mit breitem Allgemeinwissen gefüllt und immer überlegt in seiner Wortwahl, macht es Spaß, sich mit ihm zu unterhalten. Auf der anderen Seite scheint er durch meinen oft lockeren und frechen Umgangston regelmäßig amüsiert. Würde er nicht den dichten, aber kurzen Vollbart tragen, würde er sehr jugendlich aussehen. Aber vielleicht trägt er ihn ja genau aus diesem Grund. Er fragt mich, ob wir gleich noch gemeinsam die Flaggen, welche neben dem Pult aufgebaut waren, dort abholen können. Kein Problem, denn da heute keiner im „Außendienst“ unterwegs ist, haben wir auch keinen Stress. Weil das Küchenpersonal mit dem Empfang im Bürogebäude beschäftigt ist, öffnet auch die Küche erst gegen 12 Uhr. Wenige Minuten später kommen die Fahrer unserer Einheit mit den Flaggen und den goldfarbenen Standfüßen an uns vorbei. Damit hat sich die Frage erledigt und ich begebe mich für die verbleibenden Minuten bis zum Mittag auf meine Stube.

Mehrmals täglich schaue ich in mein E-Mail-Postfach in der Hoffnung, dass meine Frau mal wieder was Liebes geschrieben hat. Seit dem Sommerurlaub ist die Serie an Liebesbekundungen in Form von Gedichten, die ich eigentlich jede Woche bekommen habe, vorbei. Auch das kann meine Schuld sein. Vielleicht habe ich zu wenig oder falsch darauf reagiert und sie hat einfach die Lust daran verloren. Und wieder sitze ich in meiner Stube und habe zu viel Zeit nachzudenken. Das muss sich ändern! Der nächste Auftrag, den der Oberst wegen der Außenwirkung als sehr wichtig einstuft, wartet schon und wird Ablenkung bringen. Übermorgen geht es in die deutsche Botschaft. Ein Bundespolizist, der zur Absicherung der Botschaftsangehörigen in Kabul ist, muss auf dem Mercedes eingewiesen und überprüft werden. Ungewöhnlich, da wir sonst mit der Bundespolizei wenig zu tun haben und die Ausbildungsbestimmungen unterschiedlich sein dürften, doch eine gute Gelegenheit, um mal wieder über den Tellerrand hinauszuschauen. In der Botschaft war ich 2010 das letzte Mal und auch da war ich nur auf dem Parkplatz des Botschaftsgeländes, um den Militärattaché auf dem Wolf einzuweisen. Es verspricht ein spannender Tag zu werden.

Nach einem ruhigen Einstieg mit einem entspannten Frühstück geht es in den neuen Tag. Obwohl ich die Monotonie der morgendlichen Essensauswahl nun zu hassen beginne, noch kann ich wenigstens die frische Honigmelone am Morgen genießen. Weder das Omelett noch die sonst typisch amerikanische Auslage können mich weiter begeistern. Entscheide ich mich dann doch für Spiegeleier oder das Omelett, nehme ich für eine angenehmere Würze zwei der kleinen „Nürnberger" Bratwürstchen dazu. Doch schon das darin enthaltene Fett und der Gedanke an die Herkunft der Eier verderben einem schnell den Appetit. Über das Mittag- und auch das Abendessen ist unter Einsatzbedingungen jeder Zweifel erhaben, doch das Frühstück ist in den letzten Wochen zur reinen Nahrungsaufnahme mutiert. Der Toast ist zu trocken, die Marmelade zu künstlich und die Auswahl insgesamt mehr etwas für einen Grillabend, als ein Frühstück. Die Tage, an denen die frischen Crêpes zum Frühstück serviert werden, sind sehr selten geworden. Das eine der beiden Kochplatten den Geist aufgegeben hatte, hat ausgereicht, um für einige Wochen das Angebot vollständig einzustellen. Hätte unser Spieß die Küche darauf nicht angesprochen, so gäbe es wohl nicht einmal an den wenigen Tagen das Angebot. Dabei sind sie einerseits sehr lecker und können mit Marmelade, Zucker oder Nugatcreme bestrichen werden und andererseits machen sie satt genug, um ohne Hungergefühl bis zum Mittagessen zu kommen. Dennoch bei aller Kritik, es ist immer noch um Längen besser als das Angebot der Franzosen im Camp Warehouse. Ein wenig mag mein Überdruss am Frühstück auch an meiner schlechter werdenden Grundstimmung liegen. Doch wenn selbst Essen mich nicht mehr bei Laune hält?

Seit langem nun stehen wir an den vorbereiteten Fahrzeugen und führen eine Fahrtbesprechung durch. Unsere Routinestrecken machen es nur selten notwendig, dass dabei irgendetwas abgesprochen wird. Doch heute geht es über eine für unsere Inspektionen nicht so bekannte Strecke zur Botschaft. Ich selbst war vor etwa einem halben Jahr dort in der Nähe. Die Umgebung müsste ich wiedererkennen. Der Umstand, dass ich jedoch der Einzige in dieser Gruppe bin, der die Botschaft kennt und auch schon einmal drinnen war, verlagert auch diese Verantwortung für die Orientierung und Einhaltung des Zeitplanes auf meine Schultern.

Dieter steht bereits mit der Karte von Kabul, die er auf der Motorhaube des Wolfes ausgebreitet hat, vorm Wagen und macht einen nachdenklichen Eindruck. Gleich wird er wieder mit einer Mischung aus Nervosität und Führungswillen Unruhe in die Runde bringen. Genauso wie er immer noch kontrolliert, ob ich den Wagen abgeschlossen habe, wenn wir irgendwo ausgestiegen sind, wird er dieses Verhalten wohl nicht mehr ablegen können. Anfangs dachte ich noch, er würde mit den zunehmenden Einsatztagen ruhiger und entspannter, doch er behält sein Stresslevel in besonderen Situationen – und die sind immer dann gegeben, wenn wir auch nur einen Zentimeter aus der Routine abweichen – stur bei. Die Zeiten, in denen ich mich darüber aufgeregt habe, sind jedoch lange vorbei. Wir verstehen uns gut und ich weiß seine Art gut zu nehmen und stelle mich darauf ein. Nur der Fakt, dass es doch oft unnötig das Stresslevel anhebt, geben Anlass, daran zu arbeiten. Dafür gibt er mir auf der anderen Seite jedoch ein faires Mitspracherecht und kooperatives Gefühl. Vielleicht um die vorhandene Kapazität zu nutzen und sich selbst in bestimmten Entscheidungen abzusichern, doch das spielt keine Rolle. Wo der Oberleutnant, sein Vorgänger, klare und unverrückbare Entscheidungen getroffen hat, ohne Dinge mit mir zu besprechen, fragt er lieber einmal zu viel als zu wenig. Und jedem sollte es leichter fallen Entscheidungen umzusetzen, die man selbst mitgetroffen hat.

Sogar Tim scheint leicht aufgeregt, bekommt er doch frisches Material für seine Fotoserie geboten. Schon während dieser Besprechung leuchtet seine hellblaue Kamera in seinen Händen und signalisiert sofortige „Schussbereitschaft“. Nur Moritz, der mit leicht gesenktem Kopf den Blick nachdenklich auf den Schotter vor seinen Stiefeln richtet, scheint die Ruhe selbst. Und so sind die ersten Versuche, die Strecke auf der Karte für alle nachvollziehbar zu machen, der Einstieg in eine unnötig hektische Situation. Nur schwer kann ich mich zurückhalten, nicht dazwischenzureden. Doch am Ende muss ich ihn dennoch verbessern. Die erklärte Strecke passt nicht zur angemeldeten und so muss ich es richtigstellen. Die Fahrtanmeldung hatte ich am Vorabend in den Rechner eingestellt und mir auch etwas dabei gedacht. Nur wenige Tage zuvor waren wir schon einmal im Rahmen der Erkundung von Ausweichstrecken so gefahren, wie wir es auch heute hätten tun können. Davon ist Dieter ausgegangen. Doch da wir an dem besagten Tag unverhältnismäßig lange im Stau gestanden hatten, ist mein Plan angepasst. Wir werden nicht nur über die Hauptverkehrsstraßen fahren, sondern durch gut ausgebaute Wohngebiete abkürzen, um dem Verkehr während der Rushhour zu umgehen. Von jetzt an haben wir etwa 40 Minuten, bis wir in der Botschaft erwartet werden.

Auf dem Weg zur Ausfahrt, bei sehr langsamer Fahrt, macht Dieter mit Tim den internen Funkcheck. Kurz darauf hören wir über unser neues, zusätzliches Funkgerät die Meldung durch Tim an den

Leitstand mit. Fast ein dreiviertel Jahr hat es gedauert, bis auch das letzte Fahrzeug unserer Einheit endlich mit dem festen Funkgerät, das eben sonst alle haben, ausgestattet wurde. Nun sind wir in der Lage unser Handfunkgerät, das einfach nicht die Reichweite des festverbauten hat, einzig für den internen Funk zwischen den Fahrzeugen zu nutzen und können dennoch auf einem anderen Kanal den Funk des Leitstandes mithören und selbst funken. Das alte „Kriegsgerät", welches zwischen den Vorder- und Hintersitzen verbaut ist, scheint überwiegend unbrauchbar. Theoretisch würde man uns im Leitstand auch darauf antworten, doch ohne auf Hügel oder Berge zu fahren, ist eine stabile Funkverbindung nicht möglich. Wenn dann selbst das festverbaute Gerät den Funkkontakt verliert, wird dies durch einen unangenehm durchdringenden Piepton, der sich ab dann bis zum Aufbau einer neuen Netzverbindung in regelmäßigen Abständen meldet, angezeigt.

Schon nach dem Durchfahren der Ausfahrtschleuse geht es zügig los. Der Staub, der vom ungünstig zur Straße geführten Auspuffrohr unter dem Druck der Abgase aufgewirbelt wird, lässt Moritz und Tim in der Staubwolke verschwinden. Wer weiß, wie viel Staub man aus der Luft halten könnte, wenn diese für dieses Land absolut ungünstig geführten Abgassysteme den „Dreck" gerade nach hinten vom Fahrzeug ausstoßen würden. Die Druckablassventile der Bremsanlagen, die an den meisten größeren LKW verbaut sind, erzeugen bei jedem Druckablass eine Staubwolke, weil sie den Druck direkt auf den Untergrund abgeben. Einige Fahrer haben sich daher Stofftücher unter das Fahrzeug gehängt. Als wollten sie damit vom Motor heruntertropfendes Öl auffangen, hängen die Tücher dort wie kleine Hängematten und verhindern, zumindest teilweise, die lästigen wie ungesunden Staubwolken. Doch die erste Bodenschwelle ist schon in Sicht und so lasse ich den Wagen ausrollen. Nach der zweiten Bodenwelle geht es durch das wohl schlimmste Stück zur nächsten Hauptstraße. Keine 20 Meter lang erstreckt sich der Mix aus riesigen Schlaglöchern, die mit schlammiger Soße gefüllt sind, und immer wieder ragen dicke, spitze Steine aus dem Untergrund. Warum man dieses kurze Stück nicht einfach mal „glattziehen" kann, um den Anschluss zur Hauptstraße zu erleichtern, bleibt mir schleierhaft. Wie ein kleines Stück schweres Gelände liegt diese nervige Passage im Weg. Es wird fleißig gebaut und so langsam nimmt die neue dahinter folgende Straße eine ansehnliche Form an. Noch werden wir nach rechts, parallel vorbei in eine Behelfsstrecke, die auch nicht besser als jeder gewöhnliche Feldweg ist, geführt.

Schnell wird klar, dass wir uns gerade voll in den „Berufsverkehr" hineindrängen. Die notwendige offensive Fahrweise ist mittlerweile eingeübt und der einzige Weg, hier im Verkehr mitzuschwimmen. Moritz bleibt gut dran und scheint meinen sinnbildlichen Vergleich, bei der Fahrt hinter mir wie ein Anhänger zu fahren, gut angenommen zu haben. Zeigt man hier im Verkehr nicht, wo man hinwill, und zieht nicht bestimmt seine Bahn, wird das Duo schnell auseinandergerissen und man wartet ständig auf das nachfolgende Fahrzeug. Diese Vorgehensweise funktioniert erfahrungsgemäß, denn der Afghane, der sein Fahrzeug ja auch nicht mit Gewalt zerstören will, sieht sehr genau, wo er reinziehen kann und wo er es besser bleiben lassen sollte. Dass selbst Dieter, der in den ersten Wochen vor lauter Zuckungen gar nicht in den „Schlaf" kam, nun kaum noch Situationen kommentiert oder gar anzuleiten versucht, bestätigt, dass es zwar sehr oft eng und gefährlich in den Augen eines Europäers scheint, doch im Grunde nur eine Frage der angepassten Aufmerksamkeit ist.

Im Schritttempo geht es an den Geschäften und beschäftigen Menschen am Straßenrand vorbei. Sie laufen scheinbar immer auf Allah vertrauend zwischen den Autos herum und queren die Fahrbahn. Wie jeden Tag fahren auch heute wieder Polizei-Ranger durch den ohnehin sehr engen Gegenverkehr und demonstrieren arrogant ihre vermeintliche Macht. Es kann gar nicht bunt genug im Grill der Wagenfront leuchten und das Konzert der Sirenen nicht schrill genug sein, um sich den Weg freizuräumen. In ihren dunkelgrünen Fahrzeugen richten sie mit ihrer gefährlichen Fahrweise mehr Schaden an, als sie glauben. Ein wenig stur habe ich mir angewöhnt, sie einfach zu ignorieren. Das heißt dann aber auch, dass ich sie nicht vorbeilasse, wenn sie mal wieder meinen, sich eine Lücke durch die schleichende Menge drücken zu müssen, um wenige Meter später vor dem Gegenverkehr nicht mehr weiterzukommen. Auch sie wissen, dass sie sich nur so viel erlauben können, dass sie das Fahrzeug heil lassen. Daher schrecken sie dann oft doch zurück, wenn sie in mein regungsloses Gesicht, bedeckt mit der Schutzbrille, schauen.

Es lässt sich schwer erklären und ganz sicher nicht bestreiten, es treffen Welten aufeinander, wenn man in Deutschland als Fahrlehrer tätig ist und dann dem Zwang des „angepassten Fahrens“ hier im Kabul nachgeben muss. Klar könnte ich so tun, als wären meine Grundsätze für Deutschland auf den afghanischen Verkehr übertragbar. Ich könnte defensiv und in meinen Möglichkeiten subjektiv viel sicherer fahren. Doch würde ich dann einfach nicht mehr vorwärtskommen und mehr Zeit damit verbringen, die Fahrten zwischen den Afghanen zu überbrücken, als mit ihnen zusammenzuarbeiten. Zieht man dann noch die Zeit ab, die für die Sicherung unseres Camps in den Stellungen verloren geht, könnte man die Arbeit mit den afghanischen Soldaten auch ganz einstellen. Erst wenn man als Beifahrer danebensitzt und auch nicht mit der Karte zur Streckenfindung beschäftigt ist, erst dann hat man die Zeit und die Ruhe, auch einmal in die Seitenstraßen und auf die unzähligen Details dieser Stadt zu schauen.

Wir sind vor dem letzten großen Kreisverkehr und stehen etwa 300 Meter davor im Stau. Er ist sehr markant und schon oft Ziel von Anschlägen geworden. Seinen Namen „Massoud-Kreisel“ hat er von einer Persönlichkeit bekommen, die zur Zeit der sowjetischen Invasion in Afghanistan die sogenannte Nordallianz geführt hat. Da dieser Anführer nicht gerade als Freund der Taliban galt und eine Hauptrolle bei der damaligen Befreiung Afghanistans von den Russen gespielt hat, genießt er bei der afghanischen Bevölkerung großes Ansehen. Außerdem hat er später bis zu seinem Tod (kurz vor den Anschlägen vom 11. September 2001) den Widerstand gegen die Taliban angeführt. Die braune Säule mit der goldfarbenen Kugel in der Spitze ist schon von weitem gut zu erkennen. Fotos Massouds säumen den Kreisverkehr und seiner Umgebung. Von hier aus konnte man früher direkt in die „Green Zone“ einfahren und kam zum Kern der NATO-Führung und dem „Karzai-Palast“. Doch immer wieder haben es Attentäter durch die Armada an Kontrollen geschafft und sich schon kurz hinter der Einfahrt auf Höhe der amerikanischen Botschaft mit

Sprengsätzen in die Luft gesprengt. Das hat der gut geschützten Botschaft selbst selten viel geschadet. Dennoch waren die Personenschäden und die Zerstörungen in den Bereichen nicht zu übersehen. Noch heute kann man, wenn man etwas genauer hinschaut, an den riesigen und zum Teil sehr alten Bäumen die abgesprengten Astenden erkennen.

Nun ist der Kreisverkehr mehr eine T-Kreuzung, auf der man nach rechts in den eigentlichen Stadtkern und nach links weiter nach Süden fahren kann. Unzählige Kameras an den Laternen und Gebäuden um den Kreisel halten jede Sekunde des Geschehens in sehr guter Qualität fest. Was wir noch nicht wissen: Auch die Bundespolizisten, die uns erwarten, können uns bereits auf ihren Monitoren in der Botschaftswache sehen. Mit unseren grünen Wölfen und den hoch an den Antennen hinausragenden Fähnchen sind wir auch recht leicht auszumachen. Langsam, aber zielstrebig drücke ich mich durch die vielen Reihen der Fahrzeuge, um die erste Ausfahrt aus dem Kreisverkehr wieder auszufahren. Immer wieder kommen dann zivile Fahrzeuge von ganz links nach ganz rechts rüber und blockieren damit teilweise alle vier Spuren. In Deutschland würde man sich rechtzeitig einordnen, um zur rechten Fahrbahnseite zu kommen, doch dieses unlogische Phänomen ist Alltag auf den Straßen Kabuls. Entweder Folge der mangelnden „echten“ Führerscheine oder ein Zeichen für die Schwierigkeit zum logischen und komplexen Denken im Chaos des Großstadtverkehrs, dass aber in vielen Ländern zu finden ist. Auch hier verfolge ich nun seit Monaten das Motto „sieh zu und lerne“. Wenn es sich vermeiden lässt, dann werden solche Fahrer nicht durchgelassen. Dann besteht zumindest die kleine Hoffnung, dass sie es beim nächsten Mal besser oder wenigstens anders machen.

Nach dem Verlassen des Massoud-Kreisels geht es genauso stockend weiter wie bisher. Es ist Geduld gefragt. Das ständige Hupen, die gestikulierenden Autofahrer und die Ablenkung jenseits der Fahrbahnen blende ich weitgehend aus. Einzig der Vordermann, der immer wieder wenige Zentimeter zügig anfährt, um dann genauso schnell wieder stark abzubremsen, ist in meinem Blick. Die Gefahr, ihm hinten draufzufahren, ist mehr als präsent. Dieter blickt nervös zwischen der Karte auf seinen Beinen und dem regen Treiben der Außenwelt hin und her. Er verlässt sich darauf, dass ich selbst erkenne, wo ich nach links in die „Green Zone“ einbiegen muss, doch auch ich muss mich, wenn es die Fahrsituation zulässt, immer wieder orientieren.

Die Stadt liegt unter einem ständigen Fluss der Veränderungen. Immer wieder wird gebaut, werden die Straßen aufgerissen und wechseln Geschäfte den Besitzer. Unter der Reizüberflutung fällt es mir schwer mich auf Dinge zu konzentrieren, die ich wiedererkenne. Der nächste Kreisel, der die erste Möglichkeit bietet über eine nördliche Zufahrt in die Botschaft zu gelangen, wird mir nun in Erinnerung bleiben. Doch diese Zufahrt kenne ich ansonsten noch nicht und so fahre ich weiter an erster Stelle, um die mir bekannte (zweite) Möglichkeit wiederzufinden. Nach meinem Gefühl sind wir bereits viel zu weit, da aber eine Zufahrt, die in meine Erinnerung passt, noch nicht zu sehen war, rolle ich durch den immer noch stockenden Verkehr weiter die Hauptstraße entlang. Dann endlich glaube ich die markante Fassade des Botschaftsgebäudes ausgemacht zu haben und biege nach links ein. Moritz hängt, nachdem wir am Massoud-Kreisel kurz etwas getrennt wurden, wieder an meiner Stoßstange. Wenn es hier nicht ist, wo wir einbiegen müssen, dann würde ich jetzt die Gelegenheit zum Umkehren nutzen, doch es passt.

Ein Bundespolizist, der uns in Empfang nehmen will, steht auf der Straße vor der Botschaftseinfahrt. Er trägt unser Bundeswehrshirt und eine schwarze Schutzweste, deren Konturen die eingeschobenen Keramikplatten abbilden. Es scheint einiges an Ausrüstung an den Schlaufen und den kleinen Taschen untergebracht zu sein. Vor sich hält er eine Kurzversion unseres Gewehrs, in das wie auch bei mir zwei Magazine geladen sind. Langsam nähere ich mich einem Vorposten. Meinen Ausweis, der sonst in den Spalten der Armatur klemmt, halte ich bereits in der rechten Hand. Sie liegt noch leicht aufgelegt auf dem Lenkrad, wobei die Arbeit gerade von der linken Hand erledigt wird. So kann ich den Ausweis relativ nahe an die Frontscheibe halten. Der Posten kann eigentlich nicht das Geringste auf diesem Ausweis erkennen und vermutlich würde eine eingeschweißte „Kinokarte“ mir hier auch die Schranke öffnen. Die Kontrollen in Kabul schwanken zwischen übertrieben bis gar nicht und das kann nicht gut sein. Selbst der Umstand, dass wir angemeldet sind, kann nicht reichen, uns einfach durchzuwinken. Keiner von denjenigen, die hier für die Einlasskontrollen verantwortlich sind, kann uns vorher schon einmal gesehen haben und uns kennen. Es ist zwar auch für uns bequemer einfach durchgewunken zu werden, aber sicher ist das nicht. Erstaunlicherweise geht es ebenso leicht in die Botschaft hinein. Womöglich reicht die Kombination aus Mercedes und deutschen Uniformen. Nach wenigen Sekunden öffnet sich das schwere Stahltor und wir können in die Schleuse einfahren. Dass hier erst das vordere Tor aufgemacht wird, wenn das hintere wieder geschlossen ist, muss so sein und hat sich in jeder Anlage durchgesetzt. In der Erwartung nun hier genauer kontrolliert und abgespiegelt zu werden, lege ich den Schalthebel auf „D“. Doch Fehlanzeige. Nahtlos öffnet nach dem lauten Einrasten des hinteren Tores auch das Vordere. Ich warte noch kurz, um sicher zu gehen, dass man es nicht einfach nur vergessen hat. Keine Reaktion. Hätte uns jemand im dichten Gedränge des Großstadtverkehrs eine der zurzeit stark verbreiteten Haftminen an den Wolf geklebt, jetzt wäre sie auf dem Botschaftsgelände. Wenngleich die Sprengstoffmenge unter der bedingten Kraft eines Magneten am Sprengsatz überschaubar wäre, Personen in der Nähe könnte er dennoch töten.

Das habe ich aus 2010 etwas anders in Erinnerung. Der Beamte, der uns empfangen hat, kommt uns durch die Personenschleuse nach und tritt an Dieters Seite. Eine kurze Begrüßung und der Wink zum Parkplatz, dann fahre ich weiter, um den Wolf neben den anderen in verschiedenen zivilen Farben lackierten „G-Klassen“ abzustellen. Dass es sich um G-Klassen von Mercedes handelt, nehme ich an und muss beim Schweifen lassen meines Blickes an den Außenspiegeln sehen, dass sie auch unsere militärischen Versionen dabeihaben.

Das macht die Einweisung deutlich einfacher, denn beide Versionen unterscheiden sich schon etwas voneinander und so muss ich nicht selbst erst die Unterschiede herausfinden, um die Einweisung korrekt durchführen zu können. Mit etwas Abstand zum Nachbarfahrzeug komme ich dann auf dem geschotterten Untergrund zum Stehen. Zwar kostet der Platz zur Seite etwas Parkraum, doch so komme ich deutlich besser an meine Ausrüstung ran und da sowieso genug Parkplätze frei sind, wird es sicher in Ordnung gehen. Jetzt wo wir ausgestiegen sind, ist auch Zeit für eine ordentliche Begrüßung. Es werden sich die Hände gereicht und sich vorgestellt. Auf den ersten Blick macht der Beamte einen sympathischen Eindruck. Mit ruhiger Stimme und recht ausgeglichen wirkend, sucht er das Gespräch mit uns. Um nichts zu vergessen, beginne ich direkt meine Ausrüstung, das Funkgerät und etwas Wasser in den schwarzen Mercedes neben uns zu laden. Er ist offen und der Schlüssel steckt. Nachdem Dieter sich aus dem ersten Gespräch losreißen kann, beginnt auch er damit, seine Sachen umzupacken. Wir werden unseren Wagen hier auf dem Gelände stehenlassen, damit der Beamte auch direkt auf seinem Fahrzeug eingewiesen und überprüft wird. Bevor es losgehen soll, lädt er uns zum Kaffee ein. Stress scheint er, neben seiner ohnehin ruhigen Art, wohl auch sonst nicht zu haben.

Dabei werden wir einiges an Zeit brauchen, um raus in unser Fahrschulgelände zu kommen. Denn das Programm für heute soll einerseits eine Straßenfahrt, aber eben auch eine Geländefahrt beinhalten. Noch scheint er aber nicht so genau zu wissen, was ihn erwartet. Dennoch bin ich mir sicher, am Ende des Tages wird er begeistert oder wenigstens zufrieden sein. Tim und Moritz haben sich auch ihrer Ausrüstung entledigt und folgen gemeinsam mit uns dem Beamten in einer kleinen Führung über das Botschaftsgelände. Das Gelände ist recht überschaubar, wenn auch von den höheren Gebäuden etwas verschachtelt. Ein kleiner Swimmingpool im Freizeitbereich bekommt unsere Bewunderung. Selbst wenn man hier keine langen Bahnen ziehen kann, so hätten wir zu Höchsttemperaturen doch eine Menge gegeben, um uns hier zu erfrischen. Sogar eine kleine Sauna, die sich in einem sehr kleinen Gebäude, das fast als Gerätehaus durchgehen könnte, versteckt, gibt es hier in der Nähe des Pooles. Als ungewöhnlich fallen mir die afghanischen Frauen, die mit selbstgebauten Besen aus Geäst den Bereich säubern, auf. Ungewöhnlich, denn selbst solche Jobs werden hierzulande in Bereichen, in denen „fremde“ Männer Zugang haben werden, normalerweise von männlichen Arbeitern erledigt. Ihre

Gesichter tragen sie offen unter den dunklen Kopftüchern, wenngleich sie sich Mühe geben, uns nicht zu beachten. Die Anlage um den Pool ist mit saftigem Gras begrünt und wenige, aber große Bäume werfen ihre Schatten schützend vor der Sonne in den Hof. Alles sehr klein und dennoch in einem angenehmen Standard, lässt es sich hier sicher gut aushalten. Wir werden weiter zum Unterkunftsblock der Polizisten geführt. Das sich über drei Stockwerke erstreckende und sehr modern wirkende Gebäude scheint den wichtigsten Bedürfnissen angepasst. Hier haben die Unterkünfte ebenfalls Hotelstandard und sind zudem mit kostenfreiem Internet und Telefon für jede Stube ausgestattet. Es geht also! Oder verstärkt sich hier mein in den letzten Jahren gewonnener Eindruck, dass nicht alle Bediensteten des Bundes gleichbehandelt werden, obwohl sie möglicherweise die gleiche Gehaltsstufe haben? Ob bestimmte Zulagen oder Anforderungen an Unterbringung und Betreuungsmöglichkeiten, die Unterschiede sind nicht selten groß. Wir werden darum gebeten, uns im Gebäude ruhig zu verhalten und keine Türen zu knallen.

Da sich die Beamten im Schichtdienst befinden, liegt ein Teil von ihnen gerade in den Betten. Rudi, der Beamte, führt uns in die Küche der 1. Etage. Groß und hell eingerichtet scheint sie keine Wünsche offen zu lassen. Da das Essen für die regulären Mahlzeiten von den Beamten selbst gezahlt werden muss, besteht hier gänzlich die Möglichkeit, sich selbst zu verpflegen. Diesen „Nachteil“ haben wir Soldaten im Einsatz nicht! Was dafür benötigt wird, bekommen die Beamten entweder über die lokalen Arbeiter aus der Stadt mitgebracht oder kaufen es in den Geschäften, die eine gewisse Sicherheit bieten, eben selbst. Mehrere Tische in der einen Hälfte des Raumes bieten zusammengeschoben Platz für gemeinsame Mahlzeiten und Besprechungen. Der Kaffee läuft bereits durch die Maschine. Meine bereitgestellte Tasse schiebe ich auf dem Tisch ein wenig von mir weg und bedanke mich ablehnend mit dem Hinweis, dass ich keinen Kaffee trinke. Sofort bietet mir Rudi alternativ Tee an. Aber da ich mich hier nicht „festsetzen“ und auch keine weiteren Umstände machen möchte, lehne ich erneut ab. Alles deutet jedoch darauf hin, dass der Tag sehr ruhig beginnen soll. Wir wurden von Rudi zum Mittagessen angemeldet. Die Küche ist recht klein und wenn hier vier Soldaten mitessen wollen, muss die Belegschaft das wissen. Andernfalls würden wir gar den Botschaftsmitarbeitern, die dort ebenfalls essen, das Menü wegessen. Fünf Euro für das Mittagessen sind eigentlich nicht zu viel und Rudi hat auch in einem Satz darauf hingewiesen, dass wir als seine Gäste dazu eingeladen sind. Eine nette Geste dafür, dass wir heute nur seinetwegen gekommen sind und unseren Tag nach seinem Wunsch, die Einweisung und Überprüfung auf dem Wolf abzulegen, ausgerichtet haben. Es wird also maximal für eine kurze Visite bei unseren Afghanen reichen, wenn wir im Zeitplan, der uns mit jeder Minute enger zu werden scheint, bleiben wollen.

Im Moment scheine ich aber der Einzige zu sein, der eigentlich sofort los möchte. Keine Ahnung wie oft ich seit unserer Ankunft nun schon auf die Uhr an meiner Gürtelschlaufe geschaut habe, doch die unterschwellige Botschaft scheint niemand zu registrieren. Rudi beginnt damit, den Kaffee an Tim, Dieter und Moritz zu verteilen. Fast ununterbrochen prasseln die Fragen von unserer Seite auf Rudi ein. Tim hat bereits wieder seinen Fotoapparat in Aktion und dokumentiert – einem Spion gleich – jedes Detail. Was er mit den Bildern einer Küche in der Botschaft später mal möchte, bleibt sein Geheimnis und Rudi hat auch kein Problem damit, wenn keine sicherheitsrelevanten Bereiche festgehalten werden. Solche Bilder könnten letztlich eine „Einladungskarte“ für jeden potentiellen Attentäter sein. Eine Kollegin von Rudi, die anscheinend nicht schlafen kann, weil sie Hunger hat, betritt die Küche. In schlabberigen Freizeitklamotten läuft sie mit schlaksigem Gang in den Teil des Raumes, der die Küchenzeile und Schränke beherbergt. Ein etwas verbraucht wirkendes, vielleicht vom Stress des Dienstes gezeichnetes Gesicht jenseits der Vierzig, blickt dennoch freundlich grüßend zu uns herüber. Langsam aber zielstrebig stellt sie sich verschiedene Dinge auf die Arbeitsfläche der Küche, um sich, so scheint es, Brote zu schmieren. Ihre morgendliche Ungepflegtheit, als wäre sie direkt aus dem Bett in die Küche gefallen, lässt selbst uns im Einsatz Frauen entwöhnte Männer nicht gerade neugierig blicken.

Nur Dieter, der immer zu jeder Frau freundlich sein muss, er lächelt sie verschmitzt an und verwickelt sie sofort in ein Gespräch. Wüsste er, was Rudi ihm wenige Minuten später stecken würde, vielleicht würde er sich seine Energie sparen. Sie ist lesbisch und lebt mit ihrer thailändischen Freundin zusammen, die sie nur selten in ihren Urlauben besuchen kann. Und ohne Vorurteile bilden zu wollen, sie passt irgendwie, zumindest optisch, voll in das Klischee der „Neigungsgruppe“. Natürlich kann das auch eine Schutzbehauptung sein, um sich die Männer, die hier nicht selten den Entzug der gewohnten Sexualität kompensieren wollen, vom Hals zu halten. Doch mein Gefühl sagt mir, dass es passen könnte. Dass Dieter sie dann noch dazu bringt, ihm Milch aus ihrem persönlichen Vorrat von der Stube zu holen, schiebt ihm ein Dauergrinsen ins Gesicht. Er mag seinen Kaffee nur mit Milch und Rudi hat eben keine. Was liegt da näher, als höflich zu fragen?

Wenn wir um halb 12 wieder hier zum Essen sein wollen, sollten wir uns langsam auf den Weg machen! Doch außer mir scheinen hier weiterhin alle die Ruhe weg zu haben. Jedoch weiß ich in etwa wie lange es dauern wird ins Gelände zukommen, dort effektiv etwas zu fahren und wieder rechtzeitig hier im Zentrum zu sein. Demonstrativ klopfe ich mit dem Zeigefinger auf meine Uhr. Dieter hat es aus dem Gespräch mit Rudi heraus gesehen und nickt zustimmend. Um den Druck weiter etwas zu erhöhen, erkundige ich mich nach einer Toilette und verabrede mich am Wagen mit den anderen.

Auf den Toiletten setzt sich der positive, sehr saubere Eindruck von der gesamten Wohnanlage fort. Keine amerikanische oder afghanische Toilette und bei der Nutzung kommen fast ein wenig Heimatgefühle auf. Wäre nicht das dünne amerikanische Toilettenpapier, das sich nur schwer in die typisch deutsche Falttechnik einfügen lässt, es könnte auch irgendwo eine Toilette in Deutschland sein. Die Riegel meiner Beingurte des Pistolenholsters rasten geräuschvoll in ihre Verschlüsse ein. Beim Händewaschen geht der flüchtige Blick in den blitzsauberen Spiegel. Das intensive Licht im Vorraum zeigt jede Falte und erinnert mich daran, dass ich die Konturen meines Bartes nachrasieren sollte. Entspannter als noch Minuten zuvor begebe ich mich zum Wolf, wo bereits die anderen stehen und die vorerst letzten Zigaretten geraucht werden.

Nach einer kurzen Absprache der nun folgenden Strecke kommt die Ausrüstung wieder an den Mann. Nur Rudi, der die gesamte Zeit über seine Ausrüstung anbehalten hatte, springt so wie er ist auf den Fahrersitz. Dieter setzt sich neben ihn und ich wähle den hinteren rechten Platz. In Deutschland sitzt man hier wohl tendenziell am sichersten, es sei denn, man kann direkt auf den Mittelplatz ausweichen. Doch hier gibt es keine Grundregel. Man kann schlicht nie genau vorhersagen, welche Situation eintreffen könnte und so ist die Platzwahl mehr Gewohnheit als tiefer Sinn. Sprengt sich ein Fahrzeug neben uns in die Luft, kommt es darauf an, ob wir von ihm überholt werden oder ob es am Fahrbahnrand auf uns wartet. Ob ein Sprengsatz am Fahrbahnrand vergraben oder versteckt liegt oder, oder, oder. Der Grundsatz „Profis sind berechenbar, Laien sind gefährlich“ trifft hier vielleicht besser zu, als man hören mag.

Den Lautstärkeknopf des Handfunkgerätes drehe ich ein und versuche gleich darauf zu achten, dass es nicht zu laut wird und reiche es Dieter nach vorne. Damit bleiben wir mit dem Fahrzeug von Moritz und Tim in Verbindung. Im Schritttempo rollen wir zum Nord-Gate der Botschaft.

Endlich lerne ich auch einmal diese zweite Möglichkeit kennen, über die man die Botschaft erreichen kann. Die eigentliche Ausfahrt unterscheidet sich kaum von der hinteren, doch danach sehe ich eine Menge Sicherheitskräfte, die eine britische Fahne auf dem Oberarm ihres sandfarbenen Hemdes tragen. Der gesamte Bereich, der durch eine Menge Schranken und Barrieren zur langsamen Fahrt zwingt, wird von der britischen Botschaft gesichert. Dann, nach einigen hundert Metern, erreichen wir den öffentlichen Bereich und sind zurück im Getümmel von Kabul City. Auch jetzt legt Rudi seine ruhige und besonnene Art nicht ab und fährt, als hätte er seit Jahren nichts anderes gemacht, durch den schleichenden Verkehr. An Gesprächsstoff mangelt es in unserem Fahrzeug nicht und daher nervt der ständige Stau bei der Fahrt heraus aus dem Zentrum Kabuls nicht ganz so stark wie an manch anderen Tagen.

Schnell werden die Themen persönlicher und Rudi erzählt ohne große Zurückhaltung von seiner persönlichen Situation und warum er hier ist. Er gehört zu einer recht kleinen Gruppe an Personal, dass in verschiedenen Ländern dieser Welt die Botschaften unseres Landes schützen. Genau wie viele unserer Kameraden hat auch er schon viel

Zeit im Ausland verbracht und passt mit seiner Geschichte eigentlich auch gut zum Typus eines typischen Einsatzsoldaten. Geschieden, zwei Kinder und nun noch mehr unterwegs, um die finanziellen Einbußen von Unterhaltszahlungen zu kompensieren. Mit dem Wunsch im Hinterkopf, doch irgendwann für all die Jahre in den Diensten des Staates, der eben nicht dem eines typischen Beamten einer deutschen Verwaltung entspricht, auch Früchte zu ernten, nimmt er eine Menge Entbehrungen auf sich. Etwas über 40 Jahre alt wirkt er etwas ausgebrannt und antriebslos. Ob das seine Art ist oder die Spuren der letzten Jahre, kann ich nicht wirklich beurteilen, weil ich ihn dafür zu wenig kenne. Doch er macht einen ehrlichen Eindruck auf mich und tut mir fast ein wenig leid. Denn irgendwie kommt mir das doch sehr vertraut vor.

Mit jedem Meter und jeder Minute, die wir nun länger brauchen, um in unser Gelände zu kommen, verdichtet sich meine Annahme, dass wir es nur schwer im geplanten Zeitfenster zurück zur Botschaft schaffen werden. Dass ich mir darüber so einen Kopf mache, liegt zum einen daran, dass Rudi uns ja nun extra in der Küche angemeldet hat und daran, dass mir meine Mahlzeiten im Einsatz immer wichtiger geworden sind – als gäbe mir Essen ein Gefühl von Sicherheit und Beständigkeit. Und dazu gehören die planbaren Abläufe und die Garantie, dass alles so läuft, wie ich es mir wünsche. Es ist nur ein Puzzle im Gefüge meines Wohlbefindens und doch so wichtiger Bestandteil eines geregelten Tagesablaufes. Vielleicht auch nur der innere Trieb, auf alles vorbereitet zu sein. Es hilft jedenfalls, mich geerdeter zu fühlen.

Ein Offizier stellte neulich in einem gemeinsamen Gespräch fest, dass es für einen Soldaten nichts Schlimmeres gebe, als ihm seine gewohnten Abläufe zu nehmen. Das muss nicht nur auf Soldaten zutreffen, doch bei ihnen wird es besonders im Einsatz deutlich, wie verheerend schon kleine Veränderungen sich auf das Gemüt auswirken können. Nehme ihm seine Kommunikation nach Hause, verschlechtere seine Nahrung und verändere die Zeiten für die Aufnahme, lasse ihn mit möglichst wenig Information in ständig neue Situationen und Lagen gehen, wird er über kurz oder lang zermürbt. Klar gibt es dann die „Starken“ und die „Schwachen“, doch letztlich macht die Summe der negativen Umstände jedem zu schaffen. Die wenigen Tage im Einsatz, an denen ich unnötig schlechte Laune hatte, waren Tage, an denen man mir ungefragt den Verzicht auf mein Mittagessen zugemutet hatte. Dabei sind zwei Faktoren der Grund für die dann folgende schlechte Laune gewesen. Man hatte mich übergangen als ginge mich die Entscheidung nichts an und ich müsse sie nehmen wie sie kommt, und mein Tagesrhythmus wurde empfindlich gestört. Für sich genommen wäre es kein Problem gewesen, doch man hätte eben auch zwei Dinge machen müssen: rechtzeitig Bescheid sagen und mich in die Entscheidung einbeziehen. Wenn vier Mann unseres Teams dafür sind, werde ich wohl nicht dagegen sein, doch die Frage ist eine Sache des Respektes und unabdingbar in meinen Augen. Schließlich ist die Grundausbildung lange her und mein Dienstgrad darf etwas Respekt erwarten lassen. Es zeigt jedoch auch sehr deutlich, wie stark ich das Umfeld aus Krise und Krieg immer weiter ausblende, wenn ich mich über so etwas eigentlich Banales so sehr aufregen kann. Selbstschutz?

Ruhig redet Rudi von seiner Familie und in leicht gedrückter Stimmung lassen Dieter und ich die Worte auf uns wirken. Von hier hinten sieht es teilweise bedrohlich nahe aus, wenn Rudi auf die vor ihm stehenden oder rollenden Fahrzeuge auffährt. Der Blickwinkel entlang der langen schwarzen Motorhaube macht das Einschätzen des Abstandes zum Vordermann fast unmöglich. Solange Dieter aber ruhig und gelassen neben ihm sitzt, wird wohl alles passen. Ich sitze leicht nach links gebeugt, um in meiner Neugier mitzubekommen, was da vorne passiert. Die Klimaanlage scheint genauso mäßige Leistung zu bringen, wie die unserer Modelle und so weicht sich mein Shirt unter der Weste gerade langsam in den Schweiß meines Körpers ein. Als Dieter etwas vom Thema ablenken möchte, indem er danach fragt, welcher Typ des Wolfes uns gerade aus Kabul herausfährt, kann ich mit einer hohen Sicherheit auf den 270er tippen. Der Klang, dieses etwas unruhige Vibrieren des Motors und die merklich schwächere Beschleunigung scheinen eindeutig. Es fehlen ein paar Schalter und auch die Innenausstattung weicht von der Bundeswehrversion ab, doch sonst gibt es, bis auf die farbliche Besonderheit, kaum

Unterschiede. Wo wir das Gepäckabteil mit Staumöglichkeiten vollgestopft haben, hängen hier noch zwei zusätzliche Sitze, die man seitlich im Kofferraum herunterklappen kann. Überhaupt scheint hier der Name Kofferraum noch zu passen. Wo in unseren Fahrzeugen jegliche Versuche, sperrige Gegenstände einzuladen, scheitern würden, lässt dieses Gepäckabteil einiges zu. Mein prüfender Blick durch das Heck des Benz führt hoch zu den getönten Scheiben der geteilten Heckklappe. Dicht hinter uns, vielleicht zu dicht für diese Geschwindigkeit, klebt Moritz an unserer Stoßstange. Sie können mich vom anderen Wagen aus nicht sehen, da die Tönung und leichte Spiegelung der Scheiben den Blick nach innen verhindern.

Meinen Vorschlag, vielleicht das Mittagessen doch bei den Amerikanern, die nach dem Verlassen des Geländes deutlich schneller als die Botschaft zu erreichen wären, können wir leider vergessen. Rudi hat seinen Ausweis in der Botschaft vergessen. Eigentlich Grund genug, um umzukehren, denn damit könnten wir schnell Probleme beim Einlass in die verschiedenen Liegenschaften bekommen. Um unser Gelände mache ich mir da keine Sorgen, denn bei den meisten Wachposten sind wir mittlerweile persönlich bekannt und Kontrollen haben mehr Alibi- als wirklich kontrollierende Funktion. Hier könnte ich erfahrungsgemäß alles in die Scheibe halten was nur ansatzweise offiziell aussieht. Zu viele können weder lesen noch schreiben und haben zudem zu viel Angst Probleme zu bekommen, wenn man merkt, dass sie eigentlich keine Ahnung haben, was sie dort tun. Und so fährt ein ziviler Toyota, der vor uns in die Schleuse zum Gelände einfährt, eigentlich unkontrolliert durch. Er muss zwar kurz Halten und auch seinen Kofferraum öffnen, doch ein recht großes Knäuel, es könnte ein Bündel Kleidungsstücke sein, dass unübersehbar viel Platz im Gepäckabteil braucht, bleibt unbeachtet. Hätte der Fahrer einen Sprengsatz von nicht unerheblicher Menge darunter versteckt, so wäre die Ladung nun im militärischen Bereich. Bleibt nur zu hoffen, dass es anderen Ortes besser gemacht wird. Dass Dieter seine ID-Karte im Brustbeutel in die rechte Scheibe zeigt, reicht vollkommen, um vom Wachposten mit einer lässigen Handbewegung weitergeschickt zu werden. Langsam fährt Rudi unter der rot-weißen Schranke, an der zur Seite des Bedieners ein dickes

Tau mit mehreren Knoten auf der gesamten Länge hängt und auf der anderen Seite ein improvisiertes Gegengewicht aus Schrottresten befestigt ist, dass ein leichteres Öffnen ermöglichen soll, hindurch. Dieter möchte bei unseren Afghanen vorbeischauen, doch ich kann es ihm ausreden. Da kein Sprachmittler vor Ort sein wird, weil wir ihnen Arbeitsaufträge für zu Hause gegeben haben, während wir heute im Gelände sind, bliebe es sowieso nur beim Händeschütteln. Dazu kommt unsere Zeitknappheit, die sich erst entspannen wird, wenn wir wissen, wie lange wir am Ende im Gelände brauchen.

In wenigen Minuten werde ich zu Moritz und Tim umsteigen. Dann werde ich über das Funkgerät bestimmte Passagen des Geländes anleiten und Dieter kann sich um Rudi kümmern. Das hätte ich natürlich genauso übernehmen können. Doch Moritz hat darum gebeten, bei dieser Gelegenheit noch einmal seine Kenntnisse im Geländefahren vertiefen zu dürfen. So werde ich also gleich Moritz anleiten und die Strecke, die es in sich hat, mit ihm vorfahren. Das gibt Rudi einerseits die Möglichkeit, die Situationen am Fahrzeug vor ihm zu beobachten, und andererseits die Gewissheit, dass der Wagen, auch wenn unserer knapp 30 PS mehr hat, die Herausforderungen schaffen kann. Wir fahren mäßig durch die auf der Straße versetzt stehenden Betonblöcke, die zu hohe Geschwindigkeiten auf dieser Strecke unterbinden sollen, vorbei. Im „kleinen“ Fahrschulgelände zu unserer Rechten ist wenig Bewegung zu sehen. Nur vereinzelt fahren Fahrzeuge der Afghanen durch die hügelige Landschaft. Unser neuer Führerscheinlehrgang ist noch in der Anfangsphase, doch die Fahrlehrer müssten hier draußen in der praktischen Ausbildung sein. Ob mangelnde Kraftstoffvorräte oder flexible Ausbildungsgestaltung der Grund sind, werden wir später erfahren, wenn wir darüber mit den Afghanen sprechen. Nach weiteren wenigen Hundert Metern haben wir wieder freien Blick in das weitläufige Gelände. Allerdings liegt wieder einmal so viel Staub in der Luft, dass die nur wenige Kilometer entfernten Bergketten im Hintergrund nicht mehr zu erkennen sind.

Laut einem Gespräch, welches Dieter bei den Sanis mitbekommen hat, ist die Staubbelastung Kabuls so bedenklich hoch, dass die deutschen Soldaten den ganzen Tag mit der ABC-Schutzmaske herumlaufen müssten. Der nicht enden wollende, regelmäßige

Hustenauswurf scheint diese „Studie“ zu bestätigen. Ob wir wohl in einigen Jahren dann statt der Diskussion um „Radargeschädigte“ eine Diskussion der „Kabul-Geschädigten“ haben werden? So makaber der Vergleich auch auf den ersten Blick zu sein scheint, weder die Folgen noch die Nachweisbarkeit werden später für einen eventuell Geschädigten absehbar sein.

Langsam geht es weiter über die nun wieder mit Schlaglöchern übersäte Strecke. Zur Linken, wo vor wenigen Jahren noch die urtümlichen Lehmhütten der aus dem militärischen Bereich „vertriebenen“ Einheimischen standen, wird nun kräftig gebaut. Frisch angelegte Straßen und die Fundamente teils mächtiger Gebäude sprießen hier aus dem Boden. Was allein hier in Kabul an Geld investiert wird, ist für den Normalsterblichen schon nicht mehr real zu erfassen. Nachdenklich lasse ich meinen Blick an dem Treiben der Arbeiter dieser großen Baustelle vorbeischweifen. Meine Nase füllt sich plötzlich sehr schnell und stark mit dem Staub des Geländes. Der Boden ist sehr trocken und so ziehen wir hinter unserem Wolf eine dichte Staubfahne, durch die ich Moritz in seinem Auto nur noch erahnen kann, hinterher.

Es scheint, als seien die Türen unseres Botschaftsfahrzeuges zu locker eingestellt. Die Türdichtungen zeigen keine Wirkung und selbst die dicken Staubkörner kommen scheinbar ungehindert in unseren Innenraum. Der Staub hinterlässt einen unangenehmen Geschmack im Mund und trocknet in wenigen Sekunden die Atemwege aus. Unweigerlich muss ich husten. Die beiden vorne scheinen unter dem Luftzug aus den Frischluftdüsen nicht direkt betroffen zu sein. Meine und auch die hinteren Türen scheinen das eigentliche Einstellungsproblem zu haben. Mein Gewehr, das neben mir am Boden liegt, wird immer mehr von einer dichten Staubschicht belegt. Ich bilde mir das also nicht ein. Mit jedem gefahrenen Meter legt sich mehr Staub im Innenraum auf den Fenstern und Sitzen sichtbar ab. Ich weise Rudi an, „meinen“ Aussichtshügel, der zwar klein, aber dafür sehr zentral in diesem riesigen Gelände liegt, anzufahren. Da wir damit auch die erste Steigung vor uns haben, gleite ich direkt in mein Ausbildungsschema ab und gebe ihm die ersten Tipps dazu. Meine Empfehlung, hier wenigstens die Verteilergetriebesperre einzuschalten, nimmt er wortlos an und verlangsamt dazu den Wagen. Nach wenigen Sekunden leuchten beide Kontrolllampen am Schalter der Sperre und zeigen somit an, dass die vorgewählte Funktion nun auch tatsächlich zur Verfügung steht. Mit etwas mehr Gas und das Lenkrad nun sichtlich fester greifend, fährt Rudi die Steigung, die von tiefen Spurrillen durchzogen ist, an. Ausgewaschene Steine lassen uns mit dem Wagen unter erhöhter Drehzahl leicht die Steigung emporspringen. Da der Untergrund trocken und fest ist, fühlt sich das Ganze sehr leicht an. Der Motor dreht wieder runter und es wird ruhig. Rudi bleibt stehen und ich verlasse zügig den Wagen. Ich mag gar nicht schnell genug aus dem verstaubten Innenraum herauskommen, um die vermeintlich frische Luft der Umgebung zu atmen. Es ist leicht windig und so treiben die Staubschwaden unserer Fahrzeuge schnell weiter in Richtung Süden – dorthin, wo wir später den wohl schönsten Ausblick des Kabuler-Ost-Tales bewundern können. Und egal wie oft ich nun schon hier oben war, daran kann ich mich wohl nie sattsehen.

Der Blick in die mächtigen Berge und die so winzig wirkenden Siedlungen der östlichen Stadt haben etwas Beeindruckendes. Selbst wenn die ebenfalls dichten Staubschichten einen freien Blick durch das eigentlich fast vollständig sichtbare Tal von Kabul verhindern, es bleibt beeindruckend. Moritz und Tim haben auch ihren Wolf verlassen. Unsere kleine Gruppe ist nun beisammen und so kann ich einige Worte, wenn auch hauptsächlich für Rudi, zum Gelände und dem weiteren Ablauf sagen. Dabei werde ich meine bewährten Routen abfahren und nur gelegentlich etwas davon abweichen. So oft, wie ich das nun in diesem Gelände gemacht habe, fühle ich mich ein wenig wie eine Art Bergführer, doch eben für Geländetouren. Für die Möglichkeit, unter diesen landschaftlichen Bedingungen einmal die Grenzen seines Fahrzeuges zu erfahren, würden sicher viele solvente „Kunden“ aus Deutschland einiges springen lassen. Wäre Afghanistan näher und befriedet, sicher ein schöner und lukrativer Nebenjob für einen geländeerfahrenen Fahrlehrer.

Doch heute steht Rudi im Mittelpunkt und da er nur sehr wenige Gelegenheiten in seinem Job bekommt, einmal mit dem Wolf in wirklich schwerem Gelände zu fahren, soll er auch auf seine Kosten kommen. Genüsslich und wie schon am Morgen in aller Ruhe, zieht er an seiner Zigarette und nickt immer mal wieder meinen Worten zustimmend zu. Moritz lässt sich die Gelegenheit der vorerst letzten Pause auch nicht entgehen und gleicht seinen Nikotinspiegel aus. Tim, wie könnte es anders sein, strapaziert bereits wieder, keine Gelegenheit auf ein gutes Bild vergebend, den Akku seiner Kamera und fotografiert fleißig sich bietende Bilder und unsere Gruppe. Etwa zwei bis drei Kilometer hinter uns findet gerade ein Infanterieschießen statt. Die Einschüsse der Panzer und Infanteriewaffen setzen dicke Rauchwolken in den Hängen des östlichen Gebirgsausläufers frei. Ähnlich der Wolke eines „Miniatompilzes“ steigen sie in die verstaubte Umgebung auf, bis sie der leichte Wind dann wieder auseinandergerissen hat. Für mich heißt das, ich muss bei der Strecke genau auf die richtigen Abzweigungen achten, da wir sonst genau dort, im Bereich des Schießgeländes, wieder rauskommen. Wenn alles richtig läuft, dann sollten vorher Posten, die das Gelände absperren, aufgestellt sein, doch hier ist Afghanistan und nicht Deutschland. Selbst dort, wo Sicherheit großgeschrieben wird, hat man schon „Pilzsammler“ von aktiv genutzten Truppenübungsplätzen in Deutschland geholt.

Für die nun folgende Strecke brauchen wir etwa eine Stunde. So wären wir gegen halb zwölf durch und könnten zurück zur Botschaft fahren. Rechnen wir dann weitere 35 bis 40 Minuten für die Rückfahrt, wird es dennoch eng mit dem Mittag werden.

Moritz dreht mit seinem Fuß die Zigarette aus und pustet den letzten Rauch aus der Lunge. Es kann losgehen. Tim, der bis vor wenigen Minuten noch neben Moritz als Beifahrer saß, steigt hinten ein und ich übernehme seinen Platz vorne. Hinten hätte ich auch gesessen, doch um Moritz anzuleiten ist der Beifahrerplatz schon besser. In einem großen Bogen geht es über einen sich flach an der Steigung entlangziehenden Weg, die wir gerade hochgekommen sind, nun recht unspektakulär wieder runter. Es ist ein normaler Wochentag und so ziehen die wie an einer Leine verbundenen Wagen der Fahrerausbildung, aus dem nahegelegenen Camp an uns vorbei. Wir fahren ihnen entgegen und müssen immer wieder von der flachgefahrenen Strecke runter. Es ist nicht genug Platz für mehrere

Fahrzeuge nebeneinander und damit müssen wir als Gäste in diesem Gelände neben der Strecke fahren. Das so unscheinbare und leicht zu befahrene Stück, parallel zum Weg, hat es schon in sich. Wie wichtig es für den Fahrer ist, genau auf die vor ihm liegenden Unebenheiten und Hindernisse zu achten, teilen die gnadenlos durch den Innenraum schlagenden Bodenwellen unmissverständlich mit. Moritz wird etwas langsamer und reckt seinen Kopf dichter an die Frontscheibe. Als wolle er das Ende der Stoßstange sehen können, um nirgendwo gegen zu fahren. Er hat diesen Teil der Ausbildung bei mir schon einmal mitgemacht und trotzdem ist das genau der Zeitpunkt, wo ich wieder in mein recht festes Ausbildungsmuster falle und mit Erklärungen zum materialschonenden Fahren eingreife. Ein Thema, welches ja häufig zu Diskussionen selbst unter Ausbildungspersonal führt, obwohl sich wenigstens die einig sein sollten.

Dabei finde ich meine vermittelten Grundsätze sehr einfach und gut übertragbar auf die unterschiedlichsten Formen von Geländeabschnitten. Fahre nur so schnell, dass dein Fahrzeug nicht durchschlägt, aufsetzt und nicht abhebt. Eine simple Grundregel, die die meisten Fahrwerksschäden vermeiden hilft. Überhaupt geht häufig nur deshalb etwas kaputt, weil die Fahrer diese seltenen Möglichkeiten ausnutzen wollen und dann beim Fahren „durchdrehen". Moritz fällt aber eindeutig nicht in diese Kategorie, denn mit seiner nun doch sehr vorsichtigen Fahrweise könnte er auch schnell die Geduld der Insassen strapazieren. Dennoch ist genau dies der bessere Weg für Ungeübte. Schneller werden sie mit der kommenden Sicherheit von ganz allein. Um auf meine Fahrschulstrecke zu kommen, müssen wir nun etwas abkürzen. Etwas verunsichert fragt Moritz mehrmals nach, wohin ich gerade genau möchte. Ihm fehlt der feste Weg und falsch machen möchte er sicher auch nichts, doch wer sagt, dass Geländefahrzeuge nur auf vorgefahrenen Wegen unterwegs sein müssen? Heute, wo kein Matsch oder tiefe Wasserstellen zu erwarten sind, sollte man überall durchkommen, solange wir im Rahmen der physikalischen Möglichkeiten bleiben. Dazu sollte man natürlich grob die technischen Möglichkeiten des Fahrzeuges kennen. Dabei nützt das theoretische Wissen von Winkel und Graden nur wenig. Das Einschätzen von bestimmten Stellen, wie wir sie gleich noch antreffen werden, und ein gewisses Maß an Erfahrung sind hier deutlich vorteilhafter.

Im Hintergrund kann man einen anderen, quer zu unserer Fahrtrichtung verlaufenden, Weg erkennen. Da wollen wir hin. Moritz bleibt kurz stehen, denn nun geht es eine weitere Steigung dort hinauf. Ohne dass ich etwas sagen muss, legt er die Untersetzung „Low“ ein und schaltet die Verteilersperre, die sich nach dem Abstellen des Motors auf dem Aussichtspunkt wieder deaktiviert hatte, wieder ein. Und als wolle er gerade seine Handlung rechtfertigen, erklärt er wie im Selbstgespräch seine Schritte. Die Untersetzung gibt den Rädern bei weniger Drehzahl mehr Kraft und damit kann ich für die nächsten Kilometer gut leben. So wird der Wagen zwar in jeder Schaltstufe langsamer, hat jedoch deutlich mehr Power und hält so die Drehzahl auch deutlich stabiler. Langsam fährt Moritz wieder an. Der nun deutlich lauter jaulende Motor und der viel träger wirkende Anzug/ Beschleunigung, geben das Feedback der geschalteten Optionen. Immer noch recht vorsichtig kriecht Moritz die Steigung hoch. Es reichen nur wenige Hinweise und dass ich ihn nicht zu viel ablenke, damit er seine Tour fortsetzen kann. Seine ruhige und auf mich entspannt wirkende Art macht es einfach, mit ihm zu arbeiten.

Dicht hinter uns, vom Staub der teilweise durchdrehenden Räder etwas vernebelt, folgen Rudi und Dieter. Ich konzentriere mich jedoch nur kurz darauf, denn wenn etwas sein sollte, kann Dieter uns anfunken. Mit etwas viel Schwung biegt Moritz auf unseren anvisierten Weg ein und damit gleich in die nächste Steigung. Sie fährt sich deutlich leichter und daher machen die Räder auch dieses Mal keine Anstalten, auf dem hart verdichteten Untergrund durchzudrehen.

Nur noch ein kurzes Stück und wir stehen am ersten der drei markanten Vorsprünge, unserem Aussichtspunkt. Da Rudi hier noch nie zuvor war, halten wir an und geben ihm und natürlich auch Tim die Gelegenheit, Fotos zu machen. Es ist zwar schwer zu erkennen, doch ich zeige Rudi das Ausgangstor von Kabul. Wäre es nicht auffällig in rot lackiert, man könnte es bei der heutigen schlechten Sicht wohl nicht zwischen den seitlich einschneiden Bergausläufern erkennen. Etwas schräg dahinter versetzt sieht man dafür umso besser den breit vor den Bergen auslaufenden Kabul River. Dort, an einem der wenigen Plätze dem Osten Kabuls, wo das ganze Jahr über Wasser verfügbar ist, leuchtet das Grün der Bäume und Wiesen in der Ferne. Unter uns, in den sich an den Berghängen entlang ziehenden Siedlungen, die schachbrettartig angelegt sind und immer weiter zu wachsen scheinen, können wir die ersten Kinder auf uns zulaufen sehen. Noch sind sie nur kleine bunte Punkte auf dem sandfarbenen Untergrund, der immer wieder durch Gestein durchzogen wird. Doch die Erfahrung zeigt, sie benötigen oft weniger als fünf Minuten, um den ungefähr einen Kilometer zu uns zurückzulegen. Die deutsche Fahne an dem olivgrünen Wagen scheint wie ein Magnet auf sie zu wirken. Die vielen Spenden und kleinen Geschenke über die letzten Jahre, die häufig durch Benni verteilt wurden, haben sie konditioniert. Auch heute könnte es etwas geben, selbst wenn es bei einigen Flaschen Wasser bleiben würde. Oft schon habe ich daher empfohlen, innerhalb der ersten drei Minuten nach dem Halt wieder weiterzufahren, um dem Gebettele der Kinder zu entgehen. Das mag sich etwas gemein anhören, doch Fakt ist, es sind immer dieselben Kinder, die auch mit Schlägen den kleineren ihre „Beute“ wieder abnehmen. Hinzu kommt die sehr unangenehm aufdringliche, mitunter dreiste Art, um die Dinge zu erbetteln. Dabei müssten sie doch langsam wissen, wenn wir etwas geben, dann bekommen auch alle etwas und möglichst die gleiche Menge.

Dieses Mal entschließen wir uns weiterzufahren und noch bevor das erste der Kinder über die steilen Wege auf den Felsvorsprung unserer Aussichtsplattform klettern kann, rollen wir los. Es war sehr knapp. Als hätten wir vor etwas flüchten müssen, fällt mir eine kleine Last ab. Schon bei den letzten Besuchen mit anderen Kameraden war es einfach nur noch unangenehm, die Kinder unter Kontrolle zu halten. Gerade wenn sie in Gruppen von zehn oder fünfzehn hier oben auftauchen, ist es einfach nur noch anstrengend. Sie können auch alles gebrauchen. Stifte, Wasserflaschen oder auch die Magazine aus den Pistolenholstern. Würde ich ihnen meine Uniform geben und hier oben nackt zurückbleiben, sie würden dennoch damit unterm Arm losrennen, um sie zu Geld zu machen. Dieses Mal war es für sie eine Anstrengung ohne „Bezahlung“. Hinter der nächsten Senke, in die wir mit dem Wolf hineinfahren, verschwinden die verstaubten Gesichter aus den Rückspiegeln des Wolfes. Heute, wo sie genau sehen, dass auch afghanische Soldaten hier draußen sind, wagen sie es auch nicht, uns tiefer in das militärische Gelände zu folgen. Vielleicht hoffen sie aber auch darauf, dass wir noch einmal zurückkommen, doch das ist heute nicht der Plan. Schnell sind die Kinder auch kein Thema mehr, obwohl Tim mit seinem weichen Herzen wohl doch dortgeblieben wäre, um ihnen wenigstens Wasser zu geben.

Das nächste Gefälle jedoch ist nun viel spannender und so lasse ich Moritz anhalten. Wir stehen schon leicht mit der Front nach vorne geneigt, als ich Moritz danach frage, was er nun alles zu beachten hat, um die Bergabfahrhilfe des Wolfes nutzen zu können. Es überrascht mich nicht, dass er zwar langsam und sorgfältig, aber sicher den Wählhebel in Neutral schiebt und dann die anderen zwei Sperren mit einlegt. Dann drückt er den Wählhebel zurück auf „D“ und dann mit einem leichten Druck nach links in die Stufe eins. Erst jetzt – und das ist leider vielen Fahrern nicht bekannt – wird die Bergabfahrhilfe aktiviert. So kann der Fahrer die Füße auf den Boden stellen und sich ganz auf das Lenken konzentrieren, wenn es steil bergab geht. Bleibt man in „D“ oder vergisst die Untersetzung „Low“ einzuschalten, wir der Wagen unweigerlich an Schwung zulegen und der Fahrer wird als Gegenreaktion mit dem Fuß auf der Bremse stehen. Nur genau das kann leider dazu führen, dass die Hinterachse des Wolfes, die durch die Gewichtsverlagerung deutlich entlastet wird, blockiert. Wenn das passiert, dann kann das Heck des Wagens unter den geringen Widerständen wegrutschen. Die Gefahr, dann in einem steilen Gefälle mit einem quer zur Fahrtrichtung stehenden Fahrzeug umzustürzen, ist sehr hoch. Und damit in genau diesen schwierigen Situationen Fahrfehler des Fahrers vermieden werden, übernimmt die Fahrzeugelektronik die Arbeit. Moritz macht es gut. Unter dem laut aufheulenden Motor lässt er gemäß meinen Anweisungen die Füße fest vor den Pedalen stehen und das Auto die Arbeit machen. Hier das Vertrauen in die Technik zu gewinnen und nicht doch nervös zu werden, um auf dem Bremspedal herumzutrampeln, erfordert schon etwas Disziplin.

Genau diese Erfahrungswerte, dass es auch wirklich funktioniert, fehlen den unerfahrenen Fahrern, die zu wenig oder unter eben zu abweichenden Bedingungen ihre Fertigkeiten erlangen konnten, häufig. In meinen Augen zu wenige Gelegenheiten hat auch das aktuelle Kontingent genutzt, um hier draußen die Möglichkeiten ihrer Fahrzeuge besser kennenzulernen. Gelegenheiten, die man selbst auf guten Lehrbahnen in Deutschland so eben nicht finden kann. Rudi und Dieter haben hinter uns oben am Beginn des Gefälles Halt gemacht. Sie warten darauf, dass wir die Bahn wieder freimachen und so geht es direkt in die nächste, noch steilere Steigung, um aus der Senke, die wir langsam durchqueren, wieder herauszukommen. Schmale, aber tiefe Auswaschungen des ehemals durchfließenden Wassers der Berge lassen das Fahrwerk des Wolfes unter lautem Quietschen und Knacken deutlich die Arbeit anmerken, die der Wagen zu verrichten hat. Von hier unten mag man, wenn man die Steigung heraufschaut, nicht glauben, dass wir mit unseren etwa 4,5 Tonnen dort auch wieder raufkommen. Doch behäbig, aber konsequent greifen die Räder in den mit Geröll belegten Boden, um unter gleichmäßigem Brummen des Motors Stück für Stück die Aufgabe zu meistern. Wir sind in einem Bereich angekommen, in dem Moritz nun sichtlich konzentriert genug damit zu tun hat, dem Wolf zu zeigen, was er machen soll. Immer wieder muss er dem langsamer werdenden Wagen die Sporen geben und ihn am Gas halten, damit wir nicht stehen bleiben. Hier ist Gefühl im Fuß gefragt, denn zu viel Gas würde die Räder durchdrehen lassen und uns möglicherweise auf der Stelle in den Boden wühlen. Zu wenig Gas würde uns zum Stehen bringen und wer schon mal versucht hat einen Schrank zu verschieben, der weiß, wie schwer es sein kann, den ersten Widerstand zu überwinden. Rutscht der Schrank erst über den Boden, dann muss man ihn eigentlich nur möglichst lange in Schwung halten. Genauso muss man sich das hier am Berg auch vorstellen. Müssen die Räder aus dem Stand unter dieser steilen Steigung den Wagen wieder in Bewegung bringen, besteht auch hier eine hohe Wahrscheinlichkeit, dass wir uns eingraben. Es geht alles glatt und wir erreichen die Anhöhe ohne Probleme.

Ein paar Meter weiter nach links und es bietet sich eine gute, wenn auch sehr steile Möglichkeit einer erneuten Bergabfahrt. Die Stelle scheint so steil, dass Moritz sie wohl nicht einfach allein gefahren wäre. Und er spiegelt den Durchschnitt der vernünftigen Fahrer wider.

Hört man nur ein wenig auf sein „Popo-Meter“ (so nenne ich das Gefühl um etwas einschätzen zu können), dann meidet man Abschnitte, die zu gefährlich oder schwierig scheinen. Doch jetzt gerade geht es genau um das Sammeln von Erfahrungen in Grenzbereichen unter Anleitung, die man sonst wohl allein aus Angst nicht machen würde. Moritz soll einen scharfen Linksbogen um die Steigung, die wir gerade raufgekommen sind fahren und an einer noch nicht befahrenen Stelle wieder hinabfahren. Deutlich spürt er in der Lenkung den Widerstand, den die noch eingeschalteten Sperren verursachen. Es ist also nicht einfach so, dass man die Sperren die ganze Zeit im Gelände eingelegt lassen kann. Je nach Situation, zum Beispiel beim Befahren enger Stellen mit kleinen Kurvenradien, macht es Sinn, wenn auch nur kurzzeitig, die Sperre auf der Vorderachse rauszunehmen. Ansonsten fährt man, solange es einigermaßen „weich“ unter den Rädern bleibt, nach dem Motto „lieber zu viel als zu wenig Sperren“ ganz gut. Den Kraftfahrer damit zu nerven, in jeder Minute die Wahl seiner Sperren zu hinterfragen, halte ich für unzweckmäßig. Er soll sich lieber auf das konzentrieren, was in diesem Moment viel wichtiger ist, nämlich ordentlich zu fahren. Wieder einmal bin ich sichtlich amüsiert, denn seine Zweifel beim Heranfahren an den steilen Abhang, habe ich nun schon bei einigen gesehen. Niemand vor ihm wollte hier solche Passagen aus eigener Motivation fahren. Langsam tastet er sich nach vorne an die Kante des Hügels. Dass man nun beim Blick über die Motorhaube nur noch in die tiefe Schlucht sehen kann, macht ihn noch nervöser. Sogar leicht aus dem Sitz erhoben und den Kopf weit nach vorne gestreckt bekommt er noch nicht die Schräge, in die wir gleich fahren werden, zu sehen. Hätten wir sie nicht bereits beim Hinauffahren sehen können, jetzt wäre die letzte Gelegenheit, den Wagen noch einmal anzuhalten und sich von außen einen Überblick über das vor dem Fahrzeug liegende Gelände zu machen.

Wenn wir unten angekommen sind, werden wir scharf rechts fahren müssen, um zurück auf die alte Strecke und nicht in die ausgewaschene, an dieser Stelle dann bereits mit einem bedrohlich hohen Absatz versehene Schneise zu rutschen. Während Moritz noch etwas unsicher und sehr langsam näher an die Kante fährt, können wir den schwarzen Wolf von Rudi und Dieter die von uns gerade bewältigte Steigung herauffahren sehen. Immer wieder drehen die Räder kurz durch und schmeißen Geröll und Staub durch die Luft hinter den Wolf. Es spricht dafür, dass Rudi nicht feinfühlig genug mit dem Gasfuß ist, doch auch sie erreichen sonst problemlos die Kuppe.

Sichtlich nervös prüft Moritz mit schnellem Blick durch die Anzeigen und Schalter des Wagens, ob er alles richtig eingestellt hat. Da er die Sperren drinnen gelassen hatte, muss er auch eigentlich nur noch auf den richtigen Gang der Automatik achten, damit auch dieses Mal alles glattgeht und die Bergabfahrhilfe die Arbeit für ihn macht. Man kann es ihm nicht nur ansehen, sondern er sagt es auch offen heraus, dass er etwas Angst hat, dort hinunter zu fahren. Dabei ist in dieser Situation, solange der Wagen stabil geradeaus fährt, kaum eine Kippgefahr zu befürchten. Der Schwerpunkt würde einen so starken Neigungswinkel erfordern bevor wir uns nach vorne überschlagen, dass wir schon fast mit freiem Blick auf den Grund, in den Gurten unserer Sitze hängend, befinden müssten. Wenn da nicht vorher selbst bei dem Abgebrühtesten der innere Alarm angeschlagen hat, dann sollte es wohl eine neue Erfahrung sein. Dieses Mal geht es, wenn auch mit noch etwas lauter aufheulendem Motor, der schwer damit zu tun hat das Fahrzeug unter der hohen Drehzahl im Tempo der Bergabfahrt wieder einzufangen, hinab. Und auch bei diesem Versuch geht alles ohne Probleme vonstatten. Hinter uns, wenn auch deutlich dichter an der eigentlichen Fahrspur, steht oben am Hang Rudis Wolf. Sie warten wieder, bis wir aus dem Weg sind, um dann die gleiche Übung, nur durch den kürzeren Weg etwas harmloser, nachzufahren. Moritz setzt zurück, um einerseits den Weg für den anderen Wagen frei zu machen und andererseits einen besseren Blick auf die Szene zu bekommen.

Wir stehen immer noch in der Senke und der Blick nach oben zu den anderen, die immer noch mit dem Losfahren zögern, wirkt schon interessant. Tim, der davon Bilder machen möchte, springt aus unserem Wagen und positioniert sich seitlich neben der Strecke, die sie gleich runterfahren werden. Der Wolf ruckt an und langsam kippt er mit den vorderen Rädern vorweg über die Kante in das Gefälle. Mit offenen Türen hört sich der brüllende Motor noch mächtiger an und fast tut es einem in der Seele weh, was die Maschine gerade leisten muss, um Bremskraft zu erzeugen. Dabei kostet die Aktion keinen Tropfen Kraftstoff, denn so bewegt sich der Wagen in der Schubabschaltung und die Kraftstoffzufuhr zum Motor wird unterbrochen. Wieder wird die Abfahrt von dichtem Staub begleitet, der unter der ausströmenden Abluft vom Auspuff aufgewirbelt wird und alles hinter dem Wolf an den Heckfenstern undurchsichtig scheinen lässt.

Ich rufe Tim zurück, der scheinbar jede Sekunde in Bildern festhalten möchte. Rudi dürfte sich später darüber freuen, dass sein „Abenteuertag" so detailliert festgehalten wird. Tim steigt wieder ein und kaum ist die Tür ins Schloss gefallen, rollt Moritz wieder an. Wir wollen schließlich wieder vor ihnen weiterfahren und dazu müssen wir die Steigung erneut auf dem festen Weg hinauf. Ein weiteres spannendes, weil Konzentration erforderndes Stück, liegt noch vor uns. Eine letzte Senke, bevor wir die erste Runde der Fahrschulstrecke bewältigt haben. Hier, wo ein breites Flussbett durch die Schneise führt, werden wir dem Flussbett bergab folgen. Da wir noch recht weit oben, also am Anfang des mit mächtigen Felssteinen ausgespülten Flussbettes sind, wird es nicht einfach hier hindurch zu kommen. Einfach nur queren und damit den von LKWs flach gefahrenen Spuren zu folgen, wäre langweilig, weil einfach zu schnell und ohne Herausforderungen erledigt. Einmal dort hineingefahren, kommt man nicht so leicht wieder aus dem Flussbett heraus.

Die hoch ausgewaschenen, seitlichen Kanten sind für so ein verhältnismäßig kleines Fahrzeug wie unseren Wolf nicht einfach zu überfahren. Wenn man zuvor noch recht nachlässig das Lesen der Spuren hinnehmen konnte, jetzt sollte man auf die Details achten. Schnell, ja sehr schnell, könnte einer der vielen und teilweise scharfkantigen Steine Schäden am Fahrwerk und den Reifen verursachen. Das größte Manko beim Geländefahren mit dem Wolf, die Bodenfreiheit, spielt jetzt eine entscheidende Rolle. Langsam kraxelt Moritz in den Lauf des ausgetrockneten Flussbettes hinein. Jetzt noch fließendes Wasser und das Erlebnis wäre perfekt, doch darauf wird man wieder bis ins Frühjahr warten müssen. Dann, wenn das reißende Wasser am Wagen rüttelt und der Untergrund unter den schäumenden Wellen fast nicht mehr zu erkennen ist, dann bewegt man sich in einem Bereich, den schadlos zu überstehen in der Regel nur Profis vorbehalten ist. Sehr langsam und durchaus umsichtig meistert Moritz Meter für Meter. Hier drinnen sollte man Zeit haben und mit Geduld fahren, denn schon jetzt springt und schlägt das Fahrwerk immer wieder sogar unter den unscheinbarsten Brocken unter unseren Rädern. Was für einen Außenstehenden langweilig scheinen mag, macht Moritz gerade richtig Spaß. Obwohl die Mischung aus Freude und permanenter Unsicherheit, doch etwas zu beschädigen oder an den dicken Steinen hängenzubleiben, nicht durchgängiges Grinsen in seinem Gesicht verursacht. Bei genauerem Hinsehen kann ich sogar die ersten, wenn auch noch sehr kleinen Schweißperlen auf seiner Stirn ausmachen. Mein Grinsen ist von Beginn an dauerhaft und irgendwie kann ich nicht mehr bestreiten, dass es richtig Spaß macht, Moritz die Freude an der besonderen Fahrstunde anzusehen und ein kleines Stück meiner Erfahrung weitergeben zu können.

Schlangenförmig schlängelt sich der trockene Fluss durch die Hügellandschaft des Geländes. Vergessen sind die Probleme um uns herum in diesen Minuten, wo wir nur unser Auto und die Natur um uns haben. Nur schleichend kommen wir voran und es wird Zeit, wieder auf normale Wege zu kommen, soviel Spaß es auch macht. Moritz soll sich eine Stelle suchen, an der wir das Flussbett verlassen können. Dabei gebe ich zwar noch Empfehlungen, vor allem bezüglich der Faktoren, die dabei zu beachten sind, doch er soll selbst entscheiden. Die Wahl ist nicht leicht, denn die flachste Stelle in unserem Sichtbereich dürfte um die 40 Zentimeter hoch sein – ohne Schräge und einfach nur rechtwinklig ausgespült. Moritz bleibt stehen, denn er scheint verunsichert. Er mag nicht glauben, dass hier schon eine Möglichkeit bestehen soll, über das klar erkennbare Hindernis hinwegzukommen. Mein Einsatz als Fahrlehrer ist gefragt, denn nur „Versuch und Irrtum“ zu spielen, ist in solch schwierigen Situationen zu gewagt. Also beginne ich in anzuleiten.

Ich lasse ihn wieder alle verfügbaren Sperren einlegen und in einem ungefähren Winkel von 45 Grad zur Kante anfahren. Damit vermeidet er, dass er mit dem vorderen Stoßfänger einfach nur gegen das

Hindernis fährt und die Räder keine Chance haben, sich dort hinaufzudrücken. Der Winkel ermöglich am Anfang sogar noch allen Rädern, sich gegen die Kante zu schieben und beim Draufklettern zu unterstützen. Langsam und mit Gefühl für das Gas beginnt Moritz das rechte Rad vor die Kante zu fahren. Der Untergrund ist nicht besonders fest und kann so, auch wenn wir ihn leicht mit den Fahrzeugkannten wegschieben, wenig Schaden anrichten. Der Wagen kippt mit jedem Zentimeter, den wir die Kannte erklimmen, mehr nach links weg. Wäre jetzt der Winkel zu spitz, also deutlich unter den 45 Grad, wäre die Kippgefahr für den Wagen umso größer. Hinzu kommt, dass jede Sekunde das hintere rechte Rad in der Luft hängen wird. Wie auf einer Wippe wird der Wagen dann, je unruhiger der Fahrer den Gasfuß nutzt, hin und her schaukeln. Befänden wir uns dann im Grenzbereich des möglichen Kippwinkels, wir würden unweigerlich kippen und auf die entsprechende Fahrzeugseite fallen. Dass der Wagen nun Anstalten macht, die Hürde ernsthaft zu nehmen, gibt Moritz Sicherheit. Doch jetzt, wo sich das hintere Rad in die Luft verabschiedet hat und so 25 Prozent weniger Traktion zur Verfügung stehen, tut sich der Wolf plötzlich sichtlich schwer, weiter hinauf über die Kante zu kommen. Unruhig beginnt Moritz in der Lenkung zu kurbeln und versucht nun durch das Geradestellen der Lenkung, schneller über die Kante zu kommen. In mehrerlei Hinsicht falsch, denn dadurch erhöht er die Arbeit für die Hinterräder, die unter dem wegfliegenden Geröll schon so genug damit zu tun haben, den Wagen weiter nach vorne zu schieben. Wer mal versucht hat mit seinem Fahrrad, bei dem der Lenker eingeschlagen ist, geradeaus zu fahren, der kann sich ungefähr vorstellen, dass dies nicht der beste Weg sein kann. Hinzu kommt, dass jetzt gerade der Wagen mit dem Minenschutz am Unterboden über der Kante ist und nun, wo Moritz die Richtung verändert hat, sich der Wolf nach rechts auf die Kante dreht. Genau jetzt haben wir, was wir ursprünglich vermeiden wollten: Rechtwinklig über die Kante zu fahren, weil wir damit auch die Größte Wahrscheinlichkeit des Aufliegens haben.

Wiederstandlos hängen nun die Vorderräder gemeinsam in der Luft und haben damit für uns in dieser Situation keinen nutzen mehr. Damit sind wir von den 25 Prozent Verlust unseres Antriebes nun bei 50

Prozent. Würden wir so zurückfahren, würden wir uns wohl unweigerlich den vorderen Stoßfänger beim Herabrutschen über die Kante demolieren. Jetzt fehlt nicht mehr viel und wir haben uns im wahrsten Sinne des Wortes festgefahren. „Stopp!" rufe ich lautstark und hebe dabei zusätzlich die Flache Hand zur Windschutzscheibe. Würde Moritz jetzt nervös und aus Ungeduld einfach nur noch mit Vollgas versuchen die Situation zu retten, es wäre mit sehr hoher Wahrscheinlichkeit zum Scheitern verurteilt. Jetzt ist wieder genau das Gefühl im Gasfuß gefragt, dass wir eigentlich in allen schwierigen Passagen benötigen. Wir müssen weiter vor, ob wir wollen oder nicht. Vorsichtig und durchaus gefühlvoll tritt Moritz wieder auf das Pedal und der Wagen beginnt unter leichtem Rucken zu zeigen, dass er durchaus noch etwas Luft nach vorne hat. Immer wieder wollen die Räder etwas durchdrehen und doch drücken sie uns Zentimeter für Zentimeter weiter über die Kante. Bleibt man hier ruhig und übt sich in Geduld, gibt also so dem Wagen die Zeit, die er braucht, um sich zu befreien, dann funktioniert das auch in vielen Fällen. Fast immer ist auch die Option Zurückzusetzen möglich, doch hier nicht mehr. Der Wolf hat sich nun mit den Hinterrädern bis zur Kante vorgearbeitet und das Gewicht drückt die Vorderräder, die begonnen haben, wieder mitzumachen, ebenfalls in den steinigen Boden und merklich beginnen seine Kräfte, den Wagen nun schon fast wieder mühelos eine Etage höher zu befördern. Zwar wird das Ganze von unschönen Geräuschen begleitet, doch ein letzter kräftiger Ruck und wir haben es geschafft. Um diese Erfahrung für Moritz zu vertiefen müssten wir die Stelle eigentlich direkt noch einmal fahren, doch uns läuft die Zeit davon und Rudi wartet bereits hinter uns, um uns zu folgen. Es geht über die letzte Kuppe hier draußen und dann zurück über die Pisten zum Hauptweg, über den wir die Rückfahrt antreten.

Ein letzter Abstecher in das kleine Fahrschulgelände soll diesen „Ausritt" dann abschließen. Hier, wo die Hügel recht hoch und auch sehr steil sind, möchte ich ein letztes Mal das Herabfahren mit Hilfe der Bergabfahrhilfe durchführen. An einer Stelle, an der Dieter mich zuvor einmal hat umdrehen lassen, weil er befürchtete, sie wäre für unseren Wolf einfach zu steil. Jetzt wo ich jedoch hier vorne die Führung habe und er mit Rudi beschäftigt ist, werde ich ihm zeigen, dass es sehr wohl funktioniert. Seitlich am Hügel fahren wir über einen festen Weg zur Anhöhe und weiter hinüber auf den parallelen Berg, der eigentlich in einer Sackgasse endet, da sonst kein Weg von dort oben herunterführt. Wieder ist der Ausblick über den Osten Kabuls gigantisch und der Eindruck, den man von der Größe und Weitläufigkeit des militärischen Geländes bekommt, beeindruckend.

Erneut lasse ich Moritz die Wahl. Er soll sich selbst eine Stelle suchen, die er für geeignet hält. Zwar kann ich mich nicht gänzlich zurückhalten und mache verschiedene Vorschläge, denn er soll sich nicht alleingelassen fühlen. Dann steht er rechtwinklig zum Hang und beginnt erneut die prüfende Prozedur, um alles Nötige vorzubereiten. Ich mische mich nicht mehr ein, denn nun soll das Geübte erfolgreich angewendet werden. Er verharrt etwas, wirft mir einen fragenden Blick zu, als wolle er von mir noch einmal die Bestätigung, dass alle passt und wartet. Dieses Stück hat es in sich. Nicht nur, dass der Winkel bedrohlich steil abfällt, auch die Länge der Strecke, die es nun hier heruntergeht, muss erst mal fehlerfrei befahren werden.

„Wenn du glaubst so weit zu sein, dann los!“, bekommt er mit ruhiger Stimme von mir zu hören. Doch dieses Mal hat er leider einen der wichtigen Punkte zur Vorbereitung so einer Situation vergessen. Sie würde dazu führen, dass die Bergabfahrhilfe nicht aktiviert ist und der Wagen so unweigerlich schnell an Tempo zulegen würde. Dann bliebe nur noch die Fußbremse, um den Schwung abzufangen und ob der Wagen ausbricht oder nicht, wäre Glücksache. Ich lasse ihn dennoch kurz anrollen, denn um etwas Wichtiges nachhaltig einzuprägen kann es mitunter sehr hilfreich sein, ein wenig Adrenalin einzusetzen. Der Wagen setzt sich in Bewegung. Er beginnt über die Vorderräder in den Hang zu kippen und da kommt mein Einsatz: „Halt!“ rufe ich Moritz lautstark zu. Sein fragender und leicht erschrockener Blick, dem ein nervöses Absuchen der Schalter und Anzeigen folgt, lässt nicht sich lange auf sich warten. Das etwas nicht stimmt, ist ihm jetzt auch klar, doch ich sage nichts. Ich gebe ihm wenige Sekunden, um den Fehler selbst zu finden und muss auch nicht lange warten. Es sind nur drei Punkte, die er erneut prüfen muss, um sicher zu sein, dass er die Passage ausreichend vorbereitet hat. Das „D“ im Display des Cockpits gehört dort gerade nicht hin! Als wolle er auf den Schalthebel schauen und die Beschriftung der Schaltstufen ablesen, fixiert er seinen Blick dorthin und drückt mehrmals daran nach links. Damit ist er im ersten Gang und als wolle er auf Nummer sicher gehen, drückt er – wiederholt die Anzeige im Display durch das Lenkrad suchend – am Schalthebel herum. Tiefer als in die erste Fahrstufe wird ihn das auch nicht bringen, doch beschädigen wird er damit auch nichts. Er beginnt mit leiser Stimme und schlecht verständlich vor sich hinzumurmeln, so als schimpfe er mit sich selbst, und greift dann wieder mit beiden Händen fest an das Lenkrad. Behutsam lässt er den Wagen wieder losrollen. Beide Füße stehen auf dem Blech des Bodens und nur das Standgas schiebt uns im ersten Gang weiter in das Gefälle, bis der Wolf über den Kipppunkt fährt und schlagartig an Geschwindigkeit zunimmt.

In den ersten Sekunden fühlt es sich an, als wolle er gar keine Anstalten machen, etwas langsamer zu werden. Nur das unaufhörlich ansteigende Aufjaulen des Motors zeigt an, dass die Elektronik intensiv dabei ist, den Wagen abzufangen. Immer noch fest das Lenkrad im Griff bemüht Moritz sich, die Eigenwilligkeit des Wagens, der nur schwer in der Spur zu halten ist und immer wieder unter dem Überfahren des Gerölls einen eigenen Weg sucht, zu kontrollieren. Auf einmal scheint die Strecke hinab kein Ende zu nehmen. Man könnte vermutlich neben uns herlaufen und doch erfordert diese Aufgabe die Konzentration jeder einzelnen Sekunde. Dann ist es geschafft. Das sichtlich entspannende Schnaufen von Moritz ist ein Zeichen dafür, welche Leistung er gerade vollbracht hat: Ein Gefälle, welches als Steigung selbst für den Wolf nicht mehr befahrbar wäre, haben wir fast fehlerfrei bewältigt. Neben den anderen Herausforderungen dürfte dieser Tag für Moritz und auch für Rudi in besonderer Erinnerung bleiben. Nahtlos folgt uns Rudi, während wir Tim ein letztes Mal für dieses Gelände am heutigen Tag die Möglichkeit für Fotos geben. Je näher sie auf uns zukommen, desto sicherer kann ich das Grinsen in Rudis Gesicht sehen. Dieter hingegen scheint ein wenig verspannt dreinzuschauen, muss er sich doch darauf verlassen, dass Rudi alles im Griff hat.

Wie erwartet bringt der kurze Abstecher zu Rabur und seinen Fahrlehrern in unser afg. Bereich nicht viel. Es bleibt bei einem

Händeschütteln, weil ohne Amin oder Avabi die Kommunikationsmöglichkeiten begrenzt sind. So können wir jedoch noch unsere Ausrüstung wieder in Ruhe anlegen und den Wachsoldaten ein Paket Wasser dort lassen. Da ich nach dem letzten Tee bei ihnen mehrere Tage Magenprobleme hatte, kann ich mir vorstellen, welche Qualität das Wasser aus dem „Tanker" hat. Zudem sind es vielleicht genau die Gesten, die ein „Green and Blue" (Angriff auf uns von innen) verhindern könnten. Wer schießt schon auf Menschen, die er kennt und die ihm nie geschadet, im Gegenteil sogar geholfen haben. Hoffe ich jedenfalls. Seit dem die Wachbesatzung recht häufig durchgewechselt wird, ist es jedoch nicht mehr so einfach, jeden zu kennen und mit ihm „gut Freund" zu sein. Daher ist auch das Trinken einer Tasse Tee von Zeit zu Zeit ratsam und der Preis von Magenproblemen relativ zu sehen. Diese Einstellung teilen nur Wenige, denn sie erfordert Überwindung, Disziplin und besonders Weitblick.

Vielleicht ist meine Vergangenheit da hilfreich, hat sie mich doch gelehrt, dass es nur wenige Tabus gibt, wenn es nötig ist. Noch heute, mehr als 30 Jahre später, habe ich, als wäre es gestern gewesen, die Bilder meines Bruders und mir vor Augen. Nie werde ich wohl je die schlaflosen Nächte und Träume vergessen, als wir uns nichts sehnlicher als ein Waschbecken im Kinderzimmer gewünscht hatten. Hätten wir es uns damals aussuchen können, wir hätten auf sämtliche Weihnachtsgeschenke für fließendes Wasser in unserem gemeinsamen Zimmer verzichtet. Was müsste heute passieren, damit ich so durstig werde, dass ich meinen eigenen Urin zu trinken beginne? Als hätte ich ein Foto von der Situation vor Augen, sehe ich es noch heute glasklar. Den Müll nach nutzbaren Gefäßen durchsucht blieb uns nur der kleine, schwarze Hut eines Schokoladenschneemannes, den wir auffüllten, um ihn dann als Becher zu nutzen. Oft haben wir viele Stunden eingesperrt in unserem Zimmer zubringen müssen. An „guten" Tagen hatten wir dann eine Kanne mit Pfefferminztee bekommen. Etwa einen Liter für zwei Kinder auf den ganzen Tag und die Nacht verteilt. Nicht eine Sekunde hätten wir über Wasserqualität oder Ekel nachgedacht, sondern getrunken was da ist.

Wie dumm oder ignorant muss man sein, um seine Kinder in solche Situationen zu bringen? Dinge, die ich wohl nie verstehen werde und froh bin, dass ich es bei meinen Kindern besser machen kann.

Nur schwer kommt dem Wachsoldaten, dem ich das Paket Wasser reiche, ein Lächeln über die Lippen. Auch ein „Taschakor" in Dari oder „Manana" in Paschtu (Danke) kommt nicht zurück. Wie selbstverständlich greift er zu und macht auf der eigenen Achse kehrt zurück zum Wachhäuschen. Ich gehe zurück zum Wagen. Dieter steht noch bei Rabur und versucht mit Händen und Füßen irgendetwas mitzuteilen. Doch ich setze mich zurück in den schwarzen Wolf von Rudi und demonstriere so, dass wir keine Zeit haben, hier sinnlos herumzutrödeln. Der Wagen ist innen mit dem dichten Staub des Geländes überzogen. Mein Gewehr sieht furchtbar aus, denn das werde ich nachher wieder außerplanmäßig reinigen müssen. Besonders an den schwarzen Ledersitzen fällt auf, wie viel von dem feinen Material den Weg in den Innenraum geschafft hat.

Dann geht es endlich los und der Rückweg, der auch in die Mittagszeit der Afghanen hineinfällt, gestaltet sich erstaunlich entspannt. Als säßen alle gleichzeitig beim Essen, rutschen wir flüssig durch den Verkehr Kabuls hindurch. Nur die letzten Meter vor der Botschaft wird es noch einmal etwas zähflüssig. Würde ich nicht unter der mäßigen Leistung der Klimaanlage so stark schwitzen, es wäre wirklich angenehm, mal nicht selbst fahren zu müssen und sich Zeit nehmen zu können, die Außenwelt zu beobachten. Immer noch fallen mir dann so viele Dinge auf, die ich zuvor nicht gesehen zu haben scheine oder wieder vergessen habe. Als wir die Fahrzeuge verlassen, sind wir schon spät dran. Hastig macht Rudi sich auf den Weg zur Küche, um für uns etwas Zeit herauszuholen.

Ein Kollege von Rudi, der wohl Dieters Ansprechpartner in dieser Angelegenheit war, begrüßt uns, als wolle er solange auf uns aufpassen, während Rudi unterwegs ist. Doch das scheint natürlich nur so. Auch wenn Gäste in der Regel begleitet werden, ich gehe davon aus, dass man uns hier vertraut. Wenig später stehen wir in der recht kleinen, aber sehr neu und gepflegt wirkenden Küche. Ehemals als „Arbeiterküche“ für das Personal des Umbaus der Botschaft bestimmt, dienen die Räumlichkeiten nun dem Botschaftspersonal, welches auf eigene Kosten an der gebotenen Verpflegung teilnehmen kann. Nur angemeldet muss es sein, denn die bereitgestellte Menge könnte sonst schnell vergriffen sein. Rudi und sein Kollege, der seiner Aussprache zufolge auch aus den östlichen Bundesländern zu stammen scheint, weisen uns kurz ein. Rudi reicht dem lokalen Angestellten, der sehr gepflegt, schon beinahe vornehm auftritt, einen 20-Euro-Schein über die gläserne Auslage. Nach seiner persönlichen Geschichte, die wir in den vergangenen Stunden recht tiefblickend schauen konnten, fühle ich mich etwas unwohl dabei, von ihm eingeladen zu werden. Klar bekommt auch er hier in Kabul mehr Geld als zu Hause, doch dass er seine Exfrau und die Kinder über das geforderte Maß hinaus finanziell unterstützt und dafür schmerzliche Abstriche bei seinen eigenen Bedürfnissen und Zielen hinnimmt, dass beeindruckt mich schon. Zumal es ein wenig den Beigeschmack der Käuflichkeit hat, wenn er uns indirekt dafür bezahlt, dass wir ihm die Einweisung und Überprüfung auf dem Wolf ermöglicht haben. Natürlich ist es keineswegs so gemeint und vielleicht denke ich auch einfach zu viel über die Geste nach, doch das unwohle Gefühl kann ich eben auch nicht bestreiten.

In meiner Jugend habe ich oft die besseren Verhältnisse meiner Mitschüler ausgenutzt. Bin noch vor der Schule, wenn die Eltern gerade aus dem Haus waren, zu ihnen, um mir dort ein brauchbares und nicht selten reichliches Frühstück zu gönnen. Ich hatte nur wenig Hemmungen gehabt, von den „Westsüßigkeiten“, die von den Eltern der Schulkameraden nicht selten dazu noch sehr gut versteckt wurden, etwas zu nehmen und damit gewisse Abhängigkeiten ausgenutzt. Doch es war immer das Gefühl im Hintergrund, dass es ihnen nicht schadet. Dass sie eben genug und sowieso deutlich mehr davon hatten als ich. Vielleicht hat sich in mir auch darum ein sehr empfindliches Gefühl dafür eingebrannt, was moralisch vertretbar und was grenzwertig ist. So absurd dieser Vergleich beim Anblick des zahlenden Rudi vielleicht sein mag, der Ursprung solcher Prägungen liegt weit zurück.

Dann drückt Rudi uns vier Patche (Aufnäher mit Wappen und Zeichen) seiner Dienststelle in die Hand. Tim musste wohl zwischendurch eine Andeutung gemacht haben, dass er diesen sehr interessant findet. Das Buffet ist überschaubar und die Speisen ähneln doch sehr denen in unserem Camp. Die begrenzte Auswahl zeigt jedoch auch schnell, dass dieses Essen nur deshalb etwas Besonderes ist, weil wir hier zuvor noch nie gegessen haben. Wir sind nur wenige Minuten die einzigen Uniformierten hier, dann kommt der Militärattaché, eigentlich auch schon viel zu spät, dazu. Da wir unseren Vierertisch nun bereits voll haben und Rudi uns erst später aus der Küche wieder abholen möchte, setzt er sich allein an einen anderen Tisch mit Blick auf den Fernseher am Ende des Raumes. Wir wechseln wenige Worte, denn natürlich interessiert den Militärattaché, wo wir herkommen und was wir hier in der Botschaft zu tun haben. Dass Rudi nicht mit uns isst und nun, wie er zuvor berichtet hatte, auf seiner Stube für sich etwas zubereitet, lässt mich weiter über ihn grübeln. So bin ich nur vereinzelt in die Gespräche am Tisch involviert. Wie ein Schwamm sauge ich stattdessen die Bilder um mich herum auf und tue in Gedanken vertieft so, als wolle ich in Ruhe essen.

Nach der Zigarettenpause in einer kleinen, überdachten Sitzecke mit Blick auf die grünen Wiesen, soll es noch eine weitere kleine Führung geben. Zuvor jedoch reiße ich meinen blauen Einheits-Patch vom rechten Oberarm und reiche ihn Rudi rüber. Dieser Tausch der Patches hat unter koalierten Soldaten Tradition. Doch wenn man einen bekommt, dann muss man der Tradition getreu seinen abgeben. Als kleines Bonusprogramm werden wir dann noch von Rudi und seinem Kollegen auf einen Kaffee (bzw. für mich eine Cola) in die Überwachungszentrale eingeladen. Beeindruckend und aus unseren Bereichen weniger bekannt stellen sich die vielen Möglichkeiten hier gut dar. Ein umfangreiches Kamerasystem, welches auch erklärt, warum sie uns schon weit vor der Ankunft auf den Straßen Kabuls ausgemacht hatten, steht hier zur Verfügung. Alte Videoaufnahmen von Anschlägen und normalen Verkehrsunfällen bereichern die angenehm entspannte Unterhaltung, der auch die Wachmannschaft beiwohnt. Es ist früher Nachmittag als wir uns von Rudi und seiner Truppe verabschieden. Er ist sichtlich dankbar und obwohl seine ruhige und sachliche Art kaum Euphorie verströmt, ich bin sicher, auch er fand diesen Tag spannender, als er noch am Morgen geglaubt hatte. Zurück im Camp sind wir vier uns einig, es war ein interessanter Tag, der uns einen weiteren Blick über den Tellerrand des Militärs im Einsatz gegeben hat.

Im zweiten Anlauf wollen wir heute mit unseren afghanischen Kameraden den Tag der deutschen Einheit etwas nachfeiern. Vorgestern, unserem ersten Tag draußen nach diesem Feiertag, ist es daran gescheitert, dass Rabur seinen Fastentag hatte. Das klang zwar neu für mich, da mir vorher nie aufgefallen war, dass es einen festen Tag in seiner Woche gibt, an dem er weder trinkt noch isst. Dieter und ich haben etwas Essen und Trinken gesammelt. Softdrinks und Kekse haben wir zu diesem Anlass mitgebracht. Avabi hat zusätzlich Brot aus der Stadt vom Bäcker seines Vertrauens besorgt. Da bei Tim unten in der Ersten Graduierung gefeiert wird, sind wir schon kurz nach halb acht im Zelt von Rabur. Er kommt vermutlich wie immer etwas später und so bringen wir unsere Speisen schon in das Zelt. Ein wenig müssen wir auf die Zeit achten.

Für 10 Uhr erwarten wir zwei Amerikaner, die für das Verteidigungsministerium der USA arbeiten und von ihrem Boss den Auftrag zur Erstellung eines Handbuches bekommen haben. Dieses Handbuch soll später in der afghanischen Armee Verbreitung finden und dafür Sorge tragen, dass eine bessere Pflege und Wartung des Fuhrparks etabliert wird. Zu uns kommen sie, nachdem wir dem „Boss“ unseren Bereich vorgestellt haben und er unsere Checkliste kennenlernen durfte. Wir sind gespannt, inwieweit uns die Amerikaner einbinden und ernst nehmen werden. Ihren Entwurf dazu haben sie uns bereits zur Verfügung gestellt. So konnten Dieter und ich bereits erste Hinweise und Verbesserungen markieren. Die Idee, ein Handbuch auf Bildern aufzubauen, ist für sich wirklich super und genau der richtige Weg in einem Land mit sehr vielen Analphabeten. Nur haben viele Bilder keine eindeutige Botschaft.

Nachdem der Tisch für das spätere gemeinsame „Nachfeiern“ gedeckt ist, gehen Dieter und ich mit Amin zu den Fahrschülern. Wir haben eine Vor-Version des Handbuches dabei und ziehen uns zwei Fahrschüler, die weder lesen noch schreiben können, aus der Gruppe. Neugierig steht sofort der ganze Hörsaal hinter uns und auch der Ausbilder, der bis vor wenigen Minuten noch den Unterricht gehalten hat, drängt sich bis zu uns durch. Wir wollen den beiden Fahrschülern die einzelnen Bilder zeigen und wissen, welche Aufgabe sich in ihrem Verständnis aus den einzelnen Bildern für sie ergibt. Schon beim ersten Bild, einem Soldaten, der in gehockter Position neben dem Rad eines Rangers zu sehen ist, kommen Missverständnisse auf. Sie glauben, dass er den Reifen kontrolliert. Doch eigentlich soll er den Unterboden auf Besonderheiten und Beschädigungen prüfen. Nimmt man statt der Farbausführung die Schwarz-Weiß-Version des Handbuches, dann könnte der Soldat vor dem Rad auch als Fleck auf dem Papier durchgehen. Abgesehen davon, dass auch noch Übersetzungsfehler im Text neben den Bildern von Amin bemerkt werden, ist die Rohversion in vielen Bildern und Details verbesserungsbedürftig. Wir setzen diesen Test bis etwa zur Hälfte der 30 Seiten fort und stellen auch fest, dass Bilder im „Richtig-und-Falsch-Vergleich“ am besten verstanden werden. Ähnlich einem Suchbild, muss der Soldat hier auf den ersten Blick nur die Unterschiede erkennen. Wenn beispielsweise auf dem einen Bild unter dem Ranger ein Reserverad hängt und auf dem anderen nicht, dann bekommt auch der mäßig gebildete Soldat die Erfassung des Fehlers hin.

Immer wieder müssen wir den Ausbilder etwas zurechtweisen, der versucht, den Fahrschülern Hilfestellung zu geben, weil er unser Anliegen anscheinend nicht verstanden hat und den Test für eine Überprüfung seines ausgebildeten Unterrichtes hält. Während ich die Befragung der Fahrschüler mit Amin durchführe, schreibt Dieter fleißig mit und notiert sich zu jedem Bild den passenden Hinweis oder Fehler. Noch ist nicht ganz klar, ob es ein Handbuch für den täglichen Fahrzeugcheck werden soll oder mit unserer wöchentlichen Checkliste vergleichbar ist. Für einen täglichen Check ist es auf jeden Fall zu umfangreich und so ist unser Vorschlag an die Amerikaner im

Anschluss nach dem deutschen Schema „WOLKEN“ einen einfachen und schnell zu bewältigenden täglichen Check zu erstellen. Damit geht eine Denksportaufgabe an Amin. Er muss den Begriff „WOLKEN“ in Dari übersetzen und dann wieder die Anfangsbuchstaben zu einem Wort zusammensetzen. Da „WOLKEN“ für Wasser, Öl, Luft, Kraftstoff, Elektrik und Notfallset steht, bräuchten wir nun ein Dari-Wort, das sich ebenfalls leicht merken lässt. Mit einem solchen Wort als Eselsbrücke, wäre ein wichtiger Schritt in der Ausbildung der afghanischen Fahrer geschafft. Denn setzt sich dieser in den Köpfen fest, wäre, was später sehr wahrscheinlich scheint, der Verlust der Handbücher in den verschiedenen Einheiten nicht ganz so tragisch. Der Soldat könnte sich anhand dieser Eselsbrücke an seinem Fahrzeug „entlanghangeln“ und dennoch eine einfache Überprüfung der wichtigsten Punkte durchführen. Im zweiten Schritt müsste man dann, der Vorschlag kam von Dieter, das Handbuch im zweiten Teil auf den wöchentlichen, ausführlichen Check ausrichten. Da sich die Amerikaner um den Druck und die Verbreitung kümmern werden, müssen wir auch nicht in erster Linie die dafür fälligen Kosten hinterfragen und können so etwas unbeschwerter unsere Ideen einbringen.

Wir gehen zurück in das Zelt. Rabur ist in der Zwischenzeit eingetroffen. Nach der standesgemäßen Begrüßung inklusive der Umarmungen stellt Dieter ihm das Handbuch vor und unterrichtet ihn über den erwarteten Besuch. Doch bis dahin wollen wir mit der kleinen Feier fertig sein und lassen Avabi, einige der „guten“ Ausbilder mit in das Zelt holen. Es dauert nicht wirklich lange bis sie kommen, denn es gibt etwas zu essen und trinken und das kostenlos. Schnell sind die verfügbaren Plätze vergeben und das Zelt voll. Mobbid, der hinter unserem Sitzbereich bei Ismael steht, habe ich gar nicht hereinkommen sehen oder hören. Zu sehr war ich davon abgelenkt, den ankommenden Gästen Getränke und Kekse zu reichen. Ein Stapel von etwa zehn Broten ist auf dem Tisch aufgehäuft und wird von vielen Händen, die unaufhörlich, aber nicht gierig kommen, zerrupft. Ich reiße mir ein Stück des frischen Fladenbrotes ab. Unterbewusst achte ich darauf, ein Stück zu greifen, dass noch niemand in den Händen hatte. Der letzte Durchfall ist noch gut in Erinnerung und das muss ich nicht schon wiederhaben. Etwas schwach ist, dass trotz der reichlich verfügbaren Softdrinks, kein Tee angeboten wird.

Lautes Stöhnen erregt unsere Aufmerksamkeit. Ismael steht am Durchgang zum abgetrennten Bereich, als wolle er den Weg versperren. Das laute Stöhnen wirft Fragen auf und so steigern wir uns langsam zu einer lustigen Runde. Mobbids Unterhose hat angeblich ein Loch, so die erste seiner Begründungen. Er sei hinter der Wand, über der man seinen Kopf hervorragen sieht, damit beschäftigt, sie zu nähen. Späße und Vermutungen darüber, wie das Loch dahinein gekommen sein mag, gehen, von teils lautem Lachen begleitet, durch die Anwesenden. Wann immer man sich über Mobbid lustig machen kann, hat Rabur besonders viel Spaß. Es sind die wenigen Momente mit ihm, wo man ihn auch mal herzhaft lachen hören kann. Er mag Mobbid, obwohl dieser sein Vertreter ist, ganz offensichtlich nicht. Das Verhältnis ist mittlerweile so verhärtet, dass Mobbid wann immer möglich dieses Zelt meidet. Warum er ausgerechnet mit seiner kaputten Unterhose in dieses Zelt kommen musste, kann nur er beantworten. Dann kommt er aus seiner Ecke hervor. Sichtlich am Humpeln, schleppt er sich auf die Sitzgarnitur und lässt sich weit nach hinten geneigt, als suche er eine Schonhaltung, in die Polster fallen. Dicke Schweißperlen laufen an seiner Stirn herunter. Der Mann, der schon durch sein hohes Alter bedingt nicht mehr gerade frisch aussieht, scheint irgendetwas zu haben. Während die Späße weitergehen, frage ich mich, ob wir nicht bereits in den beleidigenden Bereich abgeglitten sind. Der prüfende Blick in die Runde der Afghanen zeigt jedoch, dass wohl nur ich mir solche Gedanken mache. Unter dem Druck der Fragen nicht mehr in der Lage auszuweichen, rückt er langsam mit der Sprache raus.

Was nun kommt, gehört in die Kategorie „Das glaubt mir später keiner!“ Immer noch in Schüben stöhnend erzählt Mobbid, dass er sich am Morgen bei der Einnahme seiner Tabletten vertan hätte. Wie auch immer er das geschafft hat – immerhin sind Tabletten gerade, wenn sie nicht unbedenklich für jeden zugänglich sein sollen, in der Regel farblich oder in ihrer Form hervorgehoben. Die fälschlich eingenommene Tablette war nun aber nicht irgendeine. Es war eine Potenzsteigernde. Dass Allah hier eine Lektion erteilen will, könnte man annehmen. Denn dass so etwas ausgerechnet jemandem passiert, der seine Neigung unter Ausnutzung seiner Macht schon mehr als einmal ausgelebt hat, scheint mehr als gerecht. Nun sitzt er da und hat einen stark erigierten Penis, der eingeklemmt in seinem Hosenbein unangenehm schmerzen muss. Gesteigert wird diese wirklich komische Szene nur noch durch den gebotenen Anblick, der so unglaublich ist, dass es nicht sein Penis sein kann, was da deutlich erkennbar am Hosenbein bis tief unter die Hosentasche eingequetscht liegt. Der Anblick dieses ergrauten Mannes mit seinen wenigen wackeligen Frontzähnen, der mit schmerzverzehrtem Gesicht dort in nahezu liegender Position sitz, ist gerade durch nichts zu überbieten. Ungünstig für ihn, dass einem auf solche Vorlagen einige Sprüche einfallen, die selbst übersetzt noch ihren Humor freigeben. Was bei herkömmlichen Witzen nicht immer funktioniert, scheint in dieser Situation international verständlich.

Dieter greift nach seinem Rucksack, der neben ihm auf dem kleinen Tisch steht. Und während er dies tut, fragt er lautstark in die Gruppe hinein – wohl wissend, dass Amin es direkt übersetzen wird –, ob er von dem ausgeformten Hosenbein Mobbids ein Foto machen darf. Ungewohnt reaktionsschnell für seinen misslichen Zustand, springt dieser direkt mit dem gerade beendeten Satz von Amin vom Platz hoch. Das als „Parkplatz“ für seinen Penis dienende Bein lässt er dabei steif, als hätte er kein Knie mehr, um sich wohl weitere Schmerzen zu ersparen. Sein sichtlich geschockter Blick hat Dieter fixiert und sein „Ne, ne...!“ mit der rauchigen Stimme lässt eine klare Grenze des ertragenen Spaßes herausklingen. Dieter legt den Rucksack, den er schon am langen Arm vor sich hält – bereit den Fotoapparat zu ziehen, um den sonst wohl unwiederbringlichen Augenblick festzuhalten –, zurück auf den Tisch. Langsam und immer noch verunsichert lässt Mobbid sich wieder auf den Sitz sinken. Sein Blick bleibt starr auf Dieter gerichtet und zeigt doch sehr deutlich, dass er ihm gerade nicht traut.

Es ist inzwischen kurz nach zehn und die Amerikaner scheinen sich etwas zu verspäten. Gut für Mobbid, denn Dieter ist nervös genug, um nun das Zelt zu verlassen und sich am Eingangstor mit Avabi zu postieren. Er möchte, wie wir es schon viele Male getan haben, den

Einlass der Besucher abkürzen, um nicht noch mehr Zeit zu verlieren. Für mich gibt es keinen Grund, jetzt auch aufzuspringen. Dass Dieter die Runde verlassen hat, scheint für die anderen das Signal zur Beendigung unserer Veranstaltung zu sein. Hastig greifen sich Samuel und Abdal die restlichen Dosen und etwas Brot vom Tisch. Zwar konnte ich es nicht verstehen, doch so wie es nach der Geste von Rabur scheint, hat er das „Abräumen" frei gegeben. Dass hier nichts verkommt, hat die Vergangenheit schon oft gezeigt. Und eigentlich ist das auch gut so. Die Kinder entlang der Straßen Kabuls suchen nicht selten im Müll nach Essbarem. Wüssten die, wie viele der Lebensmittel in Deutschland von der Ladentheke in die Biotonne wandern, sie würden vom Glauben abfallen.

Rabur ist von den deutschen Keksen, die eigentlich aus Dänemark stammen aber bei uns im Camp verkauft werden, begeistert. Immer wieder kommt er darauf zu sprechen, dass ich ihm mehr davon besorgen soll. Wenigstens möchte er gleichzeitig wissen, was sie kosten. Auch wenn Dieter sich immer wieder gutmütig zeigt und kleine Aufmerksamkeiten mitbringt, die letzten Monate werde ich konsequenterweise nicht anfangen, hier die Leute auszuhalten. In Maßen bringe ich gerne etwas mit und gerade bei den Hygieneartikeln kann ich das Verlangen gut nachvollziehen, dennoch werde ich es nicht aus eigener Tasche zahlen, wie Dieter es noch zu häufig tut. Dabei geht es nicht um die wenigen Euros, die es genaugenommen in den meisten Fällen nur kostet. Es geht wieder einmal nur um das Prinzip. Wenn du etwas willst und gerade, wenn es dem Luxus zuzuordnen ist, dann musst du es dir leisten können. Abgesehen davon spricht es sich eben auch schnell rum und wo soll man dann die Grenze ziehen? Selbst der Kühlschrank, den Dieter mit 80 und ich mit 20 Dollar finanziert haben, steht jetzt mit Tape zugeklebt in der Ecke. Es wäre nun wieder kalt genug draußen und da bräuchte man keine gekühlten Getränke mehr. Nur uns Deutsche hat niemand gefragt. Und nun könnte ich schon wieder darauf wetten, dass es nur eine Frage der Zeit ist, bis er bei irgendjemandem zu Hause steht. So sehr es sich wieder nach einem „Klugscheißer" anhört, aber irgendwie habe ich das vorhergesagt. Dass Dieter etwas sauer auf den zugeklebten Kühlschrank reagiert hat, ändert an dem Umstand nun auch nichts.

Für uns Deutsche hat der Kühlschrank keinen wirklichen Zweck gehabt, denn wir haben das warme Wasser aus unserem Fahrzeug getrunken.

Motorengeräusche mehrerer Wagen lassen mich aufhorchen. Die Amerikaner sind angekommen und so begebe ich mich aus dem Zelt. Amin folgt mir. Wohl mehr aus Neugierde als aus Nutzen, denn nun wird er wenig zu tun haben. Immer noch trägt er den kleinen Schmierzettel mit sich herum, auf dem ich das Merkwort „WOLKEN" geschrieben habe. Es scheint ihn ernsthaft zu beschäftigen. Zwei zivile Fahrzeuge fahren parallel zu meinem Wolf in Parkposition. Es wird ruhig, denn die Motoren sind aus und die Insassen beginnen auszusteigen. Fünf Personen kann ich zählen, also doch etwas mehr als angekündigt. Dieter, der von der Wache gerade zurückgelaufen kommt, steuert zielstrebig auf die Gruppe, die ich vom Eingang des Zeltes betrachte, zu. Trotz der zivilen Kleidung sind sie sowohl mit Pistolen als auch mit Gewehren am Körper bestückt. Nur die Westen legen sie in die Autos. Jetzt, wo Dieter sie erreicht hat, gehe auch ich langsam in die Richtung.

Dieter hat es eilig auch mich vorzustellen und hält mir seinen ausgestreckten Arm, als wolle er mich irgendwohin mitnehmen, hin. Dann macht er etwas, was mir in diesem Augenblick überhaupt nicht gefällt. Er stellt mich mit Dienstgrad und vollem Vor- und Zunamen vor. Dabei habe ich ihm schon so oft gesagt, dass er das nicht tun soll und es einen Grund dafür gibt, warum ich nur mit meinem Vornamen durch Afghanistan laufe. Hätte er meinen Nachnamen nicht gerade etwas undeutlich ausgesprochen und dann zum Ende – als hätte er seinen Fehler noch während der Aussprache bemerkt – verschluckt, es gäbe nachher wieder einen weiteren Diskussionspunkt im Wagen auf der Rückfahrt. Es ist schon vermehrt in der Vergangenheit vorgekommen, dass persönliche Daten von Soldaten so gesammelt und gegen die Soldaten oder Familien benutzt wurden. Insbesondere, wenn dann noch recht freizügig gegenüber den Einheimischen auf Fragen geantwortet wurde. So gab es, um ein Beispiel von vielen zu nennen, dann mal Anrufe bei der Frau zu Hause in denen mitgeteilt wurde, dass der Mann im Einsatz gefallen oder verwundet wurde.

Vielleicht „psychologische Kampfführung“ doch für die Betroffenen alles andere als eine Banalität.

Ab jetzt ist für mich jedoch Konzentration gefragt, denn Amerikaner zu verstehen kann gelegentlich, und gerade für jemanden mit schwachem Englisch wie mich, anstrengend werden. Die Begrüßung ist noch simpel und die verwendeten Worte in klarem Englisch lassen mich etwas aufatmen. Zur Einleitung erklärt Dieter kurz den Bereich und unsere Aufgaben. Sofort kommen auch die ersten Fragen der Amerikaner. Trotz des Besuches ihres Bosses vor einiger Zeit, scheinen sie nicht besonders genau zu wissen, was wir hier genau machen. Sie wirken locker und aufgeschlossen. Sie treten sehr freundlich auf und ich sehe keine Spur von Überheblichkeit. Wir nehmen sie mit ins Zelt von Rabur. Es sieht aus wie immer, denn die wenigen Minuten, die wir draußen gestanden haben, hat Ismael durchgefegt und sämtliche Speisen und Getränke, die gerade noch übrig waren, weggeräumt. Ich mache noch im Eingang kehrt und hole ein Paket Wasser aus dem Wagen.

Als ich zurückkomme, hat Dieter wieder seinen Rucksack in der Hand und verteilt Softdrinks, die er gestern selbst im Shop gekauft und vorhin noch zurückgehalten hatte, an die Gäste. Die anderen Getränke hatten wir von unseren Rationen aus der Küche gesammelt. Die Amerikaner nehmen die Geste, mit „Spezi“ das deutsche Konkurrenzprodukt zur Cola gereicht zu bekommen, sichtlich erfreut auf. Dann kommen zu den Dosen jede Menge Unterlagen auf den kleinen Tisch. Dieter, der sich auf Knien vor dem Tisch mit den Amerikanern positioniert hat, der keine freien Plätze mehr hergibt, bekommt von mir einen Stuhl gereicht. Hier bekommt die Aussage „auf Augenhöhe miteinander reden“ eine verständliche Bedeutung. Aus Nurullahs (IT-Feldwebel) Computerecke ziehe auch ich mir einen Stuhl und setze mich ans Kopfende des Tisches. Damit habe ich den vermuteten Chef dieser Runde direkt gegenübersitzen und seinen Kollegen neben mir. Geduldig lasse ich Dieter mit den Beiden reden, denn wer will schon unhöflich ins Wort fallen? Nach einigen Minuten geht es an die Details. Bild für Bild gibt Dieter unsere Bedenken und Vorschläge weiter. Eine erstaunlich produktive und gleichwertige Runde scheint hier zu kommunizieren. Offen, zumindest jetzt, hören sie sich jegliche Kritik an und gehen, wie man es an der Reaktion sehr gut erkennen kann, auch direkt darauf ein. Wir scheinen aus verschiedenen Richtungen zu kommen und doch dasselbe Ziel zu verfolgen.

Zwei wesentliche Punkte beschäftigen die Runde: Wie wählt man Bilder aus, die jeder versteht, und wie kann ich dazu auch die Anzahl der Bilder auf ein Minimum reduzieren, um keinen dicken Wälzer zu produzieren? Klar ist, denn das hat die Erfahrung gezeigt, machen wir es zu kompliziert, ist es zum Scheitern verurteilt. Welcher westliche Autofahrer kontrolliert denn schon wenigstens die elementarsten und sicherheitsrelevanten Punkte an seinem Fahrzeug, bevor er die Fahrt beginnt? Und wenn ich gut gebildete Menschen, die zumindest die Folgen der Unterlassung dieser Kontrollen klar bewerten können sollten, nicht dazu bringe, dies zu tun, wie soll es dann hier funktionieren? Also kann ich es nur über Akzeptanz einerseits und natürlich – wie in diesem Militär üblich – über Konsequenzen andererseits erreichen. Der zweite Punkt, um den es sich dann noch dreht, ist die Frage nach der Unterteilung zwischen den täglichen Kontrollen und den wöchentlichen Checklisten. Die könnten sich beispielsweise ergänzen. Die Bilder könnten also, wenn sie mit der Checkliste in derselben Reihenfolge laufen, dass Abarbeiten der Checkliste deutlich vereinfachen.

Welche Dinge nun in die eine oder andere Kontrolle gehören, sollte zu unterscheiden sein. Da gerade das Bild mit den Kontrollleuchten in der Armatur des Rangers aufgeschlagen vor Dieter liegt, mache ich einen Vorschlag: Um in Deutschland den Fahrschülern die Wichtigkeit der Kontrolllampen und die Bedeutung der Farben näherzubringen, vergleicht man sie am besten mit einer Ampel im Straßenverkehr. Damit der Soldat also nicht auf die Idee kommt, irgendwo etwas zu reparieren oder aufzufüllen, wovon er besser die Finger lässt, könnte man das Symbol der Ampel mit der jeweiligen Farbe einfügen. Stellt er zum Beispiel fest, dass Bremsflüssigkeit fehlt, dann sieht er in dem Bild eine rote Ampel und weiß, dass er dafür in die Werkstatt und der Wagen stehen bleiben muss, als stünde er eben vor einer roten Ampel. Bei Gelb hat er noch die Möglichkeit, zu reagieren oder Hilfe zu holen. Grün neben dem Bild eines Rades am Fahrzeug signalisiert, dass alles in Ordnung ist und somit so, wie es sein sollte. So kann eine Ampel selbst für den, der Teile der Ausbildung wieder vergessen hat und eben auch nicht lesen oder schreiben kann, eine „idiotensichere“ Variante sein, um nichts falsch zu machen. Was ich damit sagen will, kommt bei unseren Gesprächspartnern klar an. Doch so wirklich scheint diese Möglichkeit noch nicht das Richtige zu sein.

Leider sprudelt es auch aus Dieter fast ununterbrochen heraus. Leider deswegen, weil er immer wieder dazwischenredet und so die nächsten Aussagen und Fragen in den Raum stellt, bevor alles geklärt ist. Grund genug, um mich wieder etwas zurückzuziehen. Ich lasse ihn reden und versuche dem wirklich schnellen Gespräch inhaltlich zu folgen. Dass es erstaunlich gut gelingt, auch wenn nicht jedes Wort seine Übersetzung in meinem Kopf findet, lässt mich zwischendurch sogar etwas innerlich grinsen. Es ist die Genugtuung darüber, dass sich das morgendliche Training der Sprache nun endlich auch etwas auszahlt. Nachdem nun der erste Entwurf sichtlich mit Hinweisen und Verbesserungen beschmiert ist, gehen wir nach Draußen, um den beiden Amerikanern die Möglichkeit zu geben, Bilder von den verschiedenen Fahrzeugen zu machen. Dafür lasse ich durch die Afghanen einen Truck vorfahren und bringe selbst einen Ranger aus den Parkreihen mit. Um gute Perspektiven zu bekommen, fahre ich ihn dicht an die Ladefläche eines Aufliegers. Ein afghanischer Oberleutnant, der hier als Hörsaaleiter tätig ist und gute Englischkenntnisse besitzt, dient als Darsteller für die Bilder, auf denen er mit den Händen oder im Detail mit seinen Fingern auf die Bauteile zeigt, die einen Arbeitsschritt darstellen sollen. Tony, der kleinere und hektischere von beiden Amerikanern, springt auch direkt auf die Ladefläche und beginnt Bilder vom geöffneten Motorraum zu machen. Interessiert, aber ohne mich weiter einzumischen, stehe ich daneben und warte darauf, dass Tony weitere Wünsche äußert, bei denen ich unterstützen kann.

Dieter ist mit Jack derweil unterwegs zum Truck, um dort ebenfalls die speziellen Technikbilder festzuhalten. Wer von den beiden der Boss ist, lässt sich immer noch schwer sagen, denn recht gleichberechtigt wirken die Diskussionen und Vorschläge von ihnen. Bei den Bildern, die Tony macht, ist erkennbar, dass sie das eben

Besprochene ernst nehmen und Bilder, die zu unklar waren, erneut aus anderen Winkeln und Entfernungen machen. Ich bin immer noch positiv von der Kritikfähigkeit und der Bereitschaft, die Vorschläge auch umzusetzen, beeindruckt. Sie scheinen ernsthaften Wert auf unsere Erfahrung mit den Afghanen zu legen und laden uns am Ende dazu ein, sie im *Eggers* (Camp) zu besuchen, um die Änderungen gemeinsam zu besprechen und weitere Bearbeitungen durchzuführen. Der Druck, Erfolge liefern zu müssen, ist ihnen ein wenig anzumerken. Die Zeit drängt jedoch, denn das bevorstehende „Eat-Fest" wird sicher Einschränkungen in unserer Beweglichkeit mit sich bringen. Oft werden in dieser Zeit Fahrten gänzlich untersagt und dann wäre es schwierig zum *Eggers* zu kommen.

Von heute an haben sie gerade etwas mehr als eine Woche, dann möchte ihr Boss das vorbereitete Material mit nach Amerika in das Pentagon nehmen, um es dort ebenfalls den entsprechend Verantwortlichen vorzustellen. Vorerst zwar nur für den *Ford Ranger*, aber auch das muss passen, da es die Vorlage für alle weiteren Fahrzeuge wird, die mit solchen „Checklisten" ausgestattet werden. Damit geht ein recht fruchtbares Treffen, von dem auch Dieter sehr positiv überrascht ist, zu Ende. Wir werden nun weitere Bilder beisteuern und die Texte, in denen sich aufgrund mangelnden Technikwissens des amerikanischen Sprachmittlers Fehler eingeschlichen haben, von Amin, der hier mit Sicherheit über einen mittlerweile unbezahlbaren Wissensschatz verfügt, berichtigen lassen. Einen Teil davon werden wir per Mail und den anderen Teil bei unserem vereinbarten Treffen, dessen Termin noch nicht ganz klar ist, mitbringen.

Schneller als gedacht, vielleicht auch weil Dieter etwas an der „Stressschraube" dreht, steht ein Besuchstermin für das *Eggers*. Tony und Jack sind immer noch schwer daran interessiert, den Auftrag ihres Bosses in guter Qualität und in möglichst kurzer Zeit abzuarbeiten. Da wir in den Camps, die zum Teil aus den Nähten platzen, nicht mehr parken können oder es zumindest sehr schwierig ist, „mieten" wir uns für den übernächsten Tag zwei unserer Fahrer an. Sie können uns absetzen und mit den Wagen zum Parken in das *HQ* (Hauptquartier) fahren. Per Telefon werden wir sie dann später wieder zu uns bestellen, wenn wir mit unserem Treffen durch sind.

Es ist tief in der Nacht und seit mehreren Tagen besetzen wir nun, bedingt durch konkrete Anschlagswarnungen auf deutsche Einrichtungen, erneut unsere Stellung in der oberen Etage der Feuertreppe. Im Wechsel mit Dieter und mal mit Dolli, schieben wir hier bis zu sechs Stunden am Tag in 2-Stunden-Schichten unsere Wachen. Der normale Dienstbetrieb ist kaum noch möglich und muss dennoch irgendwie parallel weitergehen. Mit jedem Tag scheint es schwieriger, die Wachliste, die noch auf freiwilliger Basis gefüllt wird, voll zu bekommen. Besonders die Zeit zwischen 23 Uhr und 5 Uhr morgens möchte sich keiner mehr antun. Einerseits tut sich in der Zeit der Körper mit der Anpassung an den ungewohnten Biorhythmus am schwersten und andererseits ist dann auch das Rausfahren am nächsten Tag schwierig. Unter diesen Bedingungen immer noch mindestens zwei Fahrzeuge mit insgesamt vier Mann in dieselbe Fahrtrichtung zu besetzen um den Vorschriften gerecht zu werden erfordert Verhandlungsgeschick und Organisationstalent, denn auch hier gelten grundsätzlich die „Lenk -und Ruhezeiten“ aus Deutschland für Soldaten.

Wieder einmal konnten wir unter den aufsteigenden Rauchschwaden indirekt Zeugen eines Anschlages auf NATO-Kräfte werden. Die traurige Bilanz sind sechs Verletzte, davon einer schwer. Direkt an einer unserer Hauptstrecken, dicht vorm *Green Village*, hat sich ein Fahrzeug, das mit Sprengstoff beladen war, umgesetzt (d. h. in die Luft gesprengt), als ein amerikanischer Konvoi passieren wollte. Zurzeit fällt es mir zunehmend schwerer, alles in Worte zu fassen und überhaupt Zeit dafür zu finden, es festzuhalten. Unregelmäßiger Schlaf und kaum Zeit für mich selbst machen müde und fast antriebslos. Jetzt, wo Einsatz für die Wachbesetzung gefordert ist, trennt sich die Spreu vom Weizen. Dolli und ich sind mit 14 Wachen in nur einer Woche weit vorne dabei, während andere mit drei oder vier Wachen das wohl nur als lästige Nebenbeschäftigung sehen; sie dabei aber vergessen, dass ihre „Zurückhaltung“ nur zu Lasten der anderen Kameraden gehen kann. Plötzlich sind viele ganz wichtig und finden fast lächerlich klingende Gründe, um rausfahren zu „müssen“, was sie dann zumindest von den unangenehmen „Nachtwachen“ fernhält, da wie erwähnt die Lenk- und Ruhezeiten so nicht eingehalten werden können.

Mein Trost ist, dass meine Frau aktuell wieder in deutlich besserer Stimmung zu sein scheint als die vergangenen Wochen und mir so eine wichtige Belastung genommen und die vermisste Rückendeckung vorübergehend wieder gegeben wird. Nun kann ich nur hoffen, dass dieser Zustand bis Weihnachten anhält und keine Rückschläge mehr kommen. Die immer weniger werdenden Wochen bis dorthin machen mir Mut. Die Verdrängungstaktik meiner Frau in Bezug auf fast alles, was hier geschieht, ist für mich nun unstrittig. Ich versuche mich damit zu arrangieren und sie nicht unter Druck zu setzen. Wenn es ihr dabei hilft, die Zeit möglichst gut zu überstehen, dann werde ich diesen Weg respektieren. Der Kontakt per SMS ist fast gänzlich zum Erliegen gekommen und auch E-Mails sind die Ausnahme. Wenn, dann sind es meist spontan geschossene Fotos mit dem Smartphone, die mich erreichen. Doch die täglichen Telefonate, die dann auch mal weit über eine Stunde dauern können, die haben wir vorerst zurück. Wenn ich dann auflege, staune ich oft selbst darüber, wie viel, wenn auch oft nur Alltägliches, wir uns noch zu erzählen haben. Oft bin ich auch nur der bessere Zuhörer und komme kaum dazu, meine Themen anzusprechen. Doch das spielt keine Rolle, denn solange am Ende des Gespräches ein „Ich habe dich auch lieb“ folgt, ist alles gut und ich kann einschlafen, ohne dass meine Gedanken keine Ruhe finden.

Dagegen sieht es bei Dolli, der seit fast zwei Wochen kein Wort mehr mit seiner Frau nach einem Streit im Urlaub gewechselt hat, düster aus. Während der Wache kommt das Thema, dass er nach Außen zwar etwas gleichgültig darstellen möchte, immer wieder auf. Dabei komme ich mir fast etwas blöd vor, ihm dazu irgendwelche Tipps geben zu wollen, doch das scheint es zu sein, was er braucht. Gleich werde ich auch wieder mit Dieter auf Wache gehen. Das ist dann die dritte Schicht dieses Tages und wird mich gegen halb zwölf in der Nacht gut schlafen lassen, bevor es dann morgen nach dem Frühstück weitergeht.

Die Nächte sind kalt geworden und die Temperaturschwankungen haben deutlich zugenommen, daher trage ich bei der Wache jetzt wieder meinen Kälteschutz unter meiner Feldbluse. Während wir nachts in die ersten Minusgrade abrutschen, erreichen wir tagsüber immer noch um die 20 Grad. Die ersten Kameraden quittieren diese Temperaturschwankungen mit Anzeichen von Erkältungen. Der aufkommende Wind des sich ankündigenden Herbstes drückt energisch den Dreck der Stadt nach Osten raus. Jetzt, wo viele Haushalte beginnen alles zu verbrennen, was irgendwie warm macht, kann man vom Wind nicht genug haben. Es ist teilweise unfassbar, was inmitten der Stadt für Müll verbrannt wird, um ein wärmendes Feuer zu haben. Das Bewusstsein für die eigene Umwelt scheint keinerlei Bedeutung zu haben. Als machten die Menschen in dieser Stadt jeden Tag neue „Osterfeuer", weiß man manchmal gar nicht, ob die Quelle der Kilometer hochsteigenden Rauchwolken eine Explosion oder eben nur das Ergebnis von Gedankenlosigkeit ist. Der Wunsch am liebsten sofort aus dem Dreck herauszukommen, lässt die Gedanken oft wie ohnmächtig festhängen. Bleibt nur zu hoffen, dass der Körper diese „Misshandlungen" später nicht mit einer schweren Krankheit quittiert und sich irgendwie davon selbst wieder in der Heimat reinigen kann.

Dieter hat wieder jede Menge „Futter" in die Stellung mitgebracht. Es sind nur zwei Stunden und der Eindruck, er wolle damit die Zeit überbrücken, hat sich in den letzten Tagen verstärkt. Manchmal habe ich das Gefühl, dass er nur noch am Essen ist. Ob im Auto oder in seiner Stube, meist liegen mehrere offene Packungen von Nüssen, Chips oder anderen Naschereien auf seinem Schreibtisch. Mit zunehmender Einsatzdauer scheint auch er einiges auf diese Weise zu verarbeiten. Immer mehr fällt mir auf, wie oft er sich an der Nase herum pult und mich damit fast wahnsinnig macht. Bin ich gut drauf, dann mache ich mir kleine Scherze daraus, ihn darauf aufmerksam zu machen und bin ich weniger gut drauf, dann drehe ich mich einfach weg, um es nicht sehen zu müssen. Vermutlich macht er das alles schon von Anfang an und es sind Dinge, die einem einfach mit der Zeit, die man zusammen verbringt, bewusster werden. Wie in einer Beziehung, wo mit zunehmender Zeit die Fehler immer deutlicher auffallen und stören. Aber das sind eben auch nur Kleinigkeiten. Wir kommen nach wie vor gut miteinander aus und so wie mich einige Dinge an ihm ab und zu stören, so wird es umgekehrt sicher genauso sein. Wichtig ist, dass wir beide damit umgehen können und uns hier das Leben nicht schwerer machen als es ohnehin schon ist.

In der Stellung haben wir unterbewusst unsere „Stammplätze“ festgelegt und während ich immer in der äußeren Ecke stehe und damit den besseren Rundumblick habe, bleibt Dieter in der Nähe der kurzen Treppe, die zurück in den Wohnbereich führt. Unsere Ausrüstung ist inzwischen auch weiter verbessert worden und so haben wir eine Art Fernglas für die Nacht dazu bekommen. Zwar ist auch hier das künstlich grüne Licht etwas unklar und ermöglicht keine scharfen Bilder, doch man kann tatsächlich auch in einigen hundert Metern noch gut Personen und Gegenstände in der Dunkelheit erkennen. Diese zwei Stunden kann man gut herumbekommen und auch die Kameradschaft der anderen, die entweder über die Treppe an uns vorbeikommen oder eine Raucherpause im Freien machen, ist sehr gut. Eigentlich bräuchte man sich kaum was mit rausbringen, denn ständig erkundigen sich die Kameraden, ob man etwas benötigt. Egal, ob es der Kaffee aus der Küche oder die Cola von der eigenen Stube ist, sie bringen was man braucht und möchte. Hier weiß eben auch jeder, vom Hauptgefreiten bis zum Oberst, wie gut es tut, nicht vergessen zu werden. Und es sind oft nur kleine Gesten, Fragen, die sich oft erübrigen, weil man ja eigentlich nichts braucht, doch das an einen gedacht wird, dass macht es besonders und fühlt sich gut an, vielleicht ein kleines Stück Familie, was man sowieso gerade gemeinsam entbehren muss.

Die Zeit vergeht und die Wachen werden, vom Kontingentführer befohlen, weitergeführt. Inzwischen wurde die deutsche Botschaft geschlossen und die Bewachung ebenfalls durch die Unterstützungskompanie verstärkt. Das deutet darauf hin, dass die Anschlagswahrungen, die ungewöhnlicherweise gezielt auf deutsche

Einrichtungen bevorstehen sollen, ernst zu nehmen sind. Nur wird es für den einfachen Soldaten immer undurchsichtiger, wie lange das nun so weitergehen soll. Würde die Maßnahme vom Kontingentführer abgebrochen und es passiert wirklich etwas, dann könnte er das möglicherweise nur schwer in Deutschland erklären. Doch eine Dauermaßnahme kann es auch nicht sein. Dann müsste man auch so konsequent sein und uns in diesem Camp mehr Personal zur Sicherung abstellen. Ein entsprechender Antrag ist gestellt worden und ist in der Entscheidung noch offen.

Unterdessen laufen die Verhandlungen zwischen unserer Einheit und der Unterstützungskompanie, die Wachbereiche anders zu besetzen. Aktuell haben wir 18 Kameraden unserer Einheit, die eine von drei Stellungen besetzen, während die Unterstützungskompanie mit etwa 120 Soldaten die anderen beiden abdeckt. Das Ziel, wenigstens die Nacht- und Vormittagsstunden abzugeben, um das Mentoring fortführen zu können, soll erreicht werden. Dass auch in unseren Reihen die Wachdienste nicht optimal oder gerecht verteilt sind, belegt eine „Gerechtigkeitsübersicht", die Tim für den Oberst erstellt hat. Sie soll zeigen, wie oft wer Wache geschoben hat. Dolli und ich können als derzeitige Spitzenreiter entspannen, während andere eben weiter an ihren Argumenten feilen müssen. Dass der Oberst und sein Stellvertreter nicht denselben Zeitumfang abdecken können und sollen wie der Rest, muss klar sein, doch jeder andere ist eben in Bezug auf die Wachdienste gleich und nicht „gleicher". Überhaupt finde ich es schon bemerkenswert, mit welcher Selbstverständlichkeit sich unser Oberst zu den unangenehmsten Zeiten selbst in die Stellung stellt. Dass er damit im unterstellten Bereich eine Menge Pluspunkte sammelt, die er eigentlich nicht bräuchte, dürfte nachvollziehbar sein. Und genau das ist einer der besten Gründe, warum es dann eben keinem „darunter" zustehen kann, weniger abzuleisten.

Es ist eine von vielen Wachen in diesen Tagen. Gemeinsam mit Bronco, der nächste Woche nach etwa vier Monaten verabschiedet wird, bin ich mit bisher 19 Wachen Spitzenreiter. Er übertrumpft mich jedoch laut Tims Punktesystem, weil er mehr Nachtwachen gemacht hat als ich. Zwar muss ich so recht häufig im Camp bleiben, gebe aber

Dieter und den anderen die Möglichkeit, außerhalb des Camps wichtige Punkte abzuarbeiten. Zudem genieße ich sogar etwas die Zeit mit Dolli, denn in der Stellung kommt man auch mal dazu, längere Gespräche, die sonst von der Gemütlichkeit unserer Stube zerrissen werden, zu führen. Zu oft locken uns mit zunehmenden Monaten hier im Einsatz unsere gemütlich wirkenden Stuben aus der Gemeinschaft. Da unsere Frauen neben der Verantwortung für fünf Kinder auch sonst einige Gemeinsamkeiten zu haben scheinen, ist es sehr interessant sich mit ihm über die Probleme des Alltags und in der Beziehung zu unterhalten. Bei ihm ist die Stimmung nun auch wieder aufgehellt und hat sich von einer „fiktiven Scheidung" zu einem glücklichen Familienleben gewandelt.

Heute soll die Besichtigung der neuen Liegenschaft PeC 2 stattfinden. Da dort vorerst nur der Oberst und die Chefs der Inspektionen gefordert sind, fahren Dolli und ich gemeinsam in meinem Wolf nach PeC 1, wo Dolli noch etwas zu erledigen hat. Heute ist Waschtag und so ist es nicht zwingend nötig, dass ich noch zu Rabur, der ebenfalls mit Dieter an der Besichtigung teilnimmt, rausfahre. Abgesehen davon sind Dolli und ich uns einig, dass wir nicht im Weg stehen wollen, wenn der Tross der „hohen Herren" durch die Liegenschaft läuft. Gemütlich lümmele ich mich in einen der Ledersessel im Büro und Aufenthaltsraum der Ersten und Vierten Inspektion. Es herrscht reges Treiben bei den Afghanen, die den „Putz- und Waschtag" inzwischen fest in ihren Wochenablauf integriert haben. Zwar könnten Bereiche wie die Toiletten auch öfter eine Reinigung vertragen, doch da denke ich vermutlich etwas zu Deutsch. Während Dolli im gegenüber dem kleinen Glastisch stehenden Sessel Platz nimmt, um die Minuten bis zum „Dienstbeginn" der Afghanen zu überbrücken, schließe ich bereits die Augen.

Der wenige Schlaf in den durch Wachen belasteten Tagen, hängt mir immer noch nach. Überhaupt fühle ich mich zurzeit matt und ausgelaugt. Meine Motivation für das tägliche Dienstgeschäft mit den Afghanen hat einen Tiefpunkt erreicht, der eine deutliche Gleichgültigkeit zu Tage bringt. Die ständigen Wünsche und Forderungen, die dann doch irgendwie nur zur Selbstdarstellung einzelner afghanischer Armeeangehöriger vorm Kommandeur oder gar zur Selbstbereicherung dienen, sie hängen mir inzwischen deutlich zum Halse raus. Und während Dieter immer noch sehr häufig darauf eingehen möchte, winke ich fast nur noch ab und fühle mich dabei schon fast wie ein Querulant. Doch nach so langer Zeit braucht es nicht mehr viel, um zu erkennen, wo etwas vorangetrieben werden soll oder schon am nächsten Tag im hier oft sinnlosen Spiel „Versuch und Irrtum“ verloren geht.

Während Dolli mir etwas von seiner Familie erzählt, fährt mein Puls bereits runter. Nur wenige Worte und lediglich zustimmende Laute von mir halten das „Gespräch“ am Laufen. Als Dolli dann losgeht, um seinen „Mentee“ zu suchen und außer dem unaufhörlichen Quietschen der anderen Türen im Gebäude Ruhe einkehrt, kann ich nun abschalten. Mehr ruhend als schlafend fangen meine Akkus an, sich wieder zähflüssig aufzuladen. Diese Warterei wird sich jetzt über mehrere Stunden bis zum erlösenden Anruf von Moritz erstrecken. Was liegt da näher, als die Zeit wenigstens für eine sinnvolle Entspannung zu nutzen? Es dauert nicht lange, dann beginnen mich die nervenden Geräusche der Türen und das oft laute Gerede auf den Fluren wieder aus meiner Ruhe zu holen. Die Liegeposition, quer über dem Sessel, beginnt meine Oberschenkel zum Einschlafen zu bringen und fühlt sich unangenehm an. Dolli kommt gerade zur Tür, die nicht richtig schließt, wenn sie nicht vollständig verriegelt ist und locker im Rahmen hin und her schlägt, herein. Sein Mentee, mit dem er wichtige Lehrgangsplanungen besprechen wollte, hat keine Zeit für ihn. Er hat die Aufsicht über die eingeteilten Putzdienste und so seine Prioritäten für den Tag eben anders gesetzt. Auch Dolli ist nach mehr als vier Monaten eine gewisse Desillusionierung anzumerken.

Es ist schon beachtlich, wie viele Deutsche, die einst gut motivierte Soldaten waren, die Afghanen „gebrochen“ haben, das heißt, ihnen jegliche Lust und Motivation an einer Zusammenarbeit genommen haben. Vielleicht ist es wirklich Zeit, sich aus den Aufgaben der Mentoren zurückzuziehen und in die Position von Beobachtern zurückzukehren. Was bringen all der Einsatz und die Mühen, wenn sie von den Afghanen nicht mehr ernst genommen werden? Wobei ich sie zum einen Teil schon etwas verstehen kann. Mehr als zehn Jahre kommen mit unserer Einheit immer wieder neue Soldaten als Mentoren und mit ihnen neue Ideen hier herein. Internationale Beteiligungen, so positiv sie auch für die Zusammenarbeit der NATO sein mögen, bringen weitere Ansichten und Ideen dazu. Bei all den Veränderungen, die unter dem Druck jedes Einzelnen, sich hier zu verwirklichen und seiner Aufgabe einen Sinn zu geben, eingebracht werden, kann auch eine Resignation auf Seiten der Afghanen nicht überraschen. Leider wird eben dann nicht nur verbessert, sondern oft einfach „nur" verändert. Meine persönliche Einstellung hat sich darum auch dahingehend gewandelt, dass ich mehr die Bitte um Hilfe vonseiten der Afghanen erwarte und nur noch wenig von selbst und ungefragt Probleme anpacke. Ansprechen ja, aber dann müssen sie entscheiden, mit welcher Notwendigkeit und welcher Energie sie sich der Aufgabe annehmen. Es gilt „weniger ist mehr", wenn es von ihnen kommt und damit möglicherweise durch eine bessere Akzeptanz nachhaltiger ist. Das mag so klingen, als wäre ich zu faul, um weiter meine Energie hier zu investieren, doch das wäre nur die halbe Wahrheit. Ich bin es einfach nur noch leid, etwas Sinnloses zu unterstützen und denke, dass ich genau dies nach so vielen Monaten/Jahren in Afghanistan einschätzen kann und darf. Womöglich hatten der Oberleutnant und Vorgänger von Dieter einfach mehr Weitblick als ich, wenn er darauf bestand die Afghanen mehr selbst machen zu lassen?!

Die Zeit scheint nicht zu vergehen und ein Anruf von Moritz in der Zwischenzeit hat auch noch keine Klarheit darüber gebracht, wann es für uns heute zurückgehen wird. Dolli ist mit seinem Smartphone beschäftigt und lässt mich hin und wieder einige Videos, die er erstaunlich gut mit dem afghanischen Netz herunterladen kann, mit anschauen. Hätte ich nicht so viele Bedenken, dass mein Rechner hier draußen Schaden nehmen könnte, ich könnte die Zeit weit sinnvoller nutzen. Der Tag scheint so lustlos, dass ich mich nicht einmal aufraffe, um die Sprachmittler, die inzwischen gegenüber in ihrem Aufenthaltsraum angekommen sind, zu begrüßen. Dabei geht es heute Abend in das erste, halbwegs brauchbare Wochenende seit Wochen. Erst spät am Abend wird der Freitag von einer Wache gestört werden. Also werde ich versuchen, dann länger liegen zu bleiben, um etwas auszuschlafen. Zwar versuche ich gerade, ein passendes Auto für die „neue" Großfamilie meines kleinen Bruders im Internet zu finden, aber das macht irgendwie auch Spaß. Da nun seit wenigen Wochen das vierte Kind in seiner Familie angekommen ist und er seine Hochzeit an seinem Geburtstag im November plant, habe ich mir überlegt, ihm ein Auto mietfrei zur Verfügung zu stellen. Er selbst hätte nicht das Geld, um nun einen Wagen, der auch mindestens sechs Sitzplätze hat, zu kaufen. Da er aber sonst nie mit der ganzen Familie irgendwo hinkommt, halte ich das für eine gute Idee. Sollte ich also einen Wagen im Netz finden, dann kaufe ich ihn und „leihe" ihm diesen. Wenn er ihn später nicht mehr braucht, nehme ich ihn zurück und verkaufe ihn wieder. So kann er seinen zu kleinen Golf abmelden, verkaufen und braucht nur den Unterhalt des geliehenen Wagens aufzubringen. Da meine Frau auch begeistert von der Idee ist, gilt es nun eine möglichst gute Alternative für ihn zu finden. Wenn das dann noch vor der Trauung klappen würde, wäre die Überraschung perfekt. Denn damit wird er ganz sicher niemals rechnen.

Kapitel 5

Spuren im Sand

Gerade haben wir Dieter und Moritz für den Trip nach Masa am KaIA abgeliefert und gemütlich, da wir sehr früh dran waren, gefrühstückt. Es scheint als würde bereits in sämtlichen Küchen der ISAF damit begonnen, das Angebot herunterzufahren und so langsam die Vorräte aufzubrauchen. Das sehr übersichtliche Frühstücksangebot macht mich nur satt, weil ich mir einen der sehr kalorienreichen Donuts dazu genommen habe.

Langsam fahren wir zurück zum Nord Tor, da wir, was eigentlich günstiger wäre, nicht über das Ost Tor weiter nach PeC fahren können. So müssen wir gezwungenermaßen die Holperstrecke weiter nutzen, weil es erneut zu Vorfällen vor dem Camp *Phönix* gekommen ist und der Bereich davor nun für uns gesperrt bleibt. Dieter und Moritz, die gerade in der Flugabfertigung stecken, werden die nächsten zwei Tage dazu nutzen, um sich davon zu überzeugen, wie in den „Kandaks“, den abgelegenen Einheiten der ANA, die Fahrschul- und Nachschubausbildung durchgeführt wird.

In 2010 hatten wir bereits Kameraden, die diese Bereiche dort betreut haben, bei uns in Kabul zu Besuch. Auch sie waren an einer einheitlichen Ausbildung und gemeinsamen Standards interessiert. Doch Gerüchten zufolge ist davon heute nicht mehr viel übrig. Wollen wir nach 2014 eine geregelte Ausbildung in den afghanischen Streitkräften gewährleisten, kann nicht jeder machen was er will oder für richtig hält.

Am Dienstag, wenn wir die beiden wieder vom Flughafen abholen, werden wir wissen, was das Ganze gebracht hat. Wir biegen aus dem Nord-Gate nach rechts auf die Holperstrecke ein. Es wird immer noch gebaut, um hier eine breite und gut nutzbare Fahrbahn zu errichten. Doch der aktuelle Zustand grenzt an katastrophal. Die Ausweichstrecken, um den Verkehr aus der Baustelle herauszuhalten, sind nicht nur eine Aneinanderreihung von Schlaglöchern und herausragenden dicken Felsbrocken, sondern an vielen Stellen auch viel zu eng. Immer wieder fehlt es den „Führerscheinlosen" an der nötigen Vorausschau, wenn sie im stockenden Verkehr in die Gegenspur ziehen, um wenige Meter nach vorne gut zu machen. Dann dauert es nicht selten lange, bis das Knäuel, das durch die weder vor noch zurückkommenden Fahrzeugen entsteht, wieder aufgelöst ist. Schon springen sie aus ihren Autos, die selbsternannten Verkehrspolizisten, und versuchen den Verkehr zu regeln. Und dann stehen sie neben unserem Fahrzeug und zeigen uns, dass wir weiterfahren sollen und merken nicht, dass es auch für uns kein vor und zurück mehr gibt.

Über die letzten Wochen hat der Oberstleutnant, der uns mit seinem sandfarbenen Wolf folgt, gut an Tempo zugelegt. Anfangs sehr langsam und damit die „Bremse" im Konvoi, hat er seine Fahrweise erstaunlich gut angepasst. Nutzt Lücken, um zu überholen und den Konvoi damit zusammenzuhalten und bleibt auch bei zügiger Fahrt auf freien Straßen gut dran. Wenngleich er beim Frühstück einen ehr schlecht gelaunten Eindruck machte, insgesamt scheint er sich in unserer Gruppenkonstellation inzwischen recht wohlzufühlen. Einige Abschnitte zwischen den Holperstrecken haben eine sehr gute Qualität erreicht und lassen sich nun auch entspannt fahren. Bleibt zu hoffen, dass die restlichen Lücken noch vor dem Frost geschlossen werden können. Es würde dem Material und Personal guttun. Es geht, nachdem wir das schlimmste Stück bewältigt haben, flott voran, als plötzlich der Abstand unserer Fahrzeuge immer weiter aufreißt. Dolli und ich beginnen mit den Mutmaßungen, warum der Oberstleutnant den zweiten Fahrstreifen, der genug Platz zum Überholen des LKWs vor ihm bietet, nicht nutzt. Wir haben die Gedanken noch nicht zu Ende gedacht, als es lautstark und mit einer unangenehmen Frequenz aus dem Handfunkgerät schreit. Tim, der ja gerne zu funken scheint, bittet uns mit leicht hektischer Stimme anzuhalten. Sie hätten ein technisches Problem. In meinem Rückspiegel kann ich, außer dass der Wagen weiter verlangsamt, nichts erkennen. Ich ziehe nach rechts und bleibe stehen. Es sind etwa 200 Meter zwischen uns, die ich in langsamer Rückwärtsfahrt wieder verringere. Mit Blick aus dem hinteren Fenster schließe ich so dicht auf, dass ich noch gerade die

Stoßstange des zweiten Wagens erkennen kann. Nur wenige Worte mit Dolli reichen, um Einigkeit darüber zu erzielen, dass wir das Abschleppen vorbereiten und nur kurz nach der Ursache des Defektes suchen werden. Hier ewig auf offener Fläche als lohnendes Ziel für Angreifer herumzustehen, macht keinen Sinn und so verlassen wir den Wolf, um mit den anderen Beiden Verbindung aufzunehmen. Kaum sichtbarer Qualm steigt unter der Motorhaube hervor. Unter dem Wagen tropft es stark auf den Boden und mein erster Verdacht ist ein geplatzter Kühlwasserschlauch.

Ein kurzer Blick in den Motorraum hilft auch nicht besonders weiter, denn abgesehen davon, dass einiges feucht geworden ist und der Geruch nicht eindeutig einzuordnen ist, steht nur fest, dass der Wagen so nicht mehr fahren kann. Da nun der Grund für den Ausfall erst einmal unerheblich ist und wir den Motor nicht laufen lassen können, hole ich das Abschleppseil aus meinem „Staufach“ und beginne die Fahrzeuge zu verbinden. Dabei biete ich dem Oberstleutnant an, als Fahrer im abzuschleppenden Fahrzeug zu bleiben. Denn ohne Lenkhilfe und Bremsunterstützung ein fast fünf Tonnen schweres Fahrzeug mit einem Abstand von etwa 5 Metern über mehrere Kilometer zu führen, kann es in sich haben. Bevor wir also riskieren, weitere Schäden durch einen Auffahrunfall oder andere Folgen zu verursachen, biete ich mich mit Erfahrung in diesem Bereich und als Fachpersonal dafür an. Ohne Diskussion nimmt der Oberstleutnant das Angebot an. Damit wird Tim zum Beifahrer von Dolli, der meinen Wagen als Zugfahrzeug steuern wird, und der Oberstleutnant zu meinem Beifahrer. Der Vollständigkeit halber weise ich Dolli noch kurz ein und mache ihn auf die Besonderheiten beim Abschleppen aufmerksam. Die Zeit, die wir hier außerhalb der Fahrzeuge stehen, sollte möglichst kurzgehalten werden und Dolli ist auch kein Fahranfänger, daher müssen wir nicht mehr als nötig besprechen.

Die erste Hürde wird das Umkehren sein. Denn obwohl hier reichlich Platz zu sein scheint, werden die Afghanen, die von hinten angefahren kommen, wohl wenig Rücksicht nehmen, weil sie es möglicherweise nicht schnell genug erkennen, was vor ihnen passiert. Während Tim mit seinem Gewehr am Sichern ist, steige ich in den defekten Wolf und schalte die Warnblinkanlage ein. Gut, dass die heißen Temperaturen des Sommers vorbei und die Morgenstunden bereits sehr kühl sind, andernfalls könnte ich über die nächsten Kilometer ganz schön ins Schwitzen kommen.

Es sieht so aus, als wolle Tim den gesamten Wendevorgang noch außerhalb des Fahrzeugs bleiben. Ich reiße noch einmal meine Tür auf und rufe ihm durch den Verkehrslärm zu, dass er wieder einsteigen kann. Doch es ist so laut um uns herum, dass er mich erst versteht, nachdem er an meine Fahrertür gekommen ist und dann auch sofort wieder in den Wolf zu Dolli steigt. Schon oft habe ich mich darüber geärgert, dass wir nun nicht mehr allein mit einem Fahrzeug durch Kabul fahren dürfen, doch in so einer Situation stehen der Nutzen und die Vorteile außer Frage. Allein hätte man jetzt vielleicht eine Stunde oder mehr hier gestanden, um Hilfe zu bekommen und so sind es keine fünf Minuten, bevor es weitergeht. Tim ist wieder im Wolf und langsam fährt Dolli vorne an, um das orangene Abschleppseil auf Spannung zu bringen. Trotz des gut gedämmten Innenraumes unseres Wolfes ist das Aufheulen des Motors von Dollis Wagen deutlich zu hören. Mit dem Fuß über dem Bremspedal und dem Schalthebel in Neutral lasse ich mich mit einem fast unmerklichen Ruck anziehen. Dolli beginnt damit, einen möglichst großen Bogen nach links zu fahren, um wieder zurück auf die Gegenfahrbahn zu kommen. Als wolle er mit einem LKW und Anhänger ein Wendemanöver fahren, holt er weit, eigentlich schon viel zu weit, aus. Mühsam nur lässt sich das Lenkrad von mir eindrehen. Jetzt, wo der Motor nicht mehr läuft und keine Pumpe die eigentliche Lenkarbeit übernimmt, merkt man dem Wagen die etwa viereinhalb Tonnen stark an. Unaufhörlich drücken sich immer wieder Fahrzeuge von hinten durch die enger werdende Lücke zur Fahrbahnmitte. Teils mit aufgeregtem Hupen, ziehen sie dann auch noch viel zu schnell an uns vorbei. Es nützt nichts, nur durch langsames Vortasten und damit Schließen der restlichen Lücke für den nachfolgenden Verkehr, kommen wir auf die andere Seite. Jetzt, wo Dolli schon fast auf der Gegenspur ist, kann selbst ein Blinder das leuchtende Abschleppseil zwischen den Fahrzeugen erkennen und sollte nicht versuchen, sich dort durchzuquetschen. Auch der Gegenverkehr hat nun angehalten, um uns auf seine Spur zu lassen. Fast wie von selbst dreht das

Lenkrad zurück in die Geradeausposition, als wir wieder parallel zu den Fahrstreifen fahren.

Der Oberstleutnant, der bis gerade noch die Eindrücke verbal verarbeitet hat, bittet mich um mein Handy. Er möchte unsere Sprachmittler informieren, damit sie nicht länger auf uns warten. Damit haben sie einen entspannten Vormittag und müssen erst heute Nachmittag, wenn sie in einer Datei biometrisch erfasst werden sollen, wieder in unserem Camp sein. Nachdem einer unserer Fahrer sein Handy auf der Motorhaube vergessen hatte und damit nach Kabul reinfahren wollte, sind alle Handys, deren Nummern in seinem Verzeichnis gespeichert waren, eingezogen worden. Ein Zivilist hatte das Handy gefunden und sich über das reichliche Guthaben gefreut. Nach einem Anruf und etwas längeren Verhandlungen durch einen unserer Sprachmittler hat er sich dann schließlich bereiterklärt, das Handy für einen „Finderlohn“ von 1.000 Afghanis (ungefähr 9 Euro) wieder zurückzugeben. Da man jedoch nicht weiß, ob er die Nummern aus dem Handy kopiert hat und verwenden wird, mussten nun eben alle betroffenen Handys eingezogen werden. Es wird noch einige Tage dauern, bis unsere Einheit wieder mit neuen SIM-Karten ausgestattet ist und so gibt es neben mir nur noch sehr wenige in unserer Einheit, die noch telefonisch außerhalb des Camps erreichbar sind. Das Telefonat mit Amin, der am einfachsten, weil in meinem Telefonspeicher, zu erreichen ist, ist schnell wieder beendet.

Der Empfang ist schlagartig weg und ein Blick in den Rückspiegel erklärt auch warum. Hinter uns fährt ein Konvoi der Amerikaner, die darauf warten, eine günstige Gelegenheit zum Überholen zu finden. Die *Jammer* (Störsender zum Unterbrechen von Telefon- und Funkverbindungen) auf ihren Fahrzeugen sind recht leistungsstark und so ist in ihrer Nähe jegliches Handynetz gestört, da diese auch zum Fernzünden von Sprengsätzen genutzt werden könnten. Ein lautes Piepen aus unserem Funkgerät signalisiert, auch hier gibt es gerade keinen Empfang mehr. Ein Nachteil, den man für einen besseren Schutz gegen Anschläge hinnehmen muss. Funken ist jetzt erst mal auch nicht mehr möglich. Das letzte gut ausgebaute Stück auf dem Rückweg zum Camp ist dann die Gelegenheit für die Amerikaner und sie ziehen mit ihren bedrohlich aussehenden LKWs, die vor lauter

Anbauten und Antennen einem Prototyp futuristischer Fahrzeuge ähneln, mit hohem Tempo an uns vorbei.

Dolli lässt es ruhig angehen und das ist auch gut so. Durch den geringen „Sicherheitsabstand" zu ihm ist es eine echte Konzentrationsaufgabe, nicht aufzufahren. Teilweise bremse ich sogar, wenn Dolli wieder leicht beschleunigt, um das durchhängende Abschleppseil auf Spannung zu halten. Meine, wenn auch schwachen Bedenken, Dolli könnte mit der Aufgabe Probleme haben, sind völlig unbegründet. Er macht es mir durch seine Fahrweise verhältnismäßig leicht, sauber hintendran zu bleiben. Wäre unsere Fahrweise zu sehr unterschiedlich, würde ich durch schlagartiges Anziehen des Seils oder zu starkes Bremsen, schnell in Schwierigkeiten geraten können. Bei fünf Metern Abstand und einer Bremse, die nur mit kräftigen Tritten auf das Bremspedal eine annähernd brauchbare Verzögerung erzeugt, ist ein Auffahren jederzeit möglich.

Der Innenraum riecht nun stark nach Dieselkraftstoff und da der Oberstleutnant gerade davon gesprochen hat, dass der Motor von allein ausging, fällt das vermutete Leck in der Kühlanlage aus. Vielmehr scheint es an der Kraftstoffpumpe oder deren Leitung zu liegen. Da der Dieselkraftstoff im Motorraum auf der heißen Abgasanlage verdampft ist, hat er nicht wie gewöhnlicher Diesel gerochen und so etwas irritiert. Die ununterbrochene Konzentration hat die Zeit wie im Flug vergehen lassen. Mein Abschleppseil, das bis hier eigentlich noch recht sauber geblieben ist, taucht gerade durch die letzten tiefen Pfützen vor dem Camp. Damit ergibt sich die erste Gelegenheit und Notwendigkeit, das Seil nachher mit dem Dampfstrahler zu bearbeiten, bevor es wieder im Staufach landet.

Erneut muss ich kräftig kurbeln, um den Bogen in das Haupttor zu nehmen und rolle, das Seil immer noch auf Spannung haltend, in die Schleuse hinein. Die Wache hatte uns sehr früh entdeckt und so konnten wir ohne anzuhalten durchfahren. Dennoch führt die Wache ihren routinemäßigen Check unserer Fahrzeuge durch und spiegelt sie ab. Tim hat beim Aussteigen bereits wieder seine Kamera in der Hand und fotografiert die Abschleppkombination unserer zwei Fahrzeuge von allen Seiten in der Fahrzeugschleuse. Nach der Sicherheitsüberprüfung unserer Waffen geht es die letzten Meter zur

Werkstatthalle weiter. Auf dem Weg dorthin fahren wir am Werkstattmeister, der die Abschleppkombination fragend mustert, vorbei. Dolli zieht den defekten Wolf direkt vor die Hallen Tore, so dass die Werkstatt selbst entscheiden kann, ob sie das Fahrzeug direkt annehmen oder erst auf den Parkplatz parken wollen.

Igor, der Werkstattmeister, steht bereits mit seinem Kaffeebecher in der Hand am Wagen, als ich zum Öffnen der Motorhaube aussteige. Ich reiche ihm die Hand, um ihn zu begrüßen. Etwas umständlich muss er seine erst freimachen und den Kaffee in die Linke und den Schlüssel aus der Linken in die Hosentasche verfrachten. Mit den Worten „Die gelbe Lampe des Luftfilters ist angegangen und da haben wir den Wagen sicherheitshalber wieder ins Camp geschleppt", begrüße ich ihn. Sein eigentlich immer etwas böse wirkender Blick knautscht das Gesicht fragend zusammen. Wenige Sekunden später, mein Grinsen kaum zu übersehen, beginnt er kräftig zu lachen und muss dabei sogar aufpassen, dass er seinen Kaffee nicht verschüttet. Schnell wechsele ich in den Ernst zurück und erkläre ihm, welchen Schaden ich vermute. Die Motorhaube gleitet unter einem leisen Zischen der Gasdruckdämpfer, die die Haube halten, nach oben. Im vorderen Bereich ist der Motor immer noch nass vom Kraftstoff, der unter hohem Druck den Weg aus einer Kraftstoffleitung ins Freie gefunden hat. Obwohl alle drei Hallenplätze belegt sind, vielleicht weil Tim mein Beifahrer als Oberstleutnant mit seinem Dienstgrad zum Handeln „zwingt", nimmt er den Wagen sofort an, um ihn wieder für den nächsten Tag in Gang zu bekommen. Ob das klappt wird sich zeigen, wenn genau bekannt ist, was defekt ist und ob das Ersatzteil auch verfügbar ist.

Damit haben wir den zweiten Fahrzeugausfall in zwei Tagen, nachdem das Fahrzeug des Obersts erst gestern von einem Stein in die Seitenscheibe getroffen wurde. Zwar war sie dadurch nur oberflächlich beschädigt, doch damit ist der Schutz des „Panzerglases" nicht mehr sichergestellt. In diesem Fall ist eine Scheibe auf Lager und eine Wartezeit von mehreren Monaten wie bei meinem Wolf Anfang des Jahres und damit die Sperrung des Fahrzeuges vermieden. Die Schäkel, mit denen das Abschleppseil an den Fahrzeugen befestigt ist, lassen sich leicht lösen. Das

Abschleppseil ist vom Modder der Pfützen getränkt und so gehe ich, während Dolli meinen Wolf parkt, zum Dampfstrahler. Endlich ist der alte, der ständig defekt war, durch einen neuen und sehr leistungsstarken ersetzt worden. Bisher scheint ihn an diesem Tag noch niemand benutzt zu haben, denn sowohl das Stromkabel als auch der Wasseranschluss geben noch nichts her. Während die beiden Oberstleutnante noch mit dem Werkstattmeister im Gespräch vertieft sind, gehe ich in die Werkstatthalle, um den Wasserhahn für den Dampfstrahler zu öffnen und verbinde danach das Kabel mit der Steckdose.

Viel liegt nun für den Vormittag nicht mehr an und so lege ich mir in aller Ruhe das Abschleppseil in voller Länge vor dem Dampfstrahler aus. Mit dem linken Fuß trete ich auf den Schäkel des einen Endes und halte ihn damit gegen den Druck des Wasserstrahles aus dem Dampfstrahler fest. Zentimeter für Zentimeter gehe ich das Abschleppseil, den breiten Strahl dicht über dem Seil, entlang. Selbst die leuchtende Farbe fließt mit dem Dreck aus dem Seil heraus und ein wie neu wirkendes Seil kommt hinter dem Wasserstrahl zum Vorschein. So neu hat das Seil wohl nie zuvor ausgesehen, denke ich mir und finde sogar Spaß an den „Wasserspielen". Dabei ist mein Seil, welches immer trocken und schmutzgeschützt im Staufach lag, noch eines der besten. Wenn ich die Abschleppseile an den vielen Wölfen sehe, die vorne am Grill oder hinten am Stoßfänger befestigt sind, möchte ich gar nicht wissen, wie viel Dreck dort rauskommen würde. Innerhalb weniger Minuten hatte ich mein Seil aus dem Fach und an den Wagen angebracht. Daher bin ich überzeugt davon, dass die äußere Anbringung, die ja Zeit sparen soll und ein „gefechtsmäßiges Verbinden" ermöglichen soll, ein Irrglaube ist. Wurde das Seil, dass mit zahlreichen Kabelbindern am Fahrzeug verbunden ist, erst mal monatelang durch den Dreck gefahren, kann das weder für die Schäkel, deren Gewinde verdrecken, noch für das Seil selbst gut sein. Zudem benötige ich in jedem Fall Werkzeug, um die Kabelbinder am Seil zu lösen. Und dann, wenn der Soldat im Stress ist, nutzt er das was er sofort zur Hand hat und schnippelt mit seinem Taschenmesser am Abschleppseil herum. Da bleibe ich lieber bei meiner Variante. Das vom Wasser tropfnasse Abschleppseil falte ich in Meterlängen über meine rechte Hand zusammen und schalte den Dampfstrahler wieder ab. Eigentlich müsste es trocknen, bevor ich es wieder in das Staufach zurücklege, doch offen in der Sonne liegen lassen kann ich es nicht, wenn ich nicht nachher „zwei“ davon haben möchte. Also lege ich es lose in meinem Gepäckraum und werde es morgen oder übermorgen wieder zusammengerollt dorthin legen, wo es hingehört. Dolli wartet schon sichtlich ungeduldig und hat bereits unsere gemeinsame Ausrüstung zu einer kleinen Burg auf der Motorhaube aufgetürmt. Dennoch muss ich noch den Fahrauftrag abschließen und den Wagen verschließen, bevor wir zurück zur Unterkunft gehen können.

Noch im Laufe des Nachmittags findet die biometrische Erfassung unserer Sprachmittler statt. Das Verfahren dauert etwa eine Viertelstunde pro Mann und zieht sich damit bis kurz vor die Abendbrotzeit hin. Ein Verfahren, dass durch amerikanische „Kontraktoren“ durchgeführt wird, um bei allen beschäftigten Kräften, die für die NATO arbeiten, Verwechslungsgefahren auszuschließen. Da die Sprachmittler nicht allein im Camp herumlaufen dürfen, bleibe ich die gesamte Zeit über immer bei einigen oder einzelnen von ihnen, während der Rest von einer Kameradin der Truppenverwaltung betreut wird. An Tagen, in denen die Sprachmittler in unser Camp kommen, fällt ihnen auch sofort ein, dass sie ja vielleicht mal einen deutschen Arzt auf ihre „Wehwehchen“ schauen lassen könnten. Und so sind von den heutigen sieben auch wieder drei dabei. Da sowohl Avabi als auch Amin darunter sind, gebe ich der Fragerei nach einer Terminabsprache nach und begleite sie jeweils einzeln zum Doc, während die anderen im Vorraum für die biometrische Erkennung sitzen. Auch der Kamerad in der Zahlstelle hat die Chance ergriffen und die Auszahlung, die eigentlich erst in etwa einer Woche wäre, vorzuziehen. So wird der Nachmittag zu einer kleinen Rundführung durch das Camp für die Sprachmittler, die selbst in Begleitung nur zu wenigen Bereichen Zutritt haben dürfen. Damit hat der Tag doch noch seinen Sinn bekommen, wenngleich ich nun die Vorbereitung des Prüfbefehles auf morgen verschieben muss und der „Liefertermin“ damit weiter heranrückt.

Erneut ist ein LKW mit Sprengstoff aus dem Verkehr gezogen worden. Ganze 26 Tonnen sollen sichergestellt worden sein. Das würde wohl reichen, um die Masse meines Heimatortes dem Erdboden gleichzumachen. Etwas ungewöhnlich, aber wohl Teil einer Taktik der Taliban, ist ein Anschlag, der nicht vereitelt werden kann. Der Bus einer Hochzeitsgesellschaft, der Gäste befördert hat, ist angesprengt worden. Dabei wurden 18 Zivilisten getötet. Immer öfter hört man sowohl von den afghanischen Soldaten als auch von unseren Sprachmittlern, dass die Angst vor dem Abzug der NATO immer größer wird. Immer öfter werden wir auch von den Soldaten nach Möglichkeiten für Asyl in Deutschland gefragt. Aber sowohl Nachrichten von Anschlägen als auch die Sorgen der Afghanen dringen kaum noch zu mir durch. Wie an einer Schutzweste prallen diese Dinge inzwischen an mir ab. Dabei ist es weniger eine reine Gleichgültigkeit, als mehr die Ohnmacht, sowieso nichts daran ändern zu können. Sollen wir allen Afghanen Asyl bieten? Sie haben es leider in den vergangenen mehr als zehn Jahren nicht verstanden, auch weil sich immer wieder jeder selbst der Nächste scheint, die Hilfe der NATO zu nutzen und auch selbst Energie dafür zu investieren, um die Probleme ihres Landes in den Griff zu bekommen. Milliarden Euros und tausende Tote später öffnen sich anscheinend langsam ihre Augen und die Möglichkeiten, bleibende Veränderungen zu bewirken, die vor allem der Sicherheit zugutekommen, entwickeln sich zur unlösbar werdenden Aufgabe für das ganze Land. Und als bestätigt sich mein Eindruck vom egoistischen Denken, welches maximal die Familie einbezieht, wollen sie ihr Land lieber verlassen, als darin eigene Kraft zu investieren. So ist es auch kaum verwunderlich, dass nun immer mehr unserer Sprachmittler das Interesse an einem Asylverfahren für Deutschland bekunden. Verständlich und menschlich, doch wo führt das hin?

Es ist kurz vor Mitternacht und meine nächste Wache gemeinsam mit Dolli steht an. In dieser Nacht werden wir mit zweistündiger Unterbrechung zwei dieser Wacheinheiten durchführen. Der nun eingesetzte Wachzug/Wachmannschaft, aus Masa bekommt einen Tag in der Woche frei und so müssen wir trotz deren Anwesenheit eben auch die nächsten Wochen diese 24-Stundenwache von jedem Mittwoch auf Donnerstag ableisten. Die Bereitschaft, sich für diese Dienste einzuteilen, ist auf ein bedenkliches Maß abgesunken. Kaum noch jemand kann diese nun als Dauermaßnahme zu verstehenden Dienste, noch nachvollziehen. Hinzu kommt ein recht unkooperativ wirkendes Verhalten der Unterstützungskompanie, die nicht einmal bereit ist, uns in den zwei Stunden von 17 bis 19 Uhr zu entlasten, damit wir gemeinschaftlich an unserem wöchentlichen „Commander‘s Call“ teilnehmen können. Die anfängliche Bereitschaft, die Stellung an unserem Gebäude als Einheits-Stellung zu sehen, wird uns nun zum Verhängnis und stellt durch diese „Dauermaßnahmen“ eine erhebliche Belastung dar. Im Glauben, diese Stellung würde nur im Verteidigungsfall eine Rolle spielen, hat man wohl leider nicht den aktuellen Fall bedacht. Und da der Kontingentführer nun genau überlegen muss, wann er diese Maßnahme zurücknimmt und damit das Risiko eingeht, sie dann doch zu benötigen, wird sie wohl noch eine Weile andauern. Ob die aktuellen Informationen dies jedoch noch rechtfertigen, kann ich schlecht beurteilen.

Das Wetter hat mit starker Bewölkung in den letzten zwei Tagen kräftig umgeschlagen und die Temperaturen auch Tagsüber in den einstelligen Bereich geschickt. Nun trage ich meinen Kälteschutz auch wieder am Tage, denn da die deutschen Heizgeräte im Frühjahr aus den afghanischen Zelten abgezogen wurden, beginnen wir auch dort zu frieren. Der Versuch, mit der einzig funktionierenden Klimaanlage zu heizen, scheitert daran, dass die Elektrik damit überlastet ist und im Minutentakt die Sicherungen rausfliegen. Bleibt es beim letzten bekannten Plan der Afghanen, dann müsste am Samstag der Umzug beginnen und wir ebenfalls in der nächsten Woche in feste Gebäude kommen. Doch mein Gefühl und meine Erfahrung sagen mir, dass sich das auch unter günstigen Umständen noch etwas hinziehen wird. Gleich, wenn die ersten zwei Stunden der Wache rum sind, werde ich die Zwischenzeit zum Telefonieren nutzen. Nun, da die Winterzeit in Deutschland begonnen hat und wir so dreieinhalb Stunden Differenz haben, ist es wieder schwieriger, eine gute Zeit dafür zu finden.

Die Stimmung ist in den letzten Tagen auch bei meiner Frau weiter besser geworden. Morgen sind es noch genau sieben Wochen bis ich mit Dolli in den Weihnachtsurlaub „vor-shuttle“ (so nennen wir das rechtzeitige Fliegen nach Termez um den Airbus zu bekommen). Dies und dass ein Ende des Einsatzes nun langsam in greifbare Nähe rückt, lassen den Druck weiter schwinden. Fast zwanghaft versuche ich vor der Wache noch einmal in den Schlaf zu kommen, denn diese Nacht wird lang werden. Doch auch dieses Mal spielt mir mein Kopf, der nie mehr wirklich zur Ruhe kommen will, einen Streich. Hätte ich mir besser noch einen Film angeschaut oder mein Englisch geübt, doch nun sind es nur noch wenige Minuten und es geht völlig müde in die Wache.

Während ich mir nach und nach meine Uniform anziehe, lasse ich nebenbei den Fernseher laufen. Durch die Zeitverschiebung habe ich es aufgegeben, ein anderes als das Bundeswehrprogramm zu schauen. Selbst auf den Öffentlich-Rechtlichen läuft in den Nachmittags- und frühen Abendstunden nicht besonders viel Interessantes. Dieses Mal ziehe ich mich dick an. Eine lange Unterhose, mein Kälteschutz und darüber der Feldparka geben eine angenehme Wärme. Die schwere Schutzweste trägt ebenfalls ihren Teil dazu bei, dass kaum noch Wind an den Körper kommen kann. Dicke lange Socken, die ich bis unter die Knie ziehe, schließen die Lücke unter den Hosenbeinen, die in die Hosengummis eingerollt sind und so über dem Stiefelschaft enden. Aus meinem Kühlschrank nehme ich zwei Dosen und stecke sie in meinen Helm an der Weste. Eine Packung Schokokekse kommt ebenfalls dazu und soll den kleinen Hunger zwischendurch überbrücken. Vielleicht werde ich dann für die zweite Schicht wieder eine asiatische Nudelsuppe machen. Sie wärmt und schmeckt zudem auch recht lecker. Schwer bepackt, nur mit leichten Verrenkungen, komme ich durch die Stubentür auf den Flur. Nicht einmal meinen Stubenschlüssel kann ich problemlos, an der Ausrüstung vorbei, in meine Hosentasche fallen lassen. Mit noch etwa zehn Minuten Zeit gehe ich träge und sichtbar lustlos die Treppe in den nächsten Stock hinauf. Dollis Tür steht schon offen und so postiere ich mich direkt davor, um darauf zu warten, bis auch er seine Ausrüstung angelegt hat. Seine „Ersatzstube“, die er wohl nun bis zum Ende des Einsatzes behalten wird, wirkt kahl und ungemütlich. Seine alte Stube hatte ihn mit unangenehmen Gerüchen verjagt und wird nun saniert. Sein Laptop steht aufgeklappt auf seinem Schreibtisch und auch für ihn scheint das Surfen im Internet ein willkommener Zeitvertreib zu sein. Da er sich eine afghanische SIM-Karte besorgt hat, kann er mit seinem Smartphone recht kostengünstig mit seiner Frau und anderen kommunizieren. Darüber hatte ich auch schon nachgedacht, denn wenn in wenigen Tagen das Telefon von der Stube verschwunden sein wird, weil es dann im neuen Büro angeschlossen ist, werde ich weniger mit zu Hause telefonieren können.

Doch bis zum Weihnachtsurlaub sind es dann nur noch vier Wochen und wenn ich wiederkomme, weitere vier. Dafür lohnt sich der ganze Aufwand nicht und so werde ich mich mit den kommenden Möglichkeiten arrangieren müssen.

Der letzte Zwischenbescheid zu meiner Eingabe lässt nicht gerade auf eine schnelle Lösung in der „Kommunikationsfrage“ schließen. Man warte immer noch auf die Stellungnahme des Ministeriums. Wenn erfolgreich, dann wird sie also nur noch etwas für die Kameraden nach mir und die, die eben noch länger bleiben, etwas bringen. Doch das war bei den zu erwartenden Bearbeitungszeiten abzusehen. Dolli macht einen schlecht gelaunten Eindruck. Seine Frau hat wohl mal wieder dazu beigetragen. Spontane Entscheidungen die Herbstferien nach ihren Wünschen zu gestalten, haben wohl nicht auf seine Zustimmung getroffen und nun, da sie doch macht, wozu sie Lust hat, ist schlechte Laune angesagt. Wir sind fast zehn Minuten zu früh und doch schlendern wir nicht gerade hochmotiviert zum Seitenausgang der Feuertreppe. Die dichte Wolkendecke des Tages, die viel Regen und weitere Abkühlung mitgebracht hatte, ist fast vollständig verzogen. Der Himmel mit seinen leuchtenden Sternen liegt klar über uns. Nur als mein Blick durch die Tür hindurch wieder hinabgleitet, kommt die staubgetrübte Stadt wieder ins Bild. Der Blick zum Himmel gab mir für wenige Sekunden ein heimisches Gefühl zurück. Als wäre ich nicht in diesem kriegerischen Land, sondern zu Hause in meinem Garten bei der Familie.

Der Spieß und der Stellvertreter, die wir nun ablösen, beginnen sofort damit, ihre Ausrüstung aufzunehmen. Für den Stellvertreter, der die Wache von 17 bis 19 Uhr hatte, ist es damit die zweite des Tages. Dolli und ich warten noch auf der unteren Ebene bei der Sitzecke, denn der Zugang zur Stellung ist durch einen Stuhl etwas verbaut. Doch die Stellung ist von der Sicherungstruppe fast vollständig zugebaut. Eine „GraMaWa“ (Granatmaschinenwaffe) steht beinahe über die gesamte Fläche der Stellung ausgebreitet. Weitere Nachtsicht- und Infrarotgeräte auf mannshohen Stativen belegen den verbleibenden Platz. Unser Maschinengewehr liegt da fast bedeutungslos auf dem Boden zwischen den Sandsäcken, die die Stützen der GraMaWa fixieren sollen. Höchstens einer kann sich so in der Stellung bewegen. Bleiben wir an festen Punkten stehen, dann passen wir auch zu zweit hier herein. Der Spieß hat, was sicher eine hervorragende Idee ist, einen Heizstrahler an der hinteren Wand anbringen lassen. Optisch gleich einer großen Neonlampe, erzeugt der Strahler mehr als ausreichende Wärme für die enge Stellung. Bei Windstille könnte es sogar zu viel werden. Viel kommt den beiden Kameraden, die die Stellung nur noch schnell verlassen wollen, nicht über die Lippen und so bleibt es bei der Bekanntgabe des Ladezustandes der Waffen und dann sind sie auch schon wieder weg.

Da wir die GraMaWa nicht bedienen dürfen (fehlende Einweisung und Schießübungen), ist sie entladen. Der große Patronenkasten mit den 40 mm-Geschossen hängt aber noch dran. Im Alarm- oder Angriffsfall würde die Stellung wieder schnellstmöglich von den „Sicherern“(Wachmannschaft) übernommen und so macht es Sinn, alles aufgebaut zu lassen. Mit dieser Waffe, die eben Granaten verschießt, kann man den Feind sicher eine Weile in Schach halten und abschrecken. Sie erspart bei einer höheren Treffgenauigkeit das mühsame und in der Reichweite sehr begrenzte Werfen von Handgranaten, erzeugt aber ähnliche Schäden. Die weiteren Patronenkästen am Boden lassen den Schluss zu, dass damit unsere nähere Umgebung dem Erdboden gleichgemacht werden könnte. Um die Wachmannschaft am Haupttor würde es schlecht stehen, wenn dort Treffer von der GraMaWa einschlagen.

Wir legen unsere Ausrüstung ab und machen uns kurz mit den Geräten vertraut. Dass dies in der Dunkelheit nur begrenzt möglich ist, liegt auf der Hand. Doch der Heizstrahler mit seinem warmen Rotlicht, spendet wenigstens etwas Licht in der Stellung zur Orientierung. Hochwertiges Equipment im Wert von vielen tausend Euro liegt hier herum. Gerät, was der einfache Soldat nur selten zu Gesicht bekommt. Aber dafür gibt es eben spezielle Kräfte, die spezielles Material benötigen. Viel beobachten lässt sich in den Nebelfeldern über dem Gelände um uns herum nicht. Mit Gesprächen und nur wenigen Scherzen, die zu so später Stunde immer schwerer fallen, vertreiben wir uns die Zeit. Das hohe Gewicht der Waffen und der vielen Sandsäcke gibt mir zudenken. Würde die GraMaWa erst einmal mit dem Schießen beginnen, dann würde ich keinen Fünfer drauf wetten, dass die afghanischen Dübel die Feuertreppe unter den ständigen Erschütterungen der Waffe lange an der Wand halten.

Wo in Deutschland vor der Nutzung Abnahmen durch Sachverständige durchgeführt werden müssen, wird hier wie selbstverständlich den Baukünsten der afghanischen Arbeiter, die diese Feuertreppe auf Wunsch der Deutschen erst angebracht haben, vertraut. Bei der Gewichtsbelastung hätte ich wenigstens Fundamente für die Stützen, die hier einfach an der Bodenplatte vor dem Gebäude festgedübelt wurden, gesetzt. Während Dolli und ich darüber philosophieren, dringen immer wieder nicht identifizierbare Knackgeräusche aus der Treppe durch die Nacht. Wir scherzen darüber, wie wir uns im Falle eines Einsturzes am Vorsprung des Daches festhalten könnten und wie lange wir dort wohl mit der schweren Ausrüstung hängen bleiben würden. Mein Hinterteil hat gut Wärme aufgenommen. Ein Geruch, wie frisch gebügelte Wäsche, steigt mir in die Nase und so gehe ich die wenigen Zentimeter, die mir zur Außenwand bleiben, nach vorne. Es reicht völlig, um zu glauben, dass die Heizung sich abgeschaltet hätte. Solange hier kein starker Wind geht, muss jetzt auch niemand in der Stellung frieren. Über Funk hören wir, dass die Ablöse einer anderen Stellung verschlafen hat und man nun auf der Suche nach ihm ist. Das ist Dolli und mir zum Glück noch nicht passiert. In solchen Dingen und auch bei anderen Terminen ergänzen wir uns, obwohl wir nicht in derselben Inspektion sind, ganz gut.

Der Vergleich, der mir letztens, als wir wieder einmal Späße im Admin-Container gemacht haben, eingefallen ist, passt irgendwie ganz gut auf uns: Die beiden Opossums aus „Ice Age“ treffen es wohl am besten. Zwar machen wir nicht die ganze Zeit nur Blödsinn, doch für Außenstehende kann das manchmal schon etwas seltsam, wenn nicht sogar primitiv wirken. Doch derselbe Humor bringt immer wieder Dinge aus uns raus, die sich dann schnell hochschaukeln und wir uns darüber einfach herzhaft amüsieren können. Das mag sich seltsam anhören, doch wir müssen unbedingt auch lachen, sonst verlernen wir es in dieser belastenden Zeit. Wir machen unseren Job und finden Zeit, um auch mal geistig abzuschalten. Wer weiß, ob man uns nicht sogar ab und zu darum beneidet. So ist es für die Seele und Stimmung wohl mein großes Glück, dass Dolli hier in den Einsatz gekommen ist. Und schneller als gedacht fliegen die zwei Stunden an uns unter dem Naturschauspiel des aufgehenden Sichelmondes vorbei.

Keine Ahnung, wann ich mir das letzte Mal die Zeit dafür genommen habe, einen Sonnen- oder Mondaufgang anzusehen. Die Erde dreht sich täglich wie selbstverständlich weiter und der Blick für die einfachen, immer verfügbaren Eindrücke, geht unter dem Stress unserer Gesellschaft und Kultur völlig unter. Der neue Tag ist gut eine Stunde alt, als die Stahltür zum Gebäude sich unter leichtem Quietschen nach außen bewegt und das Gepolter der Ausrüstung helle metallische Töne erzeugt. Theo und der Leutnant kommen fast auf die Minute pünktlich zur Ablösung.

Vorwurfsvoll mussten wir uns noch am Nachmittag anhören, dass wir ja auch trotz der Wache rausfahren könnten, weil sie es auch tun würden. Dabei ging es um die Problematik, dass sie mal wieder ein zweites Fahrzeug brauchten, um beweglich zu sein. Unglücklich an der Situation war nur, dass der Leutnant seine Kritik an uns gegenüber dem Oberst kundtat und damit nicht nur unwissend darüber, dass wir eben nicht nur eine, sondern zwei Schichten in dieser Nacht machen werden, sondern auch unkameradschaftlich war. Der anschwärzende Charakter dieser Information war selbst für die Nachbartische nicht unbemerkt geblieben. Und dass, nachdem er sich erst wenige Tage zuvor einen weiteren „Brocken“ geleistet hatte.

Wir waren bereits seit 6 Uhr am Morgen unterwegs gewesen und mussten, weil der Oberst eine Besichtigung von der neuen Liegenschaft in PeC 2 durchführen wollte, länger in der Stadt bleiben. Als dann gegen 13 Uhr absehbar war, dass daraus so nichts mehr werden würde, stellte Tim die Crews für die Rückfahrt aus den vorhandenen Fahrzeugen zusammen. Mit der Küche im Camp war abgesprochen, dass ein Buffet, das anlässlich des Besuches des Wehrbeauftragten im Innenhof aufgebaut wurde, für uns stehengelassen wird. So hätten wir auch weit über die eigentliche Öffnungszeit der Küche hinaus noch etwas Warmes zu essen bekommen. Drei Fahrzeuge, um schon so viele wie möglich in das Camp zurückzubekommen, verlegten sofort. Dolli und ich, die an diesem Tage in einem Fahrzeug als Team unterwegs waren, sollten auf ein weiteres Fahrzeug, das noch unterwegs war, warten. Es fiel die Aussage: „In einer Minute sind die anderen da, dann könnt ihr auch los!“

Theo, der Fahrer vom Oberst und der Leutnant hatten sich an einem der neuen Gebäude einen kleinen „Essensplatz“ aufgebaut. Hier hatten sie schon mehrere Tage damit zugebracht, den Afghanen bei der Arbeit zuzusehen und sie dabei zu überwachen. Den Sinn dahinter, den ganzen Tag auf eine Mauer zu starren, die in der Entstehung ist, haben nur wenige verstanden. Warum musste jetzt, nach mehr als zwei Jahren Bauzeit, plötzlich jemand die afghanischen Arbeiter beaufsichtigen? Gibt es für so etwas nicht eine Bauabnahme und die dann folgende Gelegenheit für den Bauträger, die Mängel abzustellen? Denn das Problem lag nun darin, dass diese Beaufsichtigung sich bis in den späten Nachmittag zog und dann in der Regel aber kein Begleitfahrzeug mehr draußen war. So musste nun schon mehr als einmal eine Crew, bestehend aus mindestens zwei Fahrzeugen, wieder zu den Afghanen und der entstehenden Mauer fahren, um die Aufsichtspersonen wieder abzuholen. Spätestens bei diesem Aufwand und der damit unnützen Gefährdung von Personal und Material hat sich mein Verständnis, dass sicher durch Unwissenheit um die genauen Umstände subjektiv geprägt ist, entzogen. Sicher ist es wie so oft, man muss nicht alles verstehen.

Nun hatten sich die Kameraden aber, in dem Wissen, dass sie auf jeden Fall auf der Baustelle bleiben würden, etwas von den Afghanen zu essen bestellt. Der Leutnant jedoch hatte den Auftrag bekommen, sich auf unser Begleitfahrzeug zu begeben und wieder mit ins Camp zu verlegen. Der Beifahrer des ankommenden Fahrzeuges würde also die Beifahreraufgaben für Theo übernehmen. Das machte zuerst nur Dolli, der den Leutnant darauf ansprach, stutzig. Die Aussage, die Anderen kämen sofort und wir könnten dann in einer Minute losfahren, passte nicht zu dem Umstand, dass der Leutnant, der ja auch dann in wenigen Minuten auf dem Begleitfahrzeug sitzen würde, sich gemütlich die Papiertüte mit seinem angekommenen Hähnchen zum Verzehr vorbereitete.

Dolli kam zurück in meinen Wagen, in dem ich auf der Straße vor dem Gebäude mit etwas Abstand und offener Tür wartete. Sichtlich verärgert und vor sich hin schimpfend, zog er sein Handy aus der Brusttasche und wählte eine Nummer. Noch waren mir die Zusammenhänge nicht ganz klar, denn die Einteilung der Fahrzeugbesatzungen durch Tim hatte ich nicht direkt mitbekommen. Er rief den Fahrer des erwarteten Wolfs an, um zu klären, wann sie denn bei uns sein würden. Doch die Überraschung war perfekt, als dieser sich aus dem *Black Horse* meldete und damit mindestens 20 Minuten entfernt war. Der Eindruck, der Leutnant habe uns mit der „Minutenaussage" nur beruhigen wollen, um sich über sein Hähnchen hermachen zu können, verdichtete sich. Damit sank für uns die Möglichkeit, im Camp noch etwas zu essen zu bekommen, erheblich. Dass meine Laune sich mit zunehmendem Hunger schlagartig verschlechtert, ist nichts Neues, doch dass dies auch noch billigend vom Leutnant in Kauf genommen wurde und er selbst dabei gut wegkam, schlug dem Fass für uns den Boden aus. Von der mangelnden Fürsorge eines Offiziers noch nicht einmal gesprochen. Doch ohne zweites Fahrzeug konnten wir nun auch nur warten und uns über diese unkameradschaftliche Art in meinem Wagen gemeinsam ärgern.

Schneller als gedacht kam dann der Wolf, den wir nun dringend erwarteten, um die Ecke gebogen. Wenigstens der Fahrer hatte versucht, etwas Zeit gutzumachen. Als er aus seinem Wolf stieg und zu mir an die Fahrertür kam, bat ich ihn, den Leutnant zu holen, um hier möglichst bald wegzukommen. Der Leutnant, der auf die Bitte des Stabsunteroffiziers hin demonstrativ noch seine Cola öffnete, machte keine Anstalten, sich bereit zur Abfahrt zu machen. Der Stuffz kam zurück an meine Tür und berichtete mir, was ich nicht hören aber sehen konnte. Damit hatte der Leutnant nun auch bei mir einen Punkt der Gutmütigkeit und Geduld überschritten. Dolli war zu diesem Zeitpunkt dem Platzen nahe und nur schwer zurückzuhalten. Ich beugte mich weit aus der Tür, um den Abstand zum Leutnant, der in völliger Ruhe weiter mit dem Mund an seinem Hähnchen zupfte, zu verringern und rief mit lauter und klar erkennbar verärgerter Stimme: „Du kannst den Scheiß auch als Beifahrer weiteressen also bewege dich, wir wollen auch noch etwas zu essen bekommen!“ Auch wenn meine Ansage und der Tonfall zugegebenermaßen gegenüber einem Offizier unangemessen gewesen sein mag, mit diesem Verhalten hatte er sich für diese Situation sämtlichen Respekt verspielt. Wäre nicht zeitgleich unser Oberst die Straße herunter auf uns zugekommen, die Angelegenheit hätte auch weiter eskalieren können. Auch der Oberst trat an meine Tür und begann sich dafür zu entschuldigen, dass alles etwas anders an diesem Tag gelaufen war als geplant. Und wie von Geisterhand schwang sich plötzlich auch der Leutnant, der den Oberst ebenfalls gut sehen konnte, auf, um sich seine Ausrüstung anzulegen. Dolli und ich hätten auf die Beifahrerdienste des Leutnants gerne verzichtet und Schmittchen, den vorherigen Beifahrer, im Wagen behalten. Doch es war nun mal der Leutnant, der mit zurück ins Camp musste und nun hier auf Zeit spielte um in Ruhe sein Hähnchen aufzuessen.

Die Gelegenheit zur Aussprache erfolgte dann einen Tag später, nachdem wir über seine Vertrauensperson unseren Unmut kundgetan hatten. Direkt hätte ihn wohl keiner von uns beiden darauf nochmal angesprochen, denn nachdem drei Mann ihn auf der Baustelle gebeten hatten, sich für die Abfahrt fertig zu machen und er sich dummgestellt hatte, hätten wir darin auch keinen Sinn mehr gesehen.

Dass er dann auf uns zugekommen ist, ist ihm anzurechnen. Doch leider hat er auch in dem gesuchten Gespräch keine Einsicht gezeigt. Nun noch die „Anscheißerei“ beim Oberst, damit hat er bei uns gelinde gesagt auch keine Pluspunkte gesammelt, angezählt. Und das, wo er doch nur noch selbst wenige Wochen bis zum Ende seines recht kurzen Einsatzes hat. Da war es schon beinahe eine Genugtuung, dass der Oberst seine Ausführungen mit den Worten „Leutnant, bevor sie mir hier wieder irgendwelchen Mist erzählen…“ unterbrach. Das Bedürfnis, beim Oberst Pluspunkte zu sammeln und darüber teils unüberlegt zu handeln, erreichte dann wohl doch genau das Gegenteil.

Als er uns eine gute Nacht wünscht und Dolli und ich gerade die Treppe hinunter zur Tür gehen, drehe ich mich noch einmal um und unterbreche ihn. Mit den Worten „Wir sehen uns in zwei Stunden wieder!“ bringe ich ihn zum Nachdenken und drücke mich mit meiner Ausrüstung durch die von Dolli offen gehaltene Stahltür. Spätestens jetzt müsste es ihm wie Schuppen von den Augen fallen, dass auch die Aktion am Nachmittag vorm Oberst daneben war. Denn uns so hinzustellen, als wären wir zu faul nach einer nächtlichen Wache noch zu den Afghanen rauszufahren, war einfach nicht richtig. Zudem stünde es auch im Konflikt mit den bereits erwähnten Lenk- und Ruhezeiten. Würde dann unter der Übermüdung im wirklich stressigen Straßenverkehr Kabuls ein Unfall passieren, wären wir im Straftatbereich, den auch der Oberst nur schwer bei einer Untersuchung rechtfertigen könnte. Da ich neben dem Leutnant am Tisch des Obersts saß, als der Leutnant uns angeschwärzt hat, habe ich genau diesen Umstand dem Oberst auch mitgeteilt und er hat es sofort verstanden. Wenn die Wachen so wichtig sind, dann muss man eben die damit verbundenen Einschränkungen hinnehmen. Immer unter der Rechtfertigung „Einsatz“ die bestehenden Vorschriften zu umgehen, kann und darf nicht der richtige Weg sein.

Das Telefonat mit meiner Frau, dass mir die Zeit zwischen den Wachen überbrücken soll, dauert keine zwei Minuten. Sie ist eingeschlafen und da ich sie nun nicht wieder völlig aus dem Schlaf reißen möchte, würge ich das Gespräch etwas enttäuscht ab. Also lege ich mich, nachdem ich vorsichtshalber den Wecker noch einmal gestellt habe, mit meiner Uniform auf das Bett. Nur kurz möchte ich die Augen schließen und etwas das Brennen aus ihnen verbannen. Nach kurzer Zeit jedoch beginnt mein Körper abzukühlen und ich zerre mir an einem Zipfel meine Decke halb über mich. Und wenigstens falle ich für etwas mehr als eine Stunde in den Tiefschlaf, aus dem mich glücklicherweise der Wecker rechtzeitig wieder rausholt. Ohne lange herum zu eiern, springe ich mit dem schrillen Ton aus dem Bett und greife mir aus dem Kühlschrank eine angebrochene Dose Cola. Seit ich die Dosen bei den regulären Mahlzeiten nicht mehr auf einmal austrinke und sie angefangen in meinen Kühlschrank stelle, habe ich manchmal bis zu drei offene Dosen dort drinnen. Es stört mich auch nicht, wenn die Kohlensäure irgendwann völlig verschwunden ist, solange sie kalt genug ist. Aus meiner Schublade im Nachtschrank ziehe ich mir mehrere der Schokobonbons und werfe sie auf meinen Schreibtisch. Genüsslich lasse ich die Schokolade in meinem Mund schmelzen und beginne die Nusssplitter zu sammeln und jedes für sich dann geduldig mit den Schneidezähnen zu zermahlen. Wie ein kleines Ritual und um den zu schnellen Verzehr meiner Vorräte zu stoppen, habe ich mir diese Marotte erst hier im Einsatz angewöhnt. Es hilft mir gerade dabei, möglichst schnell wieder meine volle Wachheit zu erreichen, denn das Fernsehprogramm ist bereits nach wenigen Sekunden wieder durchgefallen. Die Zeit zum Schauen wäre eigentlich gut, doch die Flut der Töne und die mit den Sendungen einströmende Hektik brauche ich gerade überhaupt nicht.

Wieder fast zehn Minuten zu früh, da eigentlich minutengenau abgelöst wird, gehe ich „aufgerödelt“ zu Dolli hoch. Dieses Mal habe ich weder Getränke noch Naschereien dabei. Dollis Stubentür steht wieder offen und er sieht zwar müde, aber nicht wie jemand, der gerade geschlafen hat, aus. An seiner Stimmung und seinen Gesten kann ich mittlerweile recht gut ablesen, wie es gerade mit seiner Frau läuft. Jetzt, wo wir Theo und den Leutnant wieder ablösen, haben sie nur noch wenige Worte für uns übrig. Ob es daran liegt, dass wir in unseren Ansichten zum Rausfahren nach einer Wache unterschiedlicher Meinung sind, weiß ich nicht. Doch sie werden sicher einen Teil der Zeit dazu genutzt haben, um darüber zu philosophieren.

Diese zwei Stunden von 3 bis 5 Uhr haben jegliche Romantik verloren. Die immer stärker aufkeimende Müdigkeit lässt selbst die spannendsten Themen in Sackgassen enden. Ein Wettbewerb der Gähnerei hat eingesetzt und beide versuchen wir durch ständige Wechsel unserer Standpunkte etwas Bewegung gegen die Müdigkeit zu bekommen. Die Cola, die Dolli dieses Mal spendiert hat, ist nach den ersten Minuten schon die Kehle heruntergelaufen. Meine Kekse, die ich vorhin liegengelassen hatte, hat niemand angerührt. Doch auch jetzt ist mir nicht mehr nach Essen zumute. Dabei wäre das doch fast meine Zeit, in der ich nachts wach werde, um das Hungergefühl in meinem Magen zu vertreiben. Die Zeit zieht sich unter dem Wunsch, endlich ins Bett zu kommen, unsäglich hin. Vom Level unserer Aufmerksamkeit mag ich erst gar nicht reden. Da ist es nur ein kleiner Trost, dass bisher die wenigsten Angriffe der Taliban oder *Insurgents* (Englisch für Aufständische) wie wir sie auch nennen, in der Dunkelheit durchgeführt wurden.

Es ist eben ein Unterschied, ob ich zwei Wachen am Tag mache und den Rest frei habe, oder den Tag über noch mit anderen Aufträgen beschäftigt bin. Auch ein Grund, warum der Oberleutnant des Wachzuges gar keinen freien Tag beanspruchen wollte, sondern sich der deutschen Führung des Camps untergeordnet hat. Jetzt wo bekannt ist, dass der Wachzug auch noch alle 14 Tage durch die Kameraden aus Masar ausgetauscht wird, fehlt vielen hier das letzte Verständnis für die Regelungen. Schon lange habe ich mich nicht mehr, wenn nicht sogar noch nie, so auf das Gesicht des Stellvertreters gefreut. Er hat damit seine dritte Wache an diesem Wachtag, was sicher nicht als selbstverständlich für einen Oberstleutnant und stellvertretenen Leiter angesehen werden kann und Respekt verdient! Zwar wird er nach dieser Wache „nur“ als Beifahrer mitfahren, dennoch wohl mit der Müdigkeit und dem fehlenden Schlaf der Nacht zu kämpfen haben. Überhaupt ist er in den letzten Wochen immer umgänglicher und ruhiger geworden, was allen in unserer Einheit zugute zu kommen scheint.

Todmüde ziehe ich mir nur langsam und träge die Ausrüstung aus und muss mich zusammenreißen, um sie an den vorgesehenen Platz zu packen. Mein Ordnungssinn bleibt selbst jetzt noch dominant. Es braucht dieses Mal nicht viel Anlauf, um in den Schlaf zu kommen. Selbst mein Kopf, der immer am längsten braucht um runterzufahren, ist auf meiner Seite und so höre ich mich noch selbst laut und in tiefen Atemzügen schnaufen, bevor ich vor völliger Müdigkeit in das Reich der Träume entschwinde.

Als wollte mich jemand ärgern, holt mich ein lautes Zischen, dass ich im ersten Moment einem Staubsauger zuordne, aus dem Schlaf heraus. Der Blick auf den Wecker bestätigt mein zerknautschtes Gefühl, denn ich habe gerade mal etwas mehr als zwei Stunden geschlafen. Ich vermute den Leutnant, meinen Stubennachbarn als Verursacher dieses Lärmes, doch ich tue ihm Unrecht. Als ich wütend aus dem Bett springe, um auf dem Flur nachzusehen, höre ich das Zischen doch deutlich mehr aus der Richtung hinter mir. Der Fußboden vor der geschlossenen Badezimmertür hat sich bogenförmig dunkel gefärbt. Wasser scheint aus dem Raum in die Stube zu laufen. Hektisch und mit Schwung reiße ich die Badezimmertür auf und werde von einer kleinen Wasserfontäne, die unter dem Waschbecken ihren Ursprung hat, begrüßt. Das Wasser steht, obwohl der Abfluss eine Menge aufzunehmen scheint, bis unter die kleine Trittstufe zur Stube. Spätestens jetzt bin ich endgültig wach. Ohne langes Suchen schließe ich das Schnellventil und es kehrt Ruhe ein. Wäre ich heute Morgen planmäßig rausgefahren, hätte diese Wachen also nicht gemacht, dann hätte ich heute Mittag meine komplette Stube geflutet wiedergefunden. Mit meinen Badelatschen stapfe ich durch die Wassermenge, um an den Abfluss, den ich mit den Fingernägeln öffne, heranzukommen. Nachdem ich den kleinen Deckel auf den Rand meiner Dusche gelegt habe, dauert es nicht lange und das Wasser hat seinen Weg gefunden. Mit dem kleinen Abzieher beginne ich die Pfützen aus den Ecken des unsauber gefliesten Bodens zum Abfluss zu ziehen. Damit ist diese Nacht gelaufen, denn hellwach brauche ich nun gar nicht erst versuchen, mich wieder hinzulegen.

Um die Zeit, die die anderen bei den Afghanen verbringen, ebenfalls sinnvoll zu nutzen, beginne ich damit meine Stube zu reinigen und aufzuräumen. Viel gibt es da nicht, wäre nicht überall auf den Oberflächen der feine Sand verteilt. Mein Pollennetz, mittlerweile schon dunkel eingefärbt, hat seine Aufnahmegrenze für den Schmutz der Außenwelt offensichtlich erreicht und müsste eigentlich ausgetauscht werden. Doch irgendwie hoffe ich noch auf starken Regen mit dem einsetzenden Herbst, der dann das Netz auf ganz natürliche Weise wieder etwas auswäscht. Da in den nächsten Monaten mit der Feuchtigkeit auch die Staubbelastung zurückgehen müsste, kann ich mich auch nicht dazu motivieren, hier noch einmal Energie hineinzustecken. Überhaupt fehlt mir nun mit jeder Woche mehr die Energie, um selbst kleine Probleme anzugehen, wenn kein Auftrag oder Befehl dahintersteht.

Das Paket, welches mir meine Frau eigentlich direkt nach dem Urlaub zusenden wollte und im ersten Anlauf aufgerissen zurückkam, sollte ein Dichtband für meine Tür liefern. Denn durch dieses wird bei geschlossenem Fenster sonst der Dreck über den Badezimmerlüfter in meine Stube gesaugt. Der zweite Versuch, mir dann das Paket wieder aufgefüllt zu schicken, ging ebenfalls in die Hose. Unerklärlicherweise ist das Paket verschwunden und da meine Frau den Paketschein nicht mehr hat, wird sich daran auch nichts mehr ändern lassen. Jetzt, fast drei Monate später und wo es sich eigentlich kaum noch lohnt, wagt sie wohl einen „neuen Versuch“. Mal sehen, ob es diesmal klappt. Wenn ich bedenke, wie sehr ich mich so manches Mal anstrengen musste, um mir Tränen beim Öffnen von Paketen zu verkneifen, kann man sich etwa vorstellen, wie groß die Freude über diese Art Aufmerksamkeit aus der Heimat ist. Und bei eigentlich jedem der davon berichtet, Post aus der Heimat bekommen zu haben, klingt der Stolz darüber in der Stimme mit. Das kann auch im Zeitalter der überreizten Kommunikationsmöglichkeiten keine SMS oder WhatsApp-Nachricht ersetzen. Dabei bin ich selbst noch gar nicht über die SMS und das E-Mail schreiben hinausgekommen. Genauso wie ich mich zu Beginn der Verbreitung der Navigationsgeräte für Autos etwas schwergetan habe, die neue Technik zu akzeptieren, so werde ich mich wohl früher oder später auch diesem Trend geschlagen geben. Dass es jedoch ernsthaft über gut fünf Monate nicht klappen soll, mir das eine Paket zukommen zu lassen, mag ich nun nicht mehr glauben. Doch jetzt ist es fast egal!

Dieser Donnerstag, der wie schon die letzten Male nicht vom „Commander's Call" gestört das Wochenende einläutet, fühlt sich trotz der geleisteten Wache recht angenehm an. Dieter und Moritz dagegen kommen erst am Nachmittag wieder und so wie ich Dieter kenne, wird ihm sein Mittagschlaf etwas fehlen. Doch dafür hatten sie ja die Nacht über einen ununterbrochenen Schlaf genießen können. Die Idee, heute Abend vielleicht die Tradition unserer Videoabende fortzusetzen, verfolgen Dolli und ich nicht weiter. Ob es nächste Woche unter ähnlichen Bedingungen wieder funktioniert, bleibt abzuwarten. Und so endet die 37. Woche in diesem Einsatz für mich. 37 Wochen, die ich nun abzüglich der Urlaubstage unter vielen Veränderungen abgeleistet habe. Und obwohl der erste lange Einsatz neu für mich war und viel Interessantes auf mich eingewirkt hat, stelle ich fest, dass er in nur wenigen Punkten mit dem aktuellen Einsatz vergleichbar scheint. So vieles ist heute anders. Leider nicht immer besser und doch so anders.

Die Temperaturen fallen weiter und ein seit mehr als zwei Tagen andauernder Regen bringt norddeutsche Witterung nach Kabul. Die schlechten Straßenabschnitte auf unseren Strecken sind mit teils sehr tiefen Wasserlöchern durchzogen. Die Fahrzeuge scheinen das Wetter nicht zu mögen. Mein Wolf hat sich zum Wochenende in die Werkstatt abgemeldet, nachdem eine Vielzahl an Warn- und Kontrolllampen eine oder mehrere Störungen angezeigt haben. Auch der Wolf der Ersten ist nun mit Getriebeproblemen ausgefallen. Er ist etwas mehr als 60.000 Kilometer gelaufen und macht in den letzten Wochen nur noch Probleme. Nicht nur sein Äußeres, sondern auch die Technik zeigt nun, was diese Kilometerleistung in so einem Land bedeuten. So hat es natürlich auch Vorteile, dass wir stets mit mindestens zwei Fahrzeugen unterwegs sind und uns so gegenseitig auch abschleppen könnten, was gefühlt immer öfter nötig scheint.

Egal, wo man geht oder steht, der Boden ist zu einer klebrigen Masse unter den Füßen geworden und verfolgt einen überall hin. Die hohen Einstiege der Geländefahrzeuge bringen es mit sich, dass man nicht selten mit seiner Uniform an der Karosse entlang wischt. Getrocknet passt der Farbton des Matsches dann jedoch wieder ganz gut zur Tarnfarbe und fällt so erst auf, wenn man sie in der Stube wieder ablegt und dabei der Dreck auf den Boden abfällt. Doch der ganz große Vorteil an diesem Wetter ist die deutlich saubere Luft. Meine Lunge beginnt sogleich wieder damit, sich des Schmutzes der letzten Monate zu entledigen. Obwohl ich keinerlei Anzeichen einer Erkältung mit mir herumtrage, versucht die Lunge durch regelmäßigen Husten sich auf die saubere Luft einzustellen. Das wird sich wieder schlagartig ändern, sobald der Dauerregen nachlässt. Dann nämlich wird die Luftbelastung unter den vielen Abgasen der Öfen schlechter als im Sommer sein. Auch die Sicht wird mit der schlechten Luftqualität weiter eingeschränkt sein und die Flieger von und nach Kabul durch die deutsche Luftwaffe häufiger ausfallen. Da sie auf Sicht fliegen, bleibt ihnen dann über dem Smog-Kessel von Kabul nichts anderes übrig, als wieder umzukehren.

Spätentens jetzt kann man die zwei Tage, die man „vor shuttelt" verstehen. So bleiben einem insgesamt drei Anläufe, um die Maschine (Airbus) in Termez zu erreichen und pünktlich nach Hause zu kommen. Da wir nun mit unseren Wölfen in der Tiefgarage unter dem neuen Stabsgebäude parken können, bleibt uns wenigstens bei Frost das Kratzen der Scheiben erspart. Der Regen hat dort, wo es auf den ersten Blick recht modern und hochwertig scheint, schon die ersten Baumängel entlarvt. Im Treppenaufgang zu meinem Büro läuft das Wasser innen an der Wand von der Decke herunter und der glatte Marmor der Treppenstufen lädt zum Ausrutschen ein. Da kann man über die deutsche Regelungswut schimpfen wie man will, in solchen Bereichen dürften solche Materialien nicht verbaut werden und die Rutschfestigkeit der Stufen und Fliesen wäre vorgegeben. Zwar ist die Zufahrt zu den Parkplätzen dort unten ähnlich eng wie in einem deutschen Parkhaus, doch durch die Größe der Fahrzeuge wird jedes Einparken zu einer kleinen Spezialaufgabe. Kommt man dann, so wie in diesen Regentagen, mit einem total zugeschlammten Fahrzeug zurück, geht ohne Einweiser dort nichts mehr. Die hellblaue Farbe in der unteren Hälfte der Stützpfeiler dürfte nicht mehr lange so frisch aussehen, wenn die ersten missglückten Rangierversuche ihre Spuren hinterlassen. Bleibt also abzuwarten, wie es mit der Halbwertszeit der in wenigen Monaten aus dem Boden gestampften neuen Umgebung aussehen wird.

Als erster Raum wird ein Briefing Raum, der groß genug für feierliche Events zu sein scheint, von uns in Nutzung genommen. Heute, beim Commander's Call, werden wir das erste Mal dort sein. Der Spieß hat mich gebeten für die Musik zu sorgen und so gehe ich mit Dolli, der den Laptop und die Festplatte des Fernsehraumes trägt, in das neue Gebäude hinüber. Die Boxen, die Felix mir vererbt hat, werden den Sound zur Musik von der Festplatte liefern. Ich überlege schon, ob ich die Boxen nicht dort belasse und mir so das ständige Hin- und Hertragen erspare. Eigentlich will ich sie ja mit nach Hause nehmen, doch da sie bei jedem Event die einzige Alternative für gute Musik sind, nutzen sie natürlich auch optisch stark ab.

Der Spieß hat den neuen Raum für unsere zukünftigen Events sehr ansehnlich herrichten lassen. Sogar ein kleiner Tresen, der mit kleinen Milchglasfenstern eine indirekte Beleuchtung besitzt, ist vorhanden. Ringsherum an den Wänden hängen große Bilder von deutschen Sehenswürdigkeiten und vermitteln ein wenig Heimatgefühl und sehr anschaulich, wie schön es in unserem Land eigentlich ist, wenn man es denn sehen will. So klare Bilder des fruchtbaren Grüns unserer Vegetation wird man hier in Afghanistan nur selten finden. Viel gibt es leider nicht mehr, was in solch schönen Gegenden steht und die Jahrzehnte der Kriege überstanden hat. In der Mitte des großen Raumes sind Tische aneinandergereiht und mit schwarzen Tüchern bedeckt. Vermutlich wird dort später etwas serviert oder präsentiert.

Ein kleiner quadratischer Tisch an der Wand zur Außenseite des Gebäudes, dazu noch direkt vor einer Steckdosenleiste, scheint ein geeigneter Ort für die Musikanlage. In wenigen Minuten sind die Boxen aufgestellt und an den Rechner, der auch schon deutliche Spuren der Nutzung zeigt, angeschlossen. Es dauert zwar etwas, bis ich mich durch die mehr als ein Terrabyte an Daten zur passenden

Musik des Abends hindurch gefunden habe, doch dann, nach einem kurzen Soundcheck, lasse ich den Rechner im Standby und schaue mich noch etwas im Raum um. Ob diese großzügigen Platzverhältnisse und die Nutzung des gesamten Obergeschosses unserer Einheit auf Dauer erhalten bleiben, darf bezweifelt werden. Ob eine Reduzierung unserer Dienstposten oder der Bedarf durch andere Bereiche, selten bleiben solche „Privilegien" lange unbemerkt. Der eigentliche Umzug unserer Büros ist nun erneut verschoben worden und soll ab dem 20. November beginnen. So richtig daran glauben, dass dann letztlich auch alles funktioniert und wir an das LAN angeschlossen sind, kann ich noch nicht. Das alles rutscht schließlich genau in den Kontingentswechsel hinein und da hat man bekanntlich auch noch anderen Prioritäten.

Überhaupt hatte sich in den letzten Tagen der Eindruck verstärkt, dass das alte Kontingent nicht mehr besonders viele Anstrengungen darauf verwenden wollte, um nun noch vor dem Ende umzuziehen. Das ist auch dem Kontingentführer nicht entgangen, der daraufhin nun den Druck deutlich erhöht und Vorgaben gemacht hat.

Der Spieß ist zu uns gestoßen und schaut noch einmal nach dem Rechten und ob seine Vorbereitungen für den Abend soweit passen. Zwischen ihm und Dolli scheint es zurzeit ein wenig angespannt zu sein. Dass ich mich sowohl mit ihm als auch mit Dolli sehr gut verstehe, platziert mich gefühlt etwas zwischen den Stühlen. So lobt er mich als er sieht, dass die Anlage startklar aufgebaut ist und Dolli springt sofort darauf an. Recht hat er ja, denn da er mir geholfen und wir das Ganze gemeinsam erledigt haben, müsste er mitgelobt werden. Wenngleich ich nicht glaube, dass der Spieß ihn bewusst ignoriert hat, verbessert er sich und bezieht Dolli auf dessen Kritik hin mit in das Lob ein. Mit den Wochen der Abwesenheit von der Familie steigt auch die Sensibilität jedes Einzelnen. Wenn ich bedenke, wie oft ich mir in den letzten Wochen Gedanken gemacht habe, die dann beim abendlichen Telefonat wie Seifenblasen zerplatzt sind, weil eigentlich „alles gut" war, dann nehme ich mich davon gar nicht aus.

Es sind noch etwa zwei Stunden bis zum Beginn unserer Veranstaltung und so begeben Dolli und ich uns wieder zurück zum

Unterkunftsgebäude. Die Gelegenheit ist günstig, um mit meinem großen Bruder zu telefonieren. Er kümmert sich nun darum, für meinen kleinen Bruder das benötigte Auto mit mindestens sechs Sitzen zu besorgen. Im Vertrauen darauf, dass er kein Problem damit hat, die Sache in die Hand zu nehmen, habe ich ihm bereits Geld überwiesen und das Budget festgelegt. Noch während des Telefonates sucht er im Internet nach etwas Passendem und wird fündig. Ab jetzt will ich mich da auch gar nicht mehr groß einmischen und überlasse ihm und meinem kleinen Bruder, der diese Geste eigentlich nicht annehmen möchte, die Auswahl. Zu viele Köche verderben den Brei und letztlich soll mein kleiner Bruder damit leben können. Noch weiß er natürlich nicht, ob er das Auto dann später übernehmen möchte oder es mir zurückgibt. Auf jeden Fall hat er dann die Ruhe, um das Ergebnis seines Rechtsstreites mit der Werkstatt auszusitzen. Sollten sie zur Instandsetzung seines Bullis verdonnert werden, hätte er später wieder einen eigenen Sechssitzer. Doch da dieser ja mehr Wohnmobil als Alltagswagen ist, wird er wohl sowieso noch einen Zweitwagen benötigen. Die Zeit wird es zeigen. Und auch wenn mein großer Bruder etwas hektisch an die Aufgabe herangeht, er wird es sicher ganz gut regeln. Fast eine Stunde bindet er mich am Telefon und das ist zugegebenermaßen nicht wenig anstrengend. Ist er einmal im Redefluss, ist er nur schwer zu unterbrechen. Ich bin ja auch froh, hin und wieder mit ihm reden zu können, doch man hat hier eben auch noch viele andere Dinge im Kopf.

Langsam machen wir uns mit mehreren Kameraden auf den Weg zum Termin. Mein direkter Weg führt mich zur Musikanlage, die ich aus dem Standby aufwecke und leise im Hintergrund spielen lasse. Die Ungarn und auch die Franzosen sind schon dort. Selbst den Pastor und seinen Pfarrhelfer hat es zu uns verschlagen. Soweit ich mich erinnern kann, ist er das erste Mal in diesem Kontingent, welches ja fast schon wieder am Ende der Dienstzeit hier ist, bei uns in der Einheit. Das könnte dann der Überraschungsgast, der gerüchteweise im Gespräch war, sein. In der Zwischenzeit hat das Personal der Küche einen Imbiss auf den langen Tischen mit den schwarzen Decken aufgebaut. Alles sieht sehr nobel aus und mit viel Liebe hergerichtet. Tabletts mit Gurkenspießen, Hackbällchen mit einer Soße überzogen und viele Sandwichecken zieren die Auslage. Sogar an antialkoholische und alkoholische Getränke, die an einer Seite des Tischendes ordentlich aufgebaut sind, wurde gedacht. Das muss man dem Spieß lassen, das hat Stil und das hat er Klasse vorbereitet. Die Ungarn haben es sich in einer kleinen Sitzecke aus Ledersofas bequem gemacht und bereits damit begonnen, die Knabbereien zu genießen. Nach und nach füllt sich der Raum und obwohl nun über 40 Personen anwesend sind, scheint immer noch genügend Raum für Bewegung zu sein.

Es ist genau viertel nach fünf, also Beginn des offiziellen Teils. Als ich den Oberst den Gang entlangkommen sehe, schalte ich die Musikanlage stumm. Ohne langes Zögern beginnt der Oberst seine Begrüßungsrede, während wir Deutschen uns zu einer kleinen Formation rücken. Auf Englisch findet er einige einleitende Worte und übergibt dann an den Pfarrer. Dieser bittet uns gemeinsam mit ihm auf den Flur zu kommen, da er eine Überraschung für uns zu haben scheint. Mit wenigen englischen Worten erklärt er den Anwesenden im Gang, dass er nun auf Deutsch weitermachen wird. Eine Art Leinwandrolle hängt kurz unter der Decke und ist mit einer gelben Schnur verbunden. In seiner Hand hält er einen Fotorahmen. Eine Frau Hauptfeldwebel aus Hamburg, Initiatorin dessen was nun kommen soll, kommt mir namentlich doch sehr bekannt vor. Das dürfte Tims Bekannte oder vielleicht sogar Freundin sein. Zumindest der Vorname und die Herkunft scheinen zu stimmen. Sie hat über den Reservistenverband dazu aufgerufen, Solidarität mit den Soldaten im Einsatz zu zeigen und auf dieser Leinwand des Verbandes Unterschriften gesammelt. Der Pfarrer, der kurz zum Hintergrund der Aktion etwas erzählt, beginnt vom Bilderrahmen, in dem sich ein Brief des Verbandes befindet, vorzulesen. Ich kann nicht leugnen, dass ich ein wenig gerührt bin, denn das gerade unsere Einheit als Empfänger dieser Aktion ausgewählt wurde, ist bei unserem geringen Bekanntschaftsgrad schon besonders. Und dass aus dem Schreiben auch noch hervorgeht, dass doch sonst immer die kämpfende Truppe im Vordergrund steht und die Ausbilder in diesem Land in ihrer Bedeutung kaum erfasst werden, das hat was! Zahlenmäßig sind wir natürlich am Kontingent der Deutschen gemessen unbedeutend, doch sieht man genau hin, müsste jedem auffallen, dass es genau darauf in diesem Land ankommt. Klar brauchen wir auch die „Kämpfer“, die zu unserem Schutz hier sind, doch damit haben wir noch keinen Stein in diesem Land bewegt.

Hätten wir früher und mehr Ausbilder für den Aufbau nach Afghanistan geschickt, dann stünden wir heute vielleicht nicht vor einer Pattsituation. Denn die Zweifel über die Nachhaltigkeit und den sinnvollen Einsatz der vielen Milliarden werden immer größer. Was bleibt, wenn wir das Land verlassen? Gebäude, Anlagen und Wissen?

Langsam rollt der Pfarrer das Plakat herunter. Leuchtend, auf gelben Hintergrund, kommen mehrere Hundert Unterschriften in den verschiedensten Farben zum Vorschein. Es fühlt sich ein wenig wie beim Öffnen meiner Pakete an, wenn man gerührt ist, weil an einen gedacht wurde. Dabei ist es dieses Mal eigentlich unpersönlich, denn unsere Einheit steht für viele, die hier waren und vielleicht noch kommen. Eine wirklich gute Aktion, die ihre Wirkung wohl bei niemandem hier verfehlt. Der Bilderrahmen findet seinen Platz neben dem Plakat an der Wand und der Pfarrer, der ein in Geschenkpapier verpacktes Präsent von seinem Pfarrhelfer gereicht bekommt, fährt fort. Eine Vielzahl an wichtigen und weniger wichtigen Personen Hamburgs sind in einem Fotoband festgehalten. Sie alle stehen hinter uns Soldaten und wollen uns auf diesem Weg ihre Solidarität bekunden. Ein namentlicher Auszug, den der Pfarrer anspricht, zeigt, dass wir bis in hohe Ebenen hinein Unterstützung finden. Das Fotoband wird an den Oberst übergeben, der sich für diese Aktion bedankt und doch ein wenig nach den richtigen, angemessenen Worten zu suchen scheint.

Fast wortlos löst sich das ganze langsam auf und wir begeben uns teils nachdenklich zurück zum Saal. Vielleicht liegt es an der fehlenden Übersetzung für unsere ausländischen Kameraden, doch sie scheinen nun das Buffet im Visier zu haben und gehen vorneweg. Damit ist der offizielle Teil auch schon wieder beendet und es bilden sich kleine Gesprächsgruppen, wobei die Ungarn unter sich bleiben und die Franzosen sich mit den Deutschen mischen. Da neben dem Fingerfood auch gerade noch frische Pizza von der Küche geliefert wird, hat sich das reguläre Abendbrot damit erledigt. Zwar bin ich kein Freund dieser mit dickem Käse überzogenen und sehr fettig wirkenden Teile, doch extra später noch einmal loszugehen, um dann vielleicht noch eine Portion Melone zu essen, lohnt auch nicht. Also fülle ich mir meinen Magen, um später keinen Hunger mehr vor dem Schlafengehen zu bekommen. Es ist einer der entspannten Commander's Calls und so wundert es auch nicht, dass viele recht lange bleiben.

Da unser Kickerteam aber bereits wieder mit den Füßen scharrt, machen wir uns kurz nach halb sieben auf den Weg zur Wolfshöhle. Seit es so früh dunkel und auch abends sehr kalt geworden ist, kann man draußen im Innenhof nur noch sehr bedingt spielen. So geben wir uns mit dem Kicker in der Wolfshöhle, wo er zwar in einem ungemütlichen Nebenraum dafür aber warm steht, zufrieden. Es ist immer wieder erstaunlich, wie leer die Wolfshöhle abends als einzige Betreuungseinrichtung mit „Bierausschank" ist. Zwar liegt es teilweise auch daran, dass wir noch recht früh dran sind und Alkohol nur zwischen 20 und 22 Uhr ausgeschenkt werden darf, dennoch muss es doch für die meisten Kameraden angenehmer sein, sich auf der eigenen Stube zu beschäftigen als die Gemeinschaft zu suchen. Das Spiel läuft, wie schon der Großteil der vergangenen Spiele, für uns nicht so optimal. Es mag am schwergängigen Kicker liegen, doch auch die Ermüdung und Laune dämpfen die Leistungsfähigkeit. Dolli merkt man beim Spielen sofort an, wenn er etwas hat oder nicht so gut drauf ist. Dann bin ich froh, wenn wir uns das Krabbeln ersparen können.

Wir schreiben Mitte November und die „Asura", ein Gedenktag der Moslems, an dem sich speziell die Volksgruppe der Hazara selbst mit Schlägen auf den Rücken geißelt, um den Opfern der Vergangenheit zu gedenken, hat uns einmal wieder an unser Camp „gefesselt". Die Gelegenheit für mich, die Tage zu nutzen um aus meinem Schreibtief, das mich nur noch sporadisch an den Rechner bringt, herauszukommen. Eine Mischung aus Unsicherheit und Lustlosigkeit macht sich breit. Bedenken, mich zu wiederholen oder es langweilig werden zu lassen, haben mich die letzten Tage etwas vom Weiterschreiben abgehalten. Dabei wird es am Ende wohl ohnehin davon abhängen, ob das Thema und der sehr persönliche Bezug Interesse finden. Doch inzwischen sehe ich diese Zeilen als wichtigen Beitrag zum Festhalten von Erlebnissen und Erfahrungen, die manchmal erst viel später eine Bedeutung erlangen, als es jetzt gerade möglich scheint.

Keine fünf Wochen mehr und es geht in den lang ersehnten Urlaub. Mit der Rückkehr wird dann der Einsatz endgültig zum Ende kommen und die Zeit wird unter den letzten „Taten" nur so zerrinnen. Auch zu Hause scheint dieser Hoffnungsschimmer Wirkung zu zeigen. Meine Frau wird wieder deutlich umgänglicher und vor allem rücksichtsvoller mit mir. Obwohl ich es noch nicht zu laut aussprechen möchte, so denke ich dennoch, dass vieles wieder in die richtige Richtung zeigt. Der vorweihnachtliche Stress und die Kinder halten sie weiter auf Trab. Ob sie mich vom Flughafen abholen wird, bleibt weiter ihr Geheimnis, da ein Babysitter wohl noch nicht in Sicht scheint. Doch der Versuch ist schon erfreulich genug.

Mit den Amerikanern, speziell mit Jack, da Tony zurzeit in Amerika ist, sind wir auch ein gutes Stück beim Thema Handbücher weitergekommen. Gemeinsam haben wir nun für die drei wichtigsten und damit am häufigsten genutzten Fahrzeuge Handbücher für einen regelmäßigen Check entwickelt. Ich bin immer noch von der Offenheit und der Bereitschaft der Amerikaner beeindruckt, mit der sie unsere Kritik und Verbesserungsvorschläge aufgenommen haben. Jack, ein lang gewachsener Typ mit rötlichem Haar und einer äußerst beruhigenden Ausstrahlung, hat immer wieder geduldig unsere Hinweise aufgenommen und direkt am Rechner vor unseren Augen umgesetzt. Er, der als Captain in der amerikanischen Army gedient hat, ist nun als Zivilist beim amerikanischen Verteidigungsministerium beschäftigt. Zeitverträge, die in der Regel nur bei vorzeigbaren Erfolgen verlängert werden, setzen ihn und Tony unter Leistungsdruck. Auch deshalb sind sie wohl dankbar, dass wir unsere Erfahrungen einbringen und sie in diesem Thema, welches sie sicher nicht vollumfänglich beherrschen werden, unterstützen. Und tatsächlich sehe ich meinen persönlichen Beitrag in dieser Aufgabe darin, auf technische Besonderheiten und Abläufe bei den Fahrzeugen hinzuweisen, die selbst Dieter, der eben auch bei uns weniger praktisch bei den Afghanen eingebunden ist, beitragen kann. Dass ich dabei auf vielen Fotos auch noch als „Handmodel" meine Spuren hinterlasse, sehe ich mit einem Augenzwinkern. Denn da sind sie wieder die „Spuren im Sand", die wir Menschen immer und überall mal nachhaltig und mal kurzlebig hinterlassen. Die Zusammenarbeit hat dann wohl auch beiden Seiten etwas gebracht. Daher ist der aktuelle Plan für unsere Abschiedsfeier im Januar, dass wir die beiden einladen werden und hoffentlich dann die ersten, druckfrischen Exemplare in den Händen halten werden.

So beeindruckend die technischen Möglichkeiten von Jack und Tony im *Eggers* auch sind, das Camp gefällt mir überhaupt nicht. Selbst das Essen, welches früher seinen Reiz wegen der Abwechslung hatte, kann mich nicht mehr motivieren, hier öfter als nötig herzukommen. Das sehr verschachtelt angelegte und ungepflegt wirkende Camp zeigt in allen Ecken Spuren des Zerfalls. Wohl nie darauf ausgelegt für viele Jahre als Wohn- und Arbeitsplatz vieler verschiedener Nationen dienen zu müssen, wäre in vielen Bereichen eine Kernsanierung erforderlich. Doch sicher will man auch hier so kurz vor „Torschluss" kein Geld mehr unnötig investieren. Das wir beim Mittagessen draußen sitzen mussten, weil nicht genügend Sitzgelegenheiten im Warmen waren, lässt sich bei den Tagestemperaturen noch ertragen. Doch auch die Auswahl beim Essen macht es mir nicht leicht, hier noch satt zu werden. Keine Ahnung, ob ich so viel anspruchsvoller als vor drei Jahren geworden bin oder mir einfach der Appetit auf Fleisch mehr und mehr vergeht und damit die Möglichkeiten den Magen für mehrere Stunden zu beschäftigen, geringer geworden sind.

Die Anweisung des Camp-Commanders des *Black Horse* uns nicht mehr als „Mitesser" zuzulassen, schränkt die Möglichkeiten, überhaupt noch „auswärts" zu essen, deutlich ein. Zu viele Gastesser aus anderen Camps und eine damit überforderte Küche haben ihn zum Handeln gezwungen. Dass er damit auch diejenigen trifft, die in seiner Area ihren Dienst tun und teilweise weite Umwege für eine warme Mahlzeit in Kauf nehmen müssen, scheint er auszublenden. Damit bleibt dann eben nur noch der Umweg oder die Einmannpackung zur Wahl. Da kaum noch jemand bereit ist, den eigentlichen Mentoring-Auftrag so bedeutend zu sehen, dass man dafür auf seine regelmäßigen Mahlzeiten verzichten soll, bleibt das „EPA“ die Ausnahme. Damit kann auch ich zugegebenermaßen ganz gut leben, denn nur wenig ist inzwischen so wichtig, dass es nicht bis nach der Mahlzeit oder den nächsten Tag warten könnte. Gespannt erwarten Dieter und ich nun die ersten Ausgaben unserer Deutsch-Amerikanischen Werke. Bekommen wir die zugesagten Stückzahlen, so können wir ab dann jeden Fahrlehrer und jeden Fahrschüler, der in unserer afghanischen Inspektion sein wird, damit ausstatten.

Das Arbeiten mit den Afghanen wird immer schwieriger, denn die rudimentären Bedingungen unter nun regelmäßigen Stromausfällen, machen weder die Unterrichte noch die praktische Ausbildung besonders angenehm. Da nun wieder viel zu viele Heizgeräte am Generator für unsere Stromversorgung hängen, bricht dieser eben nun wieder öfter zusammen. Oder, wie erst gestern passiert, wurde der höhere Kraftstoffbedarf nicht bedacht und dann ist der Vorratstank eben mal für eine Weile leer. Die Hoffnung, dass wir in wenigen Wochen in die festen Gebäude nach nebenan ziehen werden, schwindet auch deutlich. Die Afghanen haben wenig Eile, denn solange nicht alle, zum Teil lächerliche und anmaßende, Forderungen erfüllt und die Kraftstoffversorgung der riesigen Generatoren für das Camp geregelt ist, wird sich dort kaum jemand freiwillig zum Frieren reinsetzen. Dabei geht dem „normalen Volk“, das nun mal mit deutschen Steuergeldern hier einen Beitrag leistet, sicher jegliches Verständnis verloren. Es ist ein wenig, als wäre man irgendwo zu Gast und würde sich über das Essen beschweren, das einem in Gastfreundschaft und kostenlos bereitgestellt wird. Ob die Größe, der Zustand oder die Anzahl der Räumlichkeiten, die Afghanen stellen hohe Ansprüche. Und selbst der Teppich im Büro der höheren Offiziere wird ein Kriterium, um den Einzug und damit die Übernahme dieser millionenteuren Liegenschaft zu verzögern. Dass dadurch die einfachen Soldaten und Lehrgangsteilnehmer draußen in den Zelten ohne Heizung frieren müssen, obwohl die Unterkunftsgebäude leer stehen, muss man wohl nicht verstehen. Umso bedrückender und unverständlicher ist es, wie wir uns offensichtlich an der Nase herumführen lassen und zu jedem Wunsch Ja und Amen sagen. Vielleicht steht es mir auch gar nicht zu, mir durch meine subjektiven Eindrücke und teilweise fehlenden Hintergrund eine Meinung zu bilden, doch ich bekomme die Stimmung unter jenen mit, denen diese Dinge ebenfalls auffallen und kann einen gewissen Frust um die Ausnutzung der Gutmütigkeit deutlich feststellen. Natürlich steigt der eigene Frust mit der eigenen Betroffenheit. Ein Umzug, bei dem die neuen Unterrichtsräume aufgebaut und einiges sonst an Hausmeisteraufgaben anfällt, wird seine Zeit brauchen. Und mit jedem Grad, das weiter fällt, werden die Afghanen weniger bereit sein, umzuziehen. Dann müssten wir auf den März warten und die Zeitlinie für den Abzug der NATO kommt bedenklich nahe.

Das Ziel, die Sicherheit in diesem Land deutlich zu verbessern, dürfte nach mehr als zehn Jahren immer noch weit entfernt liegen. Jetzt, wo bereits fast alle unserer Sprachmittler einen Antrag auf Asyl in Deutschland gestellt haben, darf man die Frage stellen, warum sie unbedingt wegwollen, wenn wir doch für Sicherheit gesorgt haben. Und darüber reden sie ganz offen, denn wirklich keiner von ihnen traut dieser Sicherheit. Obwohl auch in Deutschland eine sehr fragwürdige und schwierige Zukunft wartet, denn nicht alle von ihnen sprechen Deutsch, nehmen sie lieber diese Ungewissheiten auf sich, als ihrem Land zu dienen und es weiter mit aufzubauen. Gerade die Älteren unter ihnen werden auf dem deutschen Arbeitsmarkt kaum Chancen haben und dem Sozialsystem zur Last fallen. Ob das die Zusammenarbeit mit den Deutschen rechtfertigt, mag ich nicht beurteilen. Natürlich sprechen sie miteinander und wissen nun, was sie in den Kommissionen erzählen müssen, um eine positive Entscheidung für den Asylantrag zu erreichen. Letztlich wird es in Deutschland wohl ohnehin kein Politiker verantworten wollen, diese Anträge abzulehnen, wohl nicht einmal in Einzelfällen. Hätte man mich gefragt, dann hätte ich versucht, den Sprachmittlern mit der sicheren Option, nach Abschluss des Arbeitsverhältnisses hier in Afghanistan nach Deutschland zu dürfen, diese übereilten Anträge auszureden. So könnten wir ihre Dienste bis dahin weiter nutzen, sie ihre Familie unterstützen und hätten dennoch das gute Gefühl eines Zieles vor Augen. Nun werden die Ersten bald weg sein und die Kettenreaktion ihren Lauf nehmen. Wir Deutschen werden jedoch weiter Sprachmittler benötigen, die wir erneut einstellen und die dann auch einen Anspruch auf Asyl darauf ableiten werden. Dann würden aus den etwa 3.000 Betroffenen vielleicht vier- oder fünftausend. Aber wer fragt mich schon und womöglich denke ich dabei auch zu einfach strukturiert, wenn auch etwas wirtschaftlicher.

Die Weisung, die Afghanen bei den formellen Schritten nicht aktiv unterstützen zu dürfen, gerät dabei deutlich ins Wanken. Abgesehen davon, dass die teilweise in reinstem Deutsch geschriebenen Anträge ganz sicher nicht auf dem privaten Rechner eines afghanischen Sprachmittlers und somit wohl eher durch die Hilfe eines studierten, deutschen Offiziers stammen dürften, stellt sich sogar für mich die Frage der Fürsorge gegenüber meinem Sprachmittler. Wäre es nicht ein klarer Vertrauensbruch, wenn er erfahren würde, dass ich ihm Informationen, die überaus wichtig für seine Zukunft sein können, vorenthalten habe? Ich würde es mir zu einfach machen, wenn ich das Ganze einfach aussitzen und die Türe im Januar 2014 hinter mir schließen würde. Wie würde ich mich verhalten? Ich, der doch genau weiß, wie dankbar wir für den Fall der Mauer und damit die Chance auf ein besseres Leben sein müssen. Gewisse Parallelen, die mir gerade für Amin, zu dem ich über die Jahre eine sehr freundschaftliche Bindung aufgebaut habe, bewusstwerden. Für Avabi, dessen Frau bereits in Australien wartet, dürfte es noch wichtiger sein, hier aus dem Land herauszukommen und sich eine aussichtsreichere Zukunft aufzubauen. So bin ich schon ein wenig hin- und hergerissen im Zweifel darüber, was ich nun erzählen kann und was nicht. Bisher habe ich Amin und Avabi immer vertröstet und darum gebeten, Ruhe zu bewahren. Doch wenn die Welle der Ausreisenden eingesetzt hat und sie nicht mit im „Boot“ sitzen, werden sie verständlicherweise Fragen stellen. Fragen die ich dann beantworten muss, ob ich will oder nicht.

Obwohl heute erst Dienstag ist, werden die Soldaten der Schule frühzeitig in das lange Wochenende geschickt. Die „Loja Dschirga“, eine jährlich stattfindende Versammlung von über 2.000 Menschen aus dem ganzen Land, wird am Donnerstag beginnen. Da in dieser Zeit auch regelmäßig die Anschläge wieder zunehmen, schickt man all diejenigen nach Hause, die keinen Sicherheitsauftrag haben. So setzt man sie den Gefahren weniger aus und bekommt mehr Überblick über die sich beruhigende Stadt. Geschäfte und ganze Bereiche werden nun geschlossen. Verschiedene Sicherheitsringe durchziehen die Stadt und sollen so vermeiden, dass Attentäter bis zur Versammlung durchkommen. Dort, wo die geladenen Gäste zusammentreffen, werden wichtige Vorhaben für das ganze Land diskutiert und über Beschlüsse abgestimmt. Damit ist auch für uns der normale Dienst bei den Afghanen vorerst wieder einmal ausgesetzt. Auch wenn zurzeit noch ein Rausfahren möglich wäre, so darf man davon ausgehen, dass viele Straßen in den nächsten Tagen für uns gänzlich gesperrt werden. Vielleicht gibt uns das nun die Gelegenheit, den Umzug in das neue Stabsgebäude abzuschließen. Noch hängt es an den LAN-Verbindungen und Telefonanschlüssen, die durch das Kontingent fertig gestellt werden müssen. Doch Ende der Woche wird dann vermutlich das Telefon und damit ein großer Kommunikationsluxus von den meisten Stuben verschwunden sein.

Genau vier Wochen später werde ich in Masar auf meinen letzten Urlaubsflug warten und danach auch die letzten drei bis vier Wochen damit leben können. Überhaupt stellt sich in diesem Einsatz schon recht früh die „Abgänger-Stimmung“ ein. Wo der normale Kontingentsoldat bei zweieinhalb Monaten vor dem Ende der Einsatzzeit gerade in der Dienstroutine angekommen ist, bin ich mit den Gedanken bereits dabei, mich auf die Heimat und den dann kommenden Dienst umzustellen. Dabei stehen die Gedanken um das Wiederankommen in der Familie klar im Vordergrund und beschäftigen mich zugegebenermaßen die meiste Zeit des Tages. Jedes Wort meiner Frau und alles was zu Hause passiert, hinterfrage ich äußerst genau. Wohlwissend, dass ich es damit womöglich viel zu kompliziert betrachte und es mir dadurch unnötig schwermache. Doch die Befürchtungen, etwas falsch anzugehen oder mich nicht gut genug auf die Daheimgebliebenen einzustellen, kann ich auch nicht verdrängen, so gerne ich es auch wollte. Es nach dem Motto „die

Dinge auf sich zukommen zu lassen" machen zu wollen, scheidet damit für mich aus. Die Tatsache, dass auch die Stimmung bei meiner Frau wieder deutlich aufgehellter scheint, beruhigt mich auch nur wenig, denn eine gewisse Distanz und vielleicht Kühle mir gegenüber schwingt in jedem Telefonat mit. Dabei sollten mich unsere gemeinsamen Pläne, die wir in den immer noch sehr langen Telefonaten besprechen, etwas entspannen. Aber die Erfahrungen von vielen anderen Kameraden hinterlassen eben auch einen Beigeschmack, den die letzten Monate mit einigen Anspannungen nicht wegwischen können. Zusammengefasst bin ich dennoch im Moment ganz optimistisch, denn wir haben schon so viele Hürden überwunden, da wird auch dieser Einsatz, der ja nun auch eine Wende in unserem Leben besiegeln soll, nichts daran ändern.

Überall, wo man vorbeikommt, laufen die Übergaben der Kontingentsoldaten an ihre Nachfolger. Bei einigen ist man ganz froh, dass sie durchtauschen und bei anderen ist es auch etwas schade, denn wenn man wenige Probleme mit ihnen hatte und die Zusammenarbeit gut war, könnten sie auch gerne bleiben. Zwar tragen wir alle die gleiche Uniform, doch die Unterschiede zwischen unserer Einheit und den Kontingentsoldaten sind offensichtlich. Ob Neid, Unverständnis oder andere Gründe, die Unterschiede und Gründe, die uns dennoch ungleich machen, sind verschieden. Und so kommt es, dass wir mit einigen Kameraden etwas schwieriger zusammenarbeiten können und andere machen keinen Unterschied. Dort, wo man sich vielleicht sogar aus vorangegangen Einsätzen kennt, klappt es häufig besonders gut. Es gibt dann eben doch etwas, was einen verbindet und gleicher macht.

All diejenigen, die nun angekommen sind und ihren Einsatz beginnen, werden nur etwas mehr als einen Monat nach mir schon wieder dieses Land verlassen, wenn sie wiederum an ihre Nachfolger übergeben haben. Abgesehen von einigen „Außenseitern" unter den „normalen Kontingent-Soldaten, die zwei zusammenhängende Kontingente ableisten. Gleich ist man eben auch hier nur, wenn man genügend Gemeinsamkeiten hat.

Nirgendwo jedoch bin ich so wenig gleich, wie zu Hause in der Einheit, dort, wo nur einer bisher im Auslandseinsatz war. Welche

Sprüche und Vorwürfe werde ich wohl dieses Mal zu hören bekommen? Wie lange werde ich brauchen, um wieder in der Gruppe der Kameraden einen unauffälligen Platz eingenommen zu haben? Wie lange wird es dauern, bis ich das alles hier vermisse, weil man mich zu Hause nicht wirklich als einen von ihnen betrachtet? Viele Fragen kommen auf, je länger ich daran denke und die Erfahrungen und Erlebnisse der Vergangenheit zeichnen schon die ersten groben Bilder in meinem Kopf.

Es wartet eine spannende Zeit der Veränderungen auf mich, soviel ist sicher. Eine wichtige Grundvoraussetzung, um nun den Einsätzen für lange Zeit fern zu bleiben. Doch sicher ist erst einmal wenig. Fühle ich mich schnell wieder wohl in meiner Familie und nehmen die Kameraden zu Hause etwas Rücksicht, dann sind die Bedingungen optimal. Ist es jedoch nicht so und wird mir dadurch die Rückkehr schwergemacht, dann wird es noch einige kleine und große Hürde zu überspringen geben. Die vielen Jahre in dieser Armee und in den Einsätzen haben mich unweigerlich verändert, mich geprägt und mir meine wohl von der Norm abweichenden Eigenheiten gegeben. Mir das bewusst zu machen und jeden Tag darüber im Klaren zu sein, was das im Detail bedeutet, wird die größte Herausforderung werden. Nur wenn mir das gelingt und ich lerne es zu kontrollieren, erst dann werde ich die Prioritäten wieder richtig setzen können und einen guten, hoffentlich optimalen Weg durch mein weiteres Leben finden. Das klingt leider nicht nur kompliziert, sondern wird es wohl auch und eine gewisse Unsicherheit schwingt mit. So gefährlich und belastend die Zeit hier auch ist, hier bin ich wer und habe meine verlässlichen Aufgaben und Abläufe.

Ein unerwarteter Anruf vom Spieß, der Personal zur Aktivierung der Netzwerke im neuen Stabsgebäude aufgetrieben hat, lässt alle Ideen, wie man den Umzug noch etwas rauszögern kann, wie eine Luftblase zerplatzen. Kurzentschlossen nehme ich mir zwei der kleineren Pakete mit Büromaterial von meinem Kleiderschrank und stelle sie auf den Boden. Da sowohl das Telefon als auch der Dienstrechner nachher im neuen Büro sein müssen, damit die Freischaltung gelingt, macht es keinen Sinn, die Auflösung meines alten Büros weiter hinauszuziehen. Etwas wehmütig bleibt mein Blick auf dem Kalender an der Wand hängen. Das mit schwarzen, dicken Kreuzen übersäte Papier macht sichtbar, wie viel ich nun schon geschafft habe und wie wenig noch übrigbleibt. Netto mögen das noch acht Wochen sein, die ich abzüglich des Urlaubs hier verbringen werde, das sollte zu überstehen sein.

Doch die Gewohnheit um den lieb gewonnenen Luxus eines Telefons auf der Stube bringt ein leicht unwohles Gefühl mit sich. Würde jetzt die Kommunikation mit zu Hause schwerer oder ist es nur eine Frage der neu aufgestellten Organisation? Dann schießt es mir wie ein Blitz durch den Kopf: „Wir haben doch nur zwei Türen weiter den Briefing-Raum!" Da steht auch ein Telefon und wenn das nicht gleich allzu vielen auffällt, dann kann ich unter kurzen Wegen auch weiter abends dort telefonieren.

Es scheint ein wenig wie eine Droge zu sein. Besteht die Möglichkeit nach Hause zu telefonieren, dann braucht man das auch, um so dicht wie möglich an den Geschehnissen der Familie dran zu sein. Hätte man diese Möglichkeit überhaupt nicht und müsste durch Briefe schreiben oder ein wöchentliches Telefonat den Bedarf an Informationen abdecken, es würde sicher auch funktionieren. Doch schon die Tatsache, dass mehr möglich ist, lässt Energie frei werden, um es auch durchzusetzen. Das dies auch technisch eigentlich kein Problem wäre, da jede Stube in diesem Camp auch mit einem Telefonanschluss ausgestattet ist, wirft die Frage auf, warum wir dann den teuren „Monopolanbieter" für die Soldaten nutzen sollen. Die dummen Rufe aus Deutschland, von Menschen, die hier nicht sein müssen, dass der Auslandsverwendungszuschlag auch solche Kosten abdecke, ich kann sie nicht mehr hören.

Noch etwas träge und doch gewillt nun die „Zelte" hier bürotechnisch abzubrechen, beginne ich damit, die ersten Kabel am Monitor auf dem Schreibtisch zu lösen. Nur schwer lässt sich der Tisch auf dem grauen Teppich von der Wand etwas wegziehen. Doch nur so komme ich auch an die Kabel am Computer, die nur durch ein schmales Loch von hinten am Schreibtisch zu erreichen sind. Eine Menge Staub kommt dabei zu Vorschein. Kein Staub wie zu Hause, der sich irgendwann zu kleinen „Staubmäusen" zusammentut, nein, wie eine Sandschicht aus feinsten Körnern bedeckt er cremefarben die unzugänglichen Ecken meiner Stube. Mein sonst doch sehr stark ausgeprägter Reinheitssinn ist unter der nie endenden Flut von neuem Staub etwas eingeknickt. Wo ich in Deutschland mit einem Schminkpinsel den Staub von den Armaturen in meinem Auto wedele, weil es nicht sauber genug sein kann und mich selbst kleinste Staubkörner nerven, bin ich hier über augenscheinliche Sauberkeit schon zufrieden. Damit dürfte meine Stube schon zu den saubersten im Block gehören und ist dennoch weit von meinem eigentlichen Anspruch entfernt. Mit Feuchttüchern nutze ich die Gelegenheit, die sonst unzugänglichen Stellen auf Knien vom Staub zu befreien.

Schnell sind das Computerzubehör, mein Telefon und der erste Schwung an Büromaterial zum Abtransport bereitgestellt. Der Schreibtisch wirkt nun sehr leer und aufgeräumt, als würde hier noch einiges fehlen. Der DVD-Player, dessen Nutzung ich nach dem ersten Versuch wegen schlechter Qualität aufgegeben habe, dient nun als Ablage für meine Fotos und den Kleinigkeiten, die ich von den Kindern oder der Familie als Glücksbringer hierher mitgenommen habe. Viele kleine Notizzettel bedecken das dunkle Braun der Tischoberfläche. Symmetrisch ausgerichtet und keinesfalls unorganisiert, verleihen sie dem Arbeitsplatz etwas Leben. Nur was erledigt ist, kommt auch in die Ablage „Rund", den Papierkorb. Mit dem Rechner und dem Bildschirm mache ich mich auf den ersten Weg des Umzuges zum neuen Stabsgebäude auf. Umziehen scheint zur Normalität in diesem Einsatz geworden zu sein, wenngleich die Emotionen etwas anderes deuten.

Vorm Eingang hängt aus dem Fenster ein Druckluftschlauch mit einer Druckluftpistole, mit der ich den Rechner hier im Freien vom Staub der letzten Monate befreien kann. Auch wenn im Büro nur für kurze Zeit die erste Sauberkeit anhalten wird, bevor der Staub sich wieder durch alle Ritzen in die Räume drückt, sollte es wenigstens nach dem Einzug anständig aussehen. Es geht weiter nach oben und da wir nun ja schon zu verschiedenen Anlässen den neuen Besprechungs- und Partyraum genutzt haben, gelingt die Orientierung in dem leicht verschachtelt wirkenden Gebäude ganz gut. Noch sieht alles sehr gleich aus. Kaum Bilder oder andere markante Dinge, die einem zeigen, in welcher Etage man sich befindet und so zumindest ein gewisses Maß an Konzentration abfordern. Das wird sich natürlich noch geben, denn die Gewohnheit und die Automatismen werden dann die „Denkarbeit" übernehmen. Der Spieß hat bereits gute Vorarbeit geleistet und unsere Ebene mit allerlei ausgestattet. Ob die großen Bilder, auf denen sich die jeweiligen Inspektionen darstellen oder eine neue Ablage für die Dinge des Bundeswehrverbandes, eigentlich sieht es hier oben aus, als wäre die Arbeit schon seit längerem im vollen Gange.

Beim Öffnen unserer Bürotür kommt mir eine drückende Hitze aus dem Raum entgegen. Hitze, die ich nach der Schlepperei nun gar nicht gebrauchen kann. Nachdem ich alles auf meinen neuen Schreibtisch direkt links neben dem Eingang abgestellt habe, greife ich mir die Fernbedienung der Klimaanlage und drücke, unter nervigem Gepiepe, die Temperatur weit herunter. Die Anzeige scheint mit der richtigen Raumtemperatur nur wenig zu tun zu haben. Die 22 angezeigten dürften wohl ehr 28 bis 30 Grad sein. Also erst einmal runter auf 16, das Minimum. Wo bei meiner Anlage auf der Stube selbst bei den 30 eingestellten Grad gerade nur ein warmes Lüftchen kommt, kann man hier eine Sauna einrichten. Und während ich mit der Fernbedienung auf das über dem Fenster hängende Gerät zeige, fällt mir das erste Mal auf, wie extrem schief das Fenster eingebaut ist. So schief, dass es schon fast Absicht scheint. Konsequenterweise hat man dazu den „Blast-Schutz", die horizontalen Metallrohre vor dem Fenster und auch die Schiene für die Jalousie parallel dazu schief angebracht.

Es sind viele dieser Details, am noch frischen und neu wirkenden Gebäude, die keine gute Qualität in der Verarbeitung und den Materialien vermuten lassen. Ob das bereits zerbrochene Marmorgeländer zum Gebäudeaufgang oder die feuchten Innenwände nach dem letzten Regen, viele kurzlebige Materialien scheinen hier zum Einsatz gekommen zu sein. Doch am meisten macht mir die Grundkonstruktion auf den vielen Säulen in der Tiefgarage Sorgen. Auch sie, die Unmengen an Tonnen tragen müssen, sehen nicht so aus, als würden sie selbst einem kleinen Erdbeben standhalten. Was in dieser Gegend nicht ungewöhnlich wäre. Auch das konnte ich noch zu Zeiten des alten Camp Warehouse selbst erleben. Schon jetzt ist klar, dass die großflächige Betonplatte vor dem neuen Gebäude wohl mehr Schein als Sein ist, denn sie darf mit den LKWs nicht mehr befahren werden. Ob fehlende Dehnungsfugen oder die zu schwach ausgelegte Dicke der Platte, mehr als darüber zu laufen, um trockenen Fußes in das Gebäude zu gelangen, ist wohl nicht möglich. Wenigstens hat man die Sturzgefahr auf der Marmortreppe durch rutschfeste Streifen, die auf die Stufen geklebt wurden, etwas gemindert. Etwas deswegen, weil die Streifen wohl nicht mehr für die unteren zwei Stufen gereicht haben.

Dass es sich nach einer Menge Gemecker anhören mag, möglich, aber es sind eben Dinge, die in Deutschland einen Bau-Ingenieur peinlich berühren dürften, würde man sie bei einer Bauabnahme ansprechen müssen. Das schiefe Fenster in unserem neuen Büro wird zumindest noch das eine oder andere Gelächter bei den Kameraden erzeugen. Nach zwei weiteren Gängen habe ich ein wenig mehr Luft in meiner Stube und das erste Material zum Einräumen im Büro. Über den gesamten Nachmittag streckt sich diese Aktion, wenngleich dabei auch ein wenig Wartezeit auf die Kameraden des neuen Kontingentes, die mir das Netzwerk freischalten, eingerechnet ist.

Mit all den Leuten, die ich nun in ihren ersten Tagen hier im Camp getroffen habe, bin ich schon mal gut klargekommen. Die Unterschiede zwischen den teils sehr arrogant wirkenden „Abfliegern“ und den „Frischlingen“ sind enorm. Am Ende eines jeden Kontingentes scheinen die Kameraden dann oft die Weisheit mit Löffeln gefressen zu haben und den Eindruck zu erwecken, man müsse nun um jede Leistung betteln. Das nervt und ist merkwürdigerweise oft kontingentübergreifend zu beobachten. Dann, wenn eine Mischung aus „Bocklosigkeit“ und „Selbstbeschäftigung“ die Prioritäten verkehrt, ist nur noch mit den Guten etwas anzufangen. Dabei sind die „Guten“ wie ich sie nenne, häufig die extremen „Wiederholungstäter“ – diejenigen, die in Gedanken mehr hier als zu Hause sind. Sie denken langfristig und haben kein Interesse daran, es sich mit anderen Kameraden zu verscherzen. Denn getreu dem Motto „Man trifft sich immer zweimal im Leben“, sollte das auch so sein. Natürlich können auch hervorstechende Einzelfälle mein Gesamtbild etwas trüben, doch besonders in diesem Kontingent sind mir wieder mehr „Stinkstiefel“ als sonst aufgefallen.

Umso entspannter ist es, dass die Kameraden, die mir meine Computer wieder einrichten, so freundlich und ausgeglichen sind. Selbst meinen Internetrechner, der nun durch eine achtmonatige Ruhepause wieder aufwendig zum Leben erweckt und mit Updates gefüttert werden muss, kann ihnen keine schlechte Laune entlocken. Nicht wie bei der Fahrzeuginstandsetzung, bei der man am Ende schon beinahe darum betteln musste, seinen Wagen waschen zu dürfen. Dabei haben dort auch gute Kameraden ihren Dienst geleistet, die zuvorkommend und freundlich bis zum Schluss waren. Aber eben auch Wichtigtuer, die nicht verstanden haben, dass ich den Wagen eben auch für sie so regelmäßig gereinigt habe, um eben unnötige Reparaturen zu vermeiden und die Arbeit am Wagen zu erleichtern. Dass ich jedes Mal den ganzen Waschplatz danach gereinigt habe, egal wie er davor schon aussah, hat natürlich nicht interessiert. Dass lange kein Dampfstrahler vorhanden war und so auf den neuen geachtet wurde, konnte ich nachvollziehen, doch man kann es eben auch übertreiben. Und wenn ich kurz davor bin, den Wagen überhaupt nicht mehr zu waschen, weil mir das dumme Gequatsche nur noch auf die Nerven geht, dann dürfte es reichen. Hätte ich den Dampfstrahler mal kaputt gemacht, den Waschplatz dreckig hinterlassen oder sonst Anlass zum Meckern gegeben, keine Frage, dann hätte ich damit leben müssen. Doch da ist es den Kameraden wohl zu schwergefallen, bei all den gleichen Uniformen die Gesichter auseinanderzuhalten. Wie auch immer, die Neuen sind da und werden mich nun bis zu meinem OUT (Einsatzende) begleiten.

Inzwischen ist auch Dieter mitten im Umzugsstress. Ein neuer Besuch am kommenden Montag, also am ersten Tag nach der langen Mentoren-Pause, macht ihn zusätzlich etwas hektisch. Ein afghanischer General und ein paar Amerikaner wollen sich unsere Ausbildung ansehen. Der General, der kürzlich eine indische Fahrlehrerausbildung besucht hat, möchte nun Vergleiche ziehen und wenn nötig Verbesserungen bewirken. Für Dieter und mich nicht ganz einfach, denn den ersten Tag nach einer Woche Pause dafür zu wählen, birgt einige Risiken. Ob dann alle Ausbilder und

Lehrgangsteilnehmer wieder vor Ort sein werden und eine „Show" gefahren werden kann, ist fraglich. Zudem müssen wir uns, Dieter und ich, aufteilen, um einerseits draußen mit den Afghanen die Vorbereitungen zu treffen und andererseits den afghanischen General und die Amerikaner vom Eggers abzuholen und Taxi zu spielen. Somit wird der wesentliche Teil der Vorbereitungen mit den Afghanen an mir hängen bleiben, denn ich werde allein damit beginnen, die Stationen mit den Afghanen aufzubauen und die Gruppen einzuteilen.

Wenigstens haben sie erst vor wenigen Tagen Kraftstoff bekommen, so dass die Fahrzeuge einsatzbereit sein sollten. Dass wir zufällig bei der Betankung dabei waren und nun auch Dieter sehen konnte, dass ich mit meinen Erfahrungen nicht übertreibe, passte ganz gut. Für ein Fahrzeug, das angeblich fast 90 Liter auf 100 Kilometer verbrauchen soll und für das somit über 3.300 Liter pro Lehrgang berechnet und beantragt wurden, kamen wir bei großzügiger Schätzung auf gerade einmal rund 2.000 Liter. Getankt wurden 196 Liter, die für zwei Wochen reichen sollen. Rechnet man nun das Ganze mal 6, weil wir das Fahrzeug für 12 Wochen brauchen, so kommt man auf knapp 1.200 Liter. Nur eines von vielen Beispielen, wie in diesem Land die Mittel versinken. Vom Hauptlager bis zum tatsächlich gefüllten Tank am Fahrzeug, gehen so gut 2.000 Liter verloren! Oder ich sollte besser sagen, sie werden umverteilt und fließen als „Bakschisch", wir würden wohl Schmiergeld dazu sagen, in die Taschen derer, die hier etwas zu sagen haben. An einem System, das solchen Betrug – anders kann man es nun mal nicht nennen – verhindern würde, scheint keiner so recht interessiert zu sein. Denn wenn es so etwas nach mehr als zehn Jahren noch nicht gibt und somit die Quellen für die korrupten Beteiligten weiter sprudeln, dann wird das sicher seine Gründe haben. Das diese 2.000 Liter dann nochmals um 30 Prozent mit Wasser gestreckt und dann weiterverkauft werden, optimiert die Bilanz des durch viele Zähne in sich greifenden Systems. Was könnte man an Geld sparen oder zielgerichteter investieren, wenn alles an den richtigen Platz und für den richtigen Zweck käme? Hier fehlt mir sicher wieder das Verständnis für die Zusammenhänge, doch eigentlich war ich nun lange genug dicht bei den Afghanen, um solche Machenschaften zu durchschauen. Möglicherweise wäre das alles auch nur halb so wild, doch leider ist das nur ein kleines unter vielen größeren Beispielen. Und so sind es wieder einmal einzelne, die sich hier bereichern, egal wie viel Schaden sie damit der Allgemeinheit ihres Landes und damit langfristig wohl auch sich selbst zumuten. Es ist wie mit dem Dreck, der ständig in Schubkarren auf der Straße abgeladen wird: Hauptsache nicht mein Problem und nach mir kann kommen was will, denn morgen könnte ich ja schon tot sein. Da muss ich zugeben, dass ich die Resignation und die Hoffnungslosigkeit vieler Menschen, die sich in diesem Land engagiert haben, verstehen kann – wenngleich Weglaufen auch nicht die Lösung sein sollte.

Fast unbemerkt hat die Übergabe des Kommandanten-Stabsquartier stattgefunden. Dieter hatte im Gegensatz zu mir eine persönliche Einladung und so hat mich der „freiwillige“ Termin nicht sonderlich interessiert. Die Wolfshöhle hatte aus diesem Grund, da das Kontingent dazu angetreten war, geschlossen. So verschoben wir unser abendliches Kickern um etwa eine Stunde nach hinten. Was ich dann zu hören bekam, ärgerte mich ein wenig, denn wäre ich hingegangen, so hätte ich live berichten können und so muss ich vom Hörensagen leben. Der scheidende Kommandant hatte die Gelegenheit genutzt, um nach seiner Übergabe der Dienstgeschäfte unserer Admin einen Heiratsantrag zu machen. Nicht nur über den Kniefall vor der angetretenen Truppe, sondern auch über den Umstand selbst, mussten nicht wenige staunen. Das doch sehr innig wirkende Verhältnis zwischen den Ungarn und ihr hatte ganz andere Interessen vermuten lassen, wenngleich da sicher auch „böse“ Gerüchte der Hintergrund gewesen sein dürften. Dass sie mal mit ihm zusammen gewesen ist und er sich dann von ihr getrennt hatte, soviel hatte sie selbst schon preisgegeben, doch dass wieder etwas zwischen ihnen laufen würde, hatte nun wirklich niemand bemerkt. Entweder müsste man nun die Diskretion loben, denn so ganz einfach konnte das unter den beengten Verhältnissen im Camp sicher nicht gewesen sein, oder der Fall läge etwas anders. Wie gesagt, noch hatte ich nur wieder die subjektiven Eindrücke beim Kickern mitbekommen. Doch als sie morgens an meinem Büro vorbeikam und wie immer sehr freundlich grüßte, konnte ich mir einen kleinen, gar nicht böse gemeinten Seitenhieb, nicht verkneifen. Sie ist nun fast durch mit ihren sechs Monaten und auch ihr Nachfolger, ein älterer Staber kurz vor der Pensionierung, ist schon eingetroffen.

Wir sind eigentlich ganz gut miteinander klargekommen, hatten letztlich aber nur wenig miteinander zu tun. Ihre etwas robuste Art und der ständige Husten, der einerseits seinen Ursprung im Kettenrauchen, aber andererseits auch in der miesen Luftqualität dieser Gegend haben dürfte, hat schon ab und an etwas genervt. Etwas feiner formuliert würde ich sagen, ihr fehlt ein wenig Feinschliff in Stil und Form. Doch meinen Spruch will sie nicht im Raum stehen lassen und bittet mich auf die Feuertreppe unseres neuen Stabsgebäudes, die nur wenige Meter von meiner Bürotür entfernt ist, mit rauszukommen. Natürlich bin ich neugierig und lasse mich nicht lange bitten. Schnell wird klar, dass sie, obwohl sie am Abend mit „Ja“ geantwortet hat, nie ein Interesse an einer Hochzeit mit ihm hatte. Sicher eine Zwickmühle, in der sie da gesteckt hat, denn hätte sie Nein gesagt, wäre die Sache unmissverständlich und klar gewesen, doch der alte Kommandant wäre bloßgestellt worden. Ich habe nur Ausschnitte des Geredes danach unter den Kameraden mitbekommen, doch über die verschiedenen Dienstgrade hinweg kam diese Aktion nicht besonders gut an. Über unpassend, unwürdig und lächerlich, waren alle Kommentare dabei. Die Trennung bereut, hatte er wohl auf diesem Wege seine Liebe beweisen und das Ruder noch einmal herumreißen wollen. Etwas schwer zu glauben, denn der doch zugegebenermaßen gutaussehende Oberstleutnant schien das doch gar nicht nötig zu haben. Und mit Mitte, Ende Dreißig, stehen ihm doch noch alle Türen offen. Aber wie ja nun mal die Erfahrungen zeigen, unterm Gefühlswirrwarr trifft man nicht immer nachvollziehbare Entscheidungen. Wie sie mir ihren Frust über diese Aktion auf der Feuertreppe mit einer glühenden Zigarette in den Fingern entgegenbringt, wird schnell klar, dass das letzte Wort noch nicht gesprochen ist. Für unsere Admin, die nun auch die 30 erreicht hat, wäre das vielleicht eine gute Partie gewesen, doch was nützt das, wenn das Herz nein sagt? So bekommt man hier bei all den vielen, unterschiedlichen Eindrücken auch noch ein wenig „Seifenoper“

geboten. So ist das eben, wo Menschen auf Menschen treffen, egal in welcher Kleidung oder eben Uniform sie stecken.

Das Handy klingelt und meine Stimmung ist nach einem Streit mit meiner Frau am Telefon im Keller. Avabi ist dran und ich kann ihn nur sehr schlecht verstehen, da er nur sehr leise zu hören ist. Aufgeregt erzählt er mir von einem Zwischenfall mit seinem Bruder. Mehrere maskierte Männer haben ihn für kurze Zeit entführt und ihm Finger mit dem Messer abgeschnitten. Zudem hat man ihm und seiner Familie weitere Verletzungen angedroht. Die Täter müssen wohl wissen, dass Avabis Vater Oberst und Avabi als Sprachmittler für uns Deutsche tätig ist. Es ist Donnerstagabend und viel kann ich gerade nicht tun. So rate ich ihm, das Ganze von der Polizei aufnehmen zu lassen und eine Kopie des Protokolls am Samstag, dem nächsten „Werktag", mitzubringen. Dann werde ich es Dieter melden und er wird dem Oberst berichten. Damit könnte Avabi, wenn alles glaubhaft belegt werden kann, in die vorrangige Stufe für ein Asylverfahren kommen und vielleicht schon in kurzer Zeit nach Deutschland ausfliegen.

Ein wenig seltsam ist die Häufung der Vorfälle schon, denn auch Amin hatte vor wenigen Tagen von einem Zwischenfall berichtet. Seine Begrüßung begann daher auch am letzten Samstag sinngemäß mit den Worten: „Ihr könnt froh sein, dass es Amin heute noch gibt!". Er berichtete davon, dass er nur sehr knapp einem Anschlag auf sein Leben entgangen war, als er am Donnerstag recht früh seinen Wagen in einer der Sammelgaragen Kabuls abstellte. Eine Frau in einer blauen Burka in Begleitung eines etwa 7-jährigen Jungen stand in der Einfahrt zur Garage, während Amin seinen Wagen verschloss. Der kleine Junge ging auf Amin zu und fragte ihn, ob er für ein Ministerium in Kabul arbeiten würde, weil er schon so früh Feierabend hätte. Obwohl Amin zu diesem Zeitpunkt eigentlich noch nichts Böses ahnte, belog er den Jungen und erzählte ihm, dass er Taxifahrer sei und in der Nacht gearbeitet hätte. Der Junge wandte sich ab und ging weiter zum nächsten Fahrzeug, dass gerade in die Garage eingefahren war. Auch den Mann, der gerade sein Auto verlies, fragte er nach seinem Job. Die Frau stand weiter unbeteiligt in der Einfahrt der Garage und ließ den Jungen wohl gewähren. Doch dann lief der kleine Junge zu der Frau herüber und wechselte ein paar Worte mit ihr. Plötzlich hoben sich die Arme unter der Burka hervor und eine Pistole kam neben den Stiefeln, die einen Mann unter der Burka verriet, hervor. Ohne weitere Vorwarnung oder sonstige Worte eröffnete der Schütze das Feuer auf den anderen Mann, der nur etwa zwei Meter von Amin entfernt durch die Schüsse getroffen zu Boden sank. Der Attentäter rannte nach drei Schüssen sofort davon und Amin ging vorsichtig zu dem Opfer herüber und rief mit seinem Handy die Polizei. Hätte Amin die falsche Antwort gegeben, so hätte es vermutlich wirklich ihn stattdessen getroffen. Zwar war dieser Anschlag nicht gezielt auf Amin gerichtet gewesen, doch er zeigt, wie gefährlich Kabul immer noch ist und dass man nicht von Sicherheit in dieser Stadt, in der jede Woche mehrere Sprengsätze hochgehen, reden kann.

Somit ist die Angst vor einem Abzug der ISAF-Truppen verständlich. Dass Präsident Hamid Karzai gerade die Unterzeichnung eines weiteren Sicherheitsabkommens hinauszögert und somit einen endgültigen Abzug der Truppen nach 2014 provoziert, trifft damit in das Sorgenherz der Menschen in diesem Land. Kunduz, dass nun vollständig an die afghanischen Sicherheitskräfte übergeben ist, zeigt deutlich, wie schnell die Taliban wieder zurück sind und die einheimischen Sicherheitskräfte in Schach halten können. Es scheint ein ewiges hin- und her um das Land und die Bezirke.

Ab jetzt geht es Schlag auf Schlag. Der Umzug in die neue Liegenschaft in PeC 2 hat begonnen. Wohl aus Angst, es könnten andere Einheiten das großflächige Areal in Beschlag nehmen, wenn es zu lange leer steht, hat Salim, der Chef der Fünften, den Anfang gemacht. Allen Plänen zum Trotz hat er sich das genommen, was er meint zu brauchen. Als vor wenigen Tagen die Planungen für das nun auch im Bau befindliche PeC 1 gemacht wurden und die deutschen Inspektionschefs die Büro- und Unterkunftsverteilung besprochen haben, konnte ich mir ein wenig Sarkasmus nicht verkneifen und sehe mich wieder einmal bestätigt. Hier in diesem Land langfristige Pläne zu machen, bedarf schon einer gehörigen Portion Optimismus. Ginge es nach mir, dann würden wir die nächste Woche in unserem Camp bleiben und abwarten, bis die Afghanen sich im neuen Camp

„geschüttelt“ haben. Erst wenn sie glauben, jeder wäre dort, wo er hingehört, und den Umzug im Groben erledigt haben, dann würde es Sinn machen, weiter zu unterstützen. Zu viel hin und her wird uns nun noch erwarten und wie immer, wenn sie etwas brauchen, um sich einzurichten, werden sie die Hand aufhalten und uns um alles Mögliche bitten.

Dass sie auch sehr schnell sein können, wenn sie es wollen, zeigen die ersten Tage des Umzugs. LKWs über LKWs fahren in das neue Camp ein und bringen hoch aufgetürmt und teils abenteuerlich gestapelte Ladung aus der DMS herüber. Ob Lehrmodelle oder Mobiliar, alles findet seinen Weg in den neuen Bereich. Etwas skurril mutet dabei der einprägende Anblick eines Ford Ranger an, der zu Ausbildungszwecken bis auf den Motor, den Fahrersitz und das Fahrwerk „entkernt“ wurde. Unglaublich, doch er wird die etwa 20 Kilometer auf eigener Achse hierhergefahren. Sieht man wie klein die DMS eigentlich ist, so mag man kaum glauben, dass so viel Material dort herkommt. Unterdessen helfe ich Jare, der mich darum bittet, seinen Unterrichtsraum mit einzurichten. Eigentlich genauso wie ich es auch in Deutschland machen würde, versuche ich dabei auf eine gewisse Ordnung und Logik zu achten.

Die neuen Unterrichtsräume sind sehr großzügig angelegt und selbst für die vielen Lehrmodelle und Tafeln ist ausreichend Platz. Da ich kaum Material dabeihabe, um etwas zu befestigen oder aufzuhängen, versuche ich die vorhandenen Möglichkeiten zu nutzen. Die zwar optisch mehr an einen Lager- oder Betriebsraum erinnernde Ausstattung des Unterrichtsraumes sieht nicht gerade einladend aus, ist jedoch einerseits mehr als wir nun lange hatten und bietet eben auch andere Vorteile. An den umlaufenden Rohren, die Kabel führen und über Putz befestigt sind, lassen sich die riesigen Leinwände mit den Verkehrszeichen aufhängen. Ihre gebogenen Blechbügel scheinen wie für diese Rohre gemacht. Zwar ist es etwas umständlich dort oben ranzukommen, doch nach dem Ausrichten der drei Leinwände ist die erste Seite des Unterrichtsraumes bereits sehr ansehnlich. Auch die Stühle mit ihren Armlehnen, die man als Schreibunterlage ausklappen kann, sind schnell in eine gewisse Ordnung gebracht und bieten so etwa 30 Schülern Platz. Dieses ist daher auch der zukünftige Fahrlehrerhörsaal. Das fast vier Meter lange Bremsenmodel aus Deutschland, welches wir 2010 als ausgesondertes Material der deutschen Bundeswehrfahrschulen bekommen haben, passt auf seinem rollbaren Gestell sehr gut in den Hintergrund an die Wand. Erstaunlicherweise ist es sogar noch vollständig – vielleicht, weil man nur wenig davon irgendwo anders gebrauchen kann. Während ich unter meinem Kälteschutz, den ich nun immer morgens gleich unter die Feldjacke ziehe, zu schwitzen beginne, steht auch schon wieder Rabur neben mir. Jetzt, wo handwerkliches Geschick und teilweise auch wieder etwas Material, wie Schrauben, Dübel und Nägel gebraucht werden, appelliert alle naselang irgendein Afghane an meine Freundschaft, um meine Unterstützung zu bekommen.

Dieter fragt natürlich keiner, weil er ein Offizier ist und selbst die Afghanen hier eine gewisse Distanz zu bestimmten Tätigkeiten sehen. Dabei hat er gar kein Problem damit, auch mal mit anzupacken. Überhaupt hat er in den letzten Monaten mehr und mehr Punkte bei mir durch seine Hilfsbereitschaft und Kameradschaft gesammelt. Was anfangs noch etwas aufdringlich und auch nervig schien, ist nun zu einer gewissen Normalität für mich geworden. Er meint es gut und ist sich eigentlich auch für nichts zu schade. Wenn uns nicht die große Distanz später wieder entfremdet, so könnte ich mir eine echte Freundschaft zu ihm sehr gut vorstellen.

Rabur braucht einen Schlüsselkasten und bittet mich, ihm diesen zu besorgen. Oft hat man bei den Wünschen der Afghanen das Gefühl, dass sie glauben, man bräuchte im eigenen Camp nur in den Super- oder Baumarkt zu gehen und könne sich frei an den Regalen bedienen. Doch selbst ein paar Nägel sind nicht mehr problemlos zu bekommen. Mir ist auch bewusst, dass dafür der afghanische Weg funktionieren müsste, doch das ist eben nur die Theorie. Versprechen tue ich nichts, das habe ich mir früh abgewöhnt und so sage ich ihm lediglich zu, mich darum zu kümmern, soweit dies möglich ist. Rabur wirkt manchmal wie ein lieber Teddy, und obwohl ich ihn schon anders – auch boshaft – erlebt habe, ist dieses Bild bei mir eingeprägt. Als ich meine Hilfe gerade zugesagt habe, nimmt er mich wie einen engen Verwandten in den Arm, umschlingt mich damit und dann drückt mich dieser afghanische Oberst fest an sich. Die Worte „Enrico my Friend“ werden sich wohl, so oft ich diese in den letzten 11 Monaten schon gehört habe, tief in mein Gedächtnis einbrennen.

Dann merkt er, dass Dieter auch noch da ist und macht mit ihm das Gleiche. Alles andere wäre auch ungerecht gewesen, denn nur durch Dieters Verständnis und den Umstand, auch mal Fünfe gerade sein zu lassen, ist oft erst die Unterstützung über das „normale“ Maß hinaus möglich. Doch es schwebt das ungute Gefühl in mir mit, dass wir in den nächsten Tagen noch oft in Bedrängnis geraten werden, wenn wir den Wünschen der Afghanen diplomatisch ausweichen müssen. Die andere Lösung wäre, sonst jedes Mal die Geldbörse zu zücken und es aus eigener Tasche zu bezahlen. Doch das haben wir für mein Gefühl schon zu oft gemacht, Dieter deutlich mehr als ich und doch insgesamt zu viel. Wir lassen uns die Unterkünfte der Schüler zeigen und sind begeistert. Von der nun jahrelangen Zeltlösung ist das einen Quantensprung entfernt. Selbst wenn die Arbeiten teils sehr schlecht und kostengünstig ausgeführt sind: das Gebäude bietet Schutz vor Regen und Kälte.

Überall wird emsig gerückt und geräumt. Die ersten Spuren des Umzugs sind an den frisch gestrichenen Wänden der engen Gänge zu den Stuben schon deutlich. Die Türstopper sind bereits massenhaft aufgrund des Gewichts der schweren Türen und der unsanften Behandlung ausgerissen. Um die Wände zu schonen befielt Rabur, das Mobiliar mit Abstand aufzustellen, was etwas merkwürdig anmutet. Betten und Schränke bleiben weit von den Wänden entfernt und so sehen die Stuben irgendwie unfertig aus. Auch der kleine Oberleutnant, der diesen Bereich koordinieren soll, springt uns immer wieder zwischen die Füße. Wo immer es geht, meide ich ihn. Seine penetrante und aufdringliche Art nervt mit jeder Woche stärker. Wenn er dann noch mit seinem Kneifen und Drücken an Händen und Muskulatur anfängt, würde ich ihm am liebsten Mal „in die Schranken weisen“. Vermutlich könnte ich ihm erheblich mehr wehtun als er mir und so richtig habe ich bis heute nicht verstanden, was er damit beweisen will, doch ich bleibe wie immer ruhig und ignoriere ihn so gut es geht. Er ist nicht dumm und selbst Amin nennt ihn den „schlauen Teufel“. Ich bin noch mit einem der Ausbilder und Avabi im Gespräch und als ginge ihm die Nichtbeachtung auf die Nerven, will er sich mit seiner kratzigen, quäkigen Stimme wieder in den Vordergrund drängen. Er wedelt mit seiner Geldbörse vor meiner Nase herum und drückt mir damit einen aufdringlichen Parfümgeruch in die Nase. Im Glauben, er wolle einen Kommentar zu seinem neuen Duft, tue ich so, als fände ich diesen gut. Avabi soll es übersetzen und berichtigt meinen Fehler, denn es geht hier nicht um den Geruch des Parfüms, das alles andere überlagert. Es geht um einen kleinen Block Rohhaschisch, den er kurz darauf aus der Geldbörse zieht. Meine Reaktion darauf ist äußerlich sehr verhalten und als wolle er nun vom Thema ablenken, fragt er mich, wann ich denn nun zum Islam käme. Dass dies von ihm kommt ist neu, denn für gewöhnlich ist es Ismael, der mich immer wieder damit bedrängt, doch Moslem zu werden. Doch der kleine Oberleutnant in seiner verschmutzten Kälteschutzjacke hat mir vor wenigen Sekunden eine Vorlage als Gegenargument geboten, die ich nun ausnutze. Ob denn Moslems Haschisch konsumieren dürften und er, obwohl er mit dem Stoff unterwegs ist, sich als guten Moslem sähe, frage ich ihn. Doch plötzlich ist das nur für seinen Freund und irgendwie könnte das sogar stimmen, denn Samuel handelt ja damit und von ihm könnte er es für seinen Freund besorgt haben. Doch eigentlich interessiert es mich auch nicht so wirklich, ich will nur meine Ruhe vor ihm haben und gehe langsam weiter. Dieter ist mit Rabur in einem der anderen Räume verschwunden und so gehe ich mit Avabi den schmalen Gang zur Ausgangstür zurück.

Die Generatoren laufen noch nicht und so gibt es auch noch keinen Strom und fließendes Wasser. Je Stunde sollen aber angeblich bereits 400 Liter Diesel abgerechnet werden. Ein Schelm, wer Böses dabei denkt. Uns läuft etwas die Zeit davon, denn da wir im „Päckchen" mit dem Stellvertreter unterwegs sind und er gegen halb elf wieder losmuss, können wir in der kurzen Zeit nicht mehr viel bewegen. Doch der erste Unterrichtsraum sieht dank unserer Hilfe bereits nutzbar aus.

Auf dem Rückweg zum Auto werden wir dann noch kurz in den zweiten Unterrichtsraum, den die Afghanen selbstständig „designt" haben, hineingeführt. Ein stechender Dieselgeruch steigt uns in die

Nase. Sie haben die Möbel und Regale für die Ausbildungsmodelle mit dieselgetränkten Lappen abgewischt um sie neuer erscheinen zu lassen, dementsprechend glänzt auch alles oberflächlich. Der Unterrichtsraum gleicht einer Abstellkammer. Kaum erkennbares System und bis in den letzten Winkel zugestellt, kann ich mir hier gerade keinen Unterricht vorstellen. Dass die alten Holzbänke aus den Zelten, die nun demnächst für mindestens 60 Fahrschüler reichen müssen, mehr Platz wegnehmen als die Stühle nebenan, geht ja noch in Ordnung, doch dass man diese kaum noch ohne zu stolpern erreichen kann, ist suboptimal. Auch hier hängen die riesigen Leinwände der Verkehrszeichen, doch direkt neben der Leinwand für den Beamer machen sie nicht nur optisch, sondern auch durch die Ablenkung absolut keinen Sinn. Wie ein kleiner Junge, der etwas richtiggemacht hat und nun dafür eine Belohnung möchte, steht Abdulla, der gut genährte Oberleutnant und Neffe des Kommandeurs, neben mir. Bevor ich ihn aber so richtig wahrnehme, merke ich schon, wie mein Kopf verneinend umherwackelt. Doch für heute ist erst einmal Schluss und schließlich laufen die Unterrichtsräume nicht weg. Ich sehe eine Menge Hausmeistertätigkeiten in den letzten Wochen meines Einsatzes auf mich zukommen. Und wieder denke ich positiv, denn es gibt meinem Handeln in diesem Land einen weiteren, vielleicht letzten Sinn und wird die verbleibenden Wochen noch schneller verfliegen lassen. Also gehen wir es an und so werde ich später am Nachmittag, wenn ich meinen Sport gemacht habe, versuchen, ein Schlüsselbrett zu bauen. Das Grundmaterial, ein loses Brett aus einem zerfallenen Schrank, habe ich bereits und lege es in den Kofferraum meines Wolfes, bevor ich mich von den Afghanen verabschiede.

Die schlechte Nachricht des Nachmittags ist die Verschiebung meines Heimatfluges in den Weihnachtsurlaub. Nachdem bereits ein Zwischenstopp im Oman die voraussichtliche Ankunftszeit auf etwa Mitternacht geschoben hat, nun auch noch das. Jetzt sollen wir einen Tag später und dennoch mitten in der Nacht in Köln ankommen. Dass damit so kurz vor Weihnachten viel Stress und Müdigkeit ins Spiel kommen werden, ist abzusehen. Darum habe ich mich auch dafür entschieden, auch wenn ich noch keinen Plan im Detail habe, dass meine Brüder mich dieses Mal nicht abholen sollen. So gerne ich das auch hätte, es kostet weitere Umwege und auch Zeitverluste. Da die Autovermietung am zivilen Teil des Flughafen Köln bis 3 Uhr morgens geöffnet hat, werde ich mir dort wohl einen Leihwagen nehmen, den ich zu Hause bei einer anderen Station wieder abstellen kann. Das ist zwar nicht die günstigste, dafür aber schnellste Lösung. Nun muss ich aber noch klären, wie ich von der militärischen Seite zur etwa vier Kilometer entfernten zivilen Seite komme. Vermutlich werden das Kameraden, die von ihren Einheiten oder Familien abgeholt werden, übernehmen. Ein technischer Defekt, der an den Airbussen der Luftwaffe entdeckt wurde, hat zur Verschiebung einiger Flüge geführt. Und obwohl es ein wenig ungerecht ist, stärkt die Luftwaffe damit ihren Ruf als „Maybe-Airline“.

Wenn ich dann am 3.01. zurück nach Afghanistan komme, werde ich bereits Dieters Nachfolger im „Gepäck“ haben und so endgültig das Ende unseres Einsatzes einläuten. Mit jedem Tag freue ich mich nun mehr auf zu Hause. Die Laune meiner Frau hat sich nach einem Tag Funkstille nun auch wieder ins Positive gedreht, denke ich. Als würde sie nun langsam den Schutzmantel über ihren Gefühlen lüften und mich wieder mehr in ihr Leben einbeziehen, ist sie nicht mehr so kühl und distanziert wie noch vor wenigen Tagen. Die Telefonate werden insgesamt lockerer und selbst lustige Teile sind wieder dabei. Mehr als eine Stunde kommt da fast täglich zusammen, was mich ebenfalls positiv stimmt, denn es zeigt doch, dass wir uns immer noch viel zu sagen haben. Wenn ich es schaffe, mich über die Feiertage etwas zusammenzureißen und etwas im Hintergrund, wenn auch nicht desinteressiert zu sein, dann ist ein guter Anfang gemacht, um wieder als Teil in der Familie anzukommen. Vielleicht sollte ich mir aber auch weniger Gedanken machen und es einfach auf mich zukommen lassen? Doch dafür bin ich wohl nicht der Typ, selbst wenn ich mir durch diese Einstellung wohl eine Menge schlafloser Nächte erspart hätte.

Es ist Nikolaus und erstaunlicherweise habe ich bis kurz nach halb neun recht angenehm geschlafen. Das ist so selten geworden. Um dem Lärm der Hubschrauber des Nachbarcamps nach draußen zu verbannen, habe ich dieses Mal bei geschlossenem Fenster geschlafen und es hat geholfen. Unsere „Fahrgemeinschaft“ hat ein gemeinsames Frühstück in unserem alten Betreuungsraum geplant und so wie es gestern Abend klang, sind wir nicht die Einzigen, die diese Idee hatten. In der Nacht habe ich meinen Brotbackautomaten ein Bauernbrot backen lassen und der Geruch des frischen Brotes hat sich angenehm in meiner Stube verbreitet. Auf meinem Handy ist eine SMS meiner Frau eingegangen, die ich gestern Abend nicht mehr gelesen habe, weil es zu spät war. Sie bedankt sich darin für den Blumenstrauß, den ich ihr als kleine Aufmerksamkeit zum Nikolaus schicken habe lassen. Und weil sie eben schon seit Wochen kaum noch meine SMS beantwortet und wenn dann meist doch recht unpersönlich, freue ich mich besonders über den Smiley, der dabei ist. Es ist das erste Mal in unserer Beziehung, dass ich von ihr nichts bekommen habe. Wenngleich es immer nur eine kleine Aufmerksamkeit, meistens Schokolade war, sie hat immer daran gedacht. Auch meine Einheit, der ich in Deutschland sonst angehöre, hat in diesem Einsatz die Verbindung zu mir sichtlich schleifen lassen.

Bevor ich irgendetwas anderes beginne, werfe ich meinen Laptop an, um nach den E-Mails zu sehen. Vielleicht hat meine Frau mir ja dort noch eine Nachricht oder ein Foto hinterlassen? Da es zu Hause aber auch erst kurz nach fünf ist, könnte auch später noch etwas kommen. Nur mit viel Kraft kann ich das Brot aus der Backform schütteln, um es dann mit viel Gefühl in feine Scheiben zu schneiden. Wieder einmal zu viel Wasser ist der Grund, weshalb es sich fast schon etwas matschig anfühlt. Darum breite ich die einzelnen Scheiben auf Unterlagen aus und gebe ihnen die nächste Stunde, um etwas zu trocknen.

Es ist frisch in meiner Stube, denn nachdem ich die verbrauchte Luft gegen frische austausche, kommt auch die Kälte von draußen mit herein. Dabei haben wir hier immer noch ein angenehmeres Klima als es gerade zu Hause vorzufinden ist. Mit Stürmen, Regen und Schnee ist dort die ganze Bandbreite vorhanden.

In Jogginghose und mit dem kuscheligen Kälteschutz über dem Dienstshirt bringe ich meinen kleinen Mülleimer zum Ende des Flures, wo der Sammelbehälter geparkt ist. Erst beim Zurückkommen fällt mir ein kleiner Stoffstiefel in Flecktarn an meiner äußeren Türklinke auf. Der Nikolaus war wohl doch da und ich beginne sofort zu rätseln, wer das wohl gewesen sein könnte. Der Pfarrer womöglich oder Benni mit seinen Beziehungen zu den verschiedensten Organisationen. Der Spieß wird es sicher nicht gewesen sein, denn als Teil seiner Überraschungsaktion für den Nachmittag würde das keinen Sinn ergeben. Dolli und ich werden ihm, der den Nikolaus spielt, als Knecht Ruprecht und Engel in selbstgebastelten Kostümen zur Seite stehen, wenn er seine kleinen Aufmerksamkeiten verteilen wird. Vorsichtig kippe ich den Inhalt auf meinem Schreibtisch aus. Neben vielen kleinen Süßigkeiten kommen eine kleine Engelfigur und eine Minikarte zum Vorschein. Der Reservistenverband *Zeven* scheint da wohl die Finger im Spiel zu haben, denn etwas unleserlich in Handschrift sind einige Unterschriften auf der Rückseite und das Kürzel RV-Zeven zu lesen. Der Text auf der Vorderseite, für den selbst ich schon fast eine Brille benötige, stimmt mich sogar etwas melancholisch: „Wir wünschen Euch eine ruhige und friedliche Weihnachtszeit, sowie einen schönen Nikolaustag. Grüße an jeden Einzelnen von Euch, unsere Gedanken sind bei Euch.“ Die gelbe Schleife der Solidarität mit Soldaten und den Worten „Wir sind stolz auf Euch!“, füllt die kleine Lücke auf dem Bild neben dem Weihnachtsmann auf seinem Schlitten. Ein kleiner Pappkalender mit einem Foto von Benni und einem Jungen auf unseren Aussichtspunkten im Gelände verrät dann doch den Initiator dieser kameradschaftlichen, liebenswerten Aktion. Es rührt mich und lässt sich gerade nur schwer beschreiben, wie gut es sich gerade anfühlt, nicht von allen vergessen zu werden. Wenn auch nicht persönlich.

Die Zeit fängt an zu drängen, denn halb zehn ist ohnehin schon nicht besonders früh für ein gemeinsames Frühstück und so lege ich die Brotscheiben servierfertig auf mein großes Brotbrett, nehme mir die vorletzte Dose Fisch aus meinem Schrank und begebe mich auf den Flur. Seid mich keine Pakete mehr erreichen, sind meine Vorräte fast aufgebraucht, trotz sehr sparsamer Einteilung. Wohl auch ein Zeichen des „vergessen werden“?

Dieters Tür steht weit offen und der Blick hinein zeigt einen recht müd wirkenden Mann, der noch in Schlafkleidung umherirrt und irgendwie beschäftigt scheint. Da möchte ich mit vollen Händen auch gar nicht lange stören und frage ihn nur kurz, ob er auch gleich mit zum Frühstück kommt, was er bestätig.

Als ich in der Küche ankomme, sind die Sitzplätze bereits fast vollständig besetzt und noch ist außer mir niemand von der „Fahrgemeinschaft“ dort. Doch da die Runde noch recht großzügig verteilt dort sitzt, ist auch noch Potenzial zum Zusammenrücken vorhanden. So setze ich mich neben den Fahrer des Stellvertreters. Anfangs, die ersten paar Tage, war er mir recht unsympathisch, schien er doch recht arrogant und teils auch sehr frech für seinen Dienstgrad. Doch mein erster Eindruck hat mich, was nicht besonders oft vorkommt, getäuscht. Frech ist er tatsächlich, doch auf eine humorvolle Art, die durch seine Körperfülle eine lustige Note bekommt. Immer einen guten Spruch auf den Lippen, hat er durchweg einen guten Stand bei den Kameraden. Überhaupt scheinen alle heute Morgen recht gut drauf zu sein, denn die Kette der Sprüche und Scherze scheint nicht abzureißen.

Der Tisch ist reichlich gedeckt, wenn auch mit dem, was die Küche hergibt, etwas aufgewertet. Alles was hier steht, wird auch geteilt. Wer etwas dazustellt, akzeptiert diese inoffizielle Regel. Da meine Vorräte nun seit fünf Monaten nicht mehr aufgefüllt wurden, kann ich mit meiner Dose Fisch nicht wirklich etwas „Gesuchtes“ beisteuern. Doch mein Brot, das ich in die Metallschale zum sehr trocken wirkenden Brot aus der Küche dazu lege, reißt es etwas raus. Schließlich möchte ich mich hier auch nicht nur als Schnorrer dazusetzen. Deshalb, hätte ich das Brot nicht mitbringen können, ich wäre jetzt nicht dabei. Und als hätte ich dennoch ein schlechtes Gewissen, bleibe ich bei meinem Fisch und nehme mir lediglich vom Gemüse, dass aus der Küche stammt, etwas dazu. Erst als die Runde mit dem Essern fertig scheint und das Drängeln beginnt, dass nichts Angefangenes übriggelassen werden soll, nehme ich mir auch von den kleinen Stücken Schinken und Käse. Wegwerfen passt eben immer noch nicht in mein Selbstverständnis, obwohl ich das in dieser Runde auf meine ostdeutsche Herkunft schiebe und mit lustigen Bemerkungen untermale.

Meine Flugdaten haben sich wieder einmal geändert. Dieses Mal jedoch zum klaren Vorteil. Nun werde ich mit den anderen vier Kameraden, die ebenfalls in den Urlaub fliegen, in einem Flieger sitzen, der sogar noch einen Tag vor dem ursprünglichen gehen soll und gegen halb fünf ohne Umwege in Köln landen soll. Wenn das so bleibt, wobei ich mir da keineswegs sicher bin, wäre das die „Goldrandlösung“. Warten wir es ab, denn erst, wenn ich in zwölf Tagen in Masar ankomme, glaube ich auch an die neuen Daten. Bis dahin möchte ich natürlich den Umzug bei den Afghanen auch abschließend unterstützen. Nachdem ich gestern mehrere Stunden dort den „Hausmeister“ spielen konnte und jede Menge Bilder und Lehrmodelle ihren Platz an den Wänden gefunden haben, sehe ich es optimistisch. Dabei hätte ich sogar noch mehr schaffen können, wenn ich nicht ständig von den verschiedensten Ausbildern in Beschlag genommen worden wäre. Jeder meint plötzlich, an meine „Freundschaft“ appellieren zu müssen, weil sein Unterrichtsraum der wichtigste wäre. Vor den Kopf werde ich niemanden stoßen, doch zerteilen kann ich mich nun mal auch nicht. Zudem ist das verfügbare Material, bestehend aus etwas Tape, Nägeln, Schnur und Klebstoff, sehr überschaubar. Das mir das Ganze dabei sogar Spaß macht, weil ich mal wieder meine handwerklichen Kenntnisse ins Spiel bringen kann und etwas Sichtbares zurückbleibt, gibt der Arbeit einen mehrfachen, für mich sehr wichtigen Sinn. Die Ausbilder binde ich jedoch aktiv mit ein, denn von meiner Seite kommen nur die Vorschläge, wo und was am besten an welchen Platz soll. Entscheiden und mit anpacken müssen sie dennoch selbst.

Es ist nun früher Nachmittag und ein kurzfristiges Antreten, um den Sicherungszug, der uns etwas mehr als einen Monat die Wachdienste in den Stellungen abgenommen hat, zu verabschieden. Das passt ganz gut, denn so können der Spieß, Dolli und ich uns schon einmal umziehen, um dann danach unsere kleine Aufführung zum Nikolaus darzubieten. Außer dem Oberst und dem Stellvertreter weiß sonst niemand Bescheid. Dieter wird dort unten stehen und sich fragen, wo ich bin. Doch da muss er nun durch, denn irgendwelche Ausreden wären mir zu auffällig gewesen. Die Ungarn werden auch gleich noch in unseren großen Besprechungs- und Partyraum einrücken, im Glauben der Oberst hätte noch Punkte, die er dort für alle ansprechen möchte.

Immer wieder schaut der Spieß aus dem kleinen Fenster seines Lagerraumes nach draußen, wo das Kontingent angetreten ist, um zu prüfen, wann die Männer wohl wieder hochkommen. Das Anlegen der Kostüme geht recht schnell, da wir sie gestern bereits einmal anprobiert haben. Der Spieß trägt das typische Weihnachtsmannkostüm und muss sich gleich nur noch den Bart umhängen. Ein großer Leinensack, gefüllt mit abgepackten Schokoladentüten, steht am Boden des noch etwas unordentlich wirkenden Raumes. Jetzt weiß ich auch, wo unsere Werkzeugausstattung untergekommen ist, die ich in den letzten Tagen hätte oft gebrauchen können, um bei den Afghanen bei meiner Hausmeisterunterstützung etwas weniger improvisieren zu müssen. Ungeduldig warten wir nun auf die Anderen. Ein kleiner Jutesack ist wie eine Wollmütze auf meinem Kopf hochgerollt. Zwei abgebundene Ecken sollen die Hörner darstellen. Zwei mit Edding aufgemalte Augen, die einen bösen Blick darstellen, sind das Gesicht. Ich kann später nur durch die Maschen des Sackes schauen und mein Gesicht wird niemand sehen können. Auch der Rest, bis auf ein winziges Loch an meiner Pistolentasche, ist vollständig von dem hellbraunen Kostüm überzogen. Dolli, der seinen Kopf durch das Loch in ein großes, weißes Bettlaken gesteckt hat und einen aufsteckbaren Heiligenschein trägt, ist zusätzlich mit Engelsflügeln, die wir mit Gummibändern durch ein kleines Loch im Laken auf seinem Rücken mit den Armen verbunden haben, ausgestattet. Er wird gleich mehr den passiven Part haben und dem Nikolaus den Sack mit den Geschenken aufhalten, während er seine Texte verliest, in denen der eine oder andere erwähnt werden wird.

Das Antreten löst sich auf und die rückkehrende Unruhe auf dem Flur signalisiert lautstark, wo die Masse bereits durchläuft. Das Gebäude, das auch auf dieser Seite wie ein U geformt ist, gewährt uns freien Blick auf die getönten Fenster des Besprechungsraumes, in dem gerade nach und nach die Kameraden einströmen. Fast hätten wir uns verraten, da sie uns hier, wo noch Licht brennt und so den Einblick leichter macht, sehen könnten. Nur eine Armlänge vom Lichtschalter entfernt haue ich reflexartig drauf und das Licht erlischt. Wäre doch sehr schade, wenn so kurz vorher die Überraschung platzen würde.

Nur der Oberst, der sich noch mit dem Kontingentführer am Antreteplatz unterhält, fehlt und so heißt es weiter warten. Wir machen Späße und sind überhaupt ganz gut drauf. Etwas Unruhe schwingt dennoch in mir mit. Um keine peinlichen Fehler in meiner Rolle zu machen, habe ich gestern Abend extra noch einmal gegoogelt, was es mit dem Ruprecht genau auf sich hat. So richtig habe ich mir davor noch nie Gedanken dazu gemacht und kann mich auch an keine nachhaltige Aufklärung in meiner Kindheit erinnern. Es ist eigentlich nichts Wildes, denn ohne Worte werde ich versuchen, etwas böse, aber nicht zu ernst zu wirken. Als Bote werde ich dann die nach vorne zum Nikolaus gerufenen Leute holen und begleiten.

Endlich ist auch der Oberst auf dem Weg nach oben. Erst als der Spieß sicher ist, dass auch wirklich alle den Raum erreicht haben, gibt er das Zeichen zum Start. Vorsichtig ziehe ich mir den Sack über das Gesicht und lasse mir von Dolli bestätigen, dass die aufgemalten Augen auch dort sitzen, wo sie sein müssen. Schon die kleinste Bewegung verursacht das Anschlagen der Glocke auf meiner Rückseite. Mit der aus Ästen gebundenen Rute beginne ich, als wolle ich diesen simplen Ablauf schon einmal einüben, damit von der rechten in die linke Hand zu schlagen. Dann geht es los und ich vorweg an der Spitze des Trios durch den Flur zum Besprechungsraum. Lautstark schlägt die Glocke nun fast im Takt vor sich hin und beschallt damit schon fast in den Ohren schmerzend das Gebäude. Gut gelaunt und auf den Spaß nun im Klang der Glocke eingestimmt, beginne ich sogar etwas zu springen, um den Takt und die Lautstärke etwas zu variieren. Hindurch durch die Tür, haben wir sofort die Aufmerksamkeit der Anwesenden. Die Ungarn in einer kleinen Gruppe und die Deutschen, verteilt auf mehrere, kleine Gruppen, beginnen bereits zu lachen und motiviert beginne ich hektisch durch die Grüppchen zu hüpfen. Die Rute unterstreicht, immer noch in meine linke Hand schlagend, meine Rolle in diesem Stück. Der Sack, der mein Gesicht bedeckt, scheint mir Freiheiten meines Handelns zu eröffnen und so kann ich grinsen oder andere Grimassen ziehen, ohne dass es bemerkt würde.

Die Stimmung im Raum scheint weiter zu steigen und der Spieß als Nikolaus hat zwischen zwei Wandvorsprüngen Platz genommen, in der Hand ein in eine Wärmedecke, deren goldene Seite passend dem Anlass funkelt, eingepacktes Klemmbrett. Langsam klappt er seine Notizen auf und wendet sich mit begrüßenden Worten an die Anwesenden. Und obwohl die Ungarn noch neu sind und kaum berichtenswertes vollbracht haben können, sind auch sie neben Volker und Benni mit unter denen, die nach vorne geholt werden müssen. In Reimen gibt der Spieß dann die guten und schlechten Taten preis, während ich mit der Rute dann die Strafe andeute. Immer wieder geben die gut gewählten Worte des Nikolauses Grund zum Lachen. Am Ende darf sich jeder etwas aus dem Sack nehmen und nur etwa 20 Minuten, nachdem wir durch die Türe hereingekommen sind, marschieren wir auch wieder heraus. Die Luft unter dem Sack ist inzwischen recht warm geworden und daher springe ich wieder, noch einmal die Glocke in voller Lautstärke klingen lassend, durch den Flur zurück zum Lagerraum des Spießes.

Schnell sind die Kostüme wieder in den passenden Kartons und so können wir uns der lockeren Runde, die sich angeregt über die letzten Minuten unterhält, wieder anschließen. Nur wenige Sekunden nach unserem Eintreffen werde ich auch schon auf das wohl ausgefallenste Kostüm angesprochen. Man scheint mit meiner gespielten Rolle zufrieden und obwohl ich das nun nicht besonders anstrengend oder herausfordernd fand, bekomme ich mehrfaches Lob. Ziel erreicht, denke ich, und kann mich auch darüber freuen, dass ich mich darauf eingelassen habe obwohl ich sonst nicht so für solche Dinge zu haben bin. So schade es auch ist, diese Zeit nicht bei der Familie verbringen zu können, solche kleinen Einlagen machen die Zeit auch beinahe unvergesslich. Und auch wenn der Spieß oft trocken und etwas sehr nach Vorschrift rüberkommt, die Idee und auch die Umsetzung verdienen Lob. Dass die gute Stimmung nicht über mehrere Tage angehalten hat, da wir durch einen weiteren Anschlag auf uns Deutsche wieder aus der Routine gerissen werden, hätte natürlich nicht sein müssen. Liegt aber wohl unweigerlich im Umfeld so eines unsicheren Landes.

Kapitel 6

Ist es das Ende?

Es ist Anfang Dezember und wir sind gerade erst wenige Minuten mit unserer Fahrzeuggruppe am Nord-Gate des KaIA vorbeigefahren, als ein Attentäter mit einem Fahrzeug eine Sprengladung umsetzt. Die Feldjäger, die mit fünf Fahrzeugen in den KaIA einfahren wollen und dafür an der Zufahrt stoppen müssen, können durch besonnenes Handeln des *ENOG* (Light Armoured Patrol Vehicle) -Fahrers größeren Schaden verhindern. Er erkennt, dass der Toyota sich am Konvoi vorbeidrängen möchte und blockiert ihm die Weiterfahrt. Dass er sich dann direkt hinter dem ENOG, dem sichersten Fahrzeug der Gruppe, in die Luft jagt, verursacht zwar einen Totalschaden am ENOG, doch es wird niemand verletzt. Vor etwas mehr als einer Woche hatten wir bereits schon einmal so ein Glück, als wir nur fünf Minuten zuvor einen Straßenabschnitt befahren hatten, an dem dann ein Sprengsatz gezündet wurde. Ob nun der etwas militaristischer wirkende ENOG die Aufmerksamkeit des Attentäters auf sich gezogen hat, wird sein Geheimnis bleiben. Doch die Vermutung, dass eben größere Konvois mit „lohnenswerten" Zielen für solche Aktionen in Frage kommen, steht im Raum. Sicher ist, dass die geschätzte Sprengstoffmenge des selbstgebastelten Sprengsatzes das Heck unseres Wolfes zerrissen hätte. Erst am Nachmittag beim Antreten, das die Gerüchte über die Geschehnisse des Tages aufklären soll, erfahren wir die Details. Unsere Einheit, deren Mitglieder zu diesem Zeitpunkt fast alle in PeC sind, müssen bis in die frühen Nachmittagsstunden darauf warten, dass die Bergung des ENOG abgeschlossen ist, bevor wir dann zurückverlegen dürfen. Im Camp sind derweil wieder die Stellungen besetzt, selbst wenn das mit dem eigentlichen Anschlag wohl wenig zu tun hat. Dass die beteiligten Feldjäger bereits kurz nach dem Antreten schon wieder recht gelöst mit den neugierigen Kameraden reden und auch lachen können, zeigt, dass zumindest äußerlich wohl tatsächlich kein Schaden entstanden ist. Was jedoch im Innern verarbeitet werden muss, wenn man die

Bilder für sich auswertet, wird die Zeit zeigen. Vieles kommt bei mir auch erst später hoch.

Dieter und ich haben gerade zu Abendbrot gegessen und draußen vor der Tür der Küche wird Dieter dann langsamer. Sonst gehen wir eigentlich zielstrebig zu den Unterkünften zurück und lassen den Abend, wenn ich nicht mit meiner Gruppe zum Kickern gehe, ausklingen. Doch dieses Mal bleibt Dieter neben der Tür, an der auch ein Aschenbecher steht, stehen. Es ist schon dunkel und nur das Licht der schwachen Wegbeleuchtung funkelt zwischendurch in seinen Augen. Sein Gesicht, das sonst in einer Art Dauergrinsen verharrt, ist dieses Mal sehr ernst. So ernst wirkt er gleich um Jahre älter. Und dann, während er den ersten Zug von seiner Zigarette nimmt, fragt er mich: „Rico, was denkst du eigentlich über den Anschlag, lässt dich das denn alles kalt?" Und bis zu diesem Moment hatte ich das alles mit kaum einer inneren Rührung aufgenommen, nicht durch meinen Schutzschirm durchgelassen. Wie Berichte aus dem Fernseher, die auch tausende Kilometer hätten entfernt sein können, hatte ich all diese Informationen des Tages abgehandelt. Der Glaube, es gebe so etwas wie Schicksaal, das man eben nicht wirklich beeinflussen kann, hat mich für solche sorgenvollen Gedanken scheinbar immun gemacht. Dieter hingegen, der mich mit einem ungewohnt traurigen Blick ansieht, scheint es näher zu gehen als gedacht. Doch was soll ich ihm sagen? Mehr als meine Theorie über das Leben und sein mögliches Ende zu philosophieren, kann ich auch nicht. Dass ich damit sehr persönliche Gedanken freigebe, gibt mir ein ruhiges Gewissen. Irgendwie beruhigen will ich ihn ja schon. Und so erzähle ich einige Minuten über besondere Erlebnisse aus meinen anderen Einsätzen. Am Ende bleiben mir nur die Worte, die ich wohl teils sogar unterbewusst mehrmals wiederhole: „Mach dir nicht zu viele Gedanken, denn vieles kannst du einfach nicht beeinflussen!"

Seit wir mit fast allen Fahrzeugen unserer Einheit in dieselbe Richtung zu den Afghanen in die neue afg. Kaserne fahren, ist die Fahrteinteilung mitunter etwas chaotisch geworden. Dass Benni den Auftrag hat, die Fahrten zu koordinieren, hat die Sache auch nicht einfacher gemacht. Die Schuld sehe ich dabei gar nicht einmal bei ihm, sondern in dem Umstand, dass man von einem bewährten

System durch mehr Kontrolle abgerückt ist und alles umständlicher gemacht hat. Vorher hatte man einfach miteinander gesprochen und „feste“ Päckchen haben ihren Weg in die „Areas“ gefunden. Jetzt besteht ein wesentlicher Teil der Nachmittage darin, die verschiedenen Fahrten zu organisieren und dennoch kommen bis in den späten Abend immer wieder Änderungen. Die Vorgabe, dass diese Fahrtmeldungen bis spätestens 16 Uhr des Vortages erledigt sein sollen, wird dabei immer mehr zum Wunschdenken. Interessanterweise haben Dieter und ich es aber genau diesem Umstand zu verdanken, dass wir nicht um viertel vor acht an diesem Morgen starten und damit um sprichwörtlich wenige Sekunden „zu spät“ an dem Anschlagsort vorbeikommen. Ob nun Schicksaal oder nicht, mir hilft es dabei, mir nur sehr wenige Gedanken über meine ernsthafte Gefährdung in diesem Land zu machen oder machen zu wollen. Nach gut zweieinhalb Jahren ohne einen „Kratzer“ will ich auch nicht glauben, dass sich daran noch etwas ändert. Dass dieser Anschlag nur knapp eine Woche vor meinem Flug in den letzten Urlaub passiert, rüttelt mich zwar kurz wieder wach, doch wirklich beeinflussen kann es mich nicht mehr.

Da mache ich mir deutlich mehr Gedanken darüber, dass man in meiner neuen Einheit, die ja auch meine alte ist, meine Aufgaben wieder einmal verändern will. Mit den Worten meines Ausbildungsgruppenleiters, der die Einteilung in die verschiedenen Lehrgänge organisiert, „Du bekommst den Anwärterlehrgang, denn du willst ja noch zu Höherem hinaus!“, werde ich darüber informiert, dass mir der Fahrlehrerhörsaal genommen wird. Der Anwärterlehrgang ist, bedingt durch den hohen Praxisanteil, der arbeitsintensivste Lehrgang. Auch wenn ich kein Problem damit habe, weil es mir mehr Spaß macht beschäftigt zu sein, als zu viel „Freilauf“ zu haben, bleibt ein wenig der Beigeschmack, dass es mal wieder eine kleine Retourkutsche dafür ist, dass ich im Einsatz war. Doch was da noch kommt und was die berufliche Zukunft überhaupt noch bringt, wird man sehen. Von Verständnis dafür, dass ich nach über einem Jahr in einem Kriegsgebiet ausgebrannt sein könnte, keine Spur. In fünf Tagen sitze ich im ersten Flieger nach Hause, wenn ich dann wiederkomme, hat Dieter noch zwei Wochen und somit ist der Einsatz fast zu Ende.

So langsam kommt die Erleichterung in mir hoch, es wieder einmal geschafft, durchgehalten zu haben – und das ohne wirkliche Probleme im dienstlichen Bereich. Zu Hause wird dagegen noch etwas aufzuarbeiten sein, um wieder in die Familie integriert zu werden, doch ich freue mich darauf. Die Angst, die über die letzten, nicht immer einfachen Monate geherrscht hat, ich könnte sogar meine Frau und meine Familie durch meinen Beruf verlieren, hat sich etwas abgeschwächt. So oft, wie in den letzten Tagen habe ich schon lange nicht mehr mit meiner Frau telefoniert. Immer mehr habe ich den Eindruck, dass sie mich wieder in ihre Welt hineinlässt und sich auch mit ihrem Gefühlsleben wieder für mich öffnet. Ich kann nicht sagen, warum ich so viele Jahre auf der „Flucht“ war und warum ich immer wieder Einsätze gebraucht habe, um zu erkennen, wie wichtig mir meine Familie ist. Sicher eine Mischung aus vielen Gründen, die ich selbst aufgrund der Komplexität nicht vollumfänglich verstehe. Vielleicht muss ich wirklich damit anfangen, die Baustellen meiner Vergangenheit unter Hilfe von außen fertigzustellen und aufzuarbeiten. Die Gelegenheit wird sich in der kommenden Präventiv-Kur und damit Einsatznachbereitung ergeben. Doch mal sehen, ob ich dann dazu bereit bin.

Während ich gemütlich in meinem Bett sitze und einen Film auf dem Laptop schaue, höre ich das laute Rufen unseres Obersts. Ich klicke auf Pause und gehe nur in Shirt und Unterhose bekleidet an meine Tür. Es ist dunkel auf dem Flur und der Oberst huscht nervös von einer Ecke in die andere, um Informationen mitzuteilen. Auch an meiner Tür kommt er vorbei, sein Kopf leuchtet, selbst in der schlechten Beleuchtung, auffällig rötlich. Er möchte umgehend die gesamte Einheit im Besprechungsraum der oberen Etage haben und so ziehe ich mir, besonnen aber zügig, meine Uniform über. Oben angekommen, füllt der Raum sich schnell auf. Die Uniform hätte ich mir sparen können, denn kurz vor neun abends kommen einige auch in ihrem Freizeitlook herein. Der neue ungarische Major kommt in Vertretung der restlichen Ungarn mit einem kleinen Schreibblock und einem Stift bewaffnet. Jetzt, bei besserem Licht hier im Besprechungsraum, kann man erkennen, dass der Kopf des Obersts immer noch etwas glüht. Ob nun die Aufregung oder das Gehetze von Tür zu Tür, seine Durchblutung scheint auf Trab zu sein. Benni, der um diese Zeit normalerweise schon im Tiefschlaf ist, kommt entsprechend verknittert als Letzter in die Runde. Auf Englisch und doch sehr gut für mich verständlich, gibt der Oberst die aktuelle Lage bekannt. Konkrete Anschlagsplanungen auf den KaIA und unser Camp erfordern erneut die Besetzung der Stellungen.

Fünf Tage vor Beginn meiner Urlaubsreise wird es also nochmal stressig. Alle Fahrten sollen auf ein nötigstes Minimum begrenzt werden. Das letzte Schießen dieses Jahres, für das wir erst in den Nachmittagsstunden den LKW beladen haben, fällt also aus. So richtig enttäuscht bin ich darüber nicht, denn da es wieder ein gemeinsames Schießen mit den Amerikanern geworden wäre, hätte es sich über viele Stunden dort draußen in der Kälte erstreckt. Für die „älteren" unserer Einheit ist das hier nichts Neues und so gibt es auch kaum Fragen, als mehr Betroffenheit bei den künftigen Urlaubern, die nun um ihren Flug aus Kabul bangen müssen. Gibt es die Sicherheitslage nicht her, so wirds weder ein Fahrzeug zum KaIA noch einen Flieger nach Masar für uns geben. Für mich wäre das, nach fast fünf Monaten am Stück, der emotionale „Supergau". Doch noch versuche ich, optimistisch zu bleiben. Die erst kürzlich verabschiedeten Sicherungskräfte aus Masar werden nun wohl wieder zurückkommen müssen, denn mit einer mageren Urlaubsbesetzung von gerade mal elf Mann, wird man hier nicht 24 Stunden für mehrere Tage Wache in den Stellungen leisten können.

Um pünktlich 21 Uhr beim Antreten des Kontingentes dabei zu sein, müssen wir uns nun auch auf den Weg machen. Dazu hole ich nur noch meinen Kälteschutz und die Handschuhe aus meiner Stube und bin so einer der Ersten im noch sehr übersichtlichen Innenhof. Die Kameraden des Kontingentes haben wohl missverstanden, wo das Antreten, das die letzten Male wegen der großzügigeren Platzverhältnisse vor dem neuen Stabsgebäude stattgefunden hatte, stattfinden soll. Sie irren in kleinen Gruppen teils orientierungslos wirkend durch die dunklen Ecken des Camps. Doch einige Minuten später haben auch sie ihren Platz in einer bananenförmigen Formation an den schräg verlaufenden Wegen im Innenhof gefunden. Der Führer des Kontingentes wiederholt nun eigentlich nur das, was unser Oberst zuvor an uns schon weitergegeben hat. Lediglich die ausdrückliche Bitte, von Informationsverbreitungen über die aktuelle Lage abzusehen, um nicht über die sozialen Netzwerke die Familien daheim scheu zu machen, sticht aus seinen Worten heraus.

Meistens den Blick zu Boden gesenkt und ein wenig verlegen hin- und herlaufend, wirkt der Oberst gedanklich auch etwas abwesend. Seine doch sehr väterlich wirkende Erscheinung nimmt dem Antreten ein wenig den militärischen Charakter. Ab 22 Uhr sind nun also alle Stellungen zu besetzen. Um die ersten „Schichten" planen zu können, geht es direkt vom Innenhof zurück in den Besprechungsraum. Dieter hatte mir zwischendurch mitgeteilt, dass ich morgen nun doch mit rausfahren soll. Eine Fahrt, die er eigentlich mit dem Oberst und seinem Stellvertreter allein machen wollte, damit ich den LKW zum Schießen fahren kann. Da sich das aber erledigt hat, möchte er mich nun doch mitnehmen. Der Besuch eines afghanischen Generales und des Mitarbeiters aus dem Pentagon, der die Federführung bei den neuen Handbüchern hat, ist wichtig genug, um dabei zu sein. Nach dem Ausfall des Schießens habe ich mich zwar mental mehr auf Wache und Camp-Aufenthalt eingestellt, aber letztlich kann ich mit allem gut leben. Ob das eine gute Idee ist, wer weiß. Dadurch falle ich jedoch zumindest für diese Nacht vorerst aus der Wacheinteilung raus. Mit genug Informationen gefüllt gehe ich zurück auf meine Stube und streife die Uniform ab, um mich wieder gemütlich in meinem Bett zu positionieren. Mit einem Klick läuft der Film weiter und ich rücke die Kopfhörer zurecht, als wäre ich nur mal kurz auf der Toilette gewesen. Erstaunlich, wie gleichgültig ich immer häufiger mit der aktuellen Lage umgehe.

Besonders gewissenhaft bereite ich den Wagen vor. Wenn der Oberst schon mein Gast ist –und das ist er heute zum ersten Mal – dann soll auch das Bild passen. Es ist ein nasskalter Morgen und die Ausfahrten sind noch mit den schweren Fahrzeugen des Kontingentes blockiert. Ich habe genug Zeit, denn wie immer bin ich fast eine halbe Stunde vor der Abfahrt am Auto. Da es gestern noch von der

Werkstatt am Fahrwerk repariert wurde, steht es auf dem Parkplatz, gegenüber unseren ehemaligen Parkflächen. Daher schalte ich unmittelbar nach dem Öffnen der Türen auch erst einmal die Standheizung ein, bevor ich den sonst vom technischen Dienst am Tag zuvor noch sehr sauberen Wagen weiter vorbereite. Egal ob der Wagen gestanden hat oder gefahren wurde, wirklich immer liegt ein feiner Staubfilm auf den Innenseiten der Scheiben. Außen dagegen sieht es schon mehr nach Sand als nach Staub aus, was dort auf den Scheiben lagert. Ein Plastikbeutel voll mit Verpflegung soll über die Mittagsstunden helfen, wenn die „Obrigkeiten" gemeinsam bei den Afghanen zu Mittag essen. Dieter und ich werden uns das Ersparen und die „Feldverpflegung" und die kleinen Leckereien aus der Küche nutzen, um den Hunger zu vertreiben.

Als Dieter am Wagen ankommt, nutze ich die Gelegenheit, um den LKW wieder vor die Container zu setzen. Das Material kann nun wieder abgeladen werden und so kann ich auch die Fahrzeugschlüssel abgeben, bevor ich den ganzen Tag verschwunden bin. Als ich zurückkomme, steht Dieter in der Fahrertür und versucht sein Gewehr im Halter der Tür zu befestigen. Es dauert einen Moment, bis er versteht, dass natürlich ich den Wagen fahren werde. In Gedanken, dass er den Oberst heute fahren würde, hatte er es trotz meiner Anwesenheit wohl dabei belassen wollen. Doch das geht so für mich gar nicht. Wie kann ich mich in das Auto eines Oberst setzen, das zudem auch noch mein zugeteiltes Fahrzeug ist und mich von einem Hauptmann fahren lassen? Was macht dann meine Anwesenheit für einen Sinn, selbst wenn ich später bei den Afghanen noch zu tun habe? Zum Glück diskutiert er auch nicht lange rum und wir einigen uns auf den bewährten Ablauf. Heute wird das Auto richtig voll. Mit drei Passagieren und kompletter Ausrüstung ist der Wolf absolut ausgelastet. Dieter, der immer mit angelegter Überweste und dem daran befestigtem „Gerödel" im Wagen sitzt, wird heute hinter dem Oberst in eine Presspackung gedrückt. Der Oberst, mit seinen weit über zwei Metern Größe, braucht natürlich alles, was die vordere Sitzverstellung hergibt.

Die Fahrt verläuft recht entspannt. Ich achte bewusst auf eine ruhige Fahrweise und fühle mich ein wenig in die Zeit als

Kommandeursfahrer zurückversetzt. Die Musik läuft und immer wieder finden wir drei Stoff für kurze Gespräche.

Erst als wir in die „Steinwurfecke“ kommen, verlagert sich meine Aufmerksamkeit verstärkt nach außen und ich „scanne“ die Umgebung ab. Ein etwa zehn Jahre alter Junge, der links neben uns am Fahrbahnrand geht, hat kurz vor uns einen Stein aufgehoben. Fest krallt er seine Hand darum, als wolle er, dass wir ihn nicht sehen können. Über die sehr schlechten Wege geht es kaum schneller als mit Schrittgeschwindigkeit und so bleibt mir die Zeit, um echten Blickkontakt, wenn man es durch die dunkle Schutzbrille so nennen kann, herzustellen. Seine dunklen, braunen Augen, fixieren mich. Dass mein Kopf sich mit dreht, um ihn nicht aus den Augen zu lassen, hat er anscheinend bemerkt. Ich hebe den rechten Finger und das leuchtende Schwarz meines Handschuhs, kann auch er nicht übersehen. Sekundenlang lasse ich den Blick nicht mehr ab von ihm und fahre so fast blind dem Wagen des Stellvertreters hinterher. Dieter würde schon rufen, wenn was nicht passt, und erstaunlicher Weise lässt der Junge den Stein doch fallen. Inzwischen bin ich soweit, dass ich sogar aussteigen würde, wenn der nächste Stein fliegt. Was für die Jungs dieses Viertels wohl zu einem „Volksport“ mutiert, verursacht bei uns enormen Schaden und Ausfälle der Fahrzeuge. Denn ist erst ein sichtbarer Schaden an der gepanzerten Scheibe, so muss sie ausgetauscht werden. Damit ist das alles andere als ein „Jungenstreich“. Obwohl ich nicht gedacht hätte, dass der erhobene Finger ausreichen würde, um den Jungen vom Werfen abzuhalten, freue ich mich innerlich schon etwas, denn auch das zustimmende Grinsen des Obersts, das ich nun aus dem Augenwinkel sehen kann, ist mir nicht entgangen. Da war sie also mal wieder, die gute Tat des Tages.

Dass ich an diesem Tage noch eine besondere Überraschung erleben würde, hätte ich nicht erwartet. Doch wie es der Zufall will, verfahren sich die Amerikaner mit ihrem VIP (einem hochrangigen Regierungsvertreter) und kommen viel zu spät zum eigentlich vereinbarten Termin in PeC an. Hier sollte unter anderem im Beisein des afghanischen Generales das neue Handbuch vorgestellt werden. Ich stehe mit meinem Wolf kurz hinter der Wache in PeC 2 und warte darauf, dass auch die Amerikaner nach langer Suche nun hereinkommen. Dieter ist unterdessen auf dem Weg zum Oberst, der nur wenige Meter neben dem neuen Stabsgebäude steht und sich mit dem afghanischen General unterhält, um ihn über die Ankunft der Amerikaner zu unterrichten. Dann kommt, sehr gut für diese Umgebung gekleidet, der Sekretär des VIPs auf mich zu. Jetzt heißt es konzentrieren, denn auch wenn er sehr klar spricht, so kann es doch schnell, auch zu schnell werden und dann stünde ich fragend vor ihm. Doch es ist einfach, denn er beginnt damit, sich nach einer kurzen Begrüßung zu entschuldigen.

In der Stadt ist eine größere Demonstration im Gange, die um den Bereich des *Eggers*, also dem Heimatcamp der VIP, stattfindet. Sie haben die Order, unverzüglich umzukehren. Damit war das wohl eine recht sinnfreie Fahrt und obwohl ich alles gut nachvollziehen kann, weiß ich gerade nicht so recht, was ich mit dieser Information anfangen soll. Mit den Worten „One moment please!“ versuche ich, Zeit zu gewinnen und drehe mich von ihm weg, um Dieter entgegenzulaufen. Schon im Lauf beginne ich Dieter zuzurufen, dass sie wieder wegfahren werden. Noch scheint er es nicht zu verstehen oder verstehen zu wollen, denn auch er ruft mir entgegen und will wissen, warum die Wache sie nicht reinlässt. Dann stoppe ich, denn das zweite Zurufen hat er verstanden. Langsam gehe ich zum Sekretär zurück und dürfte bei ihm angekommen fast etwas hilflos wirken. Was soll ich auch zu ihm sagen? Die Hemmungen, sich mit schlechtem Englisch vor ihm zu blamieren, begrenzen meine Worte auf ein Minimum.

Plötzlich kommt der VIP, den ich zuvor nur ein oder zweimal aus der Ferne bei den Besuchen gesehen hatte, aus einem der schwer gepanzerten LKW der Amerikaner. Ebenfalls schon fast zu fein für diese Umgebung gekleidet, begibt er sich direkt auf mich zu. Auch ihn begrüße ich freundlich und nehme seinen Handschlag mit einem Lächeln an. Durch seine Sonnenbrille kann ich nur vage seine Augen erkennen und mustere ihn unbemerkt, während er mit der rechten Hand in seine Anzughose greift. Das erweckt meine Aufmerksamkeit und so erblicke ich in seiner Hand erst etwas goldig Glänzendes und dann ganz klar eine Coin. In der Innenfläche leuchtet es rot und so wie er sie in der offenen Handfläche zu mir gewinkelt hält, kann ich einen silbernen Vogel, dessen Gefieder sehr klar gezeichnet ist, erkennen. Geduldig beschreibt er mir, was auf beiden Seiten der Coin zu sehen ist und was es genau bedeutet. Dann hält er mir die Hand mit dem Coin nochmals deutlich zum Handschlag hin und ich schlage ohne langes Zögern ein. Dabei übernehme ich mit leicht eingekrümmter Handfläche den Coin und erst als er seine Hand zurückzieht, umfasse ich den Coin vollständig. Das Grinsen in meinem Gesicht wirkt schon beinahe etwas verkrampft und es fällt mir schwer die richtigen Worte zu finden, um mich dafür zu bedanken. So einen Coin von so einer wichtigen Person zu erhalten, darf man wohl als etwas Besonderes bezeichnen. Mit ruhiger Stimme und sehr sympathisch wirkend, erklärt er mir, warum er mir diesen Coin gibt: Für die Mitarbeit und meinen Beitrag zur Entwicklung der Handbücher, die nun in der gesamten afghanischen Armee Verbreitung finden werden. Dann beginnt er ein wenig zu scherzen, denn er meint, ich würde in der Zukunft Afghanistans eine berühmte Person. Dass er sogar weiß, dass der Leitspruch auf den Deckblättern aller Handbücher, egal für welches Fahrzeug, von mir kreiert wurde, macht mich endgültig sprachlos und stolz. Seine Mitarbeiter haben ihm anscheinend wirklich sehr ausführlich von unserer Zusammenarbeit an den Handbüchen berichtet. Dass Dieter dies alles angeleiert hat, erfahre ich kurze Zeit später.

Und schnell erinnere ich wieder an den Besuch unseres Ministers, bei dem der Coin vom Oberst zum Oberleutnant weitergereicht wurde und für mich nicht einmal lobende Worte drin waren. Das muss ich Dieter einfach hoch anrechnen, denn schließlich hatte er nicht minder seinen Beitrag geleistet und ging nun aber „leer“ aus. Er hätte die Lorbeeren auch für sich einstreichen können und hat es nicht getan!

Und wie ich vor mich hin grinse und glaube der Tag könne nicht mehr besser werden, greift der VIP erneut in die Tasche und legt eine weitere Coin, dieses Mal seine persönliche wie er erwähnt, dazu. Deutlich aufwendiger und noch ein wenig nobler wirkend, kann man sehr schnell die Zugehörigkeit zum amerikanischen

Verteidigungsministerium erkennen. Später werde ich genug Zeit haben, um beide Coins ganz in Ruhe zu studieren.

Als würde ich mich unterbewusst hoch hinausstrecken, steckt gerade besonders viel Stolz in meiner Brust. Als Außenstehender wird man das sicher nur schwer verstehen können, doch es ist wieder einer dieser Momente, in denen man das Gefühl hat, es hat alles einen Sinn. Nie hätte ich diese Ehre und auch den im ersten langen Einsatz erhaltenen amerikanische Orden bekommen, wenn ich nicht all diese mit dem Einsatz verbundenen Schwierigkeiten und Entbehrungen auf mich genommen hätte. Sicher ist dies nicht alles nur allein möglich gewesen, doch die vielen Hürden und Schritte dorthin musste ich nun doch erst einmal selbst überwinden. 40.000 Exemplare sollen von den Handbüchern gedruckt werden und so bleibt ein wirklich gutes Gefühl und die Gewissheit, dass all das dieses Mal nicht umsonst gewesen sein kann. So werden auch hier und dieses Mal meine Spuren und die von einigen anderen zurückbleiben. Sicher wird bald kaum jemand noch wissen, wem die „Abdrücke" gehören, doch wichtig ist eigentlich nur, dass wir, die sie hinterlassen haben, es wissen.

Mit den vielen Bitten um weitere Hilfe beim Abschließen des Umzuges, wobei hauptsächlich Hausmeistertätigkeiten gefragt sind, und immer weiteren Aufträgen, die Dieter anschleppt, vergehen die letzten Tage bis zum Urlaub sehr schnell. Mit starken Kopfschmerzen sitze ich in Raburs engem, aber neuem Büro. Die Sitzbank unter mir habe ich nun auch, gemeinsam mit Ismael, mehrmals geflickt und so für die nächsten Wochen wieder fit gemacht. Immer wieder höre ich von Rabur „Enrico my friend..." und schaue, während ich mir die Schläfen mit den Fingerspitzen reibe, immer wieder interessiert auf. Wohl mehr eine Frage des Respektes als wirkliches Interesse, denn so langsam nervt das. Wenn er so anfängt, will er auch mit einer sehr hohen Wahrscheinlichkeit etwas von mir. Und natürlich am besten sofort und alles auf einmal. Jetzt wo die Möbel stehen und die meisten Wandtafeln und Bilder hängen, kommt er mit immer neuen „Wünschen" um die Ecke, als wolle er mich auf Teufel komm raus bis zur letzten Minute ausnutzen.

Im Verlaufe des Morgens habe ich, vielleicht auch für etwas Ablenkung von den Kopfschmerzen, an der die Schmerztablette nur wenig ändert, mehrere Motorräder gewartet. Da es an Dieter allein hängt, in wenigen Tagen eine Motorradtour mit einem britischen General zu organisieren, möchte ich ihn wenigstens soweit möglich bei der Vorbereitung unterstützen. Damit wäre die gute Tat des Tages auch erfüllt gewesen. Erst kurz vor elf, als unsere „Fahrgemeinschaft" bereits längere Zeit auf uns wartet, lasse ich mich auf keine Anfragen mehr ein. Dass Rabur mich trotz meines Hinweises, dass ich den Nachmittag mit Reisevorbereitungen beschäftigt sein werde, bittet, dann seine „Aufträge" doch später am Abend noch zu erledigen, damit Dieter die gewünschten Dinge am kommenden Tag mitbringen kann, enttäuscht mich. Leider wissen viele Afghanen einfach nicht, wann es gut sein sollte und hören nicht auf zu nehmen, solange etwas vor ihnen liegt. Und wenn ich dann wie auch heute wieder von Raburs Ängsten höre, die er mit dem eventuellen Abzug der NATO-Truppen verbindet, dann kann ich das auch einfach nicht mehr unkommentiert stehen lassen.

Hätte jeder einzelne Afghane in den letzten 12 Jahren etwas mehr an das eigene Land als an die eigene Haut gedacht, dann stünden sie heute auch ganz woanders. Doch sie werden bis zum letzten Tag nicht über die eigene Familie und das eigene Wohl hinausdenken und damit letztlich sich doch selbst mehr schaden, als sie glauben, wenn der Kreis sich schließt. Wenn ich dann höre, dass Präsident Karzai den Sicherheitsvertrag immer noch nicht unterschrieben hat und wie auf einem Basar mit den Amerikanern feilscht, dann kann ich leider nur glauben, dass hier in diesem Land zu viele noch nicht verstanden haben, worum es eigentlich geht. Selbst die persönlichen Verbindungen zu Amin und einigen anderen hier, die mir schon ein gewisses Maß an Mitleid entlocken, können nicht darüber hinwegtäuschen, dass es mir zunehmend gleichgültiger wird, was in diesem Land, welches ich wohl als Soldat nicht wieder betreten werde, wird. Selbst Amin, von dem ich sehr viel halte, kann seine Wurzeln nicht immer verbergen, wenn er so wie heute darum bittet, dass ich ihm verschiedene Dinge aus Deutschland mitbringe. Ganz so, als wolle ich in der Heimat nur mal eben eine Einkaufstour für alle hier machen. Als ich erwähne, dass es mich viel Zeit kosten würde, hinter all den Wünschen hinterherzulaufen und sie zu befriedigen, versucht er mit den Worten „Du brauchst nur etwas für mich zu besorgen, das ist ja nicht so viel…“ zu beschwichtigen.

Mobbid hat mit seinem Wunsch, etwa 4 bis 8 GB Pornofilme von mir aus Deutschland zu bekommen, den Vogel mal wieder abgeschossen. Auch Rabur gibt erst nach und hört mit seinem Generve auf, als er merkt, dass ich mich keinen Millimeter von meinem Sitz, wie ich es sonst sofort tue, wenn er etwas Hilfe braucht, wegbewege. Am Auto drücke ich Amin ein kleines Päckchen mit Druckerpatronen in die Hand und schnell ist er damit, ohne sich von mir für den Urlaub zu verabschieden, im Gebäude verschwunden. Zwar weiß ich, dass er mich noch anrufen wird, wenn ich in Masar auf meinen Flieger warte, dennoch enttäuscht mich auch das etwas. Avabi dagegen nimmt sich viel Zeit, um Wünsche für die Familie und für einen angenehmen Urlaub mit auf den Weg zu geben. So bleibt eine spannende Woche mit Höhen und Tiefen zurück und die Vorfreude auf die Heimat, die ich nach 136 Tagen am Stück und fast 12 Monaten insgesamt in diesem Einsatz nun wiedersehen kann. Und so geht es in die Vorbereitungen des letzten Urlaubes in diesem Einsatz. Vielleicht allerletzten Einsatz?

Unverhofft schnell lande ich in Masar mit Dolli. Die zwei Tage Wartezeit in Masar gestalten sich bis auf den eisigen Wind, der uns durchgängig dort begleitet, ganz angenehm. Wir sind fünf Reisende und haben damit auch genug Personal für unseren Hauptzeitvertreib, dem Kickern. Doch schon am ersten Abend beginnen Dolli und ich, uns etwas abzukapseln, da uns der Gruppenzwang, nun hier ständig in der Reisegruppe unterwegs zu sein und alles gemeinsam machen zu wollen, auf die Nerven geht. So wird der zweite Tag mit langem Ausschlafen noch einen Tick angenehmer und macht die Umgewöhnung auf den Urlaub und die damit notwendige Akklimatisierung etwas angenehmer. Die Absprache, mich von den anderen Kameraden, die durchweg von ihren Einheiten in den Urlaub abgeholt werden, zum zivilen Teil des Flughafens gebracht zu werden, um dort meinen Leihwagen übernehmen zu können, funktioniert reibungslos. Dass mir dieses Mal mein spärliches Urlaubsgepäck, dass sonst eine schnelle Weiterreise aus dem militärischen Teil des Flughafens ermöglicht, keinen Vorteil bringt, ist zu verschmerzen. Dadurch das ich auf die Kameraden des „Fahrdienstes“ warten muss. Denn hätte mich niemand mitgenommen, so hätte ich den etwa vier Kilometer lange Fußweg zur anderen Seite auf mich nehmen müssen. Selbst schnellen Schrittes wäre auch das mindestens eine halbe Stunde gewesen. So komme ich trotz voller Straßen wegen der Feiertage, noch ganz gut durch und flüssig nach Hause. Sogar mein sonst so ausgeprägter Sparzwang, der sich beim Fahren eigentlich in Form eines behutsamen Gasfußes zeigt, ist dieses Mal nicht wichtig. Ich will nur noch nach Hause und endlich wieder zu meiner Frau und meinen Kindern zurück!

Dass mich ein Urlaub erwarten würde, der den Namen nicht verdient hat, konnte und wollte ich zu diesem Zeitpunkt noch nicht ahnen. Mein Gefühl hatte es mir mit vielen Warnsignalen bereits angekündigt und doch hatte ich irgendwie gehofft, es könnte anders sein und wir würden die Zeit genießen. Doch als hätte meine Frau schon mit gepackten Koffern in der Haustür auf mich gewartet, hat sie – was sicher auch ein Stück weit verständlich ist – am ersten Morgen nach meiner Rückkehr die Verantwortung und die damit verbundene Arbeit an mich übertragen. Hätte mir die Zeit mit den Kindern nicht so am Herzen gelegen – denn es hatte einige Momente gegeben, in denen ich gedanklich schon auf meinem alten MZ-Motorrad gesessen habe um abzuhauen – ich wäre wohl wieder gefahren. Doch so konnte sie sich einige Auszeiten nehmen und vielleicht auch wieder etwas Energie für die letzten Wochen ohne mich tanken. Es bleibt dennoch ein Urlaub zurück, der in seinen negativen Eindrücken und Erlebnissen bisher nicht vergleichbar ist. Der Accu ist damit fast endgültig entladen und wird wohl nur mit viel Überwindung bis zum Einsatzende halten. Doch auch das werde ich irgendwie schaffen. Schaffen müssen.

Die letzten Dezembertage verfliegen. Schnell habe ich – trotz oder vielleicht gerade wegen der zurückliegenden, schwierigen Wochen – in den Einsatzalltag zurückgefunden. Dabei ist es weniger ein

Davonlaufen vor den Problemen zu Hause – am liebsten wäre ich gar nicht mehr nach Afghanistan gereist – doch nun ist wieder genug Ablenkung und Beschäftigung da, die mich eben nicht ständig in die negativsten Visionen meiner Zukunft schickt. Zwar bin ich mit Dolli und unserem Stellvertreter, der nun auch etwas unverhofft schon kurz vor uns den Einsatz beenden wird, einer der Ersten, die aus dem Jahreswechselurlaub zurückkehren, dennoch ist viel Unruhe in unserer Einheit. Der Januar schüttelt die Personalbesetzung kräftig durch und mit etwa zehn Neuankömmlingen wird sich auch unsere Einheit wieder stark verändern. Somit ein vielleicht guter Zeitpunkt, nun auch zu gehen und der Müdigkeit über ständige Veränderungen, die das vergangene Jahr deutlich geprägt haben, nachzugeben. Mit jedem Tag wächst die Freude über die baldige und damit endgültige Heimkehr.

Denke ich an die Frage des damaligen Spießes zurück, der mich am Ende des letzten langen Einsatzes nach gut 14 Monaten fragte, ob ich mich darauf freue, wieder nach Hause zu kommen, würde ich heute völlig anders antworten. Hatte ich damals ein weinendes und ein lachendes Auge, so wären es heute definitiv nur noch Freudentränen. Ich, der ich viele Jahre neue Herausforderungen gesucht und die ständigen Veränderungen gewünscht hatte, um mein Leben interessant zu gestalten, habe mich massiv verändert. Ob es nur eine Momentaufnahme ist, die sich mit der Erholung in den nächsten Monaten wieder relativiert, kann ich noch nicht sicher vorhersagen. Sicher ist aber, dass ich zu meinem Wort stehe und die kommenden Jahre meine Familie in der Wichtigkeit vor den Beruf schiebe und damit auch keine beruflichen Nachteile mehr ausschließen kann. Denn auch wenn nun die erste weibliche Verteidigungsministerin Mutter von sieben Kindern ist, ob das eine familienfreundlichere Politik für diese Armee bringen wird, bleibt für mich zweifelhaft.

Dieters Nachfolger haben wir auch im Gepäck und so ist eben auch Dieters Abreise aus diesem Land nur noch wenige Tage entfernt. Bei dem Gedanken daran fehlt er mir schon jetzt etwas. Keine Ahnung, wie oft ich hier in diesem Buch über ihn gemeckert habe und warum das in mir hochkommt, doch wenn man jemanden oder etwas nicht mehr hat, dann merkt man erst, wie sehr man es vermisst. Die lange

Zeit von fast elf Monaten macht es auch unvergleichbar zum Oberleutnant, seinem Vorgänger. Ohne Frage habe ich mich auch mit ihm gut verstanden, doch es waren eben weniger als drei Monate.

Als wolle jeder hier die Arbeit des neuen Jahres schon am Anfang erledigen, sind die ersten Tage gleich sehr stressig. Das dabei ein negativer Rekord gebrochen wird, weil ich es drei Tage nicht schaffe, an den Mittagsmahlzeiten in einem Camp teilzunehmen, stößt mir schon etwas sauer auf. Eine meiner wenigen sensiblen Stellen eben. Doch wie auch nach dem Sommerurlaub freuen sich die Afghanen unseres Bereiches, dass ich zurück bin. Auch Amin, der bei der Verabschiedung in den Urlaub etwas gepatzt hatte, lässt sich bei der Begrüßungsumarmung nicht lumpen. Während Avabi kurz vor dem Urlaub nun doch einen Asylantrag für Deutschland gestellt hat und fast jede Minute mit Fragen nach Informationen über den Sachstand nervt, den ich einfach nicht habe und wohl auch nicht vor ihm bekomme, hat Amin sich immer noch nicht entschlossen. Irgendwo zwischen den vielen Fragen nach meinem Urlaub und meinen Erlebnissen erwähnt er zwar, dass er sich Hilfe beim Schreiben des Antrages von mir erhofft, doch so richtig ernst kann ich das noch nicht nehmen. Dass der Urlaub eine kleine Katastrophe für mich war, formuliere ich in meinen Antworten zwar etwas diplomatischer, doch lügen will ich auch nicht. Denn das ich nicht besonders gut drauf bin und meine Mimik und Zurückhaltung, die sich in immer wieder nachdenklichen Momenten zeigt, fällt auch Avabi auf. Auch der Oberst, in dessen Auto ich mit vom Flughafen zurück in unser Camp gefahren war, hatte sich natürlich nach dem Urlaub erkundigt. Meine Antwort war auch hier ehrlich und das hat ihn sichtlich interessiert. Die gesamte Rückfahrt gab es nur meinen Urlaub und im Besonderen die Beziehungsfragen als Gesprächsthema. Die Gelegenheit, meinem zukünftigen Vorgesetzten für Deutschland einen Einblick in meine Lebenssituation zu geben, wollte ich auch nicht verstreichen lassen.

Sollte sich zurück in der Heimat die Lage weiter zuspitzen, müsste ich vielleicht noch einmal zu ihm. Am Verhalten und den vielen Fragen, auch von Rabur und einigen Fahrlehrern, merkt man schon, dass sie sich etwas Sorgen machen, wie es weitergehen wird, wenn

Dieter und ich in wenigen Tagen das Land verlassen. Nicht, dass sie ohne uns nicht zurechtkämen. Nein, es ist vielmehr die Sorge darüber, wie sich unsere Nachfolger mit ihnen verstehen werden. Beide werden voraussichtlich nur gut fünf Monate hier sein und Jörg, mein Nachfolger, wird den Dienstposten schließen. Da ist es sicher verständlich, dass sie glauben, er könnte den Posten als Zeitvertreib oder Auslanderfahrung, ohne wirkliche Aufgabe sehen. Dabei habe ich mir immer wieder Mühe gegeben zu erklären, wer es ist, damit sie ihn nicht mit dem „Jörg", meinem Vorgänger aus dem ersten langen Einsatz, verwechseln. Das könnte sonst in den ersten Wochen des Kennenlernens zu Verwirrungen und Startschwierigkeiten führen. Doch auch so sind die fünf Monate für ihn einfach zu kurz. Es wird bei dieser kurzen Einsatzzeit schwierig genug für ihn, mit den Afghanen „warm" zu werden. Nach 12 Jahren in diesem Land müssen sie aber auch verstehen, dass unsere Arbeit irgendwann mal runtergefahren und später auch beendet werden muss. Was Jörg jedoch tatsächlich daraus macht, muss er selbst einschätzen. Ab nächste Woche werde ich ihm sicher einige Vorschläge machen, um bei meinen verbliebenen, wenn auch überschaubaren, Baustellen weiterzumachen. Egal ob die Beschaffung der Ersatzteile oder auch die Einsatzbereitschaft der virenverseuchten Unterrichtsrechner, auch ihm sollte hier nicht langweilig werden.

Gestern hat mich die Antwort auf meine Eingabe in Bezug auf das Ende des kostenlosen Internets für die Soldaten im Camp (wie zuvor beschrieben) erreicht. Wie ich im Grunde schon vermutet habe, ist sie abgelehnt worden. Wenn auch die Begründung mehr beschwichtigend wirken soll, so kann sie die Hintergrundkenntnisse nicht zerreden.

Dass die Belegung des Camps daran schuld sein soll, dass die Bandbreite des kostenlosen Internets nicht für alle Soldaten gereicht hätte, darf bezweifelt werden. Abgesehen davon, dass sich die Anzahl der möglichen Nutzer eben nicht deutlich erhöht hat, darf man davon ausgehen, dass eine Firma, die eine Unterkunftsanlage mit dem kostenlosen Internet bereitstellt, sich auch über den benötigten Bedarf Gedanken gemacht hat. Und selbst wenn die Bandbreite zur Verlangsamung der Datenübertragung beigetragen hätte, es wäre ausreichend gewesen, um E-Mails zu versenden oder die nötigsten Bankgeschäfte zu erledigen und das eben kostenlos. Nun wo der Camp Betreiber in einen Ausbau der bestehenden Anlage investiert hat, um nun auch kostenpflichtig Internet zu bieten, hat sich der Sinn der Eingabe zerschlagen. In naher Zukunft wird jeder Soldat dann zwischen dem Vertragspartner des BMVg, den afghanischen Anbietern und dem Camp-Betreiber wählen können. In meinen Augen hat man damit mal wieder die Chance vertan, den Soldaten bei den Betreuungsmöglichkeiten – und es hätte nicht einmal einen Cent gekostet, sondern viele Euros gespart – entgegenzukommen. So bleiben die Nachteile für die Soldaten und die sinnlos ausgegebenen Steuergelder.

Die Ereignisse beginnen sich zu überschlagen und inzwischen versuche ich nur noch die wichtigsten Informationen der letzten Tage hier in diesem Buch zu präsentieren. Denn egal ob privat oder dienstlich, vieles davon würde Stoff für weitere Bücher liefern. Ein paar der Vorkommnisse und Entwicklungen habe ich für den dritten Teil dieser Trilogie verarbeitet, welcher auf dieses Buch folgt und den interessierten Lesern einen Abschluss der hier erzählten Geschichte bieten wird.

Beim vorletzten Commander's Call, an dem Dieter teilnimmt, wird er noch mit einer förmlichen Anerkennung positiv überrascht. Sein Ausruf „Uiih" und sein perplexer Gesichtsausdruck als er aufgerufen wird, sprechen für den Überraschungsfaktor. Die Anerkennung hat er sich verdient, denn wenn man ihm eines nicht absprechen kann, dann dass er bei allen Aufgaben, die er sich vorgenommen hat, auch immer mit Ehrgeiz und Motivation ans Werk gegangen ist. Meine Anerkennung habe ich ja vor dem Urlaub noch in Form der Coins vom Beamten des Pentagon bekommen. Und auch wenn für wenige Sekunden der Spannung, ob auch ich aufgerufen werde, etwas Neid in mir hochkommt, die Coins bedeuten mir wirklich mehr als eine förmliche Anerkennung. Die zwei Tage Sonderurlaub, die damit verbunden sind, sind sicher ganz nett, doch da ich mit fast 80 Tagen Urlaubsanspruch in Deutschland ankommen werde, sind auch die für mich kein Argument gegen die Coins. Moritz und Schmittchen, einer der Fahrer, bekommen ebenfalls eine förmliche Anerkennung. Ebenso hier habe ich das Gefühl, dass man die Richtigen ausgesucht hat.

Morgen, nach dem „Wochenende“, werden Dieter und ich unsere Abschiedsveranstaltung bei den Afghanen geben. Dann wird Dieter noch einen Termin bei den Amerikanern mit seinem Nachfolger wahrnehmen und am Montag, bevor er dann endgültig das letzte Mal rausfahren wird, dem neuen Stellvertreter die Inspektion bei den Afghanen vorstellen. Wenn ich ihn dann zum Flughafen bringe, wird mein Nachfolger ankommen. Wir haben jede Menge Softdrinks über die letzten Wochen gesammelt. Etwas Fladenbrot, Nüsse und Rosinen werden dann die Tische, an denen wir gemeinsam mit den Afghanen sitzen werden, etwas verschönern. Obwohl ich kein Freund von teuren Abschiedsgeschenken bin, wird doch das eine und andere für die wichtigsten Afghanen, die mit uns eng zusammengearbeitet haben, dabei sein. Damit, dass ich so einiges aus meiner Stube verschenke und es eben nicht wie in den letzten Einsätzen wieder nach Hause schicke, möchte ich den Abschluss mit dem Thema Einsatz unterstreichen.

Noch mag meine Frau an meinen Worten zweifeln, doch bald soll sie sehen, dass ich es sehr ernst meine und nun die nächsten Jahre für die Familie da sein möchte. Die Eindrücke der zwei Wochen Urlaub sitzen tief. Mit jedem Tag, den ich sie weiter sacken lasse und zu verstehen versuche, wird mir klar, wie sehr es mich auch verletzt hat. Das Vertrauen, dass über viele Jahre zu meiner Frau aufgebaut wurde, ist sichtbar beschädigt. Viele kleine Notlügen, die ich von ihr nicht kannte und die Tatsache, dass sie uns zwischendurch im Urlaub einfach allein gelassen hat, um Freiraum für sich selbst zu schaffen, habe ich so zuvor nie erlebt. Die nächsten zwei Wochen werde ich nur wenig daran arbeiten können, denn telefonieren ist eben auch nicht durch persönliche Gespräche zu ersetzen. Das sie mir kurz vor meiner Abreise, als ich am Flughafen war, noch geschrieben hat „das wird schon wieder…“ macht mir Mut und gibt mir Hoffnung. Wenn auch sie zwischen all den verunsichernden Gefühlen wieder erkennt, dass es sich für die Kinder, für sie und für den Erhalt der Familie lohnt, wieder Energie zu investieren und optimistisch in die Zukunft zu blicken, dann werden wir auch wieder zueinander finden. Am liebsten würde ich den „Resett-Knopf" für alle negativen Erinnerungen drücken und einfach noch einmal neu starten.

Dieters und meine „Abschiedsfeier" bei den Afghanen, die wir praktischerweise aus Zeitgründen mit vorziehen, entwickelt sich zum peinlichen Albtraum. Eine Woche Vorlauf scheint nicht gereicht zu haben, denn kaum jemand ist am Morgen vor Ort. Nicht einmal Rabur als Chef der Afghanen. Während Dieter sich in den Übergabegesprächen mit seinem Nachfolger verliert und schnell selbst kein Interesse mehr an dieser Art von Verabschiedung zu haben scheint, versuche ich zu retten, was zu retten ist und bereite, mit einer Pyramide aus Softdrink-Dosen in Raburs Büro etwas vor. Avabi, der eigentlich 20 Fladenbrote, Nüsse und Rosinen mitbringen sollte, kommt mit acht Fladenbroten und einer kleinen Tüte mit vielleicht 500 Gramm getrockneten Erbsen, bei uns an. Der ursprüngliche Plan, im einen der Unterrichtsräume einen Raum für alle Fahrlehrer und Offiziere herzurichten, zerschlägt sich damit. Da mag es schon wieder positiv klingen, dass kaum Fahrlehrer vor Ort sind, weil wir jetzt ohnehin kaum noch etwas aufbieten könnten. Mit einem Samstag ist der Tag auch nicht wirklich günstig gewählt, doch da Dieter am nächsten Donnerstag schon seine Reise nach Hause beginnt, bleibt uns neben den Einweisungsterminen für den neuen Stellvertreter und unseren eigenen Übergabezeiten kein anderer Tag mehr zur Auswahl. Das erinnert mich schwer an den damaligen Abschied meines Majors im ersten langen Einsatz, der eigentlich auch nur deshalb nicht peinlich endete, weil ich mich in den Teil, der eigentlich Sache der Afghanen gewesen wäre, eingemischt habe.

Noch wenige Tage zuvor besprach ich mit Amin und Rabur das Abschiedsgeschenk für Dieter, was durchaus eine gute Idee war. Die Steintasse, die Rabur als Idee vorgeschlagen hatte, wäre einfach unpassend bei dem Wert, den er noch von Dieter bekommen wird. Doch genau diese holt er aus seiner, sichtlich mehrfach gebrauchten, Plastiktüte, nachdem Dieter einige Worte des Abschieds formuliert hat.

Der Preis ist das eine, doch die persönliche Geste das andere. Wahrscheinlich hatte Rabur auf dem Weg zur Dienststelle noch kurz bei einem der Straßenhändler gehalten, um nicht mit leeren Händen dazustehen. Keine persönliche Gravur oder eine Urkunde. Nichts was einer persönlichen Erinnerung an die gemeinsame Zeit entsprechen könnte. Dass er selbst merkt, dass es nicht der eleganteste Weg einer angemessenen Verabschiedung ist und sich deshalb mit jedem zweiten Wort für den geringen Wert entschuldigt, ist da nur ein schwacher Trost. Eine Dankesurkunde, als oft genutzte Vorlage aus unserem Einheits-Netzwerk und auf Rabur angepasst, ist das Erste, was Dieter dann Rabur überreicht. In seiner humorvollen Art versucht er Rabur dann glauben zu machen, dass es das gewesen sei und es nicht mehr gäbe. Doch dann hätte Dieter das Geheimnis besser hüten müssen, denn Rabur weiß sehr wohl, dass da noch etwas kommt. Dann greift Dieter hinter sich zum Sessel, in dem eine Laptoptasche steht. Dass er sie so offensichtlich abstellen würde, war mir nicht bewusst, denn da sie schon den ganzen Morgen dort stand, bin ich davon ausgegangen, dass sie zu Amin gehört, der ja oft seinen Rechner für die Arbeiten hierher mitbringt. Selbst wenn Rabur freundlich lächelt, so ist ihm doch anzumerken, dass er damit gerechnet hat, diesen, wenn auch etwas älteren, Laptop zu bekommen. Zwischendrin, wenn er sich nicht gerade wieder entschuldigt, erwähnt er auch, dass ich ja erst später ginge und so mein Abschiedsgeschenk noch bekäme. Damit bleibt für mich ein sehr negativer Eindruck von diesem Vormittag, der nach so vielen Monaten der Zusammenarbeit und den ständig lobenden Worten über das Jahr verteilt, einfach unangemessen peinlich, in lockerem Smalltalk zu Ende geht. Damit ist für mich klar, dass ich mir so etwas nicht geben werde und meinen Abschied kurz und knapp mit einer ganz normalen Verabschiedung begehen werde. Wer nichts von den afg. Soldaten erwartet, kann auch nicht enttäuscht werden. So leid es mir für Dieter, der so etwas ganz sicher bei seinem Einsatz für die Afghanen nicht verdient hat, auch tut.

Dafür läuft die Verabschiedung an unserem letzten gemeinsamen Commander's Call etwas stilvoller ab. Wir sind, bedingt durch die vielen Nachfolger, im Moment sehr viele Leute und so ist unser „Partyraum“ prall gefüllt. Dadurch müssen wir zu viert hintereinanderstehen, um eine passende Formation in dem Raum, der durch mehrere Säulen verbaut ist, gemeinsam mit den Ungarn und den Franzosen Platz zu finden. Auch der neue Oberst und mein Nachfolger sind nun eingetroffen.

Der suchende Blick von Jörg am Flughafen, der mich noch nie mit Haaren gesehen hatte, war schon lustig. Der Versuch, die Augen scharfzustellen, hatte seine Gesichtszüge etwas entgleiten lassen. Ich hatte ihn nun mehr als ein Jahr nicht mehr gesehen und selbst in dieser verhältnismäßig kurzen Zeit ist schon wieder viel passiert. Dort am Flughafen, wo es eine Weile gedauert hat, bis die deutsche Trall mit lautem Getöse dicht vor die Abfertigungshalle gerollt war, kam das erste Mal wieder dieses Gefühl von damals hoch – das Gefühl, wenn sich etwas sehr endgültig dem Ende neigt und man nun sicher sein kann, dass ein neuer Abschnitt wartet. Heute, am Tag von Dieters Verabschiedung, ist Jörg selber erst angekommen und so werden wir auch erst übermorgen die eigentliche Übergabe machen.

Tim und sein Begleiter sind mit Dieter in den letzten Stunden ihres Einsatzes, bevor sie die Heimreise antreten. Schon morgen Früh um 6 Uhr sollen sie sich auf den Weg zum Flughafen machen, um dann die Heimreise anzutreten. Moritz hatte, da unser PeC-Team nun endgültig auseinandergerissen wird, noch ein Abschiedsbild entworfen. Auch seine Eigenkreation unseres Team-Wappens hat damit jeder bekommen. Ob es nun an den kommenden Abschieden liegt oder an anderen Umständen, kann ich schlecht sagen, doch Moritz, der mit dem Oberstleutnant der Ersten aus diesem Team zurückbleibt, bevor er Ende Februar dann selbst Abschied nimmt, ist schon lange nur noch selten gut drauf. Hier greift wohl eine Mischung aus vielen Gründen. Seine Zusammenarbeit mit den Afghanen und die damit verbundenen Ziele hinken den ursprünglichen Vorstellungen deutlich hinterher. Aber auch für ihn gilt: In so wenigen Monaten etwas Bleibendes zu bewirken, ist schon fast illusorisch. Selbst die förmliche Anerkennung durch unseren Oberst vor einer Woche konnte das Stimmungstief nur kurz verdrängen. Er tut mir ein wenig leid. Ein junger und zielstrebiger Offizier, der ganz sicher viel Potential in sich trägt und nun aufpassen muss, dass er sich nicht selbst im Weg steht, wenn ihm die Erfahrungen in diesem Land zu sehr zusetzen.

Nach den obligatorischen Begrüßungen der „Neuen“, wird jeder von den „Abfliegern“, wie wir sie nennen, vom Oberst verabschiedet und mit dem Einsatzorden ausgezeichnet. Da auch der Stellvertreter heute verabschiedet wird, ist von Bronze bis Gold alles vertreten. Nächste Woche werde ich dort stehen und wohl der Einzige sein, der die goldene Einsatzmedaille für Afghanistan erhält.

Und dann passiert etwas, womit ich so ganz sicher nicht gerechnet habe: Ich werde vom Oberst vorgerufen und während meine Gedanken zwischen der Meldung, die ich vorgetreten abgebe, und dem Grund hin- und herspringe, steigt etwas Aufregung in mir hoch. Vielleicht auch eine förmliche Anerkennung? Da auch das, was der Oberst gerade verliest, in Englisch passiert, fällt diese Möglichkeit sofort aus. Urkunden werden grundsätzlich in der Sprache, in der sie verfasst wurden, verlesen. So etwas ist bei einer förmlichen Anerkennung sehr unwahrscheinlich. Und irgendwie erschließt sich mir der Sinn dessen, was der Oberst aus dem goldfarbenen Bilderrahmen herausliest, nicht wirklich. Zu viele fachliche Fremdwörter reißen Lücken in meinen im Kopf zum übersetzenden Text. Erst am Schluss, jetzt wo der Name des unterzeichnenden Generales fällt, schließt sich wieder der Kreis. Der afghanische General war vom Verteidigungsministerium und auf der afghanischen Seite, unter anderem auch für die entwickelten Handbücher zuständig. Was anfangs recht klein und unscheinbar begann, hat sich für mich persönlich als wohl die zentrale Aufgabe in diesem Einsatz herausgestellt. Nicht weil sie so arbeitsintensiv gewesen ist, das ist in 13 Monaten relativ, doch so ein hohes Maß an Anerkennung hatte ich ganz sicher nicht erwartet. Denn was für die einen nur Metall und Papier ist, ist für mich eine der dauerhaftesten Formen von Anerkennung. Sowohl die Coins aus dem Pentagon als auch die Urkunde von diesem General, werden bei mir einen Ehrenplatz erhalten. So viele sind hier schon durchgelaufen und haben nicht mehr als einen feuchten Händedruck bekommen. Und ich, der bei vielen Nationen aufgrund des Dienstgrades einfach übersehen wird, habe mehr Anerkennung bekommen als in den fast 20 Jahren in der Bundeswehr insgesamt. Da versteht man vielleicht auch, warum ich all die Jahre immer wieder ausgebrochen bin. Ausgebrochen aus der

Masse in den Dienststellen, wo man immer einer von vielen scheint und unterschiedliche Faktoren eine faire Anerkennung der Leistungen verhindert haben.

Obwohl der ehemalige Verteidigungsminister mal die „Anerkennungssucht“ der Soldaten kritisiert hat – ist es nicht genau das, was der Mensch als Treibstoff in regelmäßigen Abständen braucht?

Das letzte Wort ist verlesen und ich drehe mich, gerade noch mit Blick zu den Angetretenen, zum Oberst, der mir seine Hand reicht, um mir zu gratulieren. Es setzt, was nicht ungewöhnlich, aber selten ist, Beifall aus der Formation ein. Ich bin sichtlich gerührt und bekomme kaum den Blick von der Urkunde weg. Mehr als ein wiederholtes: „Thank you!“ bekomme ich dann auch nicht raus. Mit der Hand zum Gruß an die Schläfe erhoben, melde ich mich ab und wieder hängt der Blick, als wolle ich das noch nicht glauben, an der Urkunde, während ich zurück in die Formation trete. Benni, der mit mir in der hinteren Reihe steht, ist der erste Kamerad, der mir gratuliert. Er, der schon so lange hier ist, hätte auch mal eine derartige Anerkennung verdient! Und trotz seines Projektes mit den Mädchenschulen ist wohl noch niemand auf die Idee gekommen, auch ihn durch eine Art der Anerkennung zu würdigen und weiter zu motivieren.

Die Zeit rennt nur so und ein gemeinsames Abendessen in der Küche schließt sich an den formellen Teil, der danach durch eine wie gehabt lockere Runde in unserem Partyraum fortsetzen wird. Tim und Gerald warten schon, als ich als erster, was zum Essen ja nicht ungewöhnlich ist, in der Küche ankomme. Die Urkunde habe ich zuvor auf meine Stube gebracht. Es ist „nur“ ein gemeinsames Abendessen, das durch einen gemeinsamen, langen Tisch, der mit schwarzen Tischdecken und etwas stilvoll vorbereitetem Besteck, hervorsticht. Sehr eng geht es zu, denn der Platz in der Küche ist zurzeit sehr beengt. Ein weiterer langer Tisch, der für die armenische Delegation reserviert ist, nimmt nicht nur den anderen Deutschen die Sitzplätze, sondern auch unseren „Stammtisch“ ein. Jeder nimmt sich, wie gehabt was vom Buffet und sucht sich dann einen Platz in der „kuscheligen“ Runde. Ohne weitere Worte und offizielle Eröffnung, schnell wieder in kleinere Gesprächsgruppen vertieft, ist auch dieser Teil schon nach etwa 20 Minuten wieder vorbei. Für eine kleine Kicker-Abschiedsrunde mit Gerald, Moritz und Dolli, reicht die Zeit, bevor es wieder nach oben geht. Mit meiner Sammeldose aus den Einnahmen der Haarschnitte, komme ich in den, wie eine Disco beleuchteten Party-Raum.

Die Gelegenheit ist günstig und ohne großen Wirbel machen zu wollen aber doch alle, die es betrifft einzubinden, rufe ich laut in die Runde: „Ich knacke jetzt die Sammeldose, für alle die es interessiert!“ Moritz hat sich bereit erklärt, gemeinsam mit mir zu zählen. Und so sitzen wir im Hintergrund an den Besprechungstischen und zählen bei magerem Licht, durch einen großen Schinken etwas verdeckt, die vielen Münzen und wenigen Scheine. Das Geld wird, wenn es dann etwas handlicher gewechselt wurde, von mir über das Bundeswehr Sozialwerk der Aktion Sorgekind übergeben. Nach dem Zählen steht fest: 289,99 Euro sind das Ergebnis, dass sich nach fast 13 Monaten Haareschneiden ergeben hat. Wieder mit einem lauten Ruf, nachdem ich die Musik etwas leiser gedreht habe, in die feiernde Menge, gebe ich das Ergebnis bekannt und versuche auch dazu zu animieren, den Betrag durch weitere kleine Spenden auf 300 Euro aufzurunden. Bis auf knapp 3 Euro, die ich dann selbst noch dazu lege, gelingt das auch und so werde ich das Geld in den nächsten Tagen auf das Spendenkonto überweisen.

Wenngleich die Feier nun im Vordergrund und damit das Interesse an dieser Sammelaktion etwas gedämpft scheint, es war ganz sicher die bessere Lösung, als hätte ich den „Dienst“ grundsätzlich verweigert oder wie im letzten Einsatz nur wenigen zugutekommen lassen. Gegen 21 Uhr überkommt mich dann auch die Müdigkeit und so verlasse ich gemeinsam mit Dolli die Feier. Da wir ja auch kurz vor sechs wieder an den Fahrzeugen stehen wollen, um die „Abflieger“ zu verabschieden, sollte es nun auch reichen.

Es ist noch dunkel und bitterkalt, als ich mit Mirko, Dieters Nachfolger, Richtung Parkplatz gehe. Nicht nur den Kälteschutz unter der Uniform, sondern auch den Feldparka habe ich an, um nichts von dem eisigen Wind an meinen Körper zu lassen. Im schwachen Licht der Beleuchtung des Platzes vor dem Stabsgebäude, auf dem die Fahrzeuge für den Transport zum KaIA aufgefahren sind, stehen schon einige Kameraden, die sich wie Mirko und ich von den dreien verabschieden wollen. Gerne wäre ich bis zum Flughafen mitgefahren, doch ich hätte direkt zurückfahren müssen, um rechtzeitig beim letzten Unterricht für die neuen Schüler dabei zu sein. Der Unterricht, der heute dann erstmals von meinem Nachfolger gehalten werden soll. Da nun aber die Fahrzeuge von der Ablieferung der Kameraden weiter zu den Afghanen fahren, ist es leider nicht mehr möglich, Dieter erst am Flughafen zu verabschieden. Doch schon am 29.01. werden wir uns wiedersehen. Er wird mich, wenn alles planmäßig klappt, vom Kölner Flughafen abholen.

Es gibt wohl keine Reihenfolge und auch kein Startzeichen für die beginnenden Abschiede und so gehe ich zuerst bei Gerald vorbei. Ein paar Worte und eine herzliche Umarmung müssen reichen, dann werden sich neun von uns, im Nachbereitungsseminar in der zweiten Februarwoche, schon wiedersehen. Gerald und ich haben uns sehr gut verstanden. Das Kickern hat uns mehr verbunden als die gemeinsame Arbeit in unserer Einheit. Es ist gar nicht so leicht, Tim, der etwas unruhig in der Dunkelheit herumspringt, für den Abschied einzufangen. Doch dann, es herrscht schon fast Gedrängel, bekomme auch ich meine Gelegenheit. Wir hatten wirklich viel Spaß und da er keine zwei Wochen nach mir in den Einsatz kam, ist er der Stabsoffizier, der mir am meisten ans Herz gewachsen ist. Seine faire und offene Art, auch unvoreingenommen auf niedrigere Dienstgrade zuzugehen, hat mir sehr imponiert. Bis zum Schluss hat er in seinen Anstrengungen, hier in diesem Land etwas bewegen zu wollen, nicht nachgelassen und durch seine immer freundliche und fröhliche Art auch die Afghanen mitgerissen. Auch wenn seine Freundschaft zu Dieter, die anfangs eine für das Leben zu werden schien, nicht über den ganzen Zeitraum in der Intensität fortgeführt wurde, er ist ganz sicher ein Mensch, den man gerne zum Freund hat!

Meine Hand greift nach seiner und bevor ich meine ersten Satz sagen kann, zieht er mich an sich heran, um den Handschlag in eine Umarmung zu verwandeln. Was für gewöhnlich nur wenige Sekunden dauert, nimmt nun etwas mehr Zeit in Anspruch. Der erste, wenn auch der nicht wirklich energische Versuch meinerseits, die Umarmung zu beenden, scheitert in dem leichten Widerstand, mit dem Tim mich nochmals etwas fester an sich heranzieht. Seine dankenden Worte für die vergangenen Monate bringt er noch zu Ende, bevor wir uns dann nochmals kurz auf die Schultern klopfen, als unsere Hände sich zu einem letzten Ritual der Verabschiedung erneut treffen.

Nur Dieter fehlt nun noch und so stelle ich mich neben ihn. Er wird gerade von einigen Kameraden in Beschlag genommen und mein Ziel ist es, der Letzte zu sein, der ihm vor dem Einsteigen die Hand reicht. Etwas verlegen versucht er, immer wieder etwas scherzhaft, mit mir zu rangeln und mich zu kitzeln. Dass ich um diese Uhrzeit dafür noch nicht wirklich zu haben bin, versuche ich mit etwas Überwindung zu kaschieren. Schließlich möchte ich auch nicht die Stimmung kaputtmachen, auch wenn mir diese Art der Körpernähe schwerfällt. Das ich ihm einiges – gerade die viele Anerkennung von außen – zu verdanken habe, ist mir mehr als bewusst! Sicher nur durch seinen Einsatz und die Besonderheit, mich eben nicht unscheinbar mitwirken zu lassen, hat er das möglich gemacht. Dafür werde ich ihm immer dankbar sein und freue mich natürlich auch darauf, ihn am Ende meines Einsatzes wiederzusehen. Er lässt es sich nicht nehmen, die Abschiedsumarmung sehr ausgedehnt zu vollziehen. In seiner lustigen Art und immer noch mit den Worten verlegen, dankt auch er mir für die Zeit.

Sentimentaler werden Momente zwischen Soldaten wohl nur noch, wenn es ihnen ans „Leder" geht. Doch das gehört dazu. Wir alle sind nun mal Menschen mit unseren Stärken und Schwächen. Und in solchen Momenten sind die Schwächen schnell vergessen.

Langsam schiebt sich das Morgenrot in die Bergspitzen der Gebirge im Hintergrund. Nur der Staub in der Luft lässt den sonst schönen Anblick etwas vernebelt scheinen. Drei Wölfe machen sich mit den Abreisenden, die bereits eingestiegen sind, zur Abfahrt bereit. Eine Gasse aus den anwesenden Kameraden der Einheit, in der auch ich mich befinde, positioniert sich etwas vor den Fahrzeugen. Der Kragen meines Kälteschutzes drückt mir bis unter die Nase und nun bin ich froh, dass ich den Parka angezogen habe. Die eisige Kälte des Morgens legt sich wie eine Kältepackung auf mein Gesicht und langsam beginnt es auch in die Füße zu ziehen. Mit leicht wippenden Bewegungen versuche ich etwas Bewegung in meinem Körper zu halten und die Zeit bis zur Abfahrt der Wölfe, die nun ewig scheint, zu überbrücken. Langsam blicke ich durch die mir gegenüberstehende Reihe der Kameraden und suche wohl unterbewusst jene, die vielleicht nicht zur Verabschiedung gekommen sind. Doch es sind mit unserer Reihe so viele, dass wohl alle anwesend sind.

Dann rollen der erste und, etwas verzögert, auch der zweite und dritte Wolf los. Ganz langsam durchfahren sie die Gasse aus Soldaten, die mit passieren der ersten Motorhaube auf eigener Höhe die rechte Hand zum Gruß an die Schläfe erheben, bis auch der letzte Wagen vorbei ist. Es gibt viele Versionen von Verabschiedungen, in denen der Kreativität kaum Grenzen gesetzt sind.

Noch in den Weihnachtsurlaub hinein, als in Termez auch Kameraden von dort im Airbus saßen, hat das natürlich etwas spektakulärer ausgesehen. Die Kranwagen, die unsere Landesflagge etwa zehn Meter zwischen sich hochgezogen hatten, und die darunter angetreten Kameraden der Einsatzstaffel Termez. Mit Bannern und Flaggen in den Händen hatten sie kräftig dem vorbeirollenden Airbus gewunken und so ihren Abschied zelebriert. Dazu fehlen uns sicher nicht nur materiell die Möglichkeiten, denn bedingt durch unsere immer schubweise anstehenden Wechsel des Personals, haben wir von einem bis neun Kameraden, die abfliegen, schon mal alles dabei. Und natürlich betreibt man für einen Kameraden nicht den gleichen Aufwand, wie für 30 oder mehr. Auch ein wesentlicher Unterschied zu den Kontingentsoldaten, die beim Wechsel in der Regel in größeren Gruppen kommen und gehen.

Nun setze auch ich meine Hand kurz vor die Schläfe zum Gruß, während mein Körper sich fast krampfartig in eine Ruhesituation ohne Wippen und Zappeln begibt. Durch die dunkel getönten Scheiben und das magere Morgenlicht, das nur langsam den Tag erwecken lässt, kann ich Dieter nicht mehr erkennen. Ich wüsste nicht einmal genau, in welchem Fahrzeug er sich befindet. Meine Gedanken überschlagen sich seit dem Eintreffen auf dem Parkplatz, zwischen dem Abschied und den eigenen Gefühlen, die die letzten Tage für mich mit sich bringen. Kaum ist der letzte Wolf durch das Ende der Personengasse hindurch, löst sich die Formation zu einem „Knäuel“ in kleine Diskussionsrunden auf. Der Tag geht ab jetzt für die anderen

Kameraden normal weiter. Also ab zum Frühstück und in den gewohnten Tagesrhythmus zurück. Doch das Gefühl des Abschieds lässt mich kaum Hunger verspüren.

Die folgenden Tage rede ich mir nicht selten den Mund trocken, um Jörg gewissenhaft einzuweisen und nichts zu vergessen, was wichtig sein könnte. Dass er sich viele Notizen macht und sehr interessiert ist, macht meine Bemühungen etwas einfacher. Dennoch habe ich das Gefühl, dass die kurzen Abstände, in denen nun unsere Inspektion ausgewechselt wurde, noch Nachteile zutage bringen könnten. Selbst für mich wären das viele – vielleicht zu viele – Informationen in der kurzen Zeit, die mit einem zweiten Mann, der schon einige Monate vor Ort ist, viel leichter verdaut werden könnten, egal, ob Ortskenntnis oder fachliche Hintergründe.

Kaum ist Dieter weg, habe ich das Gefühl, das Mirko erst jetzt so richtig eingewiesen wird. Ob ich einem oder zwei etwas erzähle, macht grundsätzlich keinen großen Unterschied, doch mit den Antworten kommen auch weitere Fragen und das zehrt die verfügbare Zeit sehr schnell auf. Während Dolli mir nun fast täglich mit seinem Laufzettel vor der Nase herumwedelt, weil er wieder Unterschriften eingesammelt hat, die ich noch nicht habe, stecke ich noch voll im Übergabegeschehen. Auf dem Laufzettel werden an den verschiedenen Stationen die Unterschriften abgeholt, um sicherzugehen, dass man nicht aus dem Einsatz nach Hause fliegt und irgendwelches Material oder Verpflichtungen, wie eben eine Übergabe mit dem Nachfolger, nicht abgegeben oder erledigt hat. Wir machen einen kleinen Wettkampf daraus, der in lustiger Stimmung das Ende des Einsatzes deutlich macht.

Langsam fallen die Lasten und die Spannungen mit der Verantwortung hier im Einsatz ab. Als stünde man vor einem Flussbett, dass man nur noch mit einem kräftigen Sprung hinter sich lassen müsse, sehe ich mich kurz vor dem endgültigen „Break“ mit dem Einsatz. Noch laufe ich etwas unentschlossen das Ufer auf und ab, unsicher, ob es schon der richtige Zeitpunkt zum Absprung ist, doch spätestens am Donnerstag, wenn die letzte Fahrt zu den

Afghanen gemacht ist, werde ich mich am Ufer positionieren und springen.

Unterdessen begibt sich meine Frau zu einem Wellness-Wochenende nach Köln. Das hatte ich ihr schon im Weihnachtsurlaub vorgeschlagen und nun hat sie es sich überlegt und wollte eigentlich mit einer Freundin dorthin. Doch die Firma der Freundin macht einen Strich durch die Urlaubsplanung und so tritt sie die Fahrt alleine (soweit ich weiß) an. Vielleicht eine gute Gelegenheit, mal richtig abzuschalten und den Alltag, den Stress und auch die Gedanken an meinen Einsatz und unsere Zukunft ruhen zu lassen. Dass dies für mich dafür noch einmal zu einem sehr angespannten Wochenende werden würde, hatte ich zwar nicht ausgeschlossen, aber befürchtet. Weniger die Tatsache, dass wir in diesen drei Tagen nur zwei SMS austauschen, als der Umstand, dass auch nur das passiert, weil ich wohl in meiner Sorge, es könnte etwas passiert sein, hartnäckig bis zu einer Antwort auf meine Frage nerve. Dass sie mehrmals zu Hause anruft, um sich nach den Kindern zu erkundigen und dabei nicht auf meine SMS reagiert, gibt mir das Gefühl, völlig uninteressant zu sein. Dabei hätte eine kurze Nachricht à la „lass uns Montag telefonieren…“ völlig gereicht, um mich zu beruhigen. Glücklich wäre ich auch damit sicher nicht gewesen, doch eben beruhigt. Ihr Verhalten hat mir noch einmal kräftig zu denken gegeben und mein Kopfkino auf Hochtouren gebracht. Mich weit runtergezogen.

Noch scheint sie mich nicht wieder gedanklich aufgenommen zu haben. Wird das mit meiner Ankunft in Deutschland besser oder setzt sich der psychische Druck mit dem Rest an Anpassungsprozessen fort? Wie ich es auch drehe, mein Gefühl sagt mir ganz deutlich, dass da mehr nicht stimmt!

Nur drei Tage, bevor meine Reise beginnt, findet seit langem wieder ein Wettkampf hier im Camp statt. Eigentlich scheidet eine Teilnahme für mich aus, denn meine Kiste mit der Ausrüstung wird dann schon auf dem Weg nach Hause sein. Doch einer der Neuankömmlinge, der begeisterter Sportler ist, überredet mich schließlich doch. Im Dreierteam, welches mindestens aus einer Frau des Camps bestehen muss, fehlt noch jemand für die Ruderdisziplin. Da liegt es auf der

Hand, dass mein monatelanges Training auf der Rudermaschine einen Vorteil bringen könnte. Rudern, vor allem auf Ausdauer, tun hier die wenigsten. Entweder betreiben die Ausdauersportler Laufen oder Radfahren und die Muskelaufbauenden toben sich an den Kraftsportgeräten aus. Ein erster Test, in dem ich meine Leistung zum ersten Mal unter Wettkampfbedingungen abrufe, verläuft nicht gerade schlecht. Mit knapp über 20 Minuten auf den 5.000 Metern stehe ich genauso gut da wie 2008, als ich diese Leistung auf einem Sportlehrgang erbracht habe. Doch fast sechs Jahre später und mit fast 40 bin ich schon etwas begeistert von der nach wie vor vorhandenen Leistungsfähigkeit. Die Nachwehen der Anstrengung lassen jedoch auch nicht lange auf sich warten, denn was mit einem leichten Brennen in der Lunge beginnt, zieht sich fast zwei Stunden mit ekeligem Hustenauswurf hin, so als hätte ich meinen Motor auf der Autobahn mit Vollgas freigeblasen. Wenngleich es sich nicht gerade gut anfühlt und erschreckend aussieht, was da so aus der Lunge kommt – für den bevorstehenden Wettkampf kann das eigentlich nur gut sein und in Vorbereitung auf die sauberen Luftverhältnisse in Deutschland sowieso.

Sechs Teams wollen antreten. Jedes hat sich einen speziellen Teamnamen ausgedacht und so werden wir als „Tristars Kabul“ mit einer Kameradin aus der Unterstützungskompanie starten. Schon oft habe ich sie beim Sport gesehen. Immer sehr für sich und doch für den bevorstehenden Triathlon nicht die schlechteste Partie. Sie macht einen recht fitten und gut trainierten Eindruck und davon gibt es hier höchstens noch ein bis zwei weitere Frauen. Bei der Wettkampfbesprechung konnte ich bereits einen ersten Eindruck von der Konkurrenz bekommen und sehe gute Chancen für unser Team. Unser Team wirkt ein wenig wie eine reine Zweckgemeinschaft, denn so richtig haben wir noch nicht miteinander gesprochen. Ich werde mich dafür auch nicht aufdrängen, denn bevor es dann wie eine Anmache aussieht und von anderen falsch gedeutet wird, erscheine ich auch ohne vorherige Besprechung zum vereinbarten Wettkampfzeitpunkt. Der Stress mit meiner Frau sitzt mir tief in den Knochen und so versuche ich wohl unterbewusst jeden noch so kleinen Ansatz, der eine Verbindung zu einer anderen Frau bedeuten könnte, zu unterlassen. Eigentlich albern, denn letztlich würde das bedeuten, dass ich mich bei keiner Gelegenheit mehr mit anderen Frauen sehen lassen und unterhalten könnte.

Erst viel später als es der Stil meines „Tagebuches“ eigentlich zugelassen hätte, schreibe ich heute diese Zeilen und füge sie so in die Chronik ein. Ich habe das Gefühl, dass ich diese Vervollständigung schuldig bin, um eben die ganze Geschichte zu erzählen. Zu zeigen, dass die vermeidlich gute Laune gegenüber meinem Umfeld hier, vor dem Einsatzende eben keine gute Laune ist.

Die letzten Tage und Nächte sind angebrochen. Was ich erreichen wollte und konnte, habe ich wohl erreicht. Doch der Preis scheint hoch, als bekäme ich erst jetzt für all die fast 1.000 Einsatztage die „Abschlussrechnung“. Ich bin sichtlich ausgebrannt, resigniere auf den letzten Metern. Ich ahne nun immer sicherer, was mich zu Hause erwartet.

Keine Telefonate oder SMS mehr, ich bin uninteressant geworden, oder aus dem Bild verschwunden. Das erste Mal in meinem Leben scheine ich wirklich am Boden, ohne Weg zurück. In meiner Kindheit habe ich so viel ertragen, hat mich der Überlebenstrieb durch die Jahre in Quälerei und Lieblosigkeit immer weitergetrieben, in der Hoffnung, dass jeden Tag die Sonne wieder aufgeht und nichts ewig dauern kann. Bei meiner Vergangenheit hätte ich Schwerkrimineller, Versager oder sonst was werden können. Es hätte immer eine Rechtfertigung gefunden. Doch habe ich gegen viele Widerstände und unter bescheidenen Bedingungen dennoch meinen Weg und meinen Sinn gefunden. Viele Aufgaben erfüllt, Verantwortung übernommen und getragen.

Es ist mitten in der Nacht, an Schlaf kaum noch zu denken, dabei fühle ich mich so müde, unendlich müde. Tagsüber die gute Miene aufrechtzuhalten gleicht einem ständigen Kraftakt. Ich liege auf meinem Bett und starre seit Stunden den Lattenrost über mir an. Die Gedanken überschlagen sich, mein Leben spielt sich immer und immer wieder aus verschiedenen Perspektiven vor meinen Augen ab.

Ich suche das Ziel, aber soweit komme ich nie. Immer wieder beginnt der Film von vorne. Nie zuvor habe ich in so einem unbeschreiblichen Gedankenkarussell gesteckt.

Das erste Mal seit meiner Kindheit fühle ich mich verraten, weggestoßen. Als wäre alles Geschehene nichts mehr wert, liege ich hier und finde keine Worte, keine Lösung.

Schon oft kamen mir in den letzten Wochen Gedanken an den Tod, einen ehrenvollen Tod. Was sich fast lächerlich anhört, ist so ernst, dass ich es nicht mehr aus dem Kopf bekomme. Würde ich hier in Afghanistan „fallen“, ich bliebe für „Ewigkeit“ in Gedenken, wenn auch irgendwann bedeutungslos. Aber trotz der unzähligen Stunden, Tage, Wochen und Monate, die ich außerhalb des Camps ständig der Bedrohung ausgesetzt war, liege ich hier körperlich unversehrt und verliere den Bezug zur Wirklichkeit.

Gott hat wohl einen Plan. Mich geprüft, belohnt, wieder geprüft und immer wieder weitergetrieben. Das, was in dieser Nacht in meinem Kopf eskaliert, werde ich wohl nie in die richtigen Worte fassen können. Doch ich versuche es, weil es wichtig ist. Vor allem für die Menschen, denen ich etwas bedeute und mich.

Ich lasse das rechte Bein aus meinem Bett fallen, noch nicht willens aufzustehen, denn die Gedanken geben keine Ruhe. Doch dann dreht es meinen Körper nach rechts und ich muss mich schon etwas abfangen, um nicht auf den Boden zu schlagen. Sitze in der Hocke, den Kopf tief gesenkt und kraftlos im durchtrainierten Körper. Fast gleichgültig schiebe ich mich, am Bett hochziehend, in eine aufrechte Position.

Außer dem entfernten Dröhnen der Generatoren ist es ruhig, fast friedlich. Einen Moment lang stehe ich regungslos im schwach beleuchteten Raum. Meine Atmung ist ruhig, als wäre ich noch im Schlafmodus. Die Gedanken laufen schneller und schneller, wie ein Tornado in meinem Kopf, bis hin zum Schwindelgefühl. Jede Bewegung scheint unterbewusst, intuitiv abzulaufen. Ich schlurfe mit den nackten Füßen sehr langsam über den warmen, weichen Teppich zu meinem Stuhl, an dem meine Ausrüstung hängt. Alles passiert sehr langsam, als wäre ich im Halbschlaf. Doch ich weiß, ich bin wach, wenn auch tief in mich gesunken. Mein Kopf findet nicht mehr die Kraft sich zu heben und meine Hände greifen nach meinem Holster. Mit dem linken Daumen drücke ich den Druckknopf des Verschlussriemens auf und mit der rechten Hand greife ich das Griffstück der Waffe. Die Bewegungen laufen weiter fast automatisch, als wäre das Tempo vorgegeben. Ich lasse meinen rechten Arm mit der Waffe in der Hand lang am Körper hängen. Das Gewicht der Pistole zieht leicht am Unterarm.

Mit einer leichten Rechtsdrehung blicke ich in das offene Bad. Das gelbliche Licht, welches durch das Fenster fällt, genügt, um mich zu orientieren. Ich bewege mich mit sehr kleinen Schritten in die Türöffnung und schaue zur Dusche. Der Vorhang ist zugezogen, da er wohl so besser trocknen kann. Langsam ziehe ich ihn auf und dabei werden die Gedanken, die Bilder in meinem Kopf immer dunkler. Wie als würde das Licht, welches die Gedanken erleuchtet, immer weiter heruntergedimmt. Mit meinem Shirt und in Shorts bekleidet setze ich mich, den Blick zur Tür in die Duschkabine. Das ich mit der Waffe beim Hinsetzen an den Fliesen und der Duschwanne anschlage, nehme ich kaum wahr. Und wieder sinke ich in mich zusammen. Mein Zeitgefühl ist völlig weg.

Wie lange ich für die wenigen Meter hierher gebraucht habe, keine Ahnung. Wohl das schlechte Gewissen, nicht allzu viel „Dreck“ hinterlassen zu wollen, hat mich bis hierhergebracht. Meine linke Hand legt sich langsam auf den kühlen Schlitten der Pistole und die Finger und mein Daumen umklammern ihn. Kurz spannen sich die Muskeln in den Händen und den Armen an und fast blitzschnell schiebe ich den Schlitten nach hinten und lade so die Pistole fertig. Der rechte Daumen schiebt vorsichtig die Sicherung auf, nach unten.

Immer noch habe ich keine Bedenkzeit wahrgenommen, läuft alles wie in Trance und lange geplant. Nur mühsam kann ich jetzt die Pistole anheben und so greift auch meine linke Hand an den Lauf, der nun schon in meine Richtung gedreht hat.

Ist das das Ende?

Noch kann ich kaum Gefühlsregungen in mir erkennen. Stumpf und gleichgültig hat das Gedankenkarussell aufgehört, sich zu drehen. Es ist so still und regungslos um mich herum, als warteten alle auf den erlösenden Knall.

Langsam zieht der Lauf nach oben, dichter an meinen Mund und die Pistole schräg vor die Brust. Der rechte Daumen ist vor den Abzug gewandert und wartet auf die Signale des Kopfes.

Es ist das Ende!

Keinen Zweifel, so sehr ich mir jetzt einen womöglich wünsche, kommt in mir auf. Erst jetzt schließe ich langsam die Augen, immer weiter, bis ich sie schon fast schmerzhaft zusammenkneife, und warte auf den Zug des Daumens.

Doch als reißt mir jemand die Augenlieder wieder auf, schieben sich die ersten Bilder meiner Kinder vor meine Augen! Fast so klar, als würde ich sie mir in einer Diashow auf dem Laptop ansehen, als hätte jemand den „Dimmer" wieder voll aufgedreht. Ich merke, dass mein Daumen schon am ersten Widerstand des Abzugs festhängt und hätte ich den Hahn auch vorgespannt, vermutlich hätte der Abzug schon ausgelöst.

Immer klarer und aufdringlicher kommen Bilder meiner Brüder dazu und als hätte ich sie beim ersten Blick noch nicht erkannt, kommen sie immer und immer wieder. Mein Daumen, der sich bereits zu verkrampfen begonnen hatte, entspannt sich. Erst jetzt merke ich, dass mein ganzer Körper sich verkrampft hat.

Die ersten Tränen schießen mir in die weit geöffneten Augen und laufen die Wangen und die Nase herunter. Das Gefühl von Feigheit, gemischt mit dem Gefühl, mich jeden Moment übergeben zu müssen, durchdringt mich und der Kopf knickt wieder nach vorne, bis ich mit dem Kinn die Brust berühre.

Als hätte jemand ein Tor geöffnet, scheinen die Gefühle nun raus zu dürfen. Wo eben noch völlige Gleichgültigkeit mich wie „ferngesteuert" antrieb, bricht der Druck aus mir heraus.

Es wäre in diesem kurzen Moment so leicht und schnell vorbei gewesen, doch die Bilder haben mich wachgerüttelt, haben mich abgehalten!

Die Waffe in meinen Händen dreht auf die rechte Seite und während sie zwischen meine Beine sinkt, schiebt der rechte Daumen die Sicherung wieder nach oben.

Langsam wird mir klar, dass kein Bild meiner Frau dabei war. Nur meine Kinder und meine Brüder. Meine Eltern sowieso nicht.

In diesem Moment reißt wohl in mir der immer dünner gewordene Faden, der das Vertrauen in meine Frau gehalten hatte. Denn hätte sie das hier in Kauf genommen?

Viel früher hätte mir klarwerden können und sollen, dass sie sich bereits längst innerlich von mir abgewendet hat. So sitze ich noch recht lange in der Duschwanne und akzeptiere den wieder beginnen Strudel meiner Gedanken.

Doch irgendwann ziehe ich mich aus der Duschwanne und stütze mich an der Wand ab. Was auch immer mich gerade angetrieben hatte, richtet mich jetzt wieder auf. Die Schultern nach hinten und die Brust raus, hebt auch mein Kopf sich aus der unbequemen Position zurück nach oben. Der Körper schmerzt unter den nachlassenden Spannungen in allen Regionen.

Nein, das ist nicht das Ende, darf es nicht sein!

Auch wenn ich schnell wieder in den Gedankenstrudel gerate, so wird mir mit jeder Minute klarer, es muss weitergehen! Die kommende Zeit würde hart werden und wohl die nächste Probe meines Lebens. Aber heute bin ich nicht mehr nur für mich allein verantwortlich! So viele Menschen bauen auf mich und ich möchte sie nicht enttäuschen, also muss ich weitermachen.

Ausblick

Es ist geschafft!

996 Einsatztage und der Einsatzorden ISAF in Gold, „überstanden“!?

Doch was erwartet mich nun zu Hause?

In der Familie?

In der Einheit?

Wie weit bin ich entrückt und gibt es einen Weg zurück, zurück in die Normalität unserer Gesellschaft?

Werde ich mich fangen können nach Allem was geschehen ist?

Es ist viel passiert und eine anstrengende Zeit liegt hinter mir. Was nun in den nächsten Wochen kommt, soll der Vergangenheit in nichts nachstehen. Die Ereignisse werden so viel Stoff bieten, dass der dritte Teil von „Sonne im Staub“ bereits in Arbeit ist. Dort werden (vor allem aus rechtlichen Gründen) noch einmal verschiedene Erlebnisse aus den vergangenen Einsätzen genauer erscheinen. Erinnerungen, die dann keinen Anspruch auf Vollständigkeit und Richtigkeit haben müssen. Persönliche Erinnerungen eben.